普通高校“十一五”规划教材·市场营销系列

市场营销导论

——原理与实践

主编　陈雄鹰

副主编　汪昕宇　王瑞丰

北京航空航天大学出版社

内容简介

本书是市场营销系列教材之一，是市场营销专业知识学习的基础教程。作为系列教材的开篇之作，本书共分为9章，分别介绍了与市场营销相关的基本概念，阐述了市场营销理论基础和发展沿革，明确了市场营销环境和组织、人才等市场营销要素的理论与相互关系，为市场营销知识的学习提供了知识背景与基础。

本书结构清晰、严谨，围绕导人营销知识这一核心目标，注重引导读者思考，鼓励读者从本书知识中了解市场营销的基础理论和知识概况。在撰写过程中关注社会的最新动态，并将学科发展的前沿理论与传统理论有机结合起来，形成了自己的特色，拥有很多创新之处。

本书针对市场营销专业教材的需要编纂，适合营销专业的本科生使用，并可作为营销业界人士的参考书籍。

本书配有教学课件，请发送邮件至 bhkejian@126.com 或致电 010－82317027 申请索取。

图书在版编目(CIP)数据

市场营销导论/陈雄鹰主编. —北京：北京航空航天大学出版社，2008.6

ISBN 978-7-81124-288-1

Ⅰ.市… Ⅱ.陈… Ⅲ.市场营销学—高等学校—教材 Ⅳ.F713.50

中国版本图书馆 CIP 数据核字(2008)第 011223 号

市场营销导论——原理与实践

主编 陈雄鹰

副主编 汪昕宇 王瑞丰

责任编辑 董 瑞

策划编辑 蔡 喆

*

北京航空航天大学出版社出版发行

北京市海淀区学院路 37 号(100083) 发行部电话:010-82317024 传真:010-82328026

http://www.buaapress.com.cn E-mail:bhpress@263.net

涿州市新华印刷有限公司印装 各地书店经销

*

开本:787×960 1/16 印张:19.25 字数:431 千字

2008年6月第1版 2008年6月第1次印刷 印数:4 000 册

ISBN 978-7-81124-288-1 定价:29.00元

市场营销系列教材
编辑委员会

总　序

今天，人类历史已经迈进了21世纪。经济的全球化加速了中国市场经济的进程。市场经济的飞速发展需要大量市场营销的专业人才。职场上的信息反馈表明，长久以来，市场营销人才的社会需求量始终排在第一位。然而，中国高等院校市场营销人才的培养远不能满足社会的迫切需要。纵观中国高等院校市场营销专业的教材，或秉承经典市场营销理论的研究成果，或沿袭国外市场营销实践的研究方法；但都相对缺乏独立创新的研究视角与风格，适用层次不明显、知识结构不系统、技术能力不实用的问题比较突出。

参与本套教材编写的是教学第一线的教师和具有市场营销实际操作经验的相关人士。在教学实践的基础上，总结教学改革经验，针对应用型人才的培养目标，不断摸索适合市场营销的教学规律，将这套教材定位于针对高等学校应用型人才培养的本科教材。

■ 教材体系

本套教材由《市场营销导论——原理与实践》、《市场营销管理——理论与应用》和《市场营销技术——策划与运作》三本书组成。其中，《市场营销导论——原理与实践》一书站在唯物史观的角度介绍了市场营销的演变进程，阐明现代市场营销的发展动态及变化趋势，并指出市场营销从业者的职业素质要求和人才需求规格；《市场营销管理——理论与应用》一书阐述市场营销的基本观点和基本定理，以理论和实践的双重视角阐明市场营销的知识界面与知识点；《市场营销技术——策划与运作》一书阐述市场营销活动的关键环节及主要内容，介绍市场营销策划与运作的能力与方法，提出市场营销的技术要求。

通过本套教材，能够使学生全面认识和了解市场营销的历史演变与发展现状，逐步成就市场营销人才的专业素质；能够在承接经典市场营销研究成果的基础上，系统掌握市场营销理论的基本知识，丰富市场营销的认知结构；能够在不断实践训练的基础上，初步掌握市场营销策划与运作的技术，提升市场营销实操能力。

■ 教材特点

(1) 目标导向明确。本套教材建立在塑造“应用型人才”的教育理念基础之上，以应用型人才的社会需求为导向，从写作指导思想到内容筛选、编纂；从体系设计到每一本书的章节构架；从撰写模式到表述方法以营销职业素质和职业能力为出发点，着力出品一套体现市场营销应用型本科特色的系列教材。

(2) 编纂内容实用。本套教材从市场营销活动的实际需要出发，注重内容编排的层次性、系统性和实用性。一方面从历史与现状、从理论与实践、从策划与运作不同侧面循序渐进地灌输市场营销理念、确立市场营销意识；另一方面完整阐述市场营销理论框架，同时考虑到本科生的层次，尽可能地减少相关理论背景、理论观点的派系差别、理论成果的比较分析等方面的陈述；最大限度地增加市场营销技术的内容，强调各种场景之下市场营销方案的要义、要领和市场营销运作的技术要求，由此突显本套丛书的实用价值。

（3）撰写形式新颖。本套教材为了达到编写目的，在总结教学改革成果的基础上，对其他相关教材进行了比较性研究，在教材写作体例方面作出大胆的探索与创新：首先每本书的章节开头分别设置了【职业引导案例】【基本知识点】或【基本技术点】，强调从实际出发思考市场营销问题，明确学习目标；其后每本书的不同章节根据所陈述的内容分别设置了【营销典故链接】【营销案例链接】或【营销策划文案链接】，以扩大视野，拓展信息接受范围，立足于本书的学习内容，同时增加对相关营销内容的感性认识；另外在每本书的章节之后设置了【本章小结】，提炼重点与难点，系统梳理和巩固所学内容；最后每本书根据撰写内容的侧重，在章节之后分别设置了【思考题目】【讨论题目】或【训练题目】。本书力图打造集讲、读、思、练于一体的“板块教材模式”，立意鲜明、结构清晰、能力本位、训练直接，能够满足市场营销应用型本科教育的需要。

■ 教材使用

（1）精讲细读、师生互动，营造生动活泼的教学氛围。建议使用本套教材时，围绕培养学生市场营销素质与市场营销能力这一主线，在课堂上讲授章节基本知识点和基本技术点所涉及的核心内容，而其信息链接部分则由学生阅读之后，结合【本章小结】提及的问题，与任课教师共同分析和探讨。

（2）采用动态教学方式，调动学生学习的积极性，构建学生自主学习的机制。建议使用本套教材时，借助于信息链接和实例演示提供的线索扩大学生视野，启发学生主动地、创造性地从实践中摸索市场营销规律、积累市场营销管理经验。

（3）勤思多练，学有所获，增强市场营销管理能力。建议使用本套教材时，借助思考题、讨论题将各章节的知识点相互衔接、融会贯通，从总体上把握市场营销原理和市场营销方法。同时组织好课后的市场营销训练，以小组形式完成训练课题、演示训练成果、交流训练体会，通过实际训练将市场营销技术落到实处。

本套教材由王瑞丰老师提出编写思路和写作体例，并负责内容的统筹规划。在编写和出版的过程中，征求了多方意见。其中《市场营销导论——原理与实践》一书由陈雄鹰老师执笔，《市场营销管理——理论与应用》一书由赵晓燕老师执笔，《市场营销技术——策划与运作》一书由王瑞丰执笔。本书在编写和出版过程中得到了北航出版社多位编辑的支持和帮助，在此表示感谢。

执行主编
王瑞丰
2007年6月20日于北京

前　言

国内外关于市场营销学的理论体系已基本成熟，但有关市场营销学知识导入的专著却很欠缺，目前国内尚无相关教程。对于市场营销专业的本科学生来说，有必要在学习核心理论和分析方法之前，把握与市场营销相关的基本概念，了解市场营销理论基础和发展沿革，明确营销要素及其相互关系，为后期营销知识的学习打好基础，并使所学知识更加系统化和完整化。为此，我们编写了《市场营销导论——原理与实践》教材，并将其作为市场营销系列教材之一。

本书共9章。第1章为市场营销与市场营销学，主要介绍了市场及市场营销的内涵，市场营销学科的发展、相关理论、研究意义和方法。第2章为市场营销思想，阐述了市场营销思想的发展及其实践背景，并从孙子兵法、货殖列传等角度介绍了中国传统文化中的营销观点。第3章为市场营销道德与社会责任，界定了营销道德的含义，提出了营销道德的表现，从社会责任的角度阐述了营销道德性决策。第4章为市场营销管理哲学，主要介绍了市场营销管理与哲学的概念和相互关系，并重点介绍了市场营销管理哲学中的“顾客满意”问题，包括4C与4R理论、顾客满意理论和客户关系管理理论。第5章为市场营销系统与效率，主要介绍了宏观营销系统机构及其职能，宏观市场营销系统及其子系统，各宏观子系统之间的关系，宏观市场营销效率，以及宏观市场营销系统与微观市场营销系统的关系。第6章为中国市场营销现状及发展动向，主要介绍了中国市场营销的发展现状和经济全球化条件下中国市场营销动向，包括中国市场营销环境的变化与发展趋势。第7章为市场营销创新，全面介绍了市场营销的各类理念创新和方式创新。第8章为市场营销组织与人才，主要介绍了市场营销组织的演变、组织形式和组织设置，中国市场营销人才的需求现状，营销人才的素质要求以及营销人才的培养。第9章为市场营销管理知识，主要介绍了客户意识、信息意识、机会意识、竞争意识、创新意识和挫折意识。

本书在编写中力求结构清晰、严谨，注重引导读者思考，使读者了解营销的基础理论和知识概况；关注社会的最新动态，并将学科发展的前沿理论与传统理论有机结合起来，形成自己的特色，拥有创新之处。本书针对市场营销专业教材需要编纂，适合于市场营销专业的本科生使用，并可作为营销业界人士的参考书。

本书第1、2、4章由汪昕宇编写；第3、9章由王瑞丰编写；第5～7章由陈雄鹰编写；第8章由陈雄鹰、汪昕宇共同编写。

本书在撰写过程中得到北京联合大学各相关部门的大力支持，同时得到了周明珠、罗晓慧、刘朝生、王玮、林强、孙翰南等同志的鼎力相助。本书借鉴了国内外营销学者的最新研究成果，除注明出处的部分外，限于时间和教材篇幅未能一一说明。在此谨向本书的支持者和协助者表示感谢，并向市场营销学界的师友及作者致谢。

编　者

2008年3月

目　　录

第1章　市场营销与市场营销学

【职业引导案例】

美国沃尔玛公司是世界最大的零售业巨头。始创于1962年，创始人山姆·沃尔顿早期在美国一个小城镇罗吉斯镇开始经营零售业。经过四十几年的努力奋斗，终于建立起全球最大的零售业王国。沃尔玛公司在全球拥有4 000多家连锁店、4 000多家供应商、4 457个仓库，并向全球2 000多家商场供货，每个商场的品种平均在20 000种以上。每年的销售额超过2 170亿美元。其中在美国有2 500多家商场，萨姆俱乐部会员店500多家，海外机构1 000余家。

沃尔玛公司从成立之初就强调对市场的理解与把握，对构成市场的各种因素进行一一分析。在以顾客为中心的基础上，对竞争者、合作者、政府等市场中的重要力量也给予了高度的重视，不断研究与分析变化的全球、国家及地方市场，提出了在日益激烈的竞争中适合企业自身实际的并和当地市场紧密结合的市场营销经营理念，如"天天平价"、"物超所值"、"服务卓越"等。并且公司向消费者提供较低的价格、独到的服务以及种类齐全的优质商品；企业要使用领先的信息技术和后勤系统不断地大幅降低运营成本；要求供应商进行流程改造，使它们同沃尔玛公司一样致力于降低成本的运作。

尽管沃尔玛公司自1996年进入中国市场以来，不断加强对中国市场的渗透，在中国市场上实施了顾客第一，提供免费停车、咨询和送货服务，争取低廉进价，控制营销成本，完善物流管理系统，但是截至2006年底，沃尔玛公司在中国市场的店面总数及营业额依然低于它的最大竞争对手——法国的家乐福。因此，对中国市场因素的分析，在中国市场的定位，店面的市场分布等仍然是沃尔玛公司在中国发展所需要解决的重要问题。

资料来源：http://www.myoic.com/点子俱乐部

1.1　市场与市场营销

1.1.1　市　场

市场是商品经济的范畴，是一种以商品交换为内容的经济联系形式。对于企业来说，市场是营销活动的出发点和归宿。能否正确地认识市场的特征和作用，了解购买者的行为，关系到企业能否制定正确的营销方案，进而关系到企业的兴衰存亡。

1. 市场的含义

市场(market)是社会生产和社会分工的产物。人们对市场的认识随着生产力的发展和社会分工的扩大而不断深化、充实和完善。市场是商品经济的产物，哪里有社会分工和商品生产，哪里就有市场，正如列宁所说，“商品经济出现时，国内市场就出现了；国内市场是由这种商品经济的发展造成的”[①]。而且市场的含义随着商品经济的发展而不断发生变化，在不同的历史时期，不同的场合，具有不同的含义。“市场”最初的含义是指商品交易的场所，“市”就是买卖，“场”就是场所，“市场”即买者和卖者于一定的时间聚集在一起进行交换的场所。因此，市场就是交易的场所，这是市场最古老的定义。当时生产力水平低下，人类的交换是物物交换，这样就要求交换的双方必须在约定的时间和地点进行交换。一定的时间和空间为物物交换创造了条件，但又同时限制了物物交换。例如，中国古代文献中记载有“神农之市，日中为市……致天下之民，聚天下之货，交易而退，各得其所”。

随着商品生产和商品交换的发展，市场的含义也随之发生了变化。这是因为由于社会分工的发展，每个生产者的生产活动都不仅仅是满足自己的需要。生产者一方面为满足自己的需求而生产产品，同时也为他人的需求提供商品，从而出现了实现商品交换的商品流通，这就是市场，而此时的市场不仅是指具体的交易场所，而是指所有卖者和买者实现商品让渡价值的交换关系的总和。马克思指出，“生产劳动的分工，使它们各自的产品互相变成商品，互相成为等价物，使它们互相成为市场”。因而，市场又是指一定时间、地点条件下商品交换关系的总和。经济学一般是在这种意义上使用“市场”这一概念的。

随着科学技术的进步，劳动分工更加精细，生产力进一步提高，货币职能的进一步完善，商品交换并不固定局限在某些场所，而可以采取电话、电报、邮汇、电汇、传真等多种形式和方式达到商品交换的目的。所以，市场这一定义又发生了根本的变化：从微观市场学观点看，即从卖方立场来研究买方市场，那么市场是由那些具有特定需求或欲望，而愿意通过交换来满足这种需求或欲望的全部的潜在顾客所构成；从宏观市场学观点看，市场是商品供求关系的总和。因此，市场是具有需求欲望和购买能力而进行交易活动的个人、企业和组织这一需求主体与商品所有者这一客体的关系。

市场营销学是从卖者的角度来认识和理解市场的含义，它要研究的是如何采取有效的措施来满足消费者需求，其中包括现实的需求和潜在需求。可以说，在市场营销学的范畴里，“市场”即等同于“需求”。例如，美国市场营销协会（AMA）的定义委员会在 1960 年对市场提出了如下定义，“市场是指一种货物或劳务的潜在购买者的集合需求”。菲利普·科特勒把市场定义为“市场是指某种产品的所有实际的和潜在的购买者的集合”[②]。同经济学相比，市场营销学对“市场”含义的认识不仅角度不同，而且构成市场的因素亦有区别。根据这个定义，市场是由一切有特定需求或欲望并且愿意和可能从事交换来使需求和欲望得到满足的潜在顾客所组成。

---

① 列宁.列宁全集.北京：人民出版社，2004，1 卷：189.

② 菲利普·科特勒.市场营销管理：亚洲版.2 版.北京：中国人民大学出版社，2001.

按照上述的两种观点，市场包括以下因素：

① 有一定量的商品或劳务，这是人们进行交换的物质基础；

② 市场的概念是相对的，在交换中相互成为对方的市场，因为货币已经成为一种特殊的商品，是互供互求的；

③ 购买力包括商品与货币，存在商品的不同所有者，彼此又需要对方的商品，使商品交换成为必要，也就是说有购买力、有购买动机；

④ 有参加交换活动的当事人。当事人是指生产者、消费者、中间商、个人、企业和团体组织。

通过分析市场的因素可知，市场是一个动态的组合的概念，包括以下几层含义：

① 市场是商品交换的场所；

② 市场是交换关系的总和；

③ 市场是需求的总称。

在这几层含义中应该突出消费者的需求，因为市场构成的因素是人口、购买动机及购买力。这三个要素同时并存，缺一不可，任何一个因素的变化都会影响市场规模与容量大小的变化，可用一个函数式表示，即市场规模与容量是人口、购买动机、购买力的函数。其中，人口是决定市场规模与容量大小的最活跃的基本因素。一般来说，人口越多，市场的规模和容量就越大，反之则小；但仅有人口，而人口的购买力水平又不高，也不能构成理想的市场；同时，虽然人口多，购买力亦强，但消费者将货币储蓄起来，或者因商品不适合消费者的需求，不能引起他们的购买欲望，对卖方来说，仍然构不成现实的市场。用公式来表示市场就是

市场＝人口＋购买力＋购买动机

市场的这三个因素是相互制约、缺一不可的，只有三者结合起来才能构成现实的市场，才能决定市场的规模和容量。例如，一个国家或地区人口众多，但收入很低，购买力有限，则不能构成容量很大的市场；又如购买力虽然很大，但人口很少，也不能成为很大的市场；只有人口既多，购买力又高，才能成为一个有潜力的大市场。但是，如果产品不适合需要，不能引起人们的购买欲望，对销售者来说，仍然不能成为现实的市场。所以，市场是上述三个因素的统一。

【营销信息链接】

美国前总统里根曾经说过，“美国只要占领了中国市场，美国就能再繁荣十年”。随着中国经济实力的增强，中国的个人可支配收入也在不断提高，中国所拥有的 13 亿人口以及由此所带来的巨大的购买力已成为世界众多企业眼中最庞大的市场。早在 20 世纪 90 年代，世界众多啤酒生产企业就在纷纷加快进军中国市场的步伐，因为他们知道，“世界啤酒市场的最后一块大蛋糕就是中国市场”。

在现代市场经济条件下，每个人在从事某项生产中趋向专业化，接受报偿，并以此来购买所需之物。每一个国家的经济和整个世界经济都是由各种市场组成的复杂体系，而这些市场之间则由交换过程来联结，共同组成一个市场系统，如图 1－1 所示。

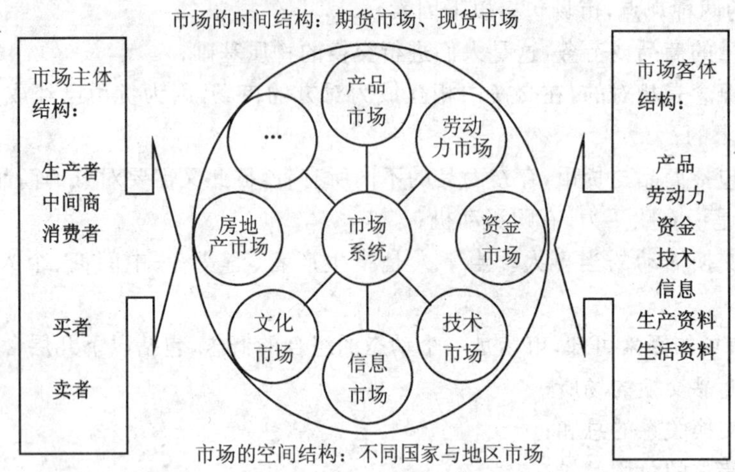

图 1-1　市场立体交换关系系统

2. 市场的分类

市场从不同的角度，可以划分为各种具体的类型。一般地，划分的方法主要有以下几种。

(1)按竞争程度，可以把市场划分为完全竞争市场、完全垄断市场、不完全竞争市场和寡头垄断市场。

完全竞争市场是指市场价格由众多卖者和买者的共同行为决定、任何单个的卖方和买方都只能是价格的承受者的市场。因此，在完全竞争的市场里，每一位买者和卖者都可以获取完全真实、公开的价格信息。价格自发地调节着商品的供求关系，价值规律得到了充分利用；企业可以自由进出市场。不过，这样的市场在现实生活中是很少出现的，它只是一种理论抽象，只有少数农产品市场比较近似于它。

完全垄断市场是指只有一个买主或卖主，因而这唯一的买主或卖主能完全控制价格的市场，所以这个垄断者又被称为价格制定者。完全垄断的市场是与完全竞争的市场相对的另一极端，除少数国家垄断经营的产品和行业以外，这种市场也很少存在。

不完全竞争市场又称垄断竞争市场。在这样的市场里，卖者较多，彼此间存在着竞争，但每个卖者的产品均具有一定的特色和优势，对价格起着影响作用。在市场上，价值规律起着较大作用。不完全竞争市场或垄断竞争市场是较为现实的一种市场。一般的日用工业品市场就属这种类型。

寡头垄断市场是指为数不多但却占有相当大份额的大企业所构成的市场。这些大企业对市场价格具有相当大的影响力，但各企业在制定价格时，都要考虑别的企业的反应。这种市场类型多存在于汽车、钢铁、石油和有色金属等行业。

(2)按商品流通的区域，可以把市场划分为地方市场、全国市场、国际市场。

地方市场是指由于某些经济地理因素或行政分隔的原因而形成的以特定的地方为活动空间进行商品交易的市场。地方市场有两种类型：一种是经济性地方市场，这是由于商品交易受自身条件或某些经济地理因素的影响而形成的有利于商品实现的地方市场；一种是行政性地方市场，这是由于地方行政区划和地方政府的行为所形成的。一般来说，经济性地方市场对经济的发展有积极的促进作用，行政性地方市场有时则阻碍经济的发展。

全国市场是指商品流动以全国为活动空间的市场。地方市场的存在是全国市场形成的基础，全国市场的形成首先必须有稳定的政治局面，社会的动乱和地方割据不可能形成全国统一市场；其次要形成有比较利益的交易竞争，使商品的流通具有内在的驱动力；再次，要形成发达的流通设施和广泛的信息、交通网络，以突破地理的自然障碍。全国市场的形成是诸多地方市场有机联系的表现。

国际市场是指商品交换以全世界为活动空间的市场，是随着社会分工和社会化大生产产生和发展而来的。与国内市场相比，国际市场的容量更大、竞争更激烈、进行交易的制约因素更多，要进入国际市场不仅要有较强的开放意识，而且要努力提高经济效益和产品的竞争实力。

(3)按商品流通的交易形式，可以把市场划分为现货市场和期货市场。

现货市场是指买卖双方以现款和现货进行交易，实现实物商品及其所有权同时转让的交易市场。现货交易又分为即期交易和远期交易，即期现货交易是指买卖双方立即进行的一手交钱、一手交货的交易；远期现货交易则指买卖双方事先签订商品买卖合同，约定在一定时期内按合同条款进行实物交割的交易。

期货市场是指在商品交易所内进行买卖期货合同的市场。期货交易的对象并非商品实体，而是商品的标准化合约。因而期货交易者进行期货交易的目的一般不是为了得到商品实物，而是或为套期保值，即利用期货市场减少他们所承受的价格变动的风险；或为了投机，即利用期货市场与有利的价格变动进行“赌博”。期货交易所一般采取会员制组织形式，只有期货交易所的会员才能在期货交易所内进行交易。

(4)按商品的属性，可以把市场划分为特殊商品市场和一般商品市场。

特殊商品市场是指为满足人们对资金及各种服务的需要而提供的市场，包括金融市场(或称资本市场)、劳动力市场和技术信息市场等。

金融市场是经济主体间相互融通资金的场所和相互关系的总和，包括货币市场和资本市场两种形式：货币市场是指专门融通短期资金的市场，一般期限在一年以内，其特点是融资期限短，被融通的资金主要是作为再生产过程中所需要的流动资金；资本市场是指提供长期营运资本的市场，通过发行债券、股票以及长期抵押贷款等方式融通资金，并将其主要作为扩大再生产所需要投入的资本使用。

劳动力市场是指通过市场机制的作用，促使劳动力的合理配置，以满足消费者或生产者对劳务需求的场所。

技术、信息市场主要由两部分市场活动组成:一种是技术成果实行有偿转让、满足消费者需求的技术市场;一种是专门进行信息交换,以满足生产、消费需求的信息市场。技术市场具有实现价值、转移服务、横向联系、加快转化的功能①。

房地产市场实际上是指房产市场和地产市场两个方面。房产市场交换的物质对象是房屋,而地产市场在中国进行的是土地使用权的交易和转让。建立地产市场,不仅有利于合理使用土地,而且能较好地开发和利用土地这一重要资源;而房产市场的形成,则有利于调整居民的消费结构,促进房产建设基金的良性循环,提高国民的住宅水平。

一般商品市场指的是狭义的商品市场,又称货物市场,即消费资料市场和生产资料市场,而这两大市场是市场营销所要着力研究的市场,将在后面章节对其进行分析。

3. 市场的作用

市场无论对宏观经济活动还是对微观(企业)经济活动均起重要作用。从宏观角度看,在市场经济社会中,市场成为社会经济的"晴雨表"及"调节器",即社会经济的兴衰往往通过市场反映出来。如果社会经济繁荣,市场便繁荣;反之,市场便衰落。市场是生产与消费的连接点,是保证国民经济正常运行及广大居民生活需求的重要手段。从微观角度看,市场对企业营销产生巨大的作用。

(1) 市场是企业不断满足顾客需求的场所

市场是企业生产经营活动的出发点,一方面企业只有通过市场才能了解顾客的需求,并根据市场需求特点制定正确营销方略,实现企业营销目标;另一方面,在商品经济条件下,产品必须通过市场进行交换才能传递到消费者手中。市场经济要求树立市场观念,市场观念体现在"以销定产",强调要以顾客(用户)为中心。市场营销观念必然要求企业经营活动的中心与出发点是顾客和消费者,一切为了满足顾客、消费者的需要。这就要通过市场调查,了解顾客、消费者的需求与欲望及其发展趋势,通过市场交换活动可以了解到哪些产品适销对路,哪些产品供过于求或供不应求。企业根据市场需求的变化不断地修改企业营销计划,调整企业内部的生产组织及产品结构,以不断满足市场需要。通过市场调节供求关系,保证供给。

(2) 市场是保证企业实现利润的场所

市场是实现企业利润的必要条件,是市场营销观念的重要组成部分。企业要获取利润,首先要在市场上投入较少的货币量去购买优质的生产资料;通过生产过程将生产资料与劳动力结合起来,生产出新的产品,创造出更多的价值;经过市场交换,使商品转化为货币资金,企业利润得以实现,生产过程的劳动消耗得以补偿,再生产得以进行。

(3) 市场是企业展开竞争的场所

市场是商品经济的产物,有商品经济的存在,价值规律就起作用。存在卖者之间为实现产品价值的竞争,也存在买者之间购买产品的竞争,以及买者与卖者之间的竞争。各企业之间在

① 马洪.什么是社会主义市场经济.北京:中国发展出版社,1993:103.

生产技术条件、经营管理水平、人员素质上都有不同，因而投入到个别产品的劳动量与社会必要劳动量就有差异，这必然造成产品的价格、产品的质量、促销的方式、分销渠道都不相同。企业的市场营销组合因素要直接接受市场(消费者)的检验与评判。随着市场经济的发展，卖者之间的竞争更复杂，不仅包含产品、价格间的竞争，还包括市场营销策略等全方位的竞争。

(4)市场是企业取得信息的主要来源地

任何企业的营销活动都离不开市场信息。尤其在高度发达的商品经济中，市场范围不断扩大，消费者需求多样化及复杂化，加入市场的竞争者日益增多，企业能否了解及掌握这些信息，并正确制定营销策略，关系到其生存和发展。而市场恰恰集中了市场营销有关的各种信息，这就是说，企业的信息主要来源于市场，市场引导营销。

以上是分析市场对企业营销活动的作用。市场对宏观经济起着"调节器"的作用；消费者所能接受的价格——市场价格，决定着每个商品生产者的命运。

1.1.2　市场营销

1. 市场营销的定义

西方市场营销学者从不同角度及发展的观点对市场营销(marketing)下了不同的定义。

有些学者从宏观角度对市场营销下定义。例如，E. J. Mccarthy 把市场营销定义为一种社会经济活动过程，其目的在于满足社会或人类需要，实现社会目标。又如，Philop Kotler 指出，"市场营销是与市场有关的人类活动。市场营销意味着和市场打交道，为了满足人类需要和欲望，去实现潜在的交换"。

还有些定义是从微观角度来表述的。例如，美国市场营销协会于 1960 年对市场营销下的定义是：市场营销是"引导产品或劳务从生产者流向消费者的企业营销活动"。

E. J. Mccarthy 于 1960 年也对微观市场营销下了定义：市场营销是"企业经营活动的职责，它将产品及劳务从生产者直接引向消费者或使用者，以便满足顾客需求及实现公司利润"。这一定义虽比美国市场营销协会的定义前进了一步，指出了满足顾客需求及实现企业赢利成为公司的经营目标；但这两种定义都说明，市场营销活动是在产品生产活动结束时开始的，中间经过一系列经营销售活动，当商品转到用户手中就结束了，因而把企业营销活动仅局限于流通领域的狭窄范围，而不是将其视为企业整个经营销售的全过程，即包括市场营销调研、产品开发、定价、分销广告、宣传报道、销售促进、人员推销、售后服务等。

Philop Kotler 于 1984 年对市场营销又下了定义：市场营销是指企业的这种职能，"认识目前未满足的需要和欲望，估量和确定需求量大小，选择和决定企业能最好地为其服务的目标市场，并决定适当的产品、劳务和计划(或方案)，以便为目标市场服务"。

美国市场营销协会于 1985 年对市场营销下了更完整和全面的定义：市场营销是"对思想、产品及劳务进行设计、定价、促销及分销的计划和实施的过程，从而产生满足个人和组织目标

的交换"[①]。这一定义比前面的诸多定义更为全面和完善,主要表现是:

① 产品概念扩大了,它不仅包括产品或劳务,还包括思想;

② 市场营销概念扩大了,市场营销活动不仅包括赢利性的经营活动,还包括非赢利组织的活动;

③ 强调了交换过程;

④ 突出了市场营销计划的制订与实施。

同时,这一概念还表明:

① 市场营销是一种企业活动,是企业有目的、有意识的行为。

② 满足和引导消费者的需求是市场营销活动的出发点和中心。企业必须以消费者为中心,面对不断变化的环境,做出正确的反应,以适应消费者不断变化的需求。满足消费者的需求不仅包括现在的需求,还包括未来潜在的需求。现在的需求表现为对已有产品的购买倾向,潜在需求则表现为对尚未问世产品的某种功能的愿望。例如,第二次世界大战后,IBM 公司的总裁曾向一家非常有名的咨询公司打听未来美国所有公司、研究所及政府单位对电子计算机的需求量,得到的回答是不到 10 台。后来他的儿子做了总裁,不同意这个预测,坚持要生产电子计算机,这才有了 IBM 公司的今天。这个例子表明,尽管人们有减轻办公室劳动强度,提高工作效率的愿望,但由于不知道计算机是什么样,也不知道如何使用计算机,因此调查时没有表现出对计算机的需要。人们的潜在需求常表现为某种意识或愿望,企业应通过开发产品并运用各种营销手段,刺激和引导消费者产生新的需求。

③ 分析环境,选择目标市场,确定和开发产品,产品定价、分销、促销和提供服务以及它们间的协调配合,进行最佳组合,是市场营销活动的主要内容。市场营销组合中有 4 个可以人为控制的基本变数,即产品、定价、渠道和促销。由于这 4 个变数的英文均以字母"P"开头,所以又叫"4P"。企业市场营销活动所要做的就是密切注视不可控制的外部环境的变化,恰当地组合"4P",千方百计使企业可控制的变数(4P)与外部环境中不可控制的变数迅速相适应,这也是企业经营管理能否成功、企业能否生存和发展的关键。

④ 实现企业目标是市场营销活动的目的。不同的企业有不同的经营环境,不同的企业也会处在不同的发展时期,不同的产品所处生命周期里的阶段亦不同。因此,企业的目标是多种多样的,利润、产值、产量、销售额、市场份额、生产增长率、社会责任等均可能成为企业的目标,但无论是什么样的目标,都必须通过有效的市场营销活动完成交换,与顾客达成交易方能实现。

2. 市场营销的基础概念

市场营销涉及其出发点,即满足顾客需求;还涉及以何种产品来满足顾客需求,如何才能

---

① "Marketing(Management) is the process of planning and executing the conception, pricing, promotion, and distribution of ideas, goods, and services to create exchanges that satisfy individual and organizational goals."——AMA 对市场营销的定义。

满足消费者需求，即通过交换方式；产品在何时、何处交换，谁实现产品与消费者的连接。可见，市场营销的核心概念应当包含需求及相关的欲求、需要，产品及相关的效用、价值和满足，交换及相关的交易和关系，市场、市场营销及市场营销者。因此，市场营销涉及如下核心概念：需要、欲望和需求，产品，效用、价值和满足，交换、交易和关系，市场，市场营销与市场营销者。

(1) 需要、欲望和需求

需求指消费者生理及心理的需求，如人们为了生存，需要食物、衣服、房屋等生理需求及安全、归属感、尊重和自我实现等心理需求。市场营销者不能创造这种需求，而只能适应它。欲求指消费者深层次的需求。不同背景下的消费者欲求不同，比如中国人需求食物则欲求大米饭，法国人需求食物则欲求面包，美国人需求食物则欲求汉堡包。人的欲求受社会因素及机构因素，诸如职业、团体、家庭、教会等影响。因而，欲求会随着社会条件的变化而变化。市场营销者能够影响消费者的欲求，如建议消费者购买某种产品。需要指有支付能力和愿意购买某种物品的欲求。可见，消费者的欲求在有购买力做后盾时就变成为需要。许多人想购买奥迪轿车，但只有具有支付能力的人才能购买。因此，市场营销者不仅要了解有多少消费者欲求其产品，还要了解他们是否有能力购买。

人类的需要和欲望是市场营销活动的出发点。需要是没有得到某些基本满足的感受状态，欲望是想得到基本需要的具体满足物的愿望，而需求是对于有能力购买并且愿意购买的某个具体产品的欲望。人类为了生存，需要食品、衣服、住所、安全、归属、受人尊重等。这些需要可用不同方式来满足。人类的需要有限，但其欲望却很多。当具有购买能力时，欲望便转化成需求。将需要、欲望和需求加以区分，其重要意义就在于阐明这样一个事实，即市场营销者并不创造需要，需要早就存在于市场营销活动出现之前；市场营销者，连同社会上的其他因素，只是影响了人们的欲望，并试图向人们指出何种特定产品可以满足其特定需要，进而通过使产品富有吸引力，适应消费者的支付能力且使之容易得到，以此来影响需求。

(2) 产　品

人类靠产品来满足自己的各种需要和欲望。因此，可将产品表述为能够用以满足人类某种需要或欲望的任何东西。

产品包括有形与无形的、可触摸与不可触摸的。有形产品是为顾客提供服务的载体。无形产品或服务是通过其他载体，诸如人、地、活动、组织和观念等来提供的。当人们感到疲劳时，可以到音乐厅欣赏歌星唱歌(人)，可以到公园去游玩(地)，可以到室外散步(活动)，可以参加俱乐部活动(组织)，或者接受一种新的意识(观念)。服务也可以通过有形物体和其他载体来传递。实体产品的重要性不仅在于拥有它们，更在于使用它们来满足人们的欲望。人们购买小汽车不是为了观赏，而是因为它可以提供一种叫做交通的服务。所以，实体产品实际上是向人们传送服务的工具。如果生产者关心产品甚于关心产品所提供的服务，那就会陷入困境。过分钟爱自己的产品，往往导致忽略顾客购买产品是为了满足某种需要这样一个事实。人们不是为了产品的实体而买产品，而是因为产品实体是服务的外壳，即通过购买某种产品实体能

够获得自己所需要的服务。市场营销者的任务是向市场展示产品实体中所包含的利益或服务，而不能仅限于描述产品的形貌；否则，企业将导致“市场营销近视”，即在市场营销管理中缺乏远见，只看见自己的产品质量好，看不见市场需要在变化，最终使企业经营陷入困境。

(3) 效用、价值和满足

在对能够满足某一特定需要的一组产品进行选择时，人们所依据的标准是各种产品的效用和价值。效用是消费者对满足其需要的产品的全部效能的估价，是指产品满足人们欲望的能力。效用实际上是一个人的自我心理感受，它来自人的主观评价。例如，某消费者到某地去的交通工具，可以是自行车、摩托车、汽车、飞机等。这些可供选择的产品构成了产品的选择组合。又假设某消费者要求满足不同的需求，即速度、安全、舒适及节约成本，这些构成了其需求组合。这样，每种产品有不同能力来满足其不同需要，如自行车省钱，但速度慢，欠安全；飞机速度快，但成本高。消费者要决定一项最能满足其需要的产品。为此，将最能满足其需求到最不能满足其需求的产品进行排列，从中选择出最接近理想产品的产品，它对顾客效用最大，如顾客到某目的地所选择理想产品的标准是安全、速度、成本适中，他可能会选择汽车。

顾客选择所需的产品除效用因素外，产品价格高低亦是因素之一。如果顾客追求效用最大化，就不会简单地只看产品表面价格的高低，而会看每一元钱能产生的最大效用。如一部好汽车价格比自行车昂贵，但由于速度快、修理费少、相对于自行车更安全，其效用可能大，从而更能满足顾客需求。这就涉及价值的概念。

价值是一个很复杂的概念，也是一个在经济思想中有着很长历史的概念。马克思认为，价值是人类劳动当做商品共有的社会实体的结晶，商品价值量的多少由社会必要劳动时间来决定，而“社会必要劳动时间是在现有的社会正常的生产条件下，在社会平均的劳动熟练程度和劳动强度下制造某种使用价值所需要的劳动时间”[①]。而边际效用学派则认为，消费者根据不同产品满足其需要的能力来决定这些产品的价值，并据此选择购买效用最大的产品。他所愿支付的价格(即需求价格)取决于产品的边际效用。这一论点最先由 19 世纪后期奥地利学派代表人物庞巴维克提出。庞巴维克为了反对马克思的劳动价值论，系统地发挥了门格尔和维塞尔提出的边际效用价值论。按照他的理论，边际效用就是指最后增加的那个产品所具有的效用，产品的价值取决于其边际效用。由于消费者收入是有限的，为了从有限的花费中取得最大的效用，消费者必须使其花费在每一种物品上的最后一个单位货币所产生的效用相等。这一理论叫做戈森第二定律。戈森是法国经济学家，边际效用价值论的先驱者之一，他曾对边际效用理论的基本原理进行了数学探讨，从而推动了数理经济学的发展。

(4) 交换、交易和关系

交换是一个过程，而不是一种事件。如果双方正在洽谈并逐渐达成协议，则称为在交换中；如果双方通过谈判并达成协议，交易便发生。交易是交换的基本组成部分。交易是指买卖

---

① 《马克思恩格斯全集》第 23 卷，第 52 页。

双方价值的交换，它是以货币为媒介的，而交换不一定以货币为媒介，它可以是物物交换。交易涉及几个方面，即两件有价值的物品，双方同意的条件、时间、地点，还有来维护和迫使交易双方执行承诺的法律制度。交易营销是关系营销大观念中的一部分。关系营销可以减少交易费用和时间，处理好企业同顾客关系的最终结果是建立起市场营销网络。市场营销网络是由企业同市场营销中介人建立起的牢固的业务关系。

交换是市场营销的核心概念。当人们决定以交换方式来满足需要或欲望时，就存在市场营销了。一个人可以通过四种方式获得自己所需要的产品：第一种方式是自行生产。一个饿汉可能通过打猎、捕鱼或采集野果来充饥。这个人不必与其他任何人发生联系。在这种情况下，既没有市场，更无市场营销。第二种方式是强制取得。一个饿汉可能从另一个人那里夺取或偷得食物。对另一个人而言，除了可能未被伤害之外，毫无益处。第三种方式是乞讨。一个饿汉可能向别人乞讨食物。除了一声谢谢之外，乞讨者没有拿出任何有形的东西作为回报。第四种方式是交换。一个饿汉可能用自己的钱、其他物品或服务与拥有食物的人进行交换。市场营销活动产生于第四种获得产品的方式。

交换是指通过提供某种东西作为回报，从别人那里取得所需物的行为。交换的发生，必须具备五个条件：

- 至少有两方；
- 每一方都有对方认为有价值的东西；
- 每一方都能沟通信息和传送物品；
- 每一方都可以自由接受或拒绝对方的产品；
- 每一方都认为与另一方进行交换是适当的或称心如意的。

具备了上述条件，就有可能发生交换行为。但交换能否真正发生，取决于双方能否找到交换条件，即交换以后双方都比交换以前好(至少不比以前差)。

交换应看做是一个过程而不是一个事件。如果双方正在进行谈判，并趋于达成协议，这就意味着他们正在进行交换。一旦达成协议，就说发生了交易行为。交易是交换活动的基本单元，是由双方之间的价值交换所构成的行为。一次交易包括三个可以量度的实质内容：

- 至少有两个有价值的事物；
- 买卖双方所同意的条件；
- 协议时间和地点。

交易与转让不同。在转让过程中，甲将某物给乙，甲并不接受任何实物作为回报。市场营销管理不仅要考察交易行为，也要研究转让行为。事实上，与交易有关的市场营销活动，即交易市场营销，只是另外一个大概念——关系市场营销的一部分。关系市场营销这个概念最先由巴巴拉·本德·杰克逊于 1985 年提出。她认为在关系市场营销中，企业获得到的比其在交易市场营销中所得到的更多。精明的市场营销者总是试图与其顾客、分销商、经销商、供应商等建立起长期的互信互利关系。这就需要以公平的价格、优质的产品、良好的服务与对方交

易，同时双方的成员之间还需加强经济、技术及社会等各方面的联系与交往。双方越是增进相互信任和了解，便越有利于互相帮助。关系市场营销还可节省交易成本和时间，并由过去逐项逐次的谈判交易发展成为例行的程序化交易。

关系市场营销可定义为：企业与顾客、分销商、经销商、供应商等建立、保持并加强关系，通过互利交换及共同履行诺言，使有关各方实现各自目的。企业与顾客之间的长期关系是关系市场营销的核心概念。交易市场营销能使企业获利，但企业更应着眼于长远利益，因而保持并发展与顾客的长期关系是关系市场营销的重要内容。建立关系是指企业向顾客做出各种许诺。保持关系的前提是企业履行诺言。发展或加强关系是指企业履行从前的诺言后，向顾客做出一系列新的许诺。关系市场营销与交易市场营销存在着一定的区别。例如，在交易市场营销情况下，一般说来，除产品和企业的市场形象之外，企业很难采取其他有效措施与顾客保持持久的关系。如果竞争者用较低的价格向顾客出售产品或服务，用类似的技术解决顾客的问题，则企业与顾客的关系就会终止。而在关系市场营销情况下，企业与顾客保持广泛、密切的联系，价格不再是最主要的竞争手段，竞争者很难破坏企业与顾客的关系。再如，交易市场营销强调市场占有率。在任何时刻，管理人员都必须花费大量费用，吸引潜在顾客购买，取代不再购买本企业产品或服务的老顾客。关系市场营销则强调顾客忠诚度，保持老顾客比吸引新顾客更重要。企业的回头客比率越高，市场营销费用越低。关系市场营销的最终结果将为企业带来一种独特的资产，即市场营销网络。

市场营销网络是指企业及与之建立起牢固的互相信赖的商业关系的其他企业所构成的网络。在市场营销网络中，企业可以找到战略伙伴并与之联合，以获得一个更广泛、更有效的地理占有。这种网络已经超出了纯粹的"市场营销渠道"的概念范畴。借助该网络，企业可在全球各地市场上同时推出新产品，并减少由于产品进入市场的时间滞后而被富有进攻性的模仿者夺走市场的风险。市场营销管理也正日益由过去追求单项交易的利润最大化转变为追求与对方互利关系的最佳化。其经营信条是：建立良好关系，有利可图的交易随之即来。

(5) 市　场

市场这个概念在本章开始时就已经做了详尽的阐述，这里就不再累述。

(6) 市场营销者

由上述分析可知，可以将市场营销理解为与市场有关的人类活动，即以满足人类各种需要和欲望为目的，通过市场变潜在交换为现实交换的活动。在交换双方中，如果一方比另一方更主动、更积极地寻求交换，则前者称为市场营销者，后者称为潜在顾客。市场营销者是指希望从别人那里取得资源并愿意以某种有价之物作为交换的人。市场营销者可以是卖主，也可以是买主。假如有几个人同时想买正在市场上出售的某种稀缺产品，每个准备购买的人都尽力使自己被卖主选中，这些购买者就是在进行市场营销活动。在另一种场合，买卖双方都在积极寻求交换，那么就把双方都称为市场营销者，并把这种情况称为相互市场营销。

通过以上的分析，可以把市场营销定义为：企业为了达到预定目标，根据客观经济规律，结

合企业实际,以消费者为中心所从事的企业产品的研究与开发、产品的定价、产品的渠道、产品的促销等活动进行整体协调的过程。

【营销信息链接】

营销在我们的生活中无处不在:

企业需要营销以满足消费者的需要;

学校需要营销以满足广大学生的需要;

医生需要营销以满足其患者的健康需要;

政治家需要营销以满足他的人民的需要;

我们自己也需要营销,以满足与人有效交往的需要。

资料来源:http://www.ceocio.com.cn 经理世界网

3. 市场营销的职能和作用

(1) 市场营销的职能

市场营销的职能是一个比较广义的概念,它包括一个组织的所有营销活动。市场营销作为一种活动,有如下四项基本职能:

① 发现和了解消费者的需求

现代市场营销观念强调市场营销应以消费者为中心,企业也只有通过满足消费者的需求,才可能实现企业的目标。因此,发现和了解消费者的需求是市场营销的首要功能。海尔集团的售后服务部门曾经接到过一些农民的投诉,说海尔的洗衣机质量有问题,经常发生下水管堵塞的情况。海尔集团经过调查发现,并不是海尔洗衣机的下水管质量出了问题,而是这些农民不仅是用洗衣机洗衣服,还用来洗土豆和地瓜。于是海尔集团就做出决定,以客户的需求为中心生产一种既能洗衣服又能洗土豆和地瓜的洗衣机。这就是典型的以消费者为中心的市场营销观念的体现。

② 指导企业决策

企业决策正确与否是企业成败的关键,企业要谋得生存和发展,重要的是做好经营决策。企业通过市场营销活动,分析外部环境的动向,了解消费者的需求和欲望,了解竞争者的现状和发展趋势,结合自身的资源条件,指导企业在产品、定价、分销、促销和服务等方面作出相应的、科学的决策。

③ 开拓市场

企业市场营销活动的另一个功能就是通过对消费者现在需求和潜在需求的调查、了解与分析,充分把握和捕捉市场机会,积极开发产品,建立更多的分销渠道及采用更多的促销形式,开拓市场,增加销售。

④ 满足消费者的需要

满足消费者的需求与欲望是企业市场营销的出发点和中心,也是市场营销的基本功能。企业通过市场营销活动,从消费者的需求出发,并根据不同目标市场的顾客,采取不同的市场营销策略，合理地组织企业的人力、财力、物力等资源，为消费者提供适销对路的产品，搞好销售后的各种服务，让消费者满意。

根据上面对市场营销职能的阐述，在营销大概念下，在实际运用中，营销职能包含的最典型的活动如表1-1所列。

表1-1　市场营销活动

第1步：市场研究与分析 我们是谁？我们在哪儿？	市场调查：谁是我们的竞争对手？他们在做什么？ 我们在市场中处于什么地位(比如市场份额，消费者的观点)？ 组织调查：我们的优势(比如组织优势)在哪儿？我们的劣势(比如组织劣势)在哪儿？ 过去我们哪方面(比如促销)做得不好？我们可以投入多少钱(比如预算)？ 我们是风险爱好者？
第2步：目标设定 我们想成为谁？ 我们想达到什么目标？	目标：例如市场份额、利润、销售额、品牌形象、品牌知晓度、销路、产品销售地区(国内或国外)、新产品开发、产品更新、顾客满意水平……
第3步：市场任务 我们将如何完成目标？	计划：选择市场营销任务和设定时间表； 人员：选择合适的人员并予以培训； 预算：分配到各个活动上； 促销活动：广告、公关、销售促进、销售支持、直销、包装、网站等； 推销：寻找新客户，保持老客户； 定价：设定价格、折扣、信用额度等； 分销：仓储、包装、运输、处理订单等； 产品管理：创新、放弃老产品、标准化、改进产品来满足不同的消费者等； 品牌：品牌战略、保持品牌形象、商标、颜色等； 开拓新市场：在新市场中出售产品(直接进入或通过第三方进入)； 客户服务：提高忠诚度、处理抱怨、售后服务、提供担保； 客户管理：客户数据库、策划活动来建立联系
第4步：收集反馈和控制活动 如何考评我们的活动效果？	目标：是否已经完成？还是很可能完成？ 客户反馈：抱怨、赞扬、建议、重复购买情况，满意度调查； 清单和截止日期：活动是不是按时进行？ 市场位置：我们是不是比竞争者做得更好/更差？

(2) 市场营销的作用

市场营销的作用集中体现在以下几个方面：

① 市场营销对企业发展的作用

衡量一个企业成功经营的标准是什么？这个问题是引起国内外企业界及学术界普遍关注的问题。国内几家电冰箱厂生产冰箱所耗费的原材料成本以及销售价格差距不大，且国内消费者对电冰箱的爱好差异也不大，但个别电冰箱厂销售量下降，经济效益差，另外一些电冰箱厂则销售量日益上升，经济效益好。原因何在？经调研发现，根本差异在于市场营销观念及相

应的市场营销组合策略。成功的企业有一套明智的经营原则，即有强烈的顾客意识（持久不懈地接近顾客），强烈的市场意识及推动广大职工为顾客生产优质产品的本领。美国著名的IBM公司是巧妙应用市场营销观念及营销策略的成功典范。IBM 总经理罗杰斯说过，“在IBM公司，每个员工都在推销……当你走进纽约 IBM 大厦或世界各地办事处时，你都会产生这种印象”。有人问：“IBM 销售什么产品？”他回答：“IBM 公司不出售产品，而是出售解决方法。”市场营销虽然不是企业成功的唯一因素，但却是关键因素。美国著名管理学家 Peter Drucker 曾指出：市场营销是企业的基础，不能把它看做是单独的职能。从营销的最终成果，亦即从顾客的观点看，市场营销就是整个企业。企业经营的成功不是取决于生产者，而是取决于顾客。当今，市场营销已成为企业经营活动首先考虑的第一任务，这一点在市场经济发达国家显得尤为突出。对美国 250 家主要公司高级管理人员进行调查后发现，公司的第一任务是发展、改进及执行竞争性的市场营销策略；第二任务是控制成本；第三任务是改善人力资源。大部分企业的高级管理人员来自市场营销部门，比如美国克莱斯勒汽车公司总裁艾可卡便是来自营销部门。

随着国际经济一体化的发展，各国均卷入国际市场竞争的洪流。哪家公司能最好地选择目标市场，并为目标市场制定相应的市场营销组合策略，哪家公司就能成为竞争中的赢家。总之，从微观角度看，市场营销是联结社会需求与企业反应的中间环节，是企业用来把消费者需求和市场机会变成有利可图的公司机会的一种行之有效的方法，亦是企业战胜竞争者、谋求发展的重要方法。

② 市场营销对社会经济发展的作用

马克思主义理论认为，生产是根本，生产决定交换、分配、消费等几个环节。没有生产就没有可供交换的东西，市场营销人员只能销售那些已由生产厂商生产出来的东西。可见，生产者创造了形式效用。但是，在市场经济社会中，生产出来的东西如果不通过交换，没有市场营销，产品就不可能自动传递到广大消费者手中。从宏观角度看，市场营销对社会经济发展的主要作用是解决社会生产与消费之间的七大矛盾：

● 生产者与消费者在空间上的分离

这种分离是指产品的生产与消费在地域上的距离，这是由诸多因素造成的。从工业品看，由于各国的地理条件、自然资源、交通情况及工业布局不同，加之各国资源特点、国力水平以及经济发展目标的差异而实行不同的产业政策，如在一定时期内重点扶植某些产业，延缓或抑制某些产业的发展，造成各国工业生产往往按行业集中于某一地区，而工业品的用户则分布于全国各地乃至全世界，这样必然造成工业品生产者与工业品用户在地域上的分离。至于工业品消费者，更是散居于全国各地乃至世界各地，因而工业消费品生产者与消费者在地区上的矛盾更加突出。从农产品看，农产品的生产与消费在空间上亦发生矛盾：一方面，农产品由分散在全国广大农村的农民进行生产；另一方面，农产品的消费者分散于全国乃至世界各地，因此农产品生产与消费存在着突出的空间矛盾。

如何解决上述矛盾呢？由宏观市场营销机构执行市场营销职能，把产品从产地运往全国乃至世界各地，以便适时适地将产品销售给广大用户。从此意义上讲，市场营销创造了地点效用。

● 生产者与消费者在时间上的分离

这种分离是指产品的生产者与消费者对产品的消费在时间上的差异。它是由工业品及农产品生产周期的特征及消费者的消费特点引起的。工业品是常年生产，但广大消费者因自然条件的制约，使其消费呈现出不同的状况，对某些工业品是常年消费，但对某些工业品是季节性消费。农产品生产具有明显的季节性，但对农产品的消费却是常年进行的。产品生产与消费在时间上的差异，要求宏观市场营销机构向工厂或农民收购产品，并对产品进行加工、分级和储存，以不断保证广大用户的需求。

● 生产者与消费者在信息上的分离

随着商品经济的进一步发展，市场随之不断扩大，生产者与消费者在空间上的分离加深，市场信息的分离也随之扩大。由于市场范围突破了原来狭窄的地区交换，扩大至全国乃至世界范围，生产者与消费者从原来的直接交换变成通过中间商的间接交换，生产者与消费者已不能直接相互了解和掌握自已所需产品的市场信息。这种生产与消费信息的分离，要求宏观市场营销机构进行市场营销调研，并通过广告媒体传递市场信息。

● 生产者与消费者在产品估价上的差异

由于生产者与消费者处于不同的地位及追求不同的利益目标，因此对产品的估价迥然不同。生产者从事经营活动的目的是追求利润，产品价格必须在成本价格之上才能盈利，所以企业对产品的估价是以获利为标准的。至于商品价格在何种水平，利润水平多高，则取决于市场竞争状况及消费者的需求程度。

消费者则多半从产品的经济效用及自已的支付能力来估价产品。这样，生产者与消费者对产品估价差异性较大，存在着生产者对产品估价过高及消费者对产品估价过低的矛盾。因此，除了企业通过改善经营管理，提高技术，降低成本及合理定价外，还需要宏观市场营销机构通过广告媒体宣传，改变消费者的估价观念，缩小生产者与消费者对产品估价的差异。

● 生产者与消费者在商品所有权上的分离

在商品经济社会中，商品生产者对其产品具有所有权，但他们生产这些产品的目的不是为了获取使用价值，而是为了价值，为了利润；广大消费者需要这些产品，但对这些产品不拥有所有权，这就产生了生产者与消费者对产品所有权的分离。因此，需要特定的宏观市场营销机构组织商品交换，帮助生产者在把产品转到消费者手中的同时，实现产品所有权的转移。

● 生产者与消费者在产品供需数量上的差异

随着市场经济及国际经济一体化的发展，国内市场及国际市场竞争日趋激烈。各企业为了在竞争中占据有利地位，纷纷扩大自身的生产规模或组建企业集团，竞争从个别企业之间的小规模较量变成大企业集团之间的大规模抗衡。大规模企业或企业集团能够充分发挥规模经

济效益，即进行大批量生产和销售，降低成本，提高市场占有率。但是，广大消费者大多以家庭为单位进行消费，多数小企业也是小批量生产及小批量购买，只有少数大型企业实行大批量生产及大批量集中购买，同时又需要多品种的原材料。这样，产生了生产者大批量生产产品与用户小量消费及零星购买的矛盾。因此，需要特定宏观市场营销机构向企业进行采购、分级及分散地销售产品。

● 生产者与消费者在产品花色品种供需上的差异

随着市场经济的发展及市场竞争的加剧，许多企业都想方设法实行专业化生产以降低成本，提高经济效益，或通过专业化生产满足某个目标市场顾客的需求，以提高其市场竞争力。然而，随着广大消费者个人收入的不断提高，对产品的需求呈多样化趋势，而企业实行专业化生产，仅能满足消费者的某种需求。因此，要求特定宏观市场营销机构向各企业广泛采购、分级、加工，并将各种产品销售给广大消费者。

【营销信息链接】

顾客是本公司最重要的人，不论他们是亲临还是邮购。不是顾客依靠我们，而是我们依靠顾客。

顾客不是我们工作的障碍，而是我们工作的目标。我们不是通过为他们服务而给他们恩惠，而是顾客因给了我们为其服务的机会而给了我们恩惠。

顾客不是我们争辩和斗智的对象。从未有人会取得同顾客争辩的胜利。

顾客是把他们欲望带给我们的人。我们的工作是为其服务，使他们和我们都得益。

——菲利普·科特勒

总之，从宏观角度看，市场营销对于适时、适地、以适当价格把产品从生产者传递到消费者手中，求得生产与消费在时间、地区的平衡，从而促进社会总供需的平衡起着重要的作用。

4. 市场营销者

在交换双方中，如果一方比另一方更主动、更积极地寻求交换，则将前者称之为市场营销者，后者称为潜在顾客。市场营销者是指希望从别人那里取得资源并愿意以某种有价之物作为交换的人。市场营销者可以是卖方，也可以是买方。在另一种场合，买卖双方都在积极寻求交换，可以把双方都称为市场营销者，并把这种情况称为相互市场营销。

市场营销者是一个相对的概念，既可以是为了达到一定目标而在寻找潜在需求的卖方，也可是在支出既定的条件下，如何以最小的成本而获得最大满足的买方。他在市场中可以依据不同的目标而不断地转换角色，运用市场营销的手段与方法，最大限度地满足自身的需要。市场营销者的角色互换如图1-2所示。

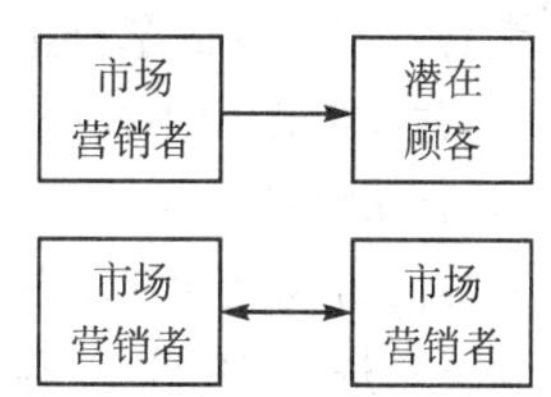

图1-2　市场营销者的角色互换

1.2 市场营销学的产生和发展

市场营销学作为一门科学产生于20世纪初，当时只是试图了解和研究经济学家忽略或过分简化的某些问题。例如，经济学家试图通过供求曲线解释食品价格；而市场营销学家则对导致最终价格及消费水平的复杂过程展开研究，包括农民决定种植何种作物，选择哪些种子、肥料、设备，如何将农产品卖给收购站，收购站如何转卖给农产品加工厂，生产加工出来的食品如何经由批发商、零售商卖给消费者。上述过程涉及多种市场营销职能，包括各种不同层次上的购买、销售、集散、分类、储藏、运输、风险承担以及融资等。所有上述活动的总体效益都在最终价格上得到了反映。市场营销学中的价格决定与经济学家过分简化的供求曲线是一致的。

可见，市场营销学致力于更详尽地研究流通机构与流通过程的运行机制，并对于探索消费者及供应商行为这一课题颇感兴趣，而不像经济学那样将一切简单地归结于效用及利润极大化。因此，市场营销学家不可避免地要扬弃经济学家的某些概念，而更多地吸收现代心理学、社会学、人类学的优秀研究成果。现在，市场营销学已不再仅是经济学的一个分支，而是一门重要的应用科学。严格地讲，它是一门建立在经济科学、行为科学和现代管理理论基础之上的应用科学。市场营销学的研究对象是以满足消费者需求为中心的企业市场营销活动过程及其规律性，即在特定的市场营销环境中，企业以市场营销研究为基础，为满足消费者现实和潜在的需要，所实施的以产品(product)、定价(price)、地点(place)、促销(promotion)为主要内容的市场营销活动过程及其客观规律性。其内容具有综合性、实践性、应用性的特点。

市场营销学要对下列三个问题展开研究：消费者的需求和欲望及其形成、影响因素、满足方式等，即消费者行为；供应商如何满足并影响消费者的欲望和购买行为，即供应商行为；辅助完成交易行为，从而满足消费者欲望的机构及其活动，即市场营销机构行为。上述问题乃是完善市场营销系统，提高消费者福利的关键。

1.2.1 市场营销学的产生和发展

市场营销学是在19世纪末20世纪初自由竞争资本主义向垄断资本主义过渡、资本主义基本矛盾日益尖锐的基础上产生的。市场营销学创建于美国，后来流传到欧洲及日本等国家和地区，并在实践中不断完善和发展。

1. 形成阶段

人类的市场经营活动从市场出现就开始了，但在20世纪之前，市场营销还没有成为一门独立学科。进入19世纪，伴随世界经济的发展，资本主义的固有矛盾日趋尖锐。频频爆发的经济危机迫使企业日益关心产品销售，研究如何更有效地应付竞争，在实践中不断探索市场营运的规律。到19世纪末20世纪初，世界主要资本主义国家先后完成了工业革命，垄断组织加快了资本的积聚和集中，使生产规模迅速扩大。在这一时期，以泰罗为代表的以提高劳动生产

率为主要目标的"科学管理"理论、方法应运而生，并受到普遍重视。一些大型企业实施科学管理后其产品数量和品种迅速增加，这就要求企业对流通领域有更大影响，对相对狭小的市场有更精细的经营。同时，科学技术的发展，也使企业内部计划与组织变得更为严谨，从而有可能运用科学的调查研究方法，预测市场变化趋势，制订有效的生产计划和销售计划，控制和调节市场销售量。在这种客观需要与可能条件下，市场营销学作为一门独立的经营管理学科诞生了。

在此之前，美国学者已经发表和出版了一些论著，分别论述产品分销、推销、广告、定价、产品设计和实体分配等专题。到 20 世纪初，一些学者如阿克·肖(Arch W. Shaw)、爱德华·琼斯(Edward D. Jones)、拉尔夫·斯达·巴特勒(Ralph Starr Butler)、詹姆斯·海杰蒂(James E. Hagerty)等，将上述专题综合起来，形成市场营销学科。1902—1905 年，密执安、加州、伊里诺斯和俄亥俄等大学相继开设了市场营销课程。1910 年，执教于威斯康星大学的巴特勒教授正式出版《市场营销方法》一书，首先使用市场营销(marketing)作为学科名称。而后，弗莱德·克拉克(Fred E. Clark)于 1918 年编写了《市场营销原理》讲义，被多所大学用做教材并于 1922 年出版。L. S. 邓肯也于 1920 年出版了《市场营销问题与方法》。

这一时期的市场营销学，其内容局限于流通领域，真正的市场营销观念尚未形成。然而，将市场营销从企业生产活动中分离出来做专门研究，无疑是一个创举。

2. 应用阶段

1929—1933 年资本主义经济危机震撼了整个资本主义世界。生产严重过剩，产品销售困难，已直接威胁企业生存。从 20 世纪 30 年代开始，主要资本主义国家市场明显进入供过于求的买方市场。这时，企业界广泛关心的首要问题已经不是扩大生产和降低成本，而是如何把产品销售出去。为了争夺市场，解决产品价值实现问题，企业家开始重视市场调查，提出了"创造需求"的口号，致力于扩大销路，并在实践中积累了丰富的资料和经验。与此同时，市场营销学科研究大规模展开。一些著名大学的教授将市场营销研究深入到各个问题，调查和运用大量实际资料，形成了许多新的原理。如弗莱德·克拉克和韦尔法在其 1932 年出版的《农产品市场营销》中将农产品市场营销系统划分为集中(农产品收购)、平衡(调节供求)和分散(化整为零销售)三个相互关联的过程，详细研究了营销者在其中执行的七种市场营销职能：集中、储存、融资、承担风险、标准化、销售和运输。拉尔夫·亚历山大(Ralph S. Alexander)等学者在 1940 年出版的《市场营销》一书中强调市场营销的商品化职能包含适应顾客需要的过程，销售是"帮助或说服潜在顾客购买商品或服务的过程"。1937 年，美国全国市场营销学和广告学教师协会及美国市场营销学会合并组成美国市场营销学会。该学会在美国设立几十个分会，从事市场营销研究和营销人才的培训工作，出版市场营销专刊和市场营销调研专刊，对市场营销学的发展起了重要作用。到第二次世界大战结束，市场营销学已得到长足发展，并在企业经营实践中广泛应用。但在这一阶段，它的研究主要集中在销售推广方面，应用范围基本上仍局限于商品流通领域。

3. 变革阶段

20世纪50年代,随着第三次科技革命的发展,劳动生产率空前提高,社会产品数量剧增,花色品种不断翻新,市场供过于求的矛盾进一步激化。原有的建立在研究产品生产出来后如何推销的市场营销学,在概念与内容的方方面面都已越来越不能适应新形势的要求。许多市场学者纷纷提出了生产者的产品或劳务要适合消费者的需求与欲望,以及营销活动的实质就是企业对于动态环境的创造性适应的观点,并通过他们的著作予以论述。1947年,迭迪和雷博赞的《市场学——体系的形成》的出版,改变了孤立研究商品推销与价格的状况,从经济、社会诸方面综合分析了商品销售变化的规律。此后,奥尔德逊和科克斯首先对以往的市场营销学提出了批评:"(过去的)营销学著作向读者提供的只是很少的重要原则和原理,现在的理论不能满足研究者的需要,因为这些理论既未能说明,也未能分析流通领域内的各种现象。"他们在《市场营销学原理》一书中对营销赋予了新的概念:"广义的营销概念,包含生产者和消费者之间实现商品和劳务的潜在交换的任何一种活动。"潜在交换就是生产者的产品或劳务要符合潜在消费者的需求与欲望。按照过去营销学的概念,市场是生产过程的终点,营销的职能只是推销已经生产出来的产品或劳务,而奥尔德逊和科克斯提出的新概念则强调买方的需求、潜在的需求,市场成为生产过程的起点。美国哥伦比亚大学教授约翰·H·霍华德在《营销管理:分析和决策》一书中,从管理角度来研究营销,提出了营销管理的实质是企业对于动态环境的创造性适应。美国密歇根州大学的E·杰罗姆·麦克卡瑟在《基础市场学》一书中强调营销的核心是明确目标市场,提出以消费者为中心的营销组合策略,即4P,通过营销组合的实施,适应外部环境,满足目标市场顾客的需求,从而形成以市场为导向的指导思想,使市场营销学发生了第一次革命。市场营销不仅在于推销商品,而首先应该调查、分析、判断顾客的需求,将信息传递到生产部门,据此生产适销对路的产品,使潜在交换得以实现,由此获得利润。市场营销学这次从传统的营销学向现代营销学的转变,使企业的经营观点从以生产为中心转为以消费者为中心,市场也就成了生产过程的起点而不仅仅是终点,市场营销也就突破了流通领域,延伸到生产过程及售后过程。市场营销活动不仅是推销已经生产出来的产品,而是通过对消费者的需要与欲望的调查、分析和判断,通过企业整体协调活动来满足消费者的现实需求和潜在需求。

4. 发展阶段

自20世纪60年代以来,市场营销学与经济学、管理学、心理学、社会学、哲学、数学及统计学学科的结合越来越密切,成为一门综合型、边缘型、应用型的经营管理学科,引起了社会的广泛重视。美国一家大企业经理在美国市场营销学学会上说:"通过未来市场的信息保证,为掌握未来市场而拟定最佳营销战略,从而提高企业的经营效果,在这方面市场营销学是行之有效的,而且做出了贡献。"由于市场营销学适应市场经济的需要,因而逐渐从美国传播到日本、欧洲部分国家和中国,并得到了迅速的发展。在日本,电通企业的经理认为:"目前在日本,如果企业没有营销学的思想,就很难存在下去,对外国商品来讲也是如此。"当时,很多高校都开设

了市场营销学课程，工商界的高级管理人员都把市场营销学当做必读课程。菲利普·科特勒在 1967 年出版的《营销管理：分析、计划、执行和控制》一书对营销原理做了精辟的阐述，成为欧美和日本大学里使用最为普遍的教科书。该书已被译成多种文字，并多次再版。这标志着营销学已进入成熟阶段。由于菲利普·科特勒对营销学的贡献，被誉为"营销学之父"。20 世纪 80 年代菲利普·科特勒又提出了大市场营销观念，将营销组合由 4P 扩展为 6P 和 11P。20 世纪 90 年代以来，市场营销的含义进一步扩大，市场营销学的研究范围也在进一步拓宽，相继出现了网络营销、绿色营销、文化营销、整合营销等新的研究领域。市场营销学新概念如表 1－2所列。

表 1－2　市场营销学新概念

年　代	新概念
20 世纪 50 年代	市场营销组合、产品生命周期、品牌形象、市场细分 、市场营销观念、营销审计
20 世纪 60 年代	4P 组合、消费者行为理论、扩大营销概念
20 世纪 70 年代	社会营销、低营销、市场定位、战略营销、服务营销
20 世纪 80 年代	大市场营销、内部营销、全球营销、关系营销
20 世纪 90 年代	网络营销、差异化营销、绿色营销、3R 营销
21 世纪初期	4R 营销、过程营销、虚拟营销

1.2.2　市场营销学在中国的传播和发展

20 世纪三四十年代，市场营销学在中国曾有一轮传播。现存最早的教材是丁馨伯编译的《市场学》，于 1933 年出版。当时一些大学的商学院开设了市场学课程，教师主要是欧美留学归来的学者。但由于长期战乱及半封建半殖民地政治经济条件的限制，其研究和应用没有很好地展开。新中国成立后，从 20 世纪 50 年代到 70 年代末，由于西方的外部封锁和国内实行高度集中的计划经济体制，市场和商品经济在理论上遭到否定，在实践中没有基础，缺乏需要，市场营销学的研究在中国内地基本中断。在这段时间里，中国内地学术界对国外迅速发展的市场营销学知之甚少。

中国共产党十一届三中全会提出了对外开放、对内搞活的总方针，从而为中国重新引进和研究市场营销学创造了有利的环境。1978 年，北京、上海、广州的部分学者和专家开始着手市场营销学的引进研究工作。虽然当时还局限在很小的范围内，而且在名称上还称为外国商业概论或销售学原理，但毕竟在市场营销学的引进上迈出了第一步。经过十几年的时间，中国对于市场营销学的研究、应用和发展已取得了可喜的成绩。从整个发展过程来看，中国市场营销学的发展，大致经历以下几个阶段：

1. 引进时期(1978—1982 年)

在此期间，通过对国外市场营销学著作、期刊和国外学者讲课的内容进行翻译介绍，选派

学者、专家到国外访问、考察和学习，邀请外国专家和学者来国内讲学等方式，系统介绍和引进了国外市场营销理论。因为当时该学科的研究还局限于部分高等院校和研究机构，从事该学科引进和研究工作的人数还很有限，所以对于西方市场营销理论的许多基本观点的认识也比较肤浅，大多数企业对于该学科还比较陌生；但这一时期的努力为中国市场营销学的进一步发展打下了基础。

2. 传播时期(1983—1985 年)

经过前一时期的努力，从事市场营销学研究、教学的专家和学者开始意识到，要使市场营销学在中国得到进一步的应用和发展，必须成立市场营销学的研究团体，以便相互交流和切磋研究成果，并利用团体的力量扩大市场营销学的影响，推进市场营销学研究的进一步发展。1984 年 1 月，全国高等综合大学、财经院校市场学教学研究会成立，在以后的几年时间里，全国各地、各种类型的市场营销学研究团体纷纷成立。各团体在做好学术研究和学术交流的同时，还做了大量的传播工作。例如，广东市场营销学会定期出版了会刊《营销管理》，全国高等综合大学、财经院校市场学教学研究会在每届年会后都向会员印发了各种类型的简报。这些团体也分别举办了各种类型的培训班、讲习班，有些还通过当地电视台、广播电台举办了市场营销学的电视讲座和广播讲座。通过这些活动，既传播了市场营销学知识，又扩大了学术团体的影响。在此期间，市场营销学在学校教学中也开始受到重视，有关市场营销学的专著、教材、论文在质量和数量上都有很大的提高。

3. 应用时期(1986—1988 年)

1986 年以后，中国经济体制改革的步伐进一步加快，市场环境的改善为企业应用现代市场营销原理指导经营管理实践提供了有利条件，但各地区、各行业的应用情况又不尽相同，具体表现为：

①以生产经营指令性计划产品为主的企业应用得较少；以生产经营指导性计划产品或以生产市场调节为主的产品的企业应用得较多、较成功。

②重工业、交通业、原材料工业等和以经营生产资料为主的行业所属的企业应用得较少；而轻工业、食品工业、纺织业、服装业等以生产经营消费品为主的行业所属的企业应用得较多、较成功。

③经营自主权小、经营机制僵化的企业应用得较少；而经营自主权较大、经营机制灵活的企业应用得较多、较成功。

④商品经济发展较快的地区(尤其是深圳、珠海等经济特区)的企业应用市场营销原理的自觉性较高，应用得也比较好。

在此期间，多数企业应用市场营销原理时，偏重于分销渠道、促销、市场细分和市场营销调研部分。

4. 扩展时期(1988—1994 年)

在此期间，无论是市场营销教学、研究队伍，还是市场营销教学、研究和应用的内容，都有

了极大的扩展。全国各地的市场营销学学术团体改变了过去只有学术界、教育界人士参加的状况，开始吸收企业界人士参加；其研究重点也由过去的单纯教学研究改为结合企业的市场营销实践进行研究。全国高等综合大学、财经院校市场学教学研究会也于 1987 年 8 月更名为“中国高等院校市场学研究会”。学者们已不满足于仅仅对市场营销一般原理的教学研究，而对其各分支学科的研究日益深入，并取得了一定的研究成果。在此期间，市场营销理论的国际研讨活动进一步发展，这极大地开阔了学者们的眼界。1992 年，学者们还对市场经济体制的市场营销管理，中国市场营销的现状与未来，跨世纪中国市场营销面临的挑战、机遇与对策等重大理论课题展开了研究。这也有力地扩展了市场营销学的研究领域。

5. 国际化时期(1995—2000 年)

1995 年 6 月，由中国人民大学、加拿大麦吉尔大学和康克迪亚大学联合举办的“第五届市场营销与社会发展国际会议”在北京召开。中国高等院校市场学研究会等学术组织作为协办单位，为会议的召开做出了重要的贡献。来自 46 个国家和地区的 135 名国外学者和 142 名国内学者出席了会议，25 名国内学者的论文被收入《第五届市场营销与社会发展国际会议论文集》(英文版)，郭国庆等 6 名中国学者的论文荣获国际优秀论文奖。从此，中国市场营销学者开始全方位、大团队地登上国际舞台，与国际学术界、企业界的合作进一步加强。

6. 21 世纪中国市场营销学的新发展

进入 21 世纪以来，尤其是中国加入 WTO 以后，市场的竞争形势发生了很大的变化。世界各行各业的企业纷纷抢滩登陆中国市场，中国国内市场的竞争已是越来越激烈。中国的企业以前的目标是冲了国门，走向世界。现今，在“国际市场国内化，国内市场国际化”的环境下，企业竞争的需要则进一步推动中国市场营销学的发展。随着中国互联网的成长与壮大，信息技术的发展，利用网络平台从事营销活动已是中国企业的常用手段。因此，网络营销理论在中国的发展已经达到了一个新的高度。同时，关系营销、绿色营销、程序营销、虚拟营销等新理论在中国也得到应用性的发展。

1.2.3　市场营销学的相关理论及基本内容

1. 市场营销学的理论体系

作为一门应用性经营管理学科，市场营销学在其发展过程中，不断吸纳经济学、管理学、社会学、行为学等多门学科的相关理论，形成了自己的理论体系。

市场营销学的理论基础是生产目的论和价值实现论。从一般意义上说，社会生产的最终目的是消费。人类的消费需要引发其生产行为，指示着生产方向和规模，推动着生产和交换的发展。在社会分工和商品生产条件下，交换是联结生产和消费的要素，同时也是生产不可或缺的条件。任何生产者必须面向消费、面向市场，不断提供能满足消费者需求和欲望的产品和服务，实现其价值交换过程，才能生存和发展。同样的，任何国家和地区的物质财富、精神财富和社会组织财富的生产，只有同现实需要和未来持续发展的需要相协调，各部类价值及非物质部门生产的价值可相互平衡交换并实现,社会经济才能发展。因此,交换在人类经济与社会的发展进程中,无论在微观还是宏观层面,均占有举足轻重的地位。

市场营销学以交换作为自己的核心概念,并且在实践中不断丰富和发展了交换理论。它的微观概念,如 1985 年美国市场营销协会界定为:“市场营销是(个人和组织)对思想(或主意、计策)、货物和劳务的构想、定价、促销和分销的计划和执行过程,以创造达到个人和组织目标的交换。”①宏观市场营销则一般定义为满足社会(或人类)需要和欲望,实现潜在交换的人类活动。市场营销学将交换作为一个相对独立的范畴抽出来,以价值实现为核心,运用系统论、决策论方法,构建了一个完整的理论体系。

这一理论体系将营销界定于交换和实现潜在交换,并将之作为企业经营者的基本职能。提出产品价值的创造与实现的必要条件是满足消费者(社会)的特定需要,充分条件是积极适应环境,实施整体营销。这是一种以手段(生产、经营)适应目的(消费需要),以微观(企业活动)适应宏观(消费需要比例)的系统理论。其内容主要包括:市场营销哲学(观念)的演进与变革理论、市场营销调研理论、市场环境分析理论、消费者购买行为理论、市场细分化理论、市场营销组合理论以及营销组织与控制理论等,具体如图 1-3 所示。因此,市场营销学是一门科学,有核心理论、概念和系统的方法论体系。

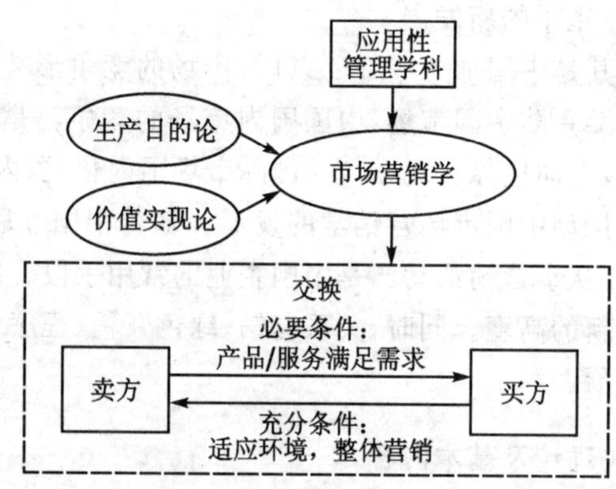

图 1-3 市场营销学理论体系

2. 市场营销学的性质与研究对象

(1) 市场营销学的性质

市场营销学是一门以经济学、行为科学、管理理论和现代科学技术为基础,研究以满足消费者需求为中心的市场营销活动及其规律性的综合性应用科学。

市场营销学于 20 世纪初从经济学的母体中脱胎而出,但是现代市场营销学已经不再是经济科学,而是一门属于管理学范畴的应用科学。

① 菲利普·科特勒.市场营销管理:亚洲版(上).郭国庆,译.北京:中国人民大学出版社,1997.

市场营销学的发展经历了一个充分吸收相关学科研究成果、博采众家之长的跨学科演变过程，进而逐步形成了具有特定研究对象和研究方法的独立学科。其中，经济学、心理学、社会学以及管理学等相关学科对市场营销思想的贡献最为显著。

(2) 市场营销学的研究对象

市场营销学的研究对象是以满足消费者需求为中心的企业市场营销活动过程及其规律。具体来讲，市场营销学要研究作为卖主的企业如何在动态的市场上有效地管理其与买主的交换过程和交换关系以及相关市场营销活动过程。

【营销信息链接】

1886年，小型、轻便、人人都会用的照相机诞生了，伊斯曼为它起了一个字母不多，但读着响亮的名字——柯达。1888年，柯达打出了第一个广告，画面上一只手举着一架柯达相机，旁边是伊斯曼写的自信而自豪的承诺："你压下按钮，其余由我负责。"柯达上市，一举获得成功。从此，人人都会用这一思想贯彻了整个柯达的经营历程，如何方便消费者使用相机一直是柯达公司孜孜以求的目标。1964年，柯达经过10年的研究，推出了一种立可拍相机，这种相机机型更加简单轻便，易于携带，操作简便，无需测距对光，就能获得清晰的照片，且底片装卸便利安全。这种老少皆宜的照相机上市之初就销售了750万架，一举创下了相机销量的世界纪录。同年，正值立可拍相机旺销之际，柯达了解到电子闪光灯设备不够完善，每照一张相片就得换一个灯泡，于是又于1965年推出使用方便的方形四闪镁光灯装置。1970年，柯达为弥补方型四闪镁光灯离不开电池的缺陷，进一步推出了新奇X系列闪光灯。1973年，超小型匣式柯达相机诞生，这种相机方便到可以放在口袋或手提袋里，而且照出的相片画面清晰。这种相机上市后仅3个月，在美国一地就销售了100多万架，全世界销量达1 000万架。人们亲昵地称它为"傻瓜"相机。然而，在柯达相机备受欢迎、销售直线上升之际，柯达公司宣布：柯达相机，人人可以仿造。柯达将10年的研究成果公之于众，这种大将风度令人大惑不解。然而不久人们就明白了，而且为柯达的精明所折服。原来，柯达早就考虑到了随着照相机销量的增加，胶卷冲印服务肯定会有大量的需求。于是在大家争相生产自动相机之时，柯达已将生产能力重点放在了胶卷的生产和冲印上。果然，柯达的胶卷销量和冲印业务猛增，几乎垄断了整个胶卷生产和冲印市场。

资料来源：http://www.sellcn.com/中国营销网

3. 市场营销学与其他学科的关系

市场营销学的发展充分吸收了相关学科的概念、原理和方法，理论体系日趋充实、完善。市场营销学的发展史就是经济学、心理学、社会学以及管理学等相关学科对其不断渗透的历史。

(1) 经济学与市场营销学

市场营销思想发展过程中，借鉴最多的是经济学的概念。除市场营销与人类经济活动天然的密切联系之外，其中另一个重要原因是一些早期的市场营销学者或者本身也是经济学家，或者接受过大量的经济学教育。

① 古典经济学的贡献

亚当·斯密提出的许多概念被广泛地用于市场营销领域。亚当·斯密认为,人类天生就有交换的倾向,加入市场机制是不可抗拒的历史趋势。他给市场所下的定义被早期的市场营销理论广为采用。他还提出,所有经济活动的目的都是为了满足消费。赞同这一观点的市场营销先驱都宣称“消费者是上帝”,并站在消费者的立场上进行市场营销分析。

② 相关经济学科的贡献

其他经济学家也提出了许多有价值的概念。例如,边际学派的经济学家提出效用的概念,被用于解释消费者行为;福利经济学家有关市场营销的评价,对测定广告效果产生了重要影响;市场营销学者还借用了金融理论中有关信用的概念,财政学中有关连锁店发展的税收概念等。

许多市场营销学者都致力于通过管理企业来提高市场营销效率,他们都大量使用了经济学中有关企业的概念:地租理论用于解释各种市场营销机构的设置和布局;价格和非价格竞争理论用于解释市场营销决策;竞争结构用于解释完全竞争、垄断、买主独家垄断、两家买主垄断、多家卖主垄断、多家买主垄断;产品差异化理论被用于解释定价、品牌、广告和服务策略;恩格尔定律为市场分析和解释消费者行为提供了概念。

③ 经济学概念对市场营销学的影响

经济学概念对市场营销理论的影响是十分明显的。在市场营销文献中可以找到许多经济学概念,如零售中的有关区位、地租、定价、一体化和经营规模的概念;广告中有关差异化生产、经营规模和转移成本的概念;批发中有关价格行为的概念;信用中有关商业周期、购买力、消费者支出和销售条件的概念等。事实上,经济学和市场营销学的密切联系从一些市场营销类书名中就可以得到证明,如《消费的经济原理》、《零售经济学》、《市场营销和广告经济学》、《市场营销经济学》、《广告经济学》等。

(2) 心理学与市场营销学

心理学概念对于市场营销思想发展的贡献在所有社会科学各分支中仅次于经济学。心理学研究心理、意识和行为以及个体如何与其周围的自然环境和社会环境发生关系。这些知识对市场营销的重要性是显而易见的,因为心理学研究的对象,即个体,正是市场营销交易的主体或当事人。

① 心理学各学派对市场营销学的贡献

与经济学一样,心理学在其发展过程中也出现了不同的思想学派及对行为的不同解释。在市场营销文献中也可以找到多个学派的概念。最初由威廉·冯特(Wilhelm Wundt)于1879年创立的“结构主义”学派认为,人的心理由感觉、意象和情感三种基本的心理元素构成。市场营销学者利用了该学派的本能、欲望和感觉等术语。1900年由约翰·杜威(John Dewey)创立的“功能主义”学派,开始了人类心理的第二次探索。杜威研究了在个体适应环境的调整中,心

理经验的重要性，其研究的重点是人的行为，而不是意识。与此同时，奥地利心理学家西格蒙德·弗洛伊德创立了心理学的第三个学派，即"精神分析"学派。弗洛伊德对无意识的心理过程很感兴趣，并通过临床研究来探索精神病的原因。他提出的许多概念和方法被市场营销学者采纳，用于研究消费者的潜意识以解释市场行为。

当这三个学派正在蓬勃发展并吸引了全世界的学者时，约翰·B·华生(John B. Watson)抛弃了诸如感觉、知觉、意象等概念，于1913年提出了"行为主义"的新概念，其基础是行为来自刺激，行为可以学习并习惯化。根据行为主义者的说法，人们可以像动物一样条件反射，并可以有意识地对某种刺激做出反应，消费者对销售刺激也有模式化的反应。但华生的行为主义理论在美国之外的其他国家和地区并没有获得广泛的接受，或许是因为它与占统治地位的理论太格格不入了。第五个心理学派是"赫式塔"学派。该学派认为，行为是自然、生理和心理等各种因素综合作用的结果。

② 心理学概念在市场营销领域的应用

纳入市场营销思想的心理学概念可分为几类，其中一类是有关动机的，在市场营销中就是销售吸引力。动机概念本身就说明了加入市场抱有某种目的，并暗示了某些对市场行为产生影响的因素。早期的一些市场营销著作中讨论了本能、欲望和冲动，并以此作为购买的基础；满意、舒适和方便则被解释为从感觉中产生的动机。市场动机特定地被称为购买动机，分为始发动机和选择动机、理性动机和感性动机、购买动机和惠顾动机以及最终动机(或个人动机)和产业动机等。刺激的概念可用于解释销售吸引力，即产品和服务刺激满足欲望的特征，它们能激起购买动机。对刺激的无反应或冷淡被称为销售阻力，但这可以通过适当的行为刺激来克服。

第二类心理学概念与沟通和教育的心理功能有关。某种想法通过知觉、领悟和直觉被意识接受，通过思考、推理、联想被理解和发展，通过记忆被保留和回忆，通过判断被应用。这样，功能心理学的概念解释了学习的过程，对营销者希望传递的信息如何感兴趣的过程，以及沟通如何成功的过程。

第三类概念与市场营销信息通过何种方式才能有效地传递到消费者有关。销售过程分为知晓、兴趣、欲望、确信和行动五个阶段。在某种环境下，个体按照冲动而不是逻辑推理来采取行动。作为心理分析对象的整体的个人，是有个性的人。个性的概念也被用于无生命的市场营销机构。另一个概念是意象，或者可以说仅仅由于心目中对某人的印象而形成的对他的性格特征的认识。意象由暗示、教育和经历发展而来，意象的存在仅仅是一种心理现象。

③ 心理学研究方法的贡献

市场营销学者不仅借鉴了心理学的概念，还借鉴了心理学的研究方法，如运用观察法、实验法、投射法、问卷调查法以及深度访谈法等方法开展市场调查。

(3) 社会学与市场营销学

社会学研究群体和社会环境下的人类行为。经济学家把人看做经济人；社会学家则认为人是社会人，是作为一个或多个群体的成员，是某种文化的代表，是其所处的时代背景和文化

环境的产物。人们不仅会由于心理学家所考虑的因素而发生变化,也会因其所处的社会环境及其在与其他人的社会互动中所形成的习俗、制度和价值观等发生变化。人们采取行动不仅是为了经济利益,还往往会出于自尊、情感、满足欲望、愉悦及其他非理性原因。

① 社会学家对市场营销学的贡献

在早期市场营销文献中,市场营销学者有意识地钻研并借用社会学概念的情况较少。例如,市场营销先驱詹姆斯·海杰蒂(James Hagerty)原来就是一位社会学家,但他除了对市场营销系统方面感兴趣之外,很少表现出其社会学背景对市场营销思想研究的影响。社会学家的兴趣往往与营销学者不同。社会学概念在市场营销思想中不受重视,主要是因为市场营销被认为是一种商业系统的概念,而不是作为一种社会系统的概念。商业概念在市场营销领域中占绝对优势,因而也遮掩了企业经营的社会背景。市场营销被看做是企业满足社会需求的方式,而不是社会成员自己满足自己需求的方式。在通过市场营销的商业运作来塑造个体和社会行为的进程中,经常将社会价值置于商业价值之下。

② 社会学概念在市场营销领域的应用

在市场营销文献中也可以找到许多评估社会自身变化及其对市场营销影响的论述。市场营销者曾依据社会历史的变迁来解释市场营销的发展,并将对这些变迁的反应称为市场营销系统的应变。大量的社会学概念被引入市场营销理论体系。

● 社会动机

长久以来,所有社会科学家都对人类行为动机感兴趣,社会学家也不例外。但是,他们强调个体和群体的互相影响。社会变迁改变了人们的需要,也改变了奢侈品和必需品的判断标准。动机从复杂的社会事物中产生,它创造了接受、尊奉、创新和领导等需求。

● 社会群体

在社会学家提出社会结构和社会阶层的概念之前,消费者一直是按照经济基础分类的,被分为高、中、低收入群体。然而,个人往往通过成员关系、社会交往和兴趣爱好等与很多群体交往,其中之一就是家庭。家庭作为一个消费单位,通常在市场上作为一个统一体行动。社会阶级或阶层的概念是另一个与经济状况无关的概念,它反映的是出身、教育、个性、社会领导地位等因素,还包括人们在诸如政府、教会等组织中结成的工作群体、娱乐群体和机构群体等。个人属于不同的群体这一现象加深了社会的复杂性。群体代表着地位,对于地位的渴望也是一种社会动机。

③ 社会互动

社会学家认为,竞争和合作不仅是社会成员和社会群体互相影响、互相作用的重要表现形式,而且这些概念完全可用来描述商业关系,相关的研究方法完全可用来揭示市场营销过程中的生产者、中间商、消费者等个人或组织间的相互关系。

④ 社会文化变迁

社会学家为描述社会发展趋势所做的努力,对市场营销思想的发展十分有用。例如,妇女

在社会中的角色转换这一大进步在市场营销研究中改变了市场的概念，其他还有家庭中领导权的转移、孩子作为一个消费市场的增长、个人和社会的新价值观、对信用的新态度、长期存在的风俗传统的消失、禁欲、社会事物的商业化、流行时尚、闲暇娱乐等。这些因素在市场营销文献中被描述为影响消费的重要力量。为了适应这些变化，市场营销学者与时俱进，兼收并蓄，采纳了社会学家的分析方法和概念。

(4) 管理学与市场营销学

对市场营销学概念体系发展起到重要作用的另一个学科就是管理学。通过泰罗(Taylor)、甘特(Gatt)、基尔布雷斯(Gilbreth)的开拓和创新，科学管理理论得到了很大发展，它对市场营销的影响也得到了公认。

从管理学引入市场营销领域的概念有：

① 科学管理：工作的形成、员工的挑选和培训、工人和监督者之间的合作、管理者和被管理者之间的责任分配等概念都引入了市场营销职能和市场营销机构的管理。

② 任务：以最低浪费和最高效率完成一项工作的方法和观念逐渐被应用于对销售人员的时间和责任的研究，包括访问路线、销售定额分配、培训、补偿、激励、监督和评估销售人员的业绩。

③ 职能化管理：引入了对采购、计划、检查、人力控制和产品保养实行职能化管理的观念。

④ 科学方法：阐明问题、收集信息、得出结论的步骤经修正用于市场调研，形成形势分析、信息调查、制定方案、收集信息等营销术语。

⑤ 简单化：当一个既定目标可通过较少的工作投入得以实现时，就可以做到人均产出增加、闲置设备减少、监督简化和易于控制。产品线简化这一概念也作为一项市场营销技术而被接受。

⑥ 多样化：多样化概念在尝试满足消费者的不同需要、保持灵活和获取利润中产生，这一概念预示着产品线的增加。市场营销学中的差异营销即由此演变而来。

⑦ 标准化：标准化用于市场领域中的原材料、工具、设备、方法、检查和时间表的统一化，也用于市场营销领域中的连锁店在经营、标准产品线、陈列、作业程序、控制方法、商品分类等方面的统一，还用于统一的大规模生产和销售。

(5) 其他学科的贡献

其他学科也为市场营销思想的发展做出了贡献。例如，市场营销学中的很多概念来自于法学和人类学等。

总而言之，市场营销思想的发展是一个兼容并蓄的过程。市场营销学作为一门独立的学科，具有综合性、边缘性和实践性等明显特征。

4. 市场营销学的基本内容

市场营销学是以市场营销及其规律性为研究对象的科学，根据市场营销活动的主要内容和目的，其主要内容大体可以归纳成三个部分：环境与市场分析，营销活动与营销策略研究，市场营销计划、组织与控制。

第一部分内容着重分析企业与市场的关系,分析影响和制约企业营销活动的各种环境因素,分析各类购买者的行为,进而提出企业进行市场细分和选择目标市场的理论和方法,并就市场调查和市场需求预测做介绍。这部分内容具有市场营销基础的意义,阐述了市场营销的若干基本原理和基本思路。

第二部分内容是企业营销活动与营销策略研究,是市场营销学的核心内容。其任务在于论述企业如何运用各种市场营销手段以实现企业的预期目标。因而全部都是围绕企业经营决策展开的。市场营销活动中所包含的可控制的变数很多,美国学者尤金·麦卡锡把这些变数概括为四个基本变数,即产品、定价、渠道和促销,简称为4P。对4P策略的研究,构成了营销活动研究的四大支柱。这部分内容不仅就每个基本变数可供选择的营销策略进行了分析,而且提出了市场营销组合这一十分重要的概念,强调四个基本变数不是彼此孤立的、分割的,必须依据外部环境的动向,进行产品、定价、分销及促销四大策略的最佳组合,以保证从整体上满足顾客的需求。

第三部分是关于市场营销计划、组织与控制的研究,主要阐述了企业为保证营销活动的成功而应在计划、组织、控制等方面采用的措施与方法。

市场营销学内容构架如图1-4所示。

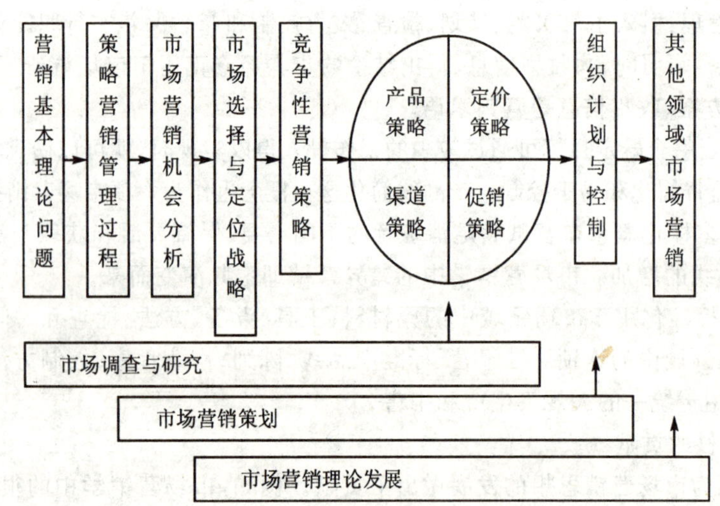

图1-4 市场营销学内容构架

1.2.4 研究市场营销学的意义和方法

1. 研究市场营销学的意义

(1) 面对21世纪的营销挑战

人们正在面对知识经济时代来临的严峻挑战。现代科技的飞速发展,从根本上改变了人

们的生活方式和社会生产方式，带来了比以往更为复杂和快速变化的社会经济环境，以及更为剧烈的全球竞争。无论在国家（地区）综合国力的发展层面，还是在微观企业经营与发展层面，新世纪的挑战都是崭新的、全面的。

经济全球化、高技术特别是信息科技产业的崛起、金融危机和全球企业并购之风的兴起，预示着未来的市场营销从观念、规划到方式都将发生深刻变化。一些学者将这些变化方向归纳为“学习型营销”，即善于学习、创新和运用新知识的组织将是最大的赢家。

新的环境要求经营者洞察消费者的知识及其学习过程，并在买主的学习过程中发挥作用。因此，经营者不仅要向顾客学习，自身（组织内部）要学习，而且要对顾客半教半学。这种新的营销观念认为，市场营销活动的规则随购买者的不断学习而演变，这种演变在一定程度上取决于营销者教给购买者的内容。

菲利普·科特勒曾经预言，在新世纪，市场销售领域将出现十大新趋势：

① 电子商务的发展，使批发和零售之间出现了实质性非居间化；

② 零售店交易量减少，它们更多是在推销体验而不是产品；

③ 建立客户信息库，根据某客户的特别需要提供“定制商品”成为公司时尚；

④ 商家在通过富于想象力的方法来超过消费者期望方面作了出色的工作；

⑤ 公司重视并对个别客户、产品和销售渠道进行利润核算；

⑥ 许多公司进一步树立忠实于客户的远见；

⑦ 公司的活动和需要更多依赖外部资源和合作；

⑧ 现场销售人员拥有更多的特许权限；

⑨ 大量的电视广告、报纸杂志广告消失，因特网广告兴起；

⑩ 公司不可能长久保持其竞争优势，除非它们具有尽快学习和跟上形势变化的能力。

可见，学习、研究市场营销学是知识经济时代的要求，是迎接新世纪挑战、适应环境变化的必需。

（2）促进经济成长

二战后许多国家的经济成长经验表明，市场营销观念的转变和贯彻是经济成长的一个重要原因。彼得·德鲁克在分析西方国家的营销问题时指出：将营销作为企业的中心功能，“这种观念上的改变是欧洲在 1950 年以后快速复原的主要原因之一……20 世纪 50 年代以后，日本经济上的成功，主要归功于其接受营销为企业首要功能的观念”。而美国，自 1900 年以来，其经济革命主要是营销革命。这种营销革命对经济的影响不亚于 20 世纪任何技术上的革命。

回顾中国改革开放 30 年来的经济成长过程，不难看到市场营销对经济发展的重要作用。可以预言，随着中国社会主义市场经济体制的构建和完善，这种作用还将进一步加强。

① 市场营销在促进经济总量增长方面发挥着重要作用。在社会主义市场经济条件下，经济总量的增长取决于能满足人民日常增长的物质文化需要的社会有效供给，即能为市场接受的价值生产的总增长。市场营销以满足消费者需求为中心，强调不断开拓新的市场，为生产

者、经营者提供不断向新的价值生产领域拓展和产品价值实现的手段，有效地促进经济成长。

② 市场营销通过营销战略与策略的创新，指导新产品开发经营，降低市场风险，促进新科技成果转化为生产力，充分发挥科技作为第一生产力在经济成长中的作用。

③ 市场营销的发展，为扩大内需、进军国际市场和吸引外资，以及解决经济成长中的供求矛盾和资金、技术等方面问题，开拓了更大的市场空间。

④ 市场营销为第三产业的发展开辟道路。专业性市场营销调研、咨询机构的发展，企业营销机构的充实，市场营销支持系统的发展，提供了大量的就业机会，并直接、间接地创造价值，促进第三产业的成长和发展。

⑤ 市场营销强调经营与环境的系统协调，倡导保护环境，绿色营销，对经济的可持续发展起到重要作用。

由上述方面可知，市场营销已经和正在做出自己的贡献。面对新的情况和问题，进一步研究市场营销学，促进中国经济的健康成长，具有重要意义。

(3) 促进企业成长

企业是现代经济的细胞。企业的效益和成长，是国民经济发展的基础。市场营销学对经济成长的贡献，主要表现在解决企业成长与发展中的基本问题上。

价值交换(实现)是企业生存和发展的基础。作为社会分工单位的企业，必须按社会的某种需要创造价值(产品或服务)，并通过交换过程实现其价值。市场营销学以满足需要为宗旨，引导企业树立正确的营销观念，面向市场组织生产过程和流通过程，不断从根本上解决企业成长中的关键问题。

市场营销学为企业成长提供了战略管理原则，将企业成长视为与变化的环境保持长期适应关系的过程。企业为此必须不断了解变化的环境，预测其趋势，不断创新其产品及营销策略，避免营销短视风险，不断在更高层次上满足消费者需要，并实现自身成长。

市场营销学为企业成长提供了一整套竞争策略，指引企业创造竞争优势。在战略与策略层面，市场营销学十分重视研究如何以满足消费者需求为中心，如何形成企业的经营特色，以及如何保证企业立于不败之地等问题。

市场营销学为企业成长提供了系统的策略方案，企业可以通过市场营销战略和营销组合策略决策和系统实施，来达到成长目标。同时，市场营销学也为企业成长提供了组织管理和营销计划执行与控制方法。

总之，研究市场营销学，必须在一些最重要的方面完成企业最基本的功能，促进企业的健康、持续成长。

2. 市场营销学的研究方法

研究市场营销学的方法是随着市场营销学的发展而变化的。在 20 世纪 50 年代前，对市场营销学的研究主要采用传统的研究方法，包括产品研究法、机构研究法、功能研究法。20 世纪 50 年代以后，市场营销学从传统市场营销学演变为现代市场营销学，研究方法主要是现代

科学方法,包括管理研究方法、系统研究方法及社会研究方法。市场营销学的研究方法体系如图 1-5 所示。

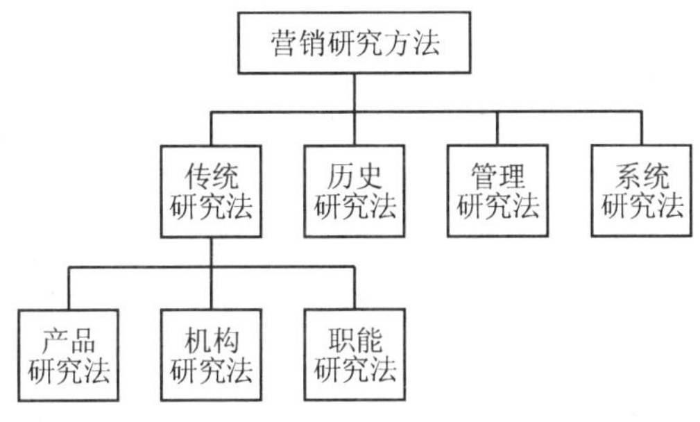

图 1-5　市场营销学研究方法体系

(1) 传统研究法

① 产品研究法

这是以产品为中心的研究方法。以产品为主体,对产品(商品),如农产品、机电产品、纺织品等分门别类的研究方法。主要研究这些产品的设计、包装、厂牌、商标、定价、分销、广告及各类产品的市场开拓。该种方法的优点是具体实用,可详细地分析研究各类产品市场营销中遇到的问题,但缺点是需要耗费大量的人力、物力和财力,而且重复性很大。这一方法的研究结果促进各大类产品的市场营销学的形成,如农产品市场营销学。

② 机构研究法

它是一种以人为中心的研究方法。这种方法以研究市场营销制度为出发点,即研究渠道制度中各个环节及各种类型的市场营销机构,诸如代理商、批发商、零售商等市场营销问题。这种方法侧重分析研究流通过程中各个环节或层次的市场营销问题,其研究结果形成批发学、零售学等。

③ 职能研究法

这是从市场营销的各种职能以及企业执行各种功能中必定或可能遇到的问题的角度来研究和认识市场营销问题。如将营销功能划分为交换职能(购买与销售)、供给职能(运输与储存)和便利职能(资金融通、风险承担、市场信息等)三大类,并将之细分为购、销、运、存、金融、信息等内容,分别和综合进行研究。这一方法在西方学术界颇为流行。

(2)历史研究法

这是从发展变化过程来分析阐述市场营销问题的研究方法,如分析市场营销的含义及其变化、工商企业 100 多年来营销管理哲学(观念)的演变过程、零售机构的生命周期现象等,并从中找出其发展变化的原因和规律性。市场营销学者一般都重视研究对象的历史演变过程,但也不把它作为唯一的研究方法。

(3) 管理研究法

这是二战后西方营销学者和企业界采用较多的一种研究方法，是一种从管理决策的角度来分析、研究市场营销问题的方法。它综合了产品研究法、机构研究法和功能研究法。从管理决策的观点看，企业营销受两大因素的影响：一是企业不可控制因素，诸如人口、经济、政治、法律、物质、自然、社会文化等因素；二是企业可控因素，即产品、价格、渠道及促销。企业营销管理的任务在于全面分析外部不可控制因素的作用，针对目标市场需求特点，结合企业目标和资源，制定出最佳的营销组合策略，实现企业赢利目标。其研究框架是，将企业营销决策分为目标市场和营销组合两大部分，研究企业如何根据其不可控变数，即市场环境因素的要求，结合自身资源条件(企业可控因素)，进行合理的目标市场决策和市场营销组合决策。管理研究法广泛采用了现代决策论的相关理论，将市场营销决策与管理问题具体化、科学化，对营销学科的发展和企业营销管理水平的提高起了重要作用。

(4) 系统研究法

这是一种将现代系统理论与方法运用于市场营销学研究的方法，是从企业内部系统、外部系统，以及内部和外部系统如何协调的角度来研究市场营销学的。企业内部系统主要研究企业内部各职能部门，诸如生产部门、财务部门、人事部门、销售部门等如何协调，以及企业内部系统同外部系统的关系如何协调。企业外部系统主要研究企业同目标顾客外部环境的关系。内部与外部系统又是通过商品流程、货币流程、信息流程联结起来的。在管理导向的营销研究中，这一方法常常结合起来采用。企业市场营销管理系统是一个复杂系统。在这个系统中，包含了许多相互影响、相互作用的因素，如企业(供应商)、渠道伙伴(中间商)、目标顾客(买主)、竞争者、社会公众、宏观环境力量等。一个真正面向市场的企业，必须对整个系统进行协调和整合，使企业的外部系统和内部系统步调一致、密切配合，达到系统优化，产生增效作用，提高经济效益。

市场营销学的研究方法还在不断创新和发展，这也是这门学科的生命力之所在。

【本章小结】

1. 市场是商品经济中生产者与消费者之间的价值交换关系、条件和过程。

2. 市场营销是个人和群体通过创造并同他人交换产品和价值以满足需求和欲望的一种社会过程和管理过程。其核心概念是交换，基本目标是满足需求和欲望。市场营销是企业最重要的职能。

3. 市场营销学作为一门学科于20世纪初形成于美国，经过漫长的发展道路，不断充实提高和创新，已经成为具有系统理论、策略和方法论的一门现代管理学科。市场营销学在中国的发展速度也很快。

4. 现代市场营销学主要内容大体可以归纳成三个部分：环境与市场分析，营销活动与营

销策略研究，市场营销计划、组织与控制。

5. 利用科学的方法学习、研究市场营销学，对于迎接 21 世纪的各种挑战、促进经济快速健康成长、促进企业发展具有重大的理论意义和现实意义。

【思考题目】

1. 试比较经济学家和管理学家对市场认识的异同。
2. 什么是市场营销？
3. 试述市场营销学的形成与发展过程。
4. 结合实际，简述市场营销对中国经济发展及企业成长具有哪些重要意义？
5. 简述市场营销的主要研究方法。

第 2 章　市场营销思想

【职业引导案例】

“小糊涂仙”就是要人们在小事上糊涂一点，才能在大事上做到不糊涂，最终达到应对自如、不急不躁、悠然自得的仙境。在单位、公司里，领导与下属之间、同事与同事之间，不要在鸡毛蒜皮的小事上纠缠不休，在个人利益得失上斤斤计较，要胸怀宽广，用人所长，容人所短，这样就会形成团结向上、积极进取的正气，最终就不会因“小事”影响事业发展这个“大事”。“聪明难，糊涂更难！”这就是小糊涂仙对当年郑板桥“难得糊涂”的现代理解和演绎。广告中的对话看似朋友斟饮间的打趣，却在不经意间强化了品牌名称的记忆，聪明地将郑板桥的名言“难得糊涂”和小糊涂仙酒结合起来，使其更具文化意味并将其融入企业的营销思想。云峰企业其“五小”(小糊涂仙、小酒仙、小糊涂神、小福仙和小糊涂圣)系列酒遍及全国市场，同时先后推出的精品小酒仙、精品小糊涂仙、精品小福仙、精品小糊涂圣也同样受到消费者欢迎。云峰酒业这种不同品牌、不同价位、特点鲜明的系列美酒在市场上争奇斗艳的景象，被许多人称赞为“小糊涂仙现象”。小糊涂仙凭借“大智慧”在竞争白热化的白酒市场脱颖而出，成了酒界一匹黑马，为后来者树立了一个超越老品牌的范例，演绎了中国白酒市场“难得糊涂”的一场文化大戏。小糊涂仙酒依靠茅台镇的地域名气快速成长为全国性品牌，其“糊涂文化”深得人心，其终端促销方法至今影响着许多酒类企业。

资料来源：http://www.emkt.com.cn/中国营销传播网

2.1　市场营销思想的生成背景

市场营销，这种以交换为核心概念的理论体系及其实践，是伴随着人类社会商业活动的产生发展应运而生的。它的范畴可以清晰地分为两类：一类把市场营销作为经营的哲学或者思维的方式，即将市场营销作为一种成熟学科的理论体系；另一类则把市场营销与生产、财务或人力资源管理等相提并论，指针对某些特定活动的一类管理职能，即市场营销的实践过程。市场营销是商业交换过程的内在因素，但其重要性却是随着供求关系这个杠杆的变动而发生变化的。

对市场营销的历史研究不仅包括营销思想(如观点、理论、学派等)的历史，也包括市场营销在现实商业活动中实践的历史。这两者既相互独立，彼此之间又有着千丝万缕的联系。市场营销思想常常被营销实践驱动，同时市场营销实践也不可能是毫无思想指导的无理性行为。

回顾市场营销学的发展历史，可以发现这样一个规律：市场营销理论体系每经过 10 年左

右的时间，就会产生出一批新的概念和观点。这些概念和观点反映或促进实践，引起争论，由此把整个理论体系向前推进一大步。因此，研究市场营销思想的发展过程应该将其与市场营销实践结合起来讨论。

2.1.1　崭露头角的 20 世纪 50 年代

在二战结束后，因日益显著的供大于求，供求杠杆向有利于消费者的方面转移，迫使企业将它们的注意力由制造转为销售，从而促使了营销的萌芽和发展。在 10 年的时间里，市场营销学作为一种帮助企业建立和保护市场的思想体系，迅速地在商学院里得到普及。虽然这时的市场上产品丰富，但品种还远远没实现多样化。初期的生产过剩只是在满足消费者同质化需求水平上的过剩，表现为激烈的无差异的同质竞争。很快，企业迫于这种恶性竞争的压力而转向在树立品牌和寻求与众不同的细分市场上下工夫。在此期间，营销由零散的思想火花发展为系统的思想体系，下面是这四个里程碑式的概念。

20 世纪 50 年代初，通用电气公司的约翰·麦克金特立克阐述了“市场营销概念”的哲学，指出它是公司效率和长期盈利的关键。他认为，当一个组织脚踏实地从发现顾客需要，然后给予各种有针对性的服务，到最后使顾客得到满足，这便是以最佳的方式满足了自身的目标。他的这种思想清楚地表明了市场营销概念的重点已从以产定销转变为以销定产，这是市场营销史上一次质的飞跃，标志着市场营销思想正从幼稚走向成熟。

在同一时间，齐尔·迪安在他的一篇关于有效定价策略的文章中提出了产品生命周期的概念，阐述了市场萌芽期、发展期、成熟期和衰退期等不同的市场发展阶段和相应的产品命运。其后，西奥多·莱维特在其著名的论文“利用产品生命周期”中对此概念加以高度肯定。从那以后，产品生命周期的概念在企业进行行业分析、制定发展战略时成为不可或缺的一部分。

1955 年，西德尼·莱维提出“品牌”形象的概念，这实际上标志着差异化竞争时代的来临。从此，广告、促销、公关等职能或行业蓬勃发展。并且，随着经济的发展、时代的进步，这个概念的重要性也日渐凸显。以至于到了今天，所有产品的竞争已经集中体现在品牌的竞争上。这个概念的真知灼见已被时间充分证明。

1956 年，温德尔·史密斯提出了“市场细分”的概念，将市场营销实践在企业运作的过程中提升到战略的高度。每个市场的顾客需求都是有差异的，如果公司能够对市场进行成功地细分，精确地对顾客未被满足的具有可行性的需求加以界定，并率先占领这个细分市场，而不是简单地停留在产品差异上，那么企业就可以在激烈的竞争中保持自己的生存空间。市场细分的概念和思想在实践中是如此的有效，以至如今它已成为市场营销理论的基础，复杂多样的市场营销理论大多可以在这里找到它的根基。在进入 21 世纪以后，企业的市场细分已经是越来越细了，一个企业不可能满足所有消费者的需要，充其量只能满足其中一小部分消费者的需要。

2.1.2 快速发展的 20 世纪 60 年代

20 世纪 60 年代是经济学的理论开始应用于市场营销，并促进市场营销发展的时代。经济学强调资源配置决定生产和消费，而营销所关注的是在特定的资源分配条件下交换的过程。在市场经济条件下，个人可以自由选择从何处购买或卖往哪里，对于这样一个现实存在的交换，市场营销是一个基本的渠道，它强调消费者的欲望和需求。这时，又不可避免地从社会学或心理学等人文学科汲取营销发展可用的营养。如下面将提到的用于实践的 4P 营销组合就是从 19 世纪 30 年代罗宾逊和张伯伦的微观经济学中不完全竞争理论直接延伸而来的。而对生活方式的研究兴趣，使营销者能更加灵活深入地探知消费者需要的细微差别，准确地选取细分市场。经过 20 世纪 50 年代市场细分理论和实践的发展，进入 20 世纪 60 年代后，问题的重心已经彻底地从企业(产品)转到消费者(需要)上来。因此，这个阶段的理论发展紧紧围绕着对消费者需求的把握:既有战术层面上对消费者需求的满足(4P 营销组合)，也有战略层面上对消费者需求的把握(生活方式等)，更在此基础上，强调了以企业的长期发展目标取代企业的近期生存问题(营销近视症)。这一时期经济和社会生活中的一些发展和变化也促使市场营销开始超越商业领域，向非盈利的政治或社会团体等范围渗透。市场营销逐渐扩大了它的影响。

20 世纪 60 年代初，杰罗姆·麦卡锡提出了著名的“市场营销组合”，以产品、价格、促销和渠道构成市场营销过程控制的职能要素。尽管后来随着实践的发展和市场营销内容的多样化，市场营销组合也由最初的 4P 发展到 6P，甚至 12P(如增加包装(packaging)、报酬(payoffs)、零卖(peddling)、政治(politics)、公共关系(public relations)等)，但其内在的本质并没有变化，都为市场营销实践指明了一种行之有效的操作方式。

1961 年西奥多·莱维特发表了著名的“营销近视”说。他指出有些行业在困难期间衰退的原因在于它们重视的是产品，而不是顾客需要。任何产品都只是满足一个持久需要的现有手段，一旦有更好的产品出现，就会取代现有产品。这一理论在当时最具代表性的例证就是计算尺与计算器的不同命运。

1963 年，威廉·莱泽提出了“生活方式”这样一个早已为社会学家所熟悉的概念，指出了它对市场营销领域可能发生的深刻影响。各种生活方式是洞察形形色色消费方式的切入点，如看到一对衣着入时的夫妇，就可能猜出他们喜欢吃些什么或怎样度过休闲时光。厂商们越来越多地按照某种特定的生活方式来设计产品，锁定一个消费群体。

在 20 世纪 60 年代末，西德尼·莱维和菲利普·科特勒提出了“扩大的营销概念”，认为市场营销学不仅适用于产品和服务，也适用于非盈利性组织、个人和意识形态等等，并于 20 世纪 70 年代以后在这种概念的基础上逐渐发展起社会大营销的完善理论。当然，最初并非所有学者都欣然接受这种观念，如戴维·洛克教授就攻击了这种观念，认为市场营销学正在将它的势力恶性膨胀，无孔不入地侵犯着所有领域。但是，这样的反面意见并没能阻止大营销概念被普遍接受，经济的发展和社会的进步也为这一理论的成熟和完善铺平了道路。

2.1.3　动荡不定的 20 世纪 70 年代

进入 20 世纪 70 年代，社会问题对经济领域的影响日益加大，使得 20 世纪 60 年代开始萌芽的社会营销观念在这个时期得到迅速发展。同时，能源危机成为这个时代突出的问题，能源的短缺迫使人们重新审视商业发展的目标，认识到不能一味地以销售和利润最大化作为企业的唯一目标。配合社会营销的发展，旨在抑制过度消费的低营销开始出现。值得一提的是，与低营销相似的反营销也开始与日益严峻的犯罪率上升等社会问题针锋相对。这一时期，伴随着产品的极大丰富，服务业也得到迅速发展，反映在市场营销理论上便是服务营销发展成营销理论体系中成熟且相对独立的一支。在 20 世纪 70 年代的经济危机中，为了在近期竞争中取胜，企业必须对长期的战略规划做出通盘考虑，使战略营销计划必须先于战术性营销组合的制订。因为只有在对市场进行研究、细分和定位的战略计划的基础上，战术性的营销组合才能顺利实施。

1971 年，杰拉尔德·泽尔曼和菲利普·科特勒提出了“社会营销”的概念，促使人们注意市场营销学在传播意义重大的社会目标方面可能产生的作用，如环境保护、计划生育等。在经济和社会变化迅速的 20 世纪 70 年代，这一概念很快得到广泛应用。许多国际组织，如世界卫生组织、世界银行、美国国际开发署等，都开始认同这一概念，并将其作为传播意义重大的社会目标的最佳方式。

对短缺的预言，导致了西德尼·莱维和菲利普·科特勒在 1971 年提出了“低营销”的概念：在某种环境中，必须有选择地或全面地减少需求的水平，而不是一味地鼓励和刺激需求。这多半是与特定的社会目标联系在一起的。营销学者们并没有把这个理论停留在仅提出概念的水平上，而是进行了深入的探索，研究出如何把不同的营销组合工具用于降低市场需求的具体实用的操作方法。这些在菲利普·科特勒的著作里有详细的阐述。

20 世纪 70 年代早期的经济危机，导致了“战略计划”概念的产生，在这方面成绩卓著的是波士顿咨询公司。该公司说服企业不能对所有的业务一视同仁，而应该根据各种业务的市场份额成长的情况，决定取舍。这就是建立在波士顿矩阵之上的著名的业务经营组合法。对营销者而言，市场营销并不仅仅意味着增加销售额，而是要通盘考虑战略营销的概念。自此，战略性营销和战术性营销的界限日趋明朗。在实践方面，通用汽车公司已经按这两个概念分设了不同的营销部门。在教育界，也开始专设战略营销课程。

到了 20 世纪 70 年代后期，美国的服务业得到迅速发展，随即林恩·休斯塔克在 1977 年的营销学杂志上阐述了她对服务营销的独到见解。她认为，因为服务性商品和实物性商品在生产和消费的过程中存在着显著差异，对服务性商品的营销应该从实物产品营销思路的束缚中解脱出来。从此掀起了对服务营销学的研究热潮，使其逐渐发展成营销理论体系中成熟的一支。

2.1.4 全球化的20世纪80年代

20世纪80年代经济领域最显著的趋势是跨国公司在全球的迅猛发展,由此使得竞争在不同层次上展开。在产品方面,异质产品之间的替代度大大提高,竞争在同质和异质产品等不同层次展开。在地域方面,经济全球化的趋势使地方企业同样不能逃脱国际化的竞争,而跨国公司则面临着地区适应性和全球标准化的矛盾选择:一方面,规模经济的规律要求忽略地方市场的差异,提供尽可能全球统一的标准产品;另一方面,当地的零售连锁组织日益增长的势力要求更多的促销费用和某些特殊的促销活动。在广告方面,大规模受众的传媒效果下降,因而伴随着信息技术的兴起和大量数据的出现,大块市场又陆续被分割成一个个当地市场。此外,规模庞大、机构复杂的国际性大公司对组织管理提出了前所未有的挑战。在培育企业文化方面,兴起了在全员中实行营销导向的内部营销。在社会营销方面也遇到了地域壁垒的问题。

1981年,瑞典的克里斯琴·格罗路斯发表了论述"内部营销"的论文,倡导在公司里创造一种营销的氛围,从经理到普通职员全部在本职工作中贯彻市场营销观念,市场营销工作已不再仅仅是营销部门的职责,而是公司全员都必须身体力行的责任,奉行顾客导向的市场营销观念。

1983年,西奥多·莱维特提出另一个堪称里程碑的"全球营销"概念。他呼吁跨国公司向全世界提供一种统一的产品,采用统一的沟通手段。他的学说可以在经济学中找到强力的支撑:过于强调对各个当地市场的适应性,将导致生产、分销和广告等方面规模经济的损失,使成本增加,而增加的成本最终由消费者承担,并削弱企业的竞争力。这一观点在市场营销学界一石激起千层浪,被尊为现代营销之父的菲利普·科特勒也对其发难。但事实证明,莱维特的观点在实业界引起了极大的兴趣,在个别全球化商品中也树立起成功的案例。随即,学术界就有对此观点加以修正的意见提出,如"双枝营销"就倡导本土化营销与全球标准化营销的并用,巧妙地回避了彻底肯定或彻底否定的激烈争论。

直接营销在近10年中进入人们的视野,是指在零售商店外向顾客销售的一种新方式。它从最初的上门推销和邮售,发展到现在的电话推销、电视直销和网上销售等。同一时期,查里斯·古德曼又提出"关系营销"的概念,指出"公司不是在创造购买,而是要建立各种关系"。对市场营销的认识更接近本质。

1986年,菲利普·科特勒提出了"大营销"的概念,即公司如何打进地方保护市场的问题。指出当代的营销者越来越需要借助政治技巧和公共关系技巧,克服各种地方保护主义、政治壁垒和公众舆论等方面的障碍,以便在全球市场中有效地开展工作。跨国公司(multinational corporation)的发展为"大市场营销"理论的发展提供了充分而有力的实践支持。跨国公司也是一个企业绕过一个国家的关税壁垒,尤其是非关税壁垒,进入其国内市场从事市场营销活动的最有效的手段。

2.1.5　深刻变革的 20 世纪 90 年代

20 世纪 90 年代以来，人类在沟通领域经历了一场革命。大规模沟通工具的效率和利用率越来越低。交互式的、个性化的沟通方式为市场营销提供了新的工具和新的思维方式。伴随着制造业（柔性制造、CAM、CAD）和信息技术的发展，与 4P 观点相适应的大宗消费市场终于可以实现极限的细分，呼吁更具灵活性和适应性的市场营销观点。在战略领域，兼并、收购、剥离等浪潮推动了全球大企业的分分合合。世界范围内的企业战略联盟使市场营销网络超出单纯的市场营销渠道范畴，寻找战略伙伴或同盟者已成趋势。这种营销网络使得一家公司在北美、欧洲和东亚这样的三地市场同时推出一种新产品成为可能，减少了因为产品进入市场的时间滞后而被富有进攻性的模仿者夺走市场的风险。

信息技术在 20 世纪 90 年代的蓬勃兴起将市场营销带进了“定制营销”的时代。基于信息技术的营销决策支持系统使一个公司不仅可以锁定一个细分市场，还可以为每一个特定的顾客定制产品，以满足其个性化的需求。随着技术的进步，这种营销方式已不仅仅是展示未来趋势的美好愿望，而是能够在现实中成功地付诸实践。如 DELL 电脑的个性化服务使其成长为世界电脑制造领域的领先者。理论界也由斯坦莱・戴维斯率先出版了主题为“大规模定制化”的专著，近来这方面的论著日见其丰。

全球性的竞争催生了“战略营销关系网络”。在营销网络中，公司可以找到战略性的合作伙伴，以求获得更广泛、更有效的市场占有。这种发起于营销领域的战略联盟近来逐渐上升到公司整体战略层面，使得竞争和合作在全球范围内表现得越来越错综复杂。

互联网的发展给人类社会的方方面面带来革命性的变化，市场营销工作也不例外。互联网的交互式、动态性、即时性和全球无障碍等特性使其作为一种全新的沟通方式成为一个最高效的营销工具。网络营销方兴未艾，可以预期它还将在更深层次上影响着营销实践的方式和方法。企业网络营销开展到一定程度，随着网络营销环境和企业内部环境的变化，网络营销的开展已经不再是简单的发发信息或做一做搜索引擎广告，而是已经到了从企业发展的层面来综合考虑和规划企业的网络营销工作的时候了，也就是进行网络营销的系统化工作，即整合网络营销。整合网络营销就是使网络营销工作的系统化、体系化，其目标是为企业创造网络品牌价值，为实现企业整体经营目标而服务。

正如战略学家魏斯曼所说：一个问题的解决总是依赖与问题相邻的更高的一级，即问题不可能在它出现的那一层面得到解决。在新的竞争环境下，公司如何建立基于现实、面向未来的营销战略和模式，获得持续的竞争优势？仅靠传统的营销模式能力是有限的，只有突破以往的思维定式，深刻认识现代竞争的本质，确立基于整体竞争的营销理念，在企业战略的层次上规划核心能力，重整营销资源，重建营销模式，构建稳定高效的营销网络，进而掌握市场，赢得竞争的主动，才能获得企业的持久竞争优势。这就是基于整体竞争战略的营销观——“深度营销”，也是营销领域最新的研究和实践趋势。

2.2 中国市场营销思想的发展现状

在中国，市场营销可以说还是个新生事物，计划经济时代是没有市场营销的。随着中国社会主义市场经济体制的不断完善，整顿与规范社会主义市场经济秩序工作的有序进行，在经济全球化的条件下，中国企业所面临市场营销环境的改变，企业应该如何树立正确的市场营销思想，如何运用恰当的市场营销手段去引导消费者行为、指导企业从事生产经营活动已是中国企业界面临的一项重大任务。

中国企业的市场营销思想大多都是从发达国家引入的，而这些市场营销思想均是以发达国家经济发展和市场营销活动为研究对象而形成的，虽然对于指导中国企业发展也适用，但是有些理论并不能完全照搬照抄，毕竟理论产生和研究的土壤改变了，人们也不得不对理论进行再认识。就市场营销思想而言，一些西方发达国家的企业已经普遍完成了市场营销思想的阶段性升级换代，整体水平有了本质变化，而中国企业的市场营销思想又是什么样的现状呢？

2.2.1 市场观念远远落后于西方发达国家

不论是哪种市场观念的产生和盛行，中国与西方发达国家均相差了50年左右。这种表面的时间差距背后的实质是经济发展水平和企业管理水平的巨大差异，这与中国其他领域和学科与西方发达国家的差异也是一致的。而中国经济发展水平之所以落后于西方国家，很大程度上是由于新中国成立不久，经济体制改革缓慢，市场经济体制建设滞后等等原因。在建国初期的计划经济时代，人们普遍视市场经济为瘟疫，由此导致了这种环境下的企业奉行过时的市场观念，大大束缚了经济发展水平，而经济发展水平受限又反作用于市场观念，从而形成恶性循环。然而这种局面很快得到扭转，在意识到市场经济的科学性后，中国也实行了经济体制改革，引入市场经济体制，经过近几十年的发展，中国经济建设取得了巨大成就，但是毕竟是几十年的差距，而且西方发达国家也在飞速发展，即使有再强的后发优势、再大的努力也不可能在短时间内抹平这种差距。

造成中国企业市场观念混乱的原因有很多，但最重要的原因就是客观经济形势。当20世纪初西方发达国家开始四处侵略，为本国发展寻找资源支持的时候，中国却还处在水深火热的半殖民地半封建社会，在为别人的发展做贡献；而中国的民族工业饱受煎熬，并且错过了大好的发展时机，使得经济落后于别国。在建国后较短的时间内，中国完善了经济体系，为经济复苏奠定了基础。然而，在建国初期把经济体制局限为计划体制虽然效果明显，但是却严重影响了中国经济的健康发展。本来开始发展经济就比外国晚，且基础比较弱，而在西方发达国家飞速发展时期中国却还走了一段弯路，由此导致经济发展水平落后。由于经济发展水平和市场经济不发达导致企业市场观念落后，而市场管理观念又反过来影响经济发展。

2.2.2　落后观念依然有生存空间

中国企业的市场观念除了落后于西方发达国家以外，企业的市场观念现状还有一个特征，那就是国外不同阶段的各种市场观念同时并存。西方发达国家的市场观念都是随着经济形势的变化完成了阶段性的升级换代，而现阶段中国企业的多种市场观念同时并存，折射出中国经济发展的畸形，即目前企业发展水平良莠不齐，且差异巨大。一些企业需要具备与时俱进的、先进的、科学的市场观念，才能在激烈的市场竞争中立于不败之地；而一些企业由于条件限制，以落后过时的市场观念为指导，依然能在市场中找到生存空间。

存在决定意识，环境决定观念，一些落后的市场观念之所以还被中国的一些企业所推崇，原因在于在这种落后过时的观念指导下，它们依然能找到生存空间。特别是一些落后地区的企业，它们没有可持续发展思想，盲目地看重眼前利益，狭隘地认为先进的市场观念只会增加成本，看不到企业未来的发展。而从客观上说，中国的特殊市场，特别是一些落后的农村市场和低收入弱势市场，又为这些秉承落后市场观念的企业提供了温床。在一些落后的农村，由于群众收入水平普遍不高，文化素质较低，导致在市场交易中依然处于被动附属地位，信息交流极不对称，被动接受低水平企业的产品，使农村市场充斥着低质劣质产品。在低收入消费者市场也有同样的情况，由于收入水平低下，消费购买力不强，被迫购买低价产品而陷入低价陷阱，在市场交易中处于被动弱势地位。总之，这些低层次、不规范的市场客观上为这些以落后市场观念为指导的企业提供了生存的温床。

2.2.3　先进观念的引入有待完善

现今，虽然中国企业界对一些西方国家先进科学的市场观念已经不陌生，经济全球化和先进的信息技术都促进了管理思想和市场观念的传播，中国一些企业也能很快和大型跨国公司保持同步，然而由于之前的企业文化沉淀不够，发展历史不长，再加之学术界研究不深，宣传不够，导致很多企业虽然引入了最先进时尚的市场观念，但是却没有真正理解这些理念的精髓，在执行操作时忽视了其应用条件和环境，因此很多理念停留于口号或者流于形式，徒剩华丽的外表。

随着经济及信息技术的发展，目前国内一些企业也引入了一些先进的市场观念，开始充分重视市场和消费者需求，然而这些观念的理解和执行还和发达国家的跨国公司有较大差距。一些传统产业的大型国有企业虽然有较强的实力和历史积淀，但由于体制改革不到位，再加上传统观念和新观念的冲突，使得这些新的市场观念效果不尽如人意；一些中小民营企业由于规模限制或者发展历史不长，再加上有的企业急功近利、盲目追随，对一些新的市场观念理解不到位或者执行不力，导致很多理念成为口号，有的在执行过程中由于条件限制不能真正到位，其效果自然不理想。

当前中国企业领导者有了一定的市场营销观念，但在企业的经营运作过程中，把理论应用于实践并取得成效的比率却不高，企业的库存过高、丢失市场、竞争力低下、低水平运作的情况仍较多地存在。可以说，在买方市场上，在竞争愈来愈激烈的状态下，在消费者愈来愈成熟的过程中，中国的企业开拓市场、把握市场的能力远远落后于形势的发展需要。一方面，企业在改革的攻坚阶段面临着各种深层次的矛盾，造成了企业承受着巨大的压力和挑战；另一方面，企业也为找不到提升企业竞争力的灵丹妙药而苦恼，为该如何把市场营销的理论应用于企业的经营实践，解决企业的问题而困惑。

改革开放以来，中国的企业经历着计划体制向市场经济体制的过渡，从卖方市场到买方市场的转变，更将面临与国际上的跨国大企业的正面交锋。短短 30 年的时间中，中国的企业从没有竞争、没有市场观念到进入完全的国际竞争局面中，很多人的思想观念都没有跟上来。受昔日浓厚的小农经济意识的影响，大部分企业仍然没有把市场营销工作提升到战略的高度。虽然他们都在想方设法搞好企业的经营活动、扩大企业的市场，但是，单纯追求广告的投入、宣传手法低劣、竞争手段单一(多次的价格大战)、品牌意识淡漠、短期行为等问题依然普遍存在于企业中。落后的经营观念极大地阻碍了企业竞争能力的发展和提高，并使企业经营活动不适应市场竞争规律，企业缺乏参与国际市场营销活动的能力。

受滞后的经营观念影响，企业的经营手段、方法、措施也就较落后。其中一个较为普遍的问题是，中国企业对市场调查研究的重视程度不够，且投入严重不足。企业不了解市场，谈生产面向消费、接近市场、把握市场也就是一句空话。企业不接近市场、把握市场，对市场仅有一些模糊的认识，就会导致企业对市场需求量、需求品种的估计不足，甚至估计错误。有些企业在初战告捷或初有成就后，还没来得及进行详细的研究分析，就马上拿出一个宏伟的发展规划，受目前成就的影响，往往高估了企业潜量和市场潜量。

2.2.4 缺乏可持续发展的市场营销理念

“全面、协调、可持续发展”是十七大对中国科学发展的基本要求，也是对广大企业科学发展的基本要求。国家实现全面、协调、可持续发展是企业全面、协调、可持续发展的条件，企业实现全面、协调、可持续发展是国家全面、协调、可持续发展的基础。广大企业既要学习贯彻十七大对国家科学发展的基本要求，又要认真谋划自己全面、协调、可持续发展。目前，中国不少企业都存在片面发展倾向，如片面追求生产规模发展、片面追求营销发展、片面追求赢利水平发展，这些倾向都有悖于全面发展要求，应该得到及时克服。企业是一个由各种生产要素、各种生产角色、各种生产组织构成的有机体，其中每一个方面都是必不可少的，都应该与时俱进、不断创新。企业功能要专，不能什么都干；企业发展要全，不能偏废一方。

营销理念是企业进行市场营销活动的指导思想，营销理念的正确与否，直接关系到企业市场营销的成败。但是，很多企业的生产经营仍是在一味追求近期和微观效益的理念下进行的，对眼前利益考虑得多，对环境保护和社会长远利益考虑得很少；不少企业对消费者需求的变化等问题可能引起企业竞争能力的差异、环境问题所开拓的新的市场机会等缺乏应有认识；有的企业尽管意识到可持续发展的理念的确立可以使企业开辟新的市场，但由于需要花费较大的成本、存在着一定的风险而不敢贸然行事；另一些企业由于长期亏损，连生存都成了问题，也就

更谈不上树立起可持续发展的市场营销理念了。

【营销信息链接】

可持续发展的概念最先是在1972年在斯德哥尔摩举行的联合国人类环境研讨会上正式讨论。这次研讨会云集了全球的工业化和发展中国家的代表，共同界定人类在缔造一个健康和富有生机的环境上所享有的权利。人类在向自然界索取、创造富裕生活的同时，不能以牺牲人类自身生存环境作为代价。为了人类自身，为了子孙后代的生存，通过许许多多的曲折和磨难，人类终于从环境与发展相对立的观念中醒悟过来，认识到两者协调统一的可能性，终于认识到只有一个地球，人类必须爱护地球，共同关心和解决全球性的环境问题，并开创了一条人类通向未来的新的发展之路——可持续发展之路。

国家可持续发展是一个专用术语。1987年世界环境与发展委员会通过的《我们共同的未来》报告，提出“可持续发展是在不牺牲后代人满足其需要能力的情况下满足当代人需要的发展”，是经济、社会发展要节制资源开发和加强环境保护。企业可持续发展既应该节能降耗、保护环境，还应该包括更多含义。准确地讲，应该在企业领域把可持续发展的本义引申为新的含义。企业发展既要全面，也要协调，还要可持续。企业只有可持续发展才能不断发展；只有不断发展才能永葆青春，才能体现更大社会价值并获得更大经济利益。企业可持续发展，顾名思义就是能够持续不断地发展。企业为了实现可持续发展，就要不断学习，不断创新，不断提高产品或服务的值价比(即价值与价格)之比，坚持以员工为本，保持艰苦奋斗精神，戒骄戒躁，诚信守法，保障安全，主要领导和关键岗位后继有人，与社会各界和自然环境友好相处并重视企业文化建设。企业实现可持续发展意义重大而难度不小，中国企业平均寿命只有七八年，这就充分表明了要实现可持续发展必须付出艰苦努力。妨碍企业可持续发展的主要原因往往是企业领导人心胸不够宽阔、目光比较短浅。企业为实现全面、协调、可持续发展就要加强发展战略研究。企业发展战略是对企业发展的谋略，是对企业全面、协调、可持续发展的谋略。企业发展战略涉及的都是左右企业全面、协调、可持续发展的基本问题，只有首先把这些基本问题解决好了，其他成千上万的具体问题才能得到有效解决。不少企业领导习惯于就事论事，这种习惯既影响企业全面发展，也影响企业协调发展，还影响企业可持续发展，应该得到有力克服。

2.2.5　对营销思想的表现形式认识肤浅

在计划经济时期，企业的管理目标是提高生产效率、完成生产任务，而对售后用户对产品的反应及其在使用过程中的要求均视为与企业无关。在现代市场经济的条件下，还有为数众多的企业仍在死守这个计划经济的“金科玉律”，就如20世纪20年代初的美国汽车大王福特所言：“不管顾客想要什么颜色的汽车，我的汽车就是黑色。”这种“唯我独尊”的观念是与现代市场营销理念格格不入。现代市场营销上的产品要领是一个包含核心产品、有形产品和附加产品的整体概念。它不仅要给顾客生理上、物质上的满足，而且要给予心理上、精神上的满足。这就要求企业把用户视为“上帝”来服务，否则企业只会被市场、用户所淘汰。

有些企业只看到产品削价的竞争手段，而看不到非价格竞争手段；只知价廉对产品的促销作用，而不知产品性能的提高，结构上的改进对用户的吸引力，特别是当产品进入寿命周期的成熟期阶段，除了以降价作为竞争手段用来招徕用户外，就别无他法。这导致在许多竞争相当激烈的行业中，价格战层出不穷，价格竞争的方式也五花八门；而降价只能刺激顾客的购买欲于一时，结果只能是损害企业的自身利益，损害企业产品的形象。企业也会因不思改进产品而损失了潜在的利益。同时，中国有相当多的企业在市场营销中法制意识不强，有法不依，浑水摸鱼的现象普遍存在。有些企业在捞一把的动机驱使下，利用虚假广告，误导消费，甚至有的广告、宣传出现了违背公共道德及公共秩序的语言、图案，严重损害了消费者的利益和竞争对手的商品信誉。有的企业还以欺行霸市手段操纵市场，哄抬物价，牟取暴利。

【营销信息链接】

从 1993 年的郑州商业大战开始，家电价格战一直没有停止过。由于价格战的营销模式易被模仿、复制，故这种粗放型营销模式也就很快成为竞争理念极度匮乏的中国家电企业竞相追捧的赢利工具。价格战甚至成了中国企业的一种生存方式，离开了价格战，有些企业甚至无法在市场竞争中迈步，很多企业宁愿赔"血本"也要把一轮又一轮价格战进行到底。彩电、微波炉、空调、VCD 的价格战此起彼伏，几乎涉及了所有的家电产品。如今，这样的价格战仍然不绝于耳。

这种简单复制的价格战使家电的价格一直低迷运行。也许，开始的价格战还会大规模的盈利，但经过了较长时期的竞争后，中国家电行业整体上都处于微亏与微利并存时期。而再回头看看曾经那些"价格屠夫"，或被淘汰，或大伤元气。真正通过价格战模式而建立起品牌增值效应的企业几乎没有。关于家电业 1993—2006 年期间运用价格竞争模式的品牌现状，极品策略传播机构有这样一份数据报告。如图 2－1 所示，中国家电企业 2003—2004 年期间，参与价格竞争的品牌数量达到了顶峰。在此之后，很多企业就开始摆脱价格模式，朝着品牌模式转变，但至今仍然还有很多企业一直从事着这类粗放型竞争的老套路。

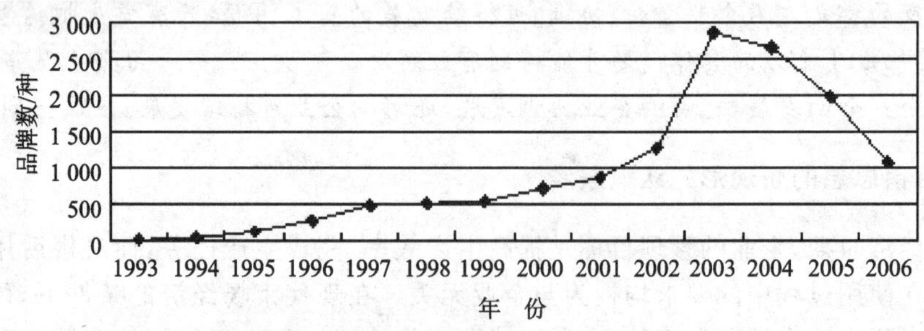

图 2－1　价格战模式应用企业数量分析

资料来源：http://info.feno.cn/飞诺网

2.2.6　营销思想与营销环境不相适应

企业所面临的营销环境具有信息不完善、事情不确定的特征，特别是进入 21 世纪以来，企

业营销环境的“乱气流”增大，其变化有如下四个显著的趋势：

① 环境变化的新奇性增大，主要是指从未发生过的变化增多，使得企业过去成功的经验无法应付环境的变化。

② 环境变化的强度增大，指企业为了应付各种环境变量（如供应商、顾客、股东、政府、竞争对手等）而花费的精力、资源的增大，使得企业在处理问题的过程中运作成本增加。

③ 环境变化的迅速性增大，主要指科学技术的突飞猛进所引起的产品生命周期大大缩短，让新产品迅速成为过时货。

④ 环境变化的复杂性增大，指环境变量增多，以前与经营管理关系不大的因素也在施加影响力，如 Internet 的发展，催生了新经济的出现，使得社会生活方式、价值观发生了根本的改变。在这样一种营销环境变化的大趋势下，中国相当多的企业却没有在营销思想，也就是在意识形态上进行变革，而仍用陈旧的、过时的营销思想指导企业的营销实践，故步自封、墨守成规，不能顺应时代的变化。因此，在激烈的市场竞争中，这些企业就随时面临着被淘汰出局的危险。

中国有相当多的企业在营销战略的制定、实施与控制过程中，忽略了对企业营销环境变化的考虑，在营销思想上表现出以下几种比较突出的缺陷：

① 流浪倾向

没有营销战略的企业就像流浪汉一样无家可归。国内不少企业就有这种“流浪倾向”。它们缺乏企业营销战略，经营企业喜欢“脚踏溜冰鞋”，溜到哪儿算哪儿。许多企业经营者因为繁冗的事务性工作而成为“大忙人”，以至于无暇顾及企业任务、方向及战略。

② 简单模仿

有些企业虽然也考虑制定营销战略，但其战略不是建立在对企业外部机会、威胁和内部优势、弱点的全面、科学分析与论证基础之上，而是喜欢走东施效颦的捷径。看到别的行业、别的企业的战略获得成功，便盲目跟风。尤其是在企业进入新产业的问题上，缺乏独立判断，热衷于跟进大势、人云亦云，致使许多同行业的企业营销战略高度雷同。近来，许多企业又不顾自身的资源状况，在战略上猛刮高科技之风，似乎企业只要与高科技沾边，就无往而不胜，企业通过相关的营销策略就能够获得高额的利润。殊不知，高科技同时也蕴含着高风险，高科技企业在具备一般企业应有的资源之外，还必须具有很强的抗风险能力，方能在市场上立足。

③ 追求规模

国内企业有一种倾向，只有把销售收入增加到相当大程度的企业才是一个成功的企业，即企业越大越好，跨的行业、地区越多越好。近几年中国企业界有句流行语，就是“把小舢板焊接成航空母舰”。当你询问企业经营者，他的企业营销战略目标是什么时，得到的回答多半是“收入多”。其实，企业规模只有与企业所拥有的资源及运用资源的能力相适应，才能发挥规模效应。近些年，由于能够看到的、或比较熟悉的往往都是一些大的跨国公司，因而给人们一种错觉，以为国外的公司都是跨很多行业的跨国公司。其实美国的绝大多数都是专业化的中小企业。在世界500强企业中,美国的企业固然占有相当多的席位,但不要忘了美国还有2 000多万家中小企业。因此,就企业营销战略而言,重要的不是贪大,而是图强。

④ 旧瓶装新酒:组织结构与营销战略的矛盾

有什么样的营销战略,就应有什么样的营销组织结构。这是因为企业的营销组织结构不仅在很大程度上决定了目标和政策是如何建立的,而且还决定了企业的资源配置。企业营销组织结构的调整,并不是为调整而调整,而是要寻找、选择与营销战略相匹配的组织结构,切不可生搬硬套。

⑤ 营销战略实施与营销人才匮乏的矛盾

企业往往要到营销战略实施时,才更加真切地意识到对实施新战略所需要的人才和技能的估计是如此的不足。有些企业简单地认为只要有足够的资金,企业便无所不能,企业扩张就可心想事成。尤其是在经过一段高速成长期后,企业有了相当的资金积累,正准备进行二次创业实施跨行业经营之时,由于目标的远大和战略的宏伟,企业一时难以网罗足够的人才,于是便出现近年来企业普遍存在的现象,即将管理能力、技术水平明显不够的人员推上实施新战略的重要岗位。

⑥ 这山望着那山高:短期利益与长期利益的矛盾

有这样一种现象,经营者在制定营销战略时思想坚定而专注,但没过多久他们就见异思迁了。企业往往经不住市场上不断涌现的利润增长点的诱惑,热衷于“哪里热闹哪里赶”,忽而房地产,忽而证券,忽而生物制药,忽而保健品,忽而环保,忽而网络,不能一如既往地执行既定的战略,原先的战略被抛至脑后,企业被短期利益所左右,企业经营变成“游击战”,“打一枪换个地方”,结果企业却“在运动中消灭了自己”。

⑦ 亡羊才补牢:评价时机不当

不少企业习惯于到年末,甚至是只有到发生重大问题时,才考虑进行营销战略评价。近几年,国内企业比较流行在经营出现严重挫折以后,才回过头来审视企业营销战略,总结出几大反思、几大忏悔等。其实,战略出现危机并非是一朝一夕的事,往往都有一段潜伏期。在潜伏期的早期阶段,企业经营者也大都有所察觉,但由于尚未出现严重偏差,不易引起经营者的重视。由于未能及时进行战略评价、找出问题所在并采取相应的纠正措施,当企业外部或内部出现某种诱因时,战略危机的爆发就在所难免了。例如,“三株”仅仅因为与消费者的一桩官司就使企业发展出现了重大转折。

2.3 中国传统文化中的营销观点

市场营销学自20世纪80年代初引入中国以来,许多企业运用西方市场营销原理、技术和方法,改进了企业管理,提高了企业效益,在“洋为中用”方面取得了明显效果。但是,在中国古代的传统文化中,就已经包含了许多市场营销的思想。研究中国传统文化中的市场营销观点,

有利于在借鉴西方营销理论的同时，吸取中国传统文化中的营销精髓，从而进一步完善中国市场营销理论体系。

2.3.1 《孙子兵法》中的营销思想

英国空军元帅约翰·斯莱瑟在《中国的军事箴言》一文中所言："孙子的引人入胜的地方是他的思想多么惊人的'时新'——把一些词句稍加变换，他的箴言就像是昨天刚写出来的。"

《孙子兵法》帮助许多企业家获得了巨大的商战战果。美国通用汽车公司董事会主席罗杰·史密斯在 1984 年销售汽车 830 万辆，居世界首位。他说他成功的秘诀就是"从2 000年前中国一位战略家写的《孙子兵法》一书中了解了许多东西，从而获得了一个战略家的头脑"。

1. 营销环境分析

西方营销战略管理理论十分重视营销环境分析。仅就营销环境分析的内容来说，就有许多方面：大的方面有宏观环境，如政治法律、经济、人口、技术、社会、文化等；小的方面有微观环境，如竞争者、顾客、社会公众、供应者、分销者、高层管理者等。但相对于《孙子兵法》对环境的分析不难发现，上述分析环境要素的方法似欠充足。如《孙子兵法》强调的环境分析的五个方面，即五事："道、天、地、将、法"(《孙子兵法·计篇》)，这里能够对得上的只是"天、地、将"，而对"道、法"根本未提。事实上，把"道"看做企业所有者或企业所有者代表及其与公众的关系，将"法"看做企业的各项规章制度和行为道德规范，这两方面的分析现在看来还是十分必要的。不仅如此，《孙子兵法》不是将环境要素进行线性罗列，而是进行对比分析，找出自己的优势和劣势。如在《计篇》中提出对比的方面有："主孰有道？将孰有道？天地孰得？法令孰行？兵众孰强？士卒熟练？赏罚孰明？"而西方营销战略管理理论在营销环境分析中大大忽视了此方面。尽管后来企业战略管理中出现了 SWOT 分析，但相对于《孙子兵法》，其分析的广度也是不够的。总之，西方的营销战略管理理论中关于营销环境的分析，只对寻找营销机会和避开环境威胁有益，而对企业在市场营销中采取什么样的竞争对策并没有直接帮助。因此，在营销环境分析中，若按《孙子兵法》考虑的环境要素再多一些，并进行全面的对比分析，为竞争导向的营销服务，这样的环境分析会更全面、更透彻。这样分析的目的，一方面有助于企业积极主动适应环境，提出竞争对策，而不是坐等环境的好转，如中国有的国有企业在产品大量积压时还大量生产，就是期望经济形势好转时将存货销售一空；另一方面有助于克服企业盲目扩大产品组合，一哄而上，又一哄而散——这种教训在中国的电视机、冰箱、空调、录像机生产企业中尤为明显。

2. 使命目标与战略方案

企业营销战略管理的使命与目标是满足未被满足的需求，企业在此基础上获利。西方营销战略管理理论认为，在营销环境分析的基础上，根据企业营销的使命和目标，要制定营销战略方案。该理论认为，营销战略方案有三种：无差异战略、差异战略和集中战略。

众所周知,《孙子兵法》中提及了两种战略方案:进攻性战略和防御性战略。这两种方案和上述西方营销战略理论中的方案是什么关系呢?这里认为它们是两种不同的划分方法所致,二者完全可以结合起来,互为补充,从而形成更完整的战略方案划分。根据这一线索,可选的营销战略方案事实上有六种,即无差异进攻战略、差异化进攻战略、集中进攻战略、无差异防御战略、差异化防御战略、集中防御战略。

这样做不只是简单地把战略方案进一步细化,其最主要的意义是在于纠正了西方营销战略管理理论上的似是而非之处。如西方的战略管理理论一直认为无差异战略是一种竞争激烈的战略,因此采用这种战略会减少利润;而差异化战略和集中战略是一种竞争不激烈的战略。事实上,根据上述划分,无差异战略也可能是一种竞争并不激烈的战略,差异化战略和集中战略也不见得竞争不激烈,关键在于目标市场上的相对企业数量、产品定位方向和对风险的态度。

《孙子兵法》对营销战略管理理论的贡献还在于它指出了制定战略方案的基本原则:信息原则、慎战原则、虚实原则、速胜原则等。这些原则在营销战略管理中同样是十分有用的原则,而这正是西方现有的营销战略管理理论中所缺少的。

3. 营销战略方案评价

西方营销战略管理理论中,营销战略方案评价的标准是:战略方案的可行性,战略方案达到目标的程度和所付代价。《孙子兵法》对上述标准无疑是赞同的。除此之外,《孙子兵法》还认为,战略方案有进攻性方案和防御性方案,战略方案是攻好还是防好,取决于自己的相对实力。孙子说,“守则不足,攻则有余”(《形篇》)。不仅如此,《孙子兵法》还对不同类型的方案给出了更详细的评价标准。对于防御性方案,理想的方案是,能做到“藏于九地之下”(《形篇》),“敌不知其所攻”,从而“敌不得与我战”(《虚实篇》);同时还认为,好的防御方案不是要被动挨打,而是要做到“先为不可胜,以待敌之可胜”(《形篇》)。对进攻性方案,《孙子兵法》有更详细的评价标准,并排出一个顺序,“伐谋”、“伐交”、“伐兵”、“攻城”(《谋攻篇》)。在“伐谋”、“伐交”不成,而采取“伐兵”、“攻城”时,此进攻方案要做到“动于九天之上”(《形篇》),“敌不知其所守”,“进而不可御”,从而“胜可为”(《虚实篇》)。

现有的西方营销战略管理理论对营销战略方案的评价,既没有从企业相对实力的角度来考察,更没有给出不同梯级的评价标准。因此认为,《孙子兵法》中的梯级评价标准是十分有意义的。首先,如果把“伐谋”看做是通过制订计谋,占领市场,达到营销目标的话,那么这是最理想的方案。如若企业扬言扩大产量,降低价格,确实在一定程度上会阻止某些企业的进入或撤退。其次,若把“伐交”看做是营销谈判,在不违背法律的情况下,与竞争对手共同开发产品,共享市场,也是十分不错的方案。再次,若把“伐兵”看做是非价格竞争,如在服务、产品质量方面进行竞争,这也是很多企业采用的较可行的方案。最后,若把“攻城”看做价格进攻,这是最初级的方案,往往引致恶性价格战,造成两败俱伤。根据《孙子兵法》,这种方案只能是不得已而为之的下篇。

4. 营销战略方案的实施

营销战略的实施是营销战略管理中最困难的一环。它一般要设置营销机构、配备营销管理人员，将各种营销资源进行有效的配置。这些在现有的西方营销战略管理理论中均有论述。

令人惊讶的是，《孙子兵法》对战略方案实施的论述篇幅超过任何一本营销战略管理著作，而不仅是人们以前认为的《孙子兵法》只是一部谋略方面的书。《孙子兵法》13 篇中就有 6 篇集中论述了战略方案实施的地位和一般过程、实施总原则和详细过程，其可操作性很强。《孙子兵法》还论述了在实施中如何把握作战时机，如“避其锐气，击其惰归”(《军争篇》)；如何对待士兵，如“令之以文，齐之以武”(《行军篇》)；如何指挥，如利用“鼓金”、“旌旗”(《军争篇》)；许多行为反应模式，如“‘险’形者，我先居之，必居高阳，以待敌；若敌先居之，引而去之，勿从也”(《地形篇》)。与《孙子兵法》相比，现在西方的营销战略管理理论的可操作性还需要进一步加强，特别是各种情况下的行为反应模式方面还欠缺较多，使得在具体实施中，心中无数，仓促应变。这样的“变”很难保证营销目标的实现。如现在的营销战略管理理论中只有一个价格反应模式，而无产品反应模式、广告反应模式、公关反应模式等。若将这些反应模式充实到营销战略管理理论中，必将大大增强理论的可操作性。

5. 营销战略控制

营销战略控制是保证营销战略方案达到预期目的的重要工具。营销战略控制的方法是营销审计。营销战略控制的基础是能获得及时、准确、全面的营销信息。《孙子兵法》十分重视信息工作，在《用间篇》中专篇讨论，在其他篇中也大量散见。现代市场营销研究中所提及的方法有询问法、观察法和实验法，这些在《孙子兵法》中都有。如“不用向导者，不能得地利”(《军争篇》)，这是典型的询问法；“故策之而知得失之计，作之而知动静之理，形之而知死生之地，角之而知有馀不足之处”(《虚实篇》)，这是典型的实验法；“众树动者，来也”(《行军篇》)，是典型的观察法。除此之外，《孙子兵法》还提出了原始信息收集的第四种方法——用间法。更加难能可贵的是，《孙子兵法》还提出了信息保密工作。具体做法是，缩小知道信息的人的范围，如“愚士卒之耳目”(《九地篇》)；防止信息扩散，如“是故政举之日，夷关折符，无通其使”(《九地篇》)；传播错误的信息，如“死间者，为诳事于外，令吾间知之，而传于敌间也”(《用间篇》)。因此，如能将《孙子兵法》的用间法和保密法充实到营销战略理论中，定会使这种理论更加全面和实用。

6. 孙子“将备五德”与企业家素质

《孙子兵怯》是中国现存最早，也是最伟大的军事著作。两千多年来，它一直被誉为“天下第一兵书”，并被历代军事家、政治家所推崇。《孙子兵法》横跨自然科学、社会科学和思维科学，是中国谋略宝库中一颗灿烂的明珠，被广泛应用于现代企业的经营与管理。

《孙子兵法》对将帅在战争中的作用和应具备的素质做了重要论述。孙子曰，“故知兵之将，民之司令，国家安危主也”，“将者，智、信、仁、勇、严也”。重温孙子这些论述，可获得颇多启发。

2.3.2 《货殖列传》中的营销思想

1. 范蠡"待乏"学说

范蠡的经济思想占有十分重要的历史地位。其中，他所提出的经济循环理论，可以被看做是现代市场营销理论中市场预测学说的雏形。他认为，自然气候的好坏一定会影响到农业劳动生产率，谷物的收获量就会有多有少，因此，谷物价格必然会随天时的变化而涨落，所以"八谷亦一贱一贵，极而复反"(《越绝书·枕中第十六》)。要想取得市场营销的成功，就必须顺应自然规律，根据自然规律掌握商情的变动。他还提出著名的"待乏"学说，即所谓"水则资车，旱则资舟"(《史记·货殖列传》)。也就是说，市场营销的产品，不仅要考虑到满足目前的市场需要，更重要的应从市场需求的未来发展趋势出发，制订市场营销计划，安排适应未来需要的商品。

范蠡将所有商品分为两大类：一类是五谷，一类是田宅、牛马等，即一类是粮食商品，一类是非粮食商品。他认为，这两类商品的价格动向是相反的。进而片面地从商品供求关系对市场商品价格的影响出发，认定在丰年五谷收成好、谷价贱时，人民对非粮食商品的需要增多，其价格必然上涨；如年景不好，谷价上升，人民对非粮食商品的需要就会减少。所以，要在适当的时候抛出粮食商品，购进非粮食商品，或抛出后者，购进前者，这便是获利十倍、五倍的秘诀。不能把范蠡的这种市场营销思想单纯看成是奸商的囤积居奇，以贱买贵卖的不等价交换致富是商人的特质。但是，商人可通过两种不同的经营方式达到这一目标：一种是在人民迫切需要的商品涨价时囤积不卖，以待该种商品价格继续上涨后再出售；一种是采取范蠡的办法，预先大量购存某些尚未形成社会急需从而价格便宜的商品，待价格上涨时出售。这种办法在某种程度上有利于农业生产者和一般消费者。因为在丰年谷价下跌时有人购存，可以缓解谷价过分下跌的趋势，有利于农民的再生产；而在荒年谷价昂贵时抛售陈谷，也可以缓解谷价的过分上涨，有利于满足消费者的生活需要。对其他非谷类商品的处置亦同此理。

范蠡还主张所存商品价格已贵时，应把它当做粪土一样立即抛售，毫不吝惜；在物价便宜时，将便宜商品当做珠玉一样大胆收购。此即所谓"贵出如粪土，贱取如珠玉"。同时，他还提出要"无敢居贵"，即不主张贪求过分的高价，要从商品周转次数的增多中增加利润收入。

范蠡的上述市场营销思想与现代市场营销理论所强调的"重视市场需求的研究与预测，把符合市场需要的商品在适当的时间、适当的地点、以适当的价格提供给市场"以及其他相关理论有着很大的相似性。

范蠡的理论强调对市场营销机会的把握。市场营销机会是指人们没有满足的需要、欲望、需求和人们未能很好满足的需要、欲望、需求。在市场营销实践中，一定要注重机会特性，如公开性、时限性的研究。

2. 白圭的"乐观时变"与取予观

白圭同范蠡一样，是新兴商人的代表，故其基本观点与范蠡相同，只是采取另一种表达方

法。他的基本原则是“乐观时变”，即根据对年景丰歉的预测，实行“人弃我取，人取我与”（《史记·货殖列传》）。年景好时收进谷物，出售丝、漆等物，而不出售粮食。在这里，所谓“乐观时变”和“人取我与”其实与范蠡的“水则资车，旱则资舟”一样，都是在运用市场规律来获得最大的利润。“取”、“予”是对立着的两个方面，处理得当，两方面可互相转化。《管子》说“故知予之为取者，政之宝也”。白圭还在善于捕捉市场营销机会，运用战略、战术取得经营成功方面有过精辟的阐述。他说“趋时，若猛兽鸷鸟之发”，又说“吾治生产，犹伊尹吕尚之谋，孙吴用兵，商鞅行法是也。是故其智不足与权变，勇不足以决断，仁不能以取予，疆不能有所守，虽欲学吾术，终不告之矣”（《史记·货殖列传》）。在市场营销策略上，白圭提出“欲长钱，取下谷”（《史记·货殖列传》）。下谷是一般人民所迫切需要的生活必需品，因价格变动所引起的需求数量的变动程度小，成交的数量又很大，开展这类商品的营销能够多中取利，不必抬高价格也可获得巨大利润。

3. 儒家的“义利观”与“诚信为本”

在市场营销实践中，义利之辩，古已有之。孔子说“义者宜也”。宜即合理之意，人的行为必须合理，要有“义的自觉”，“君子以义为上”。义和仁、礼、智合起来被儒家视为人的“四端”（端是为人的起点）。孟子称“义，人之正路也”。做人要讲义，而营销要赚钱，这就是矛盾，这就是义利之争在市场营销活动上的具体化。如何对待义和利的矛盾，儒家的态度是“见利思义”、“见得思义”、“义然后取”，“义，利之本也；利，义之和也”，把义放在首位，义为利的前提。晏婴说“义以生利，利以丰民”（《国语·晋语一》），还说：“夫义者利之足也……废义则利不立”（《国语·晋语二》）。墨子曾提出其“交相利”思想，指出“利人者，人必从而利之……害人者，人必从而害之”（《墨子·兼爱·中》）。

总之，这一时期市场营销思想的一个共同点是：在交换中，应考虑到对方的利益，而不是一味地追求自己的利益，交换是互利的交换。孔子还有一句至理名言，“己所不欲，勿施于人”。这条准则对于现代市场营销思想的发展，仍具有重要意义。商品生产是分工条件下的生产，生产的是社会使用价值，首先对别人有用有利，才能实现生产者的利益。人们从事生产和消费，都要依赖别人，又为别人提供条件，在互利的等价交换中，社会经济才能正常运行。经济利益的互补性和互存性，决定了人们必须为他人的利益着想。用现代市场营销理论的说法，就是通过满足目标市场的需要和欲望来取得利润收入，求得企业的生存与发展。

义利观的倡导者——儒家同时又很强调信。孔子认为，活政必须有“足食、足兵、民信”三条，在不得已的情况下可以去掉“兵”和“食”，但“信”必须坚持，“自古皆有死，民无信不立”。荀子提出“诚为政本”的观点，“君子养心莫善于养诚，致诚则无它事矣”，“不诚……民犹若未从也，虽从必疑……不诚则不能化万民，不诚是疏……不诚则卑。夫诚者，君子之所守，而政事之本也”（《荀子·王制篇》）。诚信才能取得人民的“从”（从即拥护），去建功立业，并且可以“化万民”而建立和谐的治理秩序。诚信是树立管理权威的条件。把诚信运用于市场交换，就形成了市场营销道德。中国历来有提倡诚商信贾的传统，这对后来的市场营销活动影响很大，由此孕

育出一些治生格言，如“虽使五尺之童适市，莫之或欺”，“诚招天下客，信揽四方财”等。

4. 孟子的“反垄断”与重视市场信息

垄断这一概念是孟子首先提出来的。他所讲的垄断是指商人在市场上所进行的垄断。他说“古之为市也，以其所有易其所无者，有司者治之耳。有贱丈夫焉，必求垄断而登之。以左右望而罔市利。人皆以为贱，故从而征之。征商，自贱丈夫始矣”(《孟子·公孙丑下》)。他认为，古来的市场主要在以其所有换其所无，官吏只是在发生争执时加以治理而已。有一种贪利的“贱人”，常要寻求地势略高之处，左顾右盼，窥测市场动态，网罗私人利得。古来的市场交易多在空旷之地进行，人头攒动，各组买者与卖者之间的交易分别进行，行情不能互通。有些商人集团差人占据土岗高处，即垄断，与其分布在市场各方面的集团成员暗示市场的行情与动态，这样就可获得暴利。相沿日久，垄断二字便成了这种活动的代名词。孟子反对垄断，认为只有贱丈夫才从事这种活动。在这一问题上，他既代表了地主阶级的要求，更代表了独立小生产者的要求。但是，从这里也可以了解到，早在古代的市场营销活动中，人们就已注意到市场信息的搜集、传输与运用了。在信息传播条件原始、落后的古代，商人们借助“求垄断而登之”和“左右望”的方式，勤观察、细打听，重视信息的作用，由此可见一斑。

5.《管子》的市场观

《管子》是中国早期出现的一部伟大经济巨著，在现存《管子》76 篇中有 2/3 以上都涉及经济问题，有近大半是研究经济的。这在先秦著作中是绝无仅有的现象。《管子》中的基本经济概念的奠基者是管仲。管仲死后，齐国尊其教者数百年，他为齐相 40 年的经济言论与措施曾经广泛流传。一些崇奉他的经济思想的学者将其言行用文字记载下来。这些记载基本上保持了原来的轮廓，但也在某种程度上结合了自己的观点及新的经济情况加以发挥。《管子》对市场不仅提出了许多见解，还有其新颖独到的看法，包括以下几点：

(1)市可以济民乏，应普遍设立。他说“方六里为命曰暴，五暴命之曰部，五部命之曰聚。聚有市，无市则民乏。五聚命之曰某乡”。每一乡都必须设五个市，如无市则不能使人民互通有无，就会感到物资匮乏，供不应求。在此之前，人们理解市的作用是“以有易无”，而《管子》提出“无市则民乏”，从解决人民的物资缺乏问题着眼，这意味着小商品生产有很大的发展。人们卷入交换的范围越广泛，对市场的依赖也就越大，越来越多的生活用品必须从市场取得，这些客观事实是形成“无市则民乏”这一新观点的条件。同时，市的设立必须普遍，才能真正解决物资缺乏问题。

(2)市是决定商品贵贱的场所。《管子》说“市者，货之准也”。万物之贵贱，必须通过市场活动才能得到最后的确定。尽管《管子》的作者不懂得商品有自己的价值，交换只不过是价值的实现，但在生产为私有者所掌握的条件下，只有在市场上看到价格的自我波动，商品生产者才知道与有支付能力的需求相比到底什么生产太多、什么生产太少时，所谓“市者，货之准也”这句话才有其道理。

(3) 市场可以刺激生产发展。“市者……可以知多寡，而不能为多寡”(《管子·乘马篇》)。

通过市场的动态可以了解哪些商品生产太多，哪些商品数量太少，但市场本身不能生产商品，所以不能直接决定商品数量的多少。然而，市场能够起到刺激生产的作用。“市也者，劝也。劝者所以起本”（《管子·侈靡篇》），即市场能起观摩、鼓励的作用，通过市场可以推动本身，即推动生产事业。在这里，《管子》实际上是在说明“生产决定交换，交换反作用于生产”这样一个道理。

6. 苏轼的市场营销方式论

苏轼（公元 1036－1101 年）字子瞻，号东坡，眉州眉山人，是历史上著名的文学家和诗人。他曾就订购和赊卖等市场营销方式做过论述，“夫商贾之事，曲折难行。其买也先期而与钱，其卖也后期而取值。多方相济，委曲相通。倍称之息，由此而得”（《苏东坡集·奏议集·上皇帝书》）。在此之前的思想家甚至那些代表商人阶级观点的思想家范蠡、白圭、《管子》作者等都不曾提及私人商业往来中的定购与赊卖等方式，可见宋初的商品经济的发展已达到相当高的水平，所以才在一些思想家头脑中得到反映，而苏轼则是明确提到这一问题的思想家。关于市场领导者以巨额货币资金在竞争中压倒小商小贩的情况，他也有所论述，“譬如千金之家，日出其财以罔市利。而贩夫小民终莫能与之竞者，非智不若，其财少也。是故贩夫小民，虽有桀黠之才，过人之智，而其势不得不抑而入于千金之家者，何则，其所长者不可以与较也”（《苏东坡集·应诏集·策断》）。他还提倡批发与零售相辅而行的市场营销方式，指出“且平时大商所苦以盐迟而无人买，小民之病以避远而难得盐。今小商人不出税钱，则所在争来分买：大商既不积滞，则轮流贩卖，收税必多”（《苏东坡集·应诏集·策别》）。

【本章小结】

1. 回顾市场营销学的发展历史，可以发现这样一个规律，市场营销理论体系每经过 10 年左右的时间，就会产生一批新的概念和观点，这些概念和观点反映或促进实践，引起争论，并把整个理论体系向前推进一大步。研究市场营销思想的发展过程，应该将其与市场营销实践结合起来讨论。

2. 市场营销思想的生成可以分为以下几个阶段：

(1) 崭露头角的 20 世纪 50 年代；

(2) 快速发展的 20 世纪 60 年代；

(3) 动荡不定的 20 世纪 70 年代；

(4) 全球化的 20 世纪 80 年代；

(5) 深刻变革的 20 世纪 90 年代。

3. 中国企业的市场营销思想大多都是从发达国家引入的，而这些市场营销思想均是以发达国家经济发展和市场营销活动为研究对象而形成的，虽然对于指导中国企业发展也适用，但是有些理论并不能完全照搬照抄，毕竟理论产生和研究的土壤改变了，人们也不得不对理论进

行再认识。就市场营销思想而言，一些西方发达国家的企业已经普遍完成了市场营销思想的阶段性升级换代，整体水平有了本质变化，而中国企业的市场营销思想的现状主要体现在以下几个方面：

(1) 市场观念远远落后于西方发达国家；

(2) 落后观念依然有生存空间；

(3) 先进观念的引入有待完善；

(4) 缺乏可持续发展的市场营销理念；

(5) 对营销思想的表现形式认识肤浅；

(6) 营销思想与营销环境不相适应。

4. 在中国古代的传统文化中，就已经包含了许多的市场营销思想。研究中国传统文化中的市场营销观点，有利于在借鉴西方营销理论的同时，吸取中国传统文化中的营销精髓，从而进一步完善中国市场营销理论体系。

(1)《孙子兵法》中的营销思想；

(2) 范蠡“待乏”学说；

(3) 白圭的“乐观时变”与取予观；

(4) 儒家的“义利观”与“诚信为本”；

(5) 孟子的“反垄断”与重视市场信息；

(6)《管子》的市场观；

(7) 苏轼的市场营销方式论。

【思考题目】

1. 市场营销思想的生成分为哪几个阶段?

2. 中国市场营销思想的现状如何?

3. 如何理解可持续发展的市场营销理念?

4.《孙子兵法》中的营销思想对21世纪的企业营销活动有何意义?

5. 对中国传统文化中市场营销观点的研究有怎样的现实意义?

第3章　市场营销道德与责任

【职业引导案例】

由南方都市报和新京报主办的“2006年度中国十大营销事件/人物盛典”于2006年12月17日在广州举行。其中的一个奖项非常引人注目，即“2006年度中国十大营销事件/人物盛典之社会责任特别贡献企业奖”，获得这项殊荣的企业是广东移动：“感谢广东”助力和谐广东，上海通用雪佛兰：“红粉笔计划”支援乡村教育，蒙牛乳业：免费送奶实现“牛奶强国梦”，伊利集团公司：“纳税状元”10年纳税近50亿，五叶神实业：“文化薪火工程”。在颁奖现场，主持人建议五位获奖者高举奖牌，因为这块奖牌意义非凡，企业不仅要成为赚大钱的企业，更重要的是要成就一个真正能够回馈社会的企业。正如伊利集团品牌管理部总经理兼奥运项目负责人靳彪先生所言，“一个企业最基本的目标是盈利，一个企业最基本的责任是社会责任，企业为社会做贡献是当之无愧的义务”。这样的精神、这样的社会责任值得提倡，值得向全中国及全部的华人社区推广。

资料来源：http://www.ceocio.com.cn经理世界网

3.1　市场营销道德

3.1.1　市场营销道德问题的提出

随着市场经济的发展，企业的营销行为进入快速成长阶段，企业营销为社会及广大消费者提供日益丰富的产品，为国民经济繁荣昌盛做出了巨大的贡献。然而，某些企业从狭隘利益出发，出现了一系列违反法律及营销道德标准的行为。如在市场上销售“一日鞋”；销售使消费者致命的假酒、假药、毁坏消费者脸部的化妆品、使农民颗粒不收的种子；采用卑劣的手段牟取暴利，把成本价格几十元的服装以千元以上的市场价格出售，诱惑和强迫消费者做出错误的购买决策等。因而，强调企业营销道德规范至关重要。西方国家对于市场营销道德的研究始于20世纪60年代，20世纪80年代则成为学术界研究的热门之一。1987年美国证券交易委员会前主任约翰·夏德(John Shad)捐资2 300万美元在哈佛大学商学院建立起目前全球最大的企业伦理问题研究中心，其研究的重点是企业营销道德。其他国家，如英国、法国、意大利、德国、日本等也先后开展了对市场营销道德的研究。许多学者著书立说，提出企业经营管理者应当遵循的道德标准，有的提出市场营销决策人应具备的社会与道德责任，有的提出经营管理道德已发生了危机，呼吁管理者重视树立营销道德观等。

3.1.2 市场营销道德标准

道德是评价某决定和行为正确与否的价值判断,并评价某决定和行为是否被大众所接受。市场营销道德则指消费者对企业营销决策的价值判断,即判断企业营销活动是否符合广大消费者及社会的利益,能否给广大消费者及社会带来最大的幸福。这势必涉及企业经营活动的价值取向,要求企业以道德标准来规范其经营行为及履行社会责任。

最基本的道德标准形成法律和法规,并成为社会遵循的规范,企业必须遵守这些法律和法规。市场营销道德则不仅指法律范畴,还包括未纳入法律范畴而作为判断营销活动正确与否的道德标准。企业经营者在经营活动中应当遵循这两种类型的市场营销道德。

判断市场营销道德的标准是什么?在很多情况下并不像人们想的那么容易。固然有些违背市场营销道德的行为,诸如虚假广告、合谋定价、贩卖假酒、假药、假种子等普遍为社会所痛恨的行为,其违背道德是一目了然的。然而,基于个人价值观及生活阅历的不同,每个人对市场营销行为的道德判定存在不同的见解。比如,什么是欺骗性广告,在人员推销中哪些行为构成行贿;又如以顾客身份从竞争对手获取营销情报是否道德;再如对儿童做广告是否道德等。西方的伦理学家提出了判断市场营销道德的两大理论,即功利论及道义论。功利论主要以行为后果来判断行为的道德合理性,如果某一行为给大多数人带来最大幸福,该行为就是道德的;否则就是不道德的。道义论则从处理事物的动机来审查是否具有道德,而不是从行动的后果来判断,并且从直觉和经验中归纳出某些人们应当遵守的道德责任和义务,以这些义务履行与否来判断行为的道德性。在现实中,通常将功利论与道义论相结合来判断营销行为的道德性。

3.1.3 市场营销道德体现于企业整体营销活动的全过程

企业营销活动始于市场营销调研,通过市场营销调研了解现实潜在顾客的需求,发现市场营销机会,然后选择目标市场,针对目标市场需求特点,制定市场营销组合策略。市场营销道德则贯穿于企业营销活动全过程。

企业营销活动中道德问题的产生,或是由经营者个人道德哲学观同企业营销战略、策略、组织环境的矛盾引起;或是由经营者为实现营利目标同消费者要求获取安全可靠的产品、合理价格、真实广告信息之间的矛盾引起;或是由企业领导者错误的价值取向迫使经营者违背道德经营而引起,诸如为增加利润及提高产品市场占有率迫使经营者去窃取竞争对手的商业秘密,或有意将伪劣产品推向市场等。

1. 产品策略中的道德问题

为广大消费者提供优质产品及优质服务是企业最基本的社会责任,如果违背这一原则就会违背市场营销道德。然而,在现实中某些企业的产品策略往往同道德标准背道而驰。如果从功利论与道义论相结合的观点看,产品策略违背营销道德的主要表现有:企业设计生产产品

的动机是存心欺骗顾客，并将假冒伪劣产品充当真货好货出售给消费者；与动机相联系，在手段上是操纵消费者的需要，过度刺激消费者的欲望，并刺激社会经济成本的增加；从后果看，消费者所购买的产品不能给自己带来最大的幸福。如果从企业应承担的社会责任来考察，产品策略违背市场营销道德的主要表现有：企业在产品的生产过程中，对广大职工的工作条件及工作时间不能做出恰当及合理安排，不能保证职工的人身安全及身心健康；企业在生产产品的过程中，造成环境污染及危及附近居民的正常生活；产品的包装及标签不能提供真实的商品信息，产品因包装过多而造成社会资源的浪费及环境的污染等。

【营销信息链接】

2006 年 5 月，广东中山大学医院住院的重症肝炎病人中先后出现多例急性肾功能衰竭症状，引起该院高度重视，并及时组织肝肾疾病专家会诊。通过分析，原因是由于患者新近使用了齐齐哈尔第二制药有限公司生产的"亮菌甲素注射液"。该事件最终导致 18 人死亡。后来，国家药监局认定该企业生产的"亮菌甲素注射液"为假药，封存了库存药品，并派出调查组分赴黑龙江、广东等地进行调查，随后又赴江苏追踪调查生产原料的问题。

企业如果在产品生产过程当中缺乏市场营销道德，提供形形色色的假冒伪劣产品，无异于图财害命。

资料来源：http://www.tomx.com/Library/网络营销手册

2. 价格策略中的道德问题

为广大用户提供真实及合理的价格，以及提供真实的价格信息，是企业履行社会责任的重要组成部分。然而在现实中，某些企业严重地违背了价格道德。如果从功利论与道义论二者相结合的观点考察，企业违背价格道德的主要表现有：从动机看，企业为牟取暴利而欺骗顾客，诸如变相涨价、哄抬物价掠夺消费者的利益，为了压垮竞争对手而实行差异性歧视价格或实行垄断价格；与动机相联系，在手段上采取欺骗、诱惑及强制方法迫使顾客购买产品；从后果看，顾客购买产品后造成严重的经济损失。如果从企业应承担的社会责任看，企业违背价格道德的主要表现有：企业未按照价值规律进行公平交易，损害了企业及消费者的合法权益；企业未能为用户提供真实价格信息，不利于消费者的购买抉择。

3. 分销策略中的道德问题

分销是指产品从生产者向消费者转移时所经过的路线。产品由生产者直接销售给消费者，称为直销。这时主要涉及生产者与消费者的购销关系。产品由生产者通过中间商销售给消费者，称为间接渠道。这时涉及生产者、中间商、消费者间的购销关系。各渠道成员根据各自的利益和条件相互选择，并以合约形式规定双方的权利和义务。如果违背合约有关规定，损害任一方的利益，都会产生道德问题。如合约规定，零售商只能销售某一企业的产品，而不准销售其他企业的产品，但零售商为了自身利益，不顾合约规定，销售其他企业的产品，这显然是违背了道德。同样，当生产者凭借自身的经营优势，为了自身利益，控制供货，采用威逼手段对中间商减少或停止供货，或者是生产者依凭自己的经营性垄断地位，迫使中间商服从自己的指挥，限制中间商只能从事某种特别的经营活动等，均会引起道德性问题。

4. 促销策略中的道德问题

促销是指通过人员推销或非人员推销（包括广告、公共关系、营业推广等）的方式，将商品（或服务）及企业本身的信息传递给广大顾客，引起他们的兴趣及购买行为。企业的责任是将产品及企业自身的真实信息传递给广大用户。但在信息沟通过程中经常产生道德问题，诸如虚假和误导性广告，操纵或欺骗性销售促进、战术或宣传报道。这里主要阐述在广告及人员推销中的道德性问题。

(1) 广　告

广告是促销组合中最重要的因素。广告中不道德行为的主要表现是：播送欺骗性广告推销产品，使消费者做出错误的购买决策；为了搞垮竞争对手以提高自己产品或企业的身份而播送攻击竞争者的广告；为了诱惑消费者购买自己产品而制作夸大其词或隐瞒产品缺陷的广告；采用含糊其辞、模棱两可的广告词做广告宣传而引起消费者对广告真实含义的误解。

【营销信息链接】

当麦当劳（McDonald）快餐店在某些地区引进其鸡肉食品时，肯德基（Kentucky）快餐店在广告上含沙射影地攻击麦当劳，其广告宣传麦当劳先生小丑在议会受到质问，当麦当劳先生被问到是否有肯德基的油炸鸡时，他回答："玩具，许多玩具……"，答非所问，显然是对麦当劳先生的丑化。CBS 广播公司拒绝播送这则广告，认为这是对麦当劳公司的攻击，有损麦当劳公司的形象。

资料来源：http://www.tomx.com/Library/网络营销手册

(2) 人员推销

在人员推销中亦暴露出许多违背道德的行为。或者是销售人员使用诱惑方式促使消费者购买那些他既不需要也不想购买的产品；或者是销售人员通过操纵或强迫手段向顾客推销其伪劣产品或滞销积压的产品；或者是销售人员为了从其他人那里获取销售合同而向对方送礼，甚至贿赂等；或者是销售人员为了获得个人回扣而向其他企业购买假冒伪劣产品等。推销人员对有关道德问题的态度及处理如何，对个人及公司的形象会产生深刻的影响。

(3) 推销中的贿赂行为

当某人（或组织）为了获取利益而采用付酬金、送礼或提供其他好处时，便产生贿赂问题，从而违背了道德标准。从表面看，贿赂似乎给个人或企业带来了好处，但它会损害个人或组织的长远利益及根本利益。因此，西方国家某些著名公司为自律其员工的经营行为，制定了营销道德标准，其中也包括对贿赂行为的界定及限制。

5. 市场调研中的道德问题

市场调研是指运用科学的方法，有目的、有计划、有步骤、系统地收集、记录、整理和分析有关市场营销方面的各种情况和发展趋势，为企业进行营销决策提供科学依据。市场调研往往涉及三方面的关系，即调研人员同委托者、调研人员同受访者、委托者同调研人员三方面的关

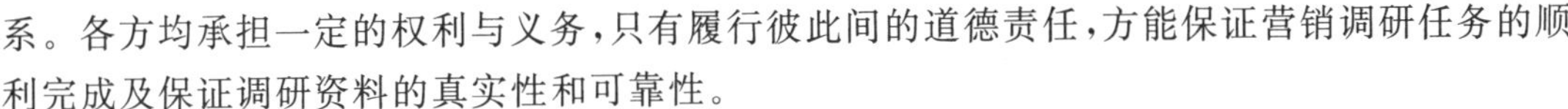

系。各方均承担一定的权利与义务，只有履行彼此间的道德责任，方能保证营销调研任务的顺利完成及保证调研资料的真实性和可靠性。

(1) 从调研人员对委托者的道德责任看，委托者有权要求调研人员保守业务秘密，未经委托者许可不能泄密，否则是不道德行为。调研人员必须根据委托者的要求，保证调研工作质量，如问卷设计要认真，访问次数不要偷工减料，调研人员要严格培训，否则不仅浪费了委托者支付的调研费，而且往往使所收集的资料失真而误导委托者的决策。调研人员要向委托者真实地反映所采用的调研方法、调研的时间、调研的对象、调研地点、访问方式及问卷反馈率等，使委托者据此推断所调研的资料是否可靠。如果调研人员违背委托者签订的合约，必然会引起道德性问题。

(2) 从调研人员对受访者的道德责任看，调研人员要尊重受访者的权利。例如受访者可拒绝接受调研人员的访问；调研人员要尊重受访者的尊严和隐私权；访问者不要在受访者繁忙或不便时去访问，并对受访者身份进行保密；未经受访者许可，不能随意公布受访者提供的资料。

(3) 从委托者对调研人员的道德责任看，委托者必须依约支付调研费；委托者要公正、全面地发表调研成果，不能断章取义而对读者产生误导。

6. 公关营销中的道德问题

企业与政府交往时，尤其在与行政机关接触过程中，通过行贿等其他变相的手段与行政执法人员建立一种不健康的关系；或者企业为博得社会对企业的认同，对社会公共事业大开空头支票，妄图靠手腕和技巧粉饰门面，这不仅诱导了政府的腐败行为，败坏了社会风气，还可能削弱国家的整体经济竞争力。如 1998 年抗洪救灾时，很多企业打出为抗洪事业捐赠的标语，然而实际上很多企业并没有兑现当初的承诺，或仅兑现了一小部分。

这些不道德营销行为给企业、社会和消费者等多方面带来了危害，严重影响了企业收益，加大了营销成本，影响了国家税收，损害了消费者权益，造成了整体市场的失序。同时还影响到企业形象，使企业信誉受损，无形中恶化了企业的生存环境，加大了社会的无效成本。而且，不道德营销行为对正当经营者造成了严重的打击，诱使他们转而追逐不义之利。不道德营销行为的扩大还会污染社会空气，导致社会道德水平下降。当不道德营销行为被揭露后，消费者对整个行业的道德诚信失去信心，导致行业性的衰败，最终也损害了企业自身利益。

3.1.4　市场营销道德构建

1. 市场营销道德构建的关联因素

随着市场经济的发展，市场营销已经深入到社会生活的各个领域，对公众和社会的影响日益突出。与此同时，企业营销出现了一系列的道德问题，给社会、组织和个人带来了严重的损失。从 2005 年的“毒奶粉”事件到 2006 年的“苏丹红一号”事件及 SK－Ⅱ事件，部分企业在营销活动中的不道德行为，已经造成了全社会的信任危机。市场营销道德问题究其原因，既有企

业自身的主观因素,也与中国经济转型时期市场营销环境的特点有关。

(1) 外部环境因素

① 市场经济体系不完善,没有形成统一开放的大市场。地区封锁和部门分割现象时有发生,一些地区从地方或部门的利益出发,实行地方保护,甚至姑息、庇护违法行为,为不道德经营撑起了保护伞。中国市场体系发育尚不平衡,与市场经济发展相协调的各种配套体系尚未建立或完善,特别是信息市场的发育滞后,导致了消费者在收集信息,评判商品时处于信息劣势,无法进行系统的比较,使一些企业的不法、不道德行为成为可能。

② 社会道德整体水平偏低。企业的不道德行为一旦跌破社会整体道德所能承受的底线,必然会引起社会、公众及政府的干预和反对。然而,目前中国社会道德整体水平偏低,使得很多企业的不道德营销行为能够被社会容忍。

③ 相关法律法规不完善。目前,中国已经出台了一系列规范营销活动的法律法规,但问题在于当卖方在经营活动中违反法律时,由于规定太笼统,必然造成操作中的弹性太大,增加法律实施成本,也为地方保护主义的发展提供了空间,并使法律缺乏约束力。同时,在执法力度、执法手段等方面也都表现出不足或与市场经济发展的不适应的方面。

④ 消费者自我保护意识偏低。一些消费者文化素质偏低,对法律不了解或者嫌法律诉讼程序繁琐,在遇到侵害时,不会用法律来保护自己的合法权益。同时,消费者压力集团,如消费者协会,因没有强制力,其对消费者权益的保护和对企业不道德营销的监督受到了制约。

⑤ 企业和消费者之间信息不对称。信息不对称是指经济行为人对同一经济事件掌握的信息量有差异。在企业和消费者之间,企业掌握了产品、价格、成本、销售等更多的信息,而消费者只能从企业、销售人员和自身的经验中获取信息。这些信息往往是不全面的,这使得企业的不道德营销有了实施的可能。

(2) 内部环境因素

① 企业及其员工过于功利化。对大多数员工和企业而言,成功的唯一衡量尺度是销售额和利润。因此,不论员工还是企业,追逐高销售、高利润成为最终目标。功利化的行为动机往往掩盖了财富取得的途径,导致了营销道德的缺失。

② 企业文化落后。企业文化能够影响到企业领导者和广大职工的决策动机,优秀的企业文化使企业形成一种凝聚力和向心力,即通过企业文化所塑造的共同价值、共同意识,把全体职工凝聚在一起,对实现企业目标,提高营销道德水平起重要作用。落后的企业文化或没有融入道德理念的企业文化,无论从意识到行为都很难具有较高的营销道德水平。

③ 企业核心管理层营销理念偏差。企业核心管理层的道德偏好会融入企业经营决策的制定与实施。如果企业核心管理层具有正确的经营哲学,在制定营销决策中,才能既考虑企业的利润目标,又考虑消费者及社会的利益,体现出企业营销决策的道德性。反之,如果核心企业管理层片面追求利润最大化而损害社会与消费者利益,营销决策必然会偏离道德的轨迹。

④ 企业管理制度不完善。这包括内部奖惩机制和不道德行为被发现的几率可能比较低。

当企业员工在销售中做出不道德营销行为时，如果企业对这种情况不处罚，反而嘉奖，那么必然导致员工不断重复非道德行为，并影响其他员工效仿这种不道德营销行为。

由此而言，市场营销道德涉及个人道德哲学、组织关系、企业价值观、待遇等关联因素：

① 个人道德哲学观是指用来指导个人行为的原则或规则。个人道德哲学观，尤其是高层管理者的个人道德哲学观必然会渗入企业营销决策中。个人道德哲学观正确与否及其水平的高低，必然会影响企业营销决策是否符合道德标准及营销决策道德水准的高低。个人道德哲学观是由家庭及社会组织等教育影响而形成的。因而，应当重视家庭对子女的正确教育及社会对广大公民的教育内容。

② 企业价值观是指企业职工拥有共同性的价值观念。它是在企业经营哲学指导下构成企业文化的基础与核心，它决定企业的经营目标、企业的管理风格及企业的行为规范。因此，它是决定营销决策是否符合道德规范的关键。例如，当企业价值观是"实现利润最大化"时，企业的营销决策往往会忽略、甚而无视消费者及社会的利益。反之，如果企业价值观是"为用户提供最优质的产品和服务"时，企业的营销决策就会以消费者利益为立足点。

③ 组织关系是指在企业中，领导与广大员工、上级与下级、同事与同事之间的关系。在这些诸多关系中要保持相互信任、履行相互的责任及义务。一般说来，最高层管理者设计整个营销管理决策中道德性基调；中下层领导干部则根据高层管理者的决策指示，结合自己的个人道德哲学观，去影响道德性营销决策的实施。广大职工在道德性决策中相互影响。而职工在营销道德性决策中的作用程度的高低与职工个人受道德行为与不道德行为影响程度的大小成正比。如果职工面临越多的不道德经营行为，他们就越可能做出不道德的行为；反之，如果职工面临越多的道德经营行为，他们就越可能效仿做出道德的营销行为。

④ 待遇是影响企业营销道德的另一个因素，是指对经营者有利的一些条件，它减少障碍或提供报酬，从而影响营销决策的道德性。报酬包括来自内部的或来自外部的。内部报酬是指为他人做某事后的良好感觉。外部报酬是指在等价交换基础上从他人那里获得自己想得到的有价值的东西，如获得领导者的提升和加薪、同事的赞扬等。如果当某一经营者为增加销售额及个人提成而采用欺骗手段，并获得领导的奖励时，这就表明，领导者肯定了其非道德行为，从而为经营者指出了一个方向。可见，领导为营销者提供的激励机制直接影响其营销道德的正常发挥，从而对营销道德产生重要的影响。

2. 市场营销道德构建原则

(1) 守　信

守信即要求市场营销活动讲究信誉，"一言既出，驷马难追"。现代营销领域中，守信是市场营销道德的核心内容，具有举足轻重的位置，它是市场环境中竞争胜出的重要手段。在激烈的市场竞争中，凭借信誉可以在市场中立于不败之地；损害信誉终将被市场所淘汰。信誉指信用和声誉，它是在长期的商品交换过程中形成的一种信赖关系，综合反映出营销者的道德素质与水平。守信必须信守承诺，不仅信守书面承诺，还要信守口头承诺。口头承诺虽然没有法律的约束，却是营销者辅助客户建立购买信心的重要保证，明智的营销者不会冒着丧失信誉的风险违背向客户传递的口头承诺。此外，承诺还有明确承诺和隐含承诺之分，明确承诺是指合同、协议等明确规定的应履行的义务；隐含承诺尽管没有明文规定兑现内容，但是其延展承诺的寓意、宽泛承诺的范围。如"合格产品"隐含承诺了对商品全部品质质量负责的含义，一旦营销者由于某种原因未能履行承诺，则有义务做出解释，必要时做出赔偿，并接受处罚。

(2) 负　责

负责即要求营销者对自己的一切经济行为及其后果承担政治的、法律的、经济的、道义的责任。任何逃避责任的行为都是不道德的，且是"营销近视症"的表现。市场经济条件下，营销者独立做出决策，因此要对自主营销活动及其可能带来的一切短期和长期的后果承担责任。营销者的言行代表企业形象，表明企业的社会责任，在营销过程中要对用户负责，向用户讲真话，如实为用户介绍产品，为用户提供真实有效的商品和服务，以此赢得公众的信任，提高企业的社会效益。坚持负责的原则，需要营销人员具有良好的人文素质和高度的自觉性以及承担责任的勇气，特定环境中需要牺牲自身的既得利益。

(3) 公　平

公平是社会经济生活中人们的普遍性诉求，它以每个社会成员在法律上和人格上的平等为依据。市场营销领域中，这一诉求同样存在且尤为强烈，因此营销必须坚持公平的原则。市场营销的公平性具有两层含义：一是竞争中的营销公平。营销竞争不可避免，竞争是提高产品价值、提升服务效益的原动力。然而，营销竞争不可避免的带来一些负面效应，部分企业为了在竞争中胜出不择手段，诋毁甚至无中生有诽谤竞争对手，千方百计置对方于死地，这种竞争行为偏离了公平竞争的轨迹，是对他人、对社会不负责任的集中表现。二是销售中的营销公平。营销对象无论男女老幼、贫富尊卑，都充分享有商品使用价值的权利，各种以次充好、缺斤短两、弄虚作假的营销行为都违反公平的原则，都是企业人格品质低下、道德匮乏的表现。

守信、负责、公平是企业营销道德中最基本的要求。在营销过程中企业要考虑到自己所肩负的社会责任，考虑到自身行为是否符合社会公众的道德准则。从长远的观点来看，只有坚持守信、负责、公平的营销道德，企业与用户、企业与竞争对手才能够在市场经济环境中达到相对平稳和谐的状态。

3. 市场营销道德构建方式

构建市场营销道德是一项涉及社会诸多层面的系统工程，其关键在于创造客观条件，发展社会生产力；转换政府职能，通过宏观间接调控模式引导企业沿着法律及道德的轨迹运行；不断完善立法及强化执法力度，既要打击非法营销行为，又要保护和鼓励合法营销行为。与此同时，还要提高社会整体的道德意识。

(1) 市场营销道德构建的要求

① 端正营销观念

在杜绝营销不道德行为的问题上，企业自律是根本。企业不仅是经济组织，还是社会组

织，所以企业在不断追求自我生存发展的同时，也要承担一定的社会责任。这就要求企业在进行营销活动时，要把消费者的需求、企业的利益和整个社会的长远利益结合起来考虑。企业必须认识到，不道德行为所能带来的利益只是暂时的，只有自觉遵守道德规范，树立自己在消费者和社会公众心目中的良好形象，才是企业发展的长远之计。诚信经营塑造的企业形象和品牌价值是企业最宝贵的无形资产，必将给企业带来长远的经济利益。企业树立诚信营销观念，就要视消费者为上帝，坚持顾客至上。只有以消费者的利益为中心，企业才能诚实守信，不做欺骗消费者的不法行为。诚信不仅是企业的生存之本，更是企业的营销之道。再好的营销策略失去了诚信，就不是成功的营销策略。诚信本身就是最好的营销策略。

② 更新消费观念

消费者通常在市场交易中处于弱势地位，由于消费者对商品信息的掌握不充分而受到不道德营销行为的侵害。要防止市场营销中的不道德行为，使自己免受侵害，消费者必须提高自身素质，树立正确的消费观念，增强自我保护意识，积极与违法的不道德营销行为做斗争。作为消费者，一方面，在面对琳琅满目的商品和强大的广告宣传攻势，以及产品的低价诱惑时，一定要保持清醒的头脑，做到理性购买，使不道德的企业及其商品在没有市场的情况下，被自然淘汰；另一方面，在自己的利益受到侵害时，要积极地诉诸法律，使不道德企业受到应有的惩罚。只有广大消费者都积极地行动起来，抵制市场营销中的不道德行为，营销不道德行为才能得以抑制。

③ 强化法制观念

道德是法律的前提和基础，法律是道德的保证，两者相辅相成。市场经济是法制经济，完善的法律体系对规范市场营销主体行为具有重要意义。法律法规不仅为治理企业的营销不道德行为提供了依据，而且使企业有了参照的底线。近年来，中国颁布了一系列法律、法规来规范和约束企业的营销活动，这些法律、法规涉及经济合同、商标、价格管理、广告、产品质量、不正当竞争、消费者权益等方面。但在法律上仍然存在一些空白或模糊之处，给不法企业钻漏洞、打擦边球提供了机会；违法成本偏低也鼓励了一些企业的不道德行为。政府监管部门，如工商行政、物价、计量、技术监督部门必须加大执法力度，严厉处罚违法行为。只有当不讲诚信的企业为其行为付出沉重代价时，企业在营销中的不道德行为才能得以有效制止。

市场营销道德日益受到社会各界的广泛关注，构建市场营销道德已经成为企业发展的当务之急，体现出企业的营销素质和发展潜力。

(2) 市场营销道德构建的步骤

① 塑造优秀企业文化

在企业经营活动中，渗透着大量的文化因素，它融存于企业经营哲学思想、价值观念、群体意识、管理方式、道德规范及行为标准中。随着企业经济的发展，逐步形成了企业自身经营管理哲学及精神文化(公司文化)。如果每个企业都重视塑造具有创造力、影响力、凝聚力、显示出鲜明个性的高水平的企业文化，这将有利于企业领导者及广大职工树立正确的价值观，从而有利于企业做出道德性的营销决策。

② 建立营销道德标准,并将道德标准实施融入控制系统中

国外的企业对道德标准的创建及实施,为中国企业营销道德的建设提供了有益的借鉴。自20世纪80年代以来,西方国家的许多大型公司创立起道德决策及执行机构,并制定了用来约束职工经营行为的道德标准。诸如美国市场营销学会制定出协会成员必须遵守的职业道德条例,并规定了相应的惩处办法;又如IBM公司、GE公司及McDonald公司等均制定出各具特色的营销道德标准,有力地规范了企业的营销行为。近年来,中国不仅在学术界开展了对商业伦理及企业伦理的研究,而且在某些企业中亦开始提出自律经营道德行为的守则纲要。诸如在全国提出了"百城万店无假货",并开展了讲诚信、反欺诈活动。要使企业遵循道德标准,更为重要的是将道德标准的实施纳入控制系统之中,即对营销道德标准的实施进行监督、检查及调控,否则再多再好的道德标准也只不过是一种摆设而已。

③ 加强营销道德的审计工作

营销道德审计师通过对照行业道德准则和企业自己的道德准则,开展遵循性审计和有效性审计。营销道德审计可分为社会责任审计、职能审计和营销决策文化审计三种。通过营销道德审计,企业可以知道哪些部门在工作中违反了准则,产生了哪些问题,哪些地方需要改进,从而有效地防范营销道德风险。

④ 设立专门的伦理机构或伦理主管

目前,中国很多企业尚未在企业内部开展深入持久的文化道德建设工作,这容易导致道德上的短期随意性。因此,中国企业应借鉴外国大公司设立伦理委员会的做法,设立企业自身的伦理委员会和伦理主管人员,加强对企业营销道德的规范和管制。

3.2 市场营销社会责任

市场营销道德和社会责任两个概念虽然经常互换使用,但二者是存在区别的。道德与个人哲学观(或价值观念)相联系,即在某个特定的决策环境中判断是非。社会责任是指某组织有责任扩大其对社会的积极影响和减少对社会的消极作用。因此,社会责任是市场营销决策对社会的整体影响。任何企业营销既要履行社会责任,又要遵循道德规范。在全球经济一体化的今天,企业的产品及服务日益趋同,要想在众多的竞争者中脱颖而出,仅依靠良好的服务及著名的品牌已经不够。现代的客户希望知道,他们所使用的产品和所投资的企业在环保、人权以及社会责任方面有何作为。股东也开始询问公司的道德规范、社会承诺以及相关责任方面的完成情况。在这个时代背景下,企业的社会责任在市场营销领域中的地位日益凸显。

3.2.1 营销观念变迁与社会责任的导入

营销观念产生于20世纪初的美国,近百年来,随着商品经济的发展,企业的营销观念也发

生了根本的变化。根据西方较为流行的划分方法，企业营销观念的变迁大致归纳为以下五个阶段：生产观念阶段、产品观念阶段、推销观念阶段、市场营销观念阶段、社会营销观念阶段。在这五种营销观念当中，生产观念和产品观念已被证明不适应现代商品经济发展规律与企业经营的要求，从而被绝大多数企业所抛弃；推销观念由于其内在的局限性，只在少数特殊企业执行；现如今的大多数企业奉行的都是市场营销观念。市场营销观念作为一种新型的企业经营哲学出现于 20 世纪 50 年代，这种观念以满足顾客需求为出发点，以市场为中心，以顾客为导向，它的出现使企业经营理念发生了根本的变化，也使市场营销学发生了一次革命。

然而，就在市场营销观念得到西方工商界广泛接受的同时，人们又开始对其提出了质疑：一个在了解、服务和满足个体消费者需要方面干得十分出色的企业，是否必定也能满足广大消费者和社会的长期利益呢？营销观念回避了消费者需要、消费者利益和社会福利之间隐含的冲突。例如，100 多年来，世界各地的烟草工业越办越兴隆，为吸烟者提供了需求满足，但最近的科学研究发现，烟草对与吸烟者在一起生活和工作的人的危害比对吸烟者本人的危害要大得多；口香糖制造商虽然极大地满足了部分消费者清新爽口的需求，但同时也带来了街道卫生的问题。

为了解决企业的社会责任和道德良心问题，从 20 世纪 70 年代中期开始，社会营销观念作为对市场营销观念的修正和补充被具有社会责任感的企业接受和采纳。社会营销观念认为，组织的任务是确定诸目标市场的需要、欲望和利益，并以保护或提高消费者及社会福利的方式，比竞争者更有效、更有利地提供目标市场所期待的需求。事实上，社会营销观念与市场营销观念并不矛盾，问题在于一个企业是否把自己的短期行为与长期利益结合起来，能否在满足顾客需求及获取利润的同时，顾及人类普遍的福利和社会发展的可持续性。企业的社会责任不应该成为企业所背负的“包袱”；相反，如果处理得当，它很可能成为企业营销策略组合中的一把利器。

3.2.2　市场营销社会责任的内涵和外延

根据著名学者卡诺的观点，一个企业的社会责任呈现出四个层次的内涵，可用金字塔图形表示：第一个层次的企业社会责任是经济责任，它是指企业的盈利，是其他更高层次社会责任实现的基础；第二个层次的企业社会责任是法律责任，它是指企业的一切活动都必须遵守法律条款，依法经营；第三个层次的企业社会责任是伦理责任，它是指企业的各项工作必须符合公平、公正的社会基本伦理道德，不能做违反社会公德的事；第四个层次的企业社会责任是慈善责任，它是指企业作为社会的组成成员，必须为社会的繁荣、进步和人类生活水平的提高做出自己应有的贡献。

应该说，卡诺先生有关企业社会责任层次的观点，是较为完备并且合理的。不能要求所有的企业履行的社会责任都是均等的，譬如不能要求正在为盈利辛苦打拼的企业去过度关心慈善事业，这也是不太现实的。然而，企业社会责任的层次性却对应着不同的营销形式。

当一个企业的社会责任尚停留在经济责任的层面时，企业的首要目标是实现盈利，是实现股东权益的最大化，而这就要借助于传统市场营销手段，从顾客需求出发，以市场为核心设计营销策略，实现利润增长。

当一个企业的经济责任上升为法律责任时，企业就必须要考虑诚信问题。温州经济刚起步的时候，曾经出现过一段时期的造假现象。这种现象主要集中在鞋类方面。那时曾有人把温州鞋称为"礼拜鞋"，意思是穿一个礼拜就坏了，"温州制造"一度在全国上下成为假冒伪劣的代名词，这严重损害了消费者的利益，也影响了企业声誉。所幸这一现象并未持续很久，很多企业在迅速完成原始资本积累之后，就转入了正规经营，纷纷重塑形象，在锻造品牌上狠下工夫，通过制度建设、行业监督、自我监督、自我约束，温州已构建起了工商业诚信体系，并涌现出一批全国知名的品牌。

当企业的社会责任表现为伦理责任时，道德营销方式就呼之欲出。道德营销是指企业以其广大用户及社会需求为动机，采用正当的营销手段，给广大消费者带来最大的幸福，给社会带来利益，并有利于企业自身良性发展的营销活动。这其中包括三个层次：一是为消费者提供安全而又性能良好的商品和服务；二是关心环境和减少资源消耗；三是企业作为一个道德共同体的质量。

企业的社会责任最高层次的表现形式是慈善责任，与之相对应的市场营销方式称之为善因营销，也叫事业关联营销（cause-related marketing）。善因营销是将企业与非盈利机构，特别是慈善组织相结合，将产品销售与社会问题或公益事业相结合，在为相关事业进行捐赠、资助其发展的同时，达到提高产品销售额、实现企业利润、改善企业社会形象的目的。善因营销体现了社会营销观念，是最高层次的营销观念，它不仅注重营销的效率和效果，还考虑社会和道德问题。

依据上述观点，现代社会经济生活中，企业营销的社会责任范围延展到三个层面，即保护消费者权益，保护社会的利益和发展，保护社会自然环境。

1. 保护消费者权益

保护消费者权利和利益是企业的主要社会责任。具体说，要求企业为广大消费者提供花色品种多样的、优质的产品和服务，以满足其各种不同的需求。为此，要求企业要树立起以顾客为导向的经营哲学，并根据市场需求的变化，不断调整市场营销策略，以适应消费者不断变化的需求。在现实中，随着市场经济的发展，众多企业为广大消费者提供日益丰富及花色品种多样化的产品，大大提高了人们的生活质量，并考虑了广大消费者的权益。但是，某些企业出于自身狭隘的利益，追逐利润最大化，生产和销售假冒伪劣产品；哄抬物价或实行垄断价格；进行欺骗性广告宣传；诱惑及操纵、强迫顾客购买自己所不需要的产品；利用过多的包装而造成严重的浪费及环境污染，破坏了自然环境及生态平衡，破坏了人类生活的环境及生活质量。为了保护社会及广大消费者的利益，发达国家的消费者自发地掀起了保护消费者权益运动，迫使企业保护消费者的权益。中国则是在全国各级消费者协会的领导下，有组织地开展了保护消

费者权益的活动，从而推动了企业承担社会责任的进程。

在保护消费者权益运动中，社会关心的焦点是要求企业承担以下的社会责任或执行四项基本义务：

① 使消费者获得安全产品与服务的权利，即要求企业保证购入其产品或服务的消费者的身体健康及生命安全。为此，要求生产者及经营者对其生产和出售的产品或服务所产生的后果负责任。

② 使消费者获得充分的有关产品信息的权利，即要求企业向消费者提供充分的关于产品质量优劣、构成成分、使用方法及使用效果等真实情报，以避免误导消费者做出错误的购买决策。

③ 使消费者具有自由选择产品的权利，即要求企业在任何时候均让消费者自由选择自己所需要和所喜爱的产品，反对企业对消费者采取高压推销及垄断政策，反对诱导消费者购买自己并不需要的产品。

④ 使消费者具有申诉的权利。消费者因购入的产品或服务不满意而向有关部门进行申诉，企业应持欢迎及支持态度，并对消费者的损失进行赔偿。

2. 保护社会利益及社会的发展

保护社会利益及社会发展是企业义不容辞的社会责任。企业从事生产经营活动，一方面是为社会创造日益丰富的物质财富，以保证社会各经济部门及国民经济的正常运转，以及保证中央及各级政府、各企事业单位职能正常运行，亦为社会利益及社会发展提供使用价值形态的财富；另一方面，企业为国家及各级政府提供一定的税收，即从价值形态上为国家作贡献，积累资金，促进国家建设事业迅速发展。此外，企业还应对社会公益事业进行支持和捐赠，促进教育、娱乐、贫困地区的发展，这是近年来企业社会责任的延伸。例如，美国特快专递分公司建立了一项计算机培训计划，用以帮助残疾者应聘计算机工作。又如 IBM 公司捐赠或降价销售计算机给教育部门。在实践中，许多企业认真地履行了为社会提供丰富优质的财富及照章纳税等社会责任；但有些企业由于经营指导思想不端正，一味追逐利润最大化，或生产和销售不符合社会要求的产品，或进行偷税漏税，严重地违背了法律及道德原则，这些企业不可能对社会公益事业进行支持和捐赠，更不能将这些活动纳入社会责任的范畴。

3. 保护自然环境及社会生态平衡

保护社会自然环境免遭污染，实现社会生态平衡是企业重要的社会责任。随着商品经济的发展，企业在为社会创造巨大财富、给广大消费者提供物质福利的同时，却严重地破坏自然生态平衡，污染了环境，并造成恶劣的社会环境，严重地威胁着人类生存环境的良性循环。因此，保护自然环境，治理环境污染，解决恶劣的社会环境，实施社会可持续发展战略势在必行。通过绿色营销从微观方面实施可持续发展战略是企业的社会责任，通过绿色营销来保证消费者的绿色消费亦成为企业的社会责任。

通过绿色营销满足消费者的绿色消费可提高消费者的生活质量。绿色营销是在绿色消费的驱动下产生的。绿色消费是指消费者意识到环境恶化已经影响其生活质量及生活方式，要求企业生产和销售对环境冲击较小的绿色产品，以减少伤害环境的消费。绿色营销是指企业以保护环境的观念作为其经营哲学，以绿色文化作为其价值观念，以消费者的绿色消费作为其中心和出发点，通过制定及实施绿色营销策略，满足消费者的绿色需求，实现企业的经营目标。绿色营销体现出四种绿色理念：

① 企业在选择生产产品及应用技术时，必须考虑尽量减少对环境的不利影响。

② 产品在生产过程中要考虑安全性，产品在消费中要考虑降低对环境的负面影响。

③ 企业设计产品及包装时，要减少原材料消耗，并减少包装对环境的污染。

④ 由节约及保护环境的角度出发，从产品整体概念考虑产品的设计、产品形体及售后服务等。

面向21世纪的绿色营销是满足消费者绿色消费，保证消费者身心健康，提高消费者生活质量的根本途径，也是企业营销主要的社会责任。通过绿色营销实施社会可持续发展战略。可持续发展战略是指社会经济发展必须同自然环境和社会环境相联系，使经济建设与资源、环境相协调，使人口增长与社会生产力发展相适应，以保证社会实现良性循环发展。可持续发展战略的实施，从宏观方面，要求政府重视制定实施可持续发展战略的总体目标、方针及政策；从微观方面，要求企业将营销活动同自然环境、社会环境的发展相联系，使企业营销活动有利于环境的良性循环发展，使企业从微观方面保证可持续发展战略的实施，这也是当今及未来企业重要的社会责任。

3.2.3 企业营销承担社会责任的市场价值

企业营销履行社会责任，这一方面促使企业的营销决策不仅以客户需求为出发点，而且以社会责任为出发点；促使企业将自身利益同消费者利益及社会利益有机结合；促使企业将短期利益同长远利益更好地相结合。事实上，许多企业通过营销实践逐渐认识到，企业要取得竞争优势，要生存和发展，以社会责任心从事企业经营活动带来的长期利益比无社会责任心带来近期利益更加重要。几十年前，香烟营销者宣传吸烟对身体健康有利，而多年后的研究发现，吸烟与癌症及其他疾病有关，随之社会对吸烟态度发生了变化。企业营销者面临着新的社会责任，如忠告吸烟者吸烟有害健康，或为消费者提供无烟环境。如果企业营销者为了短期利益，不提醒广大居民吸烟有害健康，必然会损害消费者的利益，最终会影响企业的形象及其长远利益。另一方面，企业完整履行社会责任会面临诸多困难。例如，由于社会存在各种不同的团体，各个团体具有不同的利益，企业能够满足整体社会需求是相当困难的，企业往往满足某一群体需求的同时，很难满足另一群体的需求，亦即对某一群体履行了社会责任，而对另一群体则未能履行社会责任。而且，满足整个社会需求及满足某一群体需求，均需付出成本。例如，干净的环境、保护野生动植物及其生存环境均需要支出大量的费用，从而使得产品成本及价格提高，这些成本和价格的提高将转嫁到消费者身上；而消费者则要求低价高质产品。这种企业

利益同消费者利益的矛盾，必然会影响企业履行社会责任。因此，企业营销需要权衡各种利益，在社会责任与消费者利益之间做出决策。一些人认为，企业营销只有一种责任，即最大化业主或股东的利益，社会事务不该由企业营销来关注；另外一些人认为，企业营销担负社会责任符合其长远发展趋势，从长远观点来看，企业营销必须对社会期望做出回应，只有这样才能以现有方式或以更少受限制的方式生存。事实上，营销担负一定的社会责任，不仅有利于社会的进步，而且也有利于企业自身的发展。美国企业社会责任促进会的报告显示，一个对社会负责的企业能获得很多利益，其中包括降低业务开支、扩大企业品牌的影响、增加销售额、提高用户的忠诚度等。对社会负责的企业的业务增长率是其他企业的四倍，就业增长率是其他企业的八倍。

企业营销承担社会责任所带来的市场价值可以体现在以下几个方面：

1. 提升企业的形象和声誉

随着社会的发展和进步，公众对企业应该承担社会责任的期望在急剧增长，公众支持并赞许企业在追求经济目标的同时也追求更多的社会目标。企业的行为如果与公众期望一致，则必然能赢得良好的口碑，树立良好的企业形象，赢得更多的顾客，为企业营造良好宽松的销售氛围。以农夫山泉的“阳光工程”为例，农夫山泉号召“买一瓶水，捐一分钱”活动，以支持贫困地区的体育教育事业。从 2002 年 4 月至 2002 年 9 月，农夫山泉通过预提销售额向 24 个省 39 个市、县的 397 所学校捐赠了价值 501 万的体育器材。通过全国新闻媒体一系列密集式的宣传和赞扬，此活动大大提升了企业的美誉度和消费者的忠诚度，获得了服务社会、推广产品和提升公司形象的多重效应。

2. 促进企业产品的销售

从营销的角度来看，承担社会责任还能直接增加产品的销量，获得利润。事实上，作为市场经济条件下的市场主体，企业的许多社会行为不排除直接功利性的目的，它虽然是由利润动机驱动，但它也是一种双赢的活动。美国的莱兹科公司是一家小公司，专门为青少年市场生产和销售山莓酸橙苏打饮料。许多年来，反酒后驾车组织一直努力争取高中学校加入一个以反酗酒为主题的标语比赛，但几乎没有学校报名。莱兹科公司看出这是一个机会，公司和该组织都是以青少年为目标，并且两者都对饮料消费问题感兴趣。故由莱兹科公司为标语比赛提供资金，并开展了一场巧妙的直接邮寄活动。活动总费用为 2.5 万美元，但其销售额在一年中从 25 万美元增加到 50 万美元。此外，一些超市甚至愿意为莱兹科公司提供展销专柜来支持中学生反酗酒行动。这可以看做是通过承担社会责任而使企业获得最显性、最直接的经济效益的一个事例。

3. 融洽公共关系

企业通过承担社会责任，获得“更高层次”的形象，不仅有利于融洽企业和消费者的关系，还有利于融洽企业和社会公众、社会组织、政府机构的关系，有利于企业的各项公关活动。关于这一点，摩托罗拉公司的例子或许能带来一些启示。摩托罗拉公司总裁扎菲洛斯基在抗“非

典”捐赠仪式上表示，“作为中国最大的外商投资企业之一，我们有责任帮助中国政府和人民抗击‘非典’，共渡难关”。而时任国家发改委主任马凯在会见扎菲洛斯基时，则表示了希望摩托罗拉公司进一步加深与中国有关企业的合作，扩大对华投资，积极参与中国的经济建设。可以预见，摩托罗拉公司的捐赠对于其下一步在华投资策略会起到举足轻重的作用。

综上所述，企业的社会责任和经济效益间存在着相互联系，采用互利的方式把企业的产品与服务和与之相吻合的社会责任结合起来，能起到一种显性的效果，并刺激利润的增长。但社会责任活动更是一种长期投资，它对企业的积极影响需要经历较长的时间后方才见效。然而这种影响一经形成，就会成为企业长期而稳定的利润源泉。从这个意义上说，企业的社会责任是一把特殊的营销利器。

3.2.4 企业营销社会责任领域

任何企业均具有双重身份。企业作为独立自主、自负盈亏的商品生产者和经营者，它具有自己独特的经济利益，其经济利益在于追求利润的最大化。由此而言，企业是“经济人”，势必以利润标准来衡量自己的经营成果，从而决定自身的价值取向。同时，企业又是社会的经济细胞，是社会财富最基本的创造者，企业的这种社会性决定了它是“社会人”。企业的生存与发展所需的各种资源（包括人、财、物等）及企业所生产的产品的实现条件都有赖于社会提供，因而企业应当承担一定的社会责任，其营销行为应当受到社会的约束和限制。对企业营销而言，履行社会职责要考虑自身能量范围和能力的大小，在其业务领域之内承担社会责任的后果包括以下几点：

1. 提升社会生活质量

企业营销首先要承担为广大消费者提供质量合格、安全放心、让人满意的产品和服务的责任。如果企业的产品和服务出了问题，不但不能改善人们的生活水平，反而还会给消费者带来很多的麻烦、苦恼，甚至利益损失、感情损失。因此，企业营销履行社会责任的首要任务是通过满足人们的需要，提升社会生活质量，促进社会进步。

2. 积累社会财富

企业营销通过商品交易活动推动经济发展、积累社会财富。企业所创造的社会财富包括有形与无形两种形式，有形财富如缴纳税收、解决就业、慈善捐赠等，无形财富即企业的创新精神、先进管理经验、对弱者的辅助与关爱举动等，这些都对社会经济进步产生巨大经济效用。

3. 引领行业发展方向，规范行业营销行为

作为行业领域中的市场主导型企业，坚守住行业营销准则，不断提升行业规范营销标准，不仅能够避免整个行业的恶性竞争，还可以维护社会的健康与发展。同时，主导型企业具有树立行业形象，真实地向社会公众反映出一个行业发展的水平，营造一个信息对称的购物环境，使消费者树立对整个行业的信心的义务。另外，主导型企业的产品与服务品牌还具有引领行业发展方向，维护行业营销秩序的责任。

4. 树立品牌形象，增强核心竞争能力

中国的企业营销须在不断积累的过程中，逐渐确立品牌位置，修炼出核心竞争能力，并有责任加入国际经济循环，合理阻挡国外经济对国内市场的冲击，将中国产品与服务推广到世界市场，传播中国文化，通过商品流通，在世界与中国之间架起文化交流、经济共荣的桥梁。加入世贸组织的保护期过后，这种责任的意义更加重大。同时，阻止假冒伪劣产品肆意横流，维护产品与服务的品牌形象，同样是企业营销的责任所在。

5. 保护环境、节省资源

在全球能源危机、环境污染严重时刻，企业有必要强制自己的营销行为，使其符合社会整体的发展利益。这种行为具体体现在两个层面：一是不造成环境污染，不过度消耗资源；二是为环境保护和资源节约做贡献。地球上的自然资源分为三类：第一类是取之不尽、用之不竭的资源，如空气、水等。但近年来，世界各地，尤其是现代化城市的用水量增加很快，而世界各地的水资源分布不均，许多国家面临缺水的问题。第二类是有限，但可以更新的资源，如森林、粮食等。而中国森林覆盖率较低，人均森林面积只有 1.8 亩，且可耕地逐渐减少。第三类是有限，又不能更新的资源，如石油、煤和稀有矿物等。这类资源在近期一直处于供不应求的态势。自然资源的发展变化既给市场营销造成威胁，也给市场营销带来机会，企业必须坚持可持续发展战略，为保护环境、节省资源尽到社会责任。

6. 维护员工基本利益

企业营销要为员工谋取福利，担当企业内部员工及相关利益方（产业链上游的商家）的发展和成长的责任。这属于社会安全责任的范围。企业员工及相关利益方的安居乐业，促进了社会的和谐发展，增加了人们对未来的信心，对社会安定起到很大的作用。同时，企业要关注股东的利益，这是容易被忽略的问题。股东是风险最大、贡献最大的一个社会群体，他们的投资固然是受获利动机的驱使，然而却在客观上担当着重要的社会责任。如果不保护股东的利益，众多企业就要破产，成千上万的人就会失业，甚至危及家庭的存亡，直接影响社会经济的稳定。

【营销信息链接】

瑞达纺织有限公司是一个生产内衣的企业，日前在广州举办的一个针织产品交易会上，由于没有通过 SA8000 社会道德责任认证，公司没有拿到订单。“我们的染整、成衣技术绝对是一流的，我们甚至达到了很难达到的一些欧洲国家的环保标准。”公司总经理潘丽苹介绍：“没想到又来了一个 SA8000。”经过上网查询和到佛山质量管理委员会咨询之后，潘丽苹了解到，通过 SA8000 社会道德责任认证需要从最基础的关爱员工，关心员工的生活、工作条件、工资福利等做起。

中国劳动关系学院黄河涛教授介绍，截至目前，中国共有 49 家企业通过了 SA8000 认证，但通过认证的大多数企业是在外商的要求之下，被动通过的。从 20 世纪末开始，中国沿海地区已有超过 8 000 家企业接受过社会责任的考察，不少企业因为没有 SA8000 认证而失去订

单。黄河涛教授介绍，SA8000 标准是一把双刃剑，而当它把劳工权利与订单联系在一起的时候，其实就形成了新的贸易壁垒。从 2004 年 5 月起，美国、欧盟的一些国家将开始强制推广 SA8000 标准认证。据美国相关商会组织调查，目前有超过 50%的跨国公司和外资企业表示，如果 SA8000 标准实施，将重新与中国企业签订新的采购合同。

中国外交学院副教授、中国企业文化研究会企业美育委员会秘书长唐骅则更多地看到的是 SA8000 有利的一面。他认为，SA8000 是挑战更是机遇。企业要想发展壮大必须要学会关爱员工，实施人性化管理，而 SA8000 可以引导企业去关爱员工、关心社会。同时，它不是专为中国企业制定的标准。最近一些年，国外某些企业利用中国法律不完善，把一些低端的、污染严重的劳动密集型产业向中国转移，克扣工人工资，甚至对中国的劳动者进行人身侮辱。中国同样可以以 SA8000 为标准，对引进的外资企业进行筛选和监督，要求外资企业加大在社会责任方面的投入和成本。中国国家标准化委员会 2004 年 3 月发表声明，要大力推进国际标准转化为国内标准的进程，这种转化即国际标准的应用程度计划在五年内由 2004 年的 37%上升到五年后的 70%。也就是说再过几年，SA8000 标准可能会成为国内企业同样不得不面对的标准。有关组织曾经在欧美国家做过一次消费者调查，70%的被调查者认为公司对社会责任的承诺，是他们购买其产品或服务时考虑的一个重要因素；58%的被调查者认为很多公司对劳工问题没有给予足够的关注；超过 50%的被调查者表示会对没有社会责任的公司采取负面行动；20%的被调查者表示自己已经对没有社会责任的公司采取了“惩罚”行动。在国际上，与其他企业相比，通过 SA8000 的企业无疑会有更好的信誉。通过 SA8000 认证可以作为企业对外宣传的一个诉求点和产品的卖点，可获得更多的信赖和喜爱。另外，通过 SA8000 认证还有利于企业社会信用体系的建立和完善，不仅在银行贷款方面有较高的信誉，对于求职者也具有更大的亲和力。唐骅认为，企业完全可以像通过 ISO9001 认证一样，把通过 SA8000 认证作为推销自己、吸引消费者和人才的一种方式。针对一些企业反映的通过 SA8000 标准认证会增加企业成本的问题，唐骅认为，SA8000 标准和中国相关的劳动法律、法规其实是重叠的，对国内很多企业而言，达到 SA8000 标准不应该是非常困难的事。

SA8000 标准把关爱员工变成了一个企业营销社会责任的问题。瑞达纺织有限公司总经理潘丽苹表示，希望更多地了解 SA8000 标准的详细内容，变被动的适应为主动出击。

资料来源：http://www.yanmo.net/中国研磨网

3.3 市场营销规范

3.3.1 营销规范内涵

规范是指约定俗成或明文规定的标准，是指人们在社会生活中相互关系的行为规则，如思想、观点和心理的总称。企业营销规范一般是指企业从事营销活动必须遵守的法定或社会约

定的行为标准。它是在高度专业化分工的社会化大生产中,企业通过市场实现分工连接时的行为程序与工艺要求;它是在社会经济利益的链环中,企业通过市场取得自身利益的方式、方法的行为程序与工艺要求。市场营销规范是保护和完善交易关系的必要手段,对企业市场营销活动的形成和实现具有一定程度的调节作用,它可以鼓励企业营销业务的发展,也可以限制企业营销业务的形成。因此,市场经济条件下的企业应该具有规范意识,在约束中保护自我、发展自我。

企业在市场中开展营销活动必须以三方面的规范约束自己的行为,即经济规范、法律规范、社会规范。经济规范是指国家用于调节宏观经济的一系列手段——财政、信贷、价格、税收、股票市场等经济杠杆和企业内部机制的管理手段。法律规范主要概括为两个方面:国家在特定阶段颁布的一系列经济政策和现行的经济法令法规。法律规范是由国家强制力制定和认可的,它体现了统治阶级的意志,要求人们必须遵循,否则予以处罚。社会规范主要包括道德规范、宗教规范及社会习俗等。实质上,这些社会规范也是从阶级利益出发,把现实社会关系抽象地概括为一般的规范,它具有典范性和可预测性的特征。企业在营销运作过程中,其行为时刻受到上述规范的约束,即要明确自己可以做什么,可能做什么,禁止做什么。

3.3.2　企业营销规范准则

众所周知,在体育竞技中,不懂得比赛项目规则的运动员不能参加比赛;粗通规则的运动员打不好比赛;只有熟谙规则的运动员才能充分地、创造性地发挥自身的能量与技术,赢得比赛的胜利。企业间营销竞争如同体育竞技,是一种博弈性行为,因此,企业开展营销活动必须具备规范意识,注重对规范的了解、掌握与运用。企业营销规范具体包括以下几点:

1. 企业商品质量规范

企业商品质量行为规范是指企业所生产的商品所应遵循的行为准则的总和,它由法律规范、政策规范和道德规范三部分构成,其中法律规范是主体部分。中国现行的企业商品质量行为法律规范分别见于多种法规,如《标准化法》、《计量法》、《工业产品质量责任条例》、《工业企业全面质量管理暂行办法》、《质量管理小组暂行条例》、《工业产品生产许可试行条例》、《全国产品质量仲裁检验办法》以及《食品卫生法》、《药品管理法》等。作为企业全部质量行为的指导思想,商品质量行为准则强调对全面质量管理的重视与贯彻落实,它要求企业经常了解国家建设和人民生活的需要;重视研究国内外同类产品发展情况和市场情况;以“质量第一”为生产经营方针,树立企业全员的质量意识;贯彻执行先进合理的技术标准,采用科学的方法控制影响产品质量的各种因素,进行产品质量的技术经济分析;开展对用户的服务,根据用户要求不断改进产品质量,努力生产物美价廉、适销对路、用户满意、在国外市场具有竞争能力的产品。

2. 企业产品设计与试制规范

企业产品设计试制行为是指产品正式投产前的全部准备活动,它包括调查研究并制定方案、产品设计、工艺设计、试制、试验、鉴定等行为。对这些行为,法律要求企业做到以下几点:

（1）在调查研究中要了解用户对产品质量的要求，收集国内外有关技术资料，研究解决关键技术，制定出适用可靠、能满足消费需求又经济合理的质量指标和技术要求。

（2）在设计方案的审核中，要组织有关的人员和部门，包括使用、销售、科研等方面的人员和质量管理部门，以及企业的管理干部、技术人员、生产人员参加设计方案的评估，以确定合适的设计方案。

（3）产品的设计应符合或高于国家规定的各项技术标准，企业应不断努力提高产品的标准化、系列化、通用化的程度。

（4）新产品的试制或老产品的重大改进完成后，企业要组织有关人员进行严格的试验和鉴定，以从技术、经济价值等方面做出全面的评价。

3. 企业产品生产许可证获取规范

工业产品生产许可证制度是国家对企业产品从质量方面实施监督管理的法律制度。凡工业产品被列入国家经济贸易委员会审定的实施生产许可证产品目录的，企业必须取得生产许可证才具有生产该产品的资格，没有取得生产许可证的企业不得生产该产品。

企业取得生产许可证必须具备的条件是：

（1）企业必须持有工商行政管理部门核发的营业执照。

（2）产品必须达到现行国家标准或行业标准，有保障产品质量的专业设备、工艺装备和计量与测试手段，有保障产品质量的生产专业技术人员、熟练技术工人及计量、检验人员队伍，并建立有效的质量控制制度。

4. 企业产品生产规范

企业产品质量生产行为贯穿于生产过程的始终，质量生产规范要求企业建立能够稳定生产合格品和优质品的生产系统，抓住每个环节的质量管理。

5. 企业产品质量保证规范

企业产品应有保证期限、安装方法、维修方法、保存条件、技术保养检修期的说明，以及其他有设计参数的有效数据，其包装必须符合国家的有关规定和标准。

6. 企业产品出厂规范

（1）产品质量要符合国家有关法规、质量标准以及合同规定对产品适用、安全和其他特征的要求，并应有检验机构签证的产品检验合格证。

（2）针对不同特点的产品，其包装上应具有名称、规格、型号、成分含量、重量、用法、生产批号、出厂日期、生产厂家、厂址、产品技术标准编号等文字说明，限期使用的应注明失效时间，优质产品要有许可证编号、批准日期和有效期限。

（3）机器设备装置、仪表及耐用消费品还应有详细的产品使用说明书。

7. 企业商品储运规范

企业储藏、运输、装卸产品必须根据国家有关规定和产品包装上标明的要求进行，产品的出入库、交付运输或收货方式，应按照规定严格执行交接验收制度、明确质量责任。

8. 企业商品销售规范

企业销售商品应确保其质量符合国家法规、质量标准以及合约规定的关于适用、安全和其他有关特性的要求。其保障措施是：

(1) 进货时对产品严格验收，确定产品的质量水平与状况。

(2) 不销售不合格的产品和国家已明令淘汰的产品以及没有质量标准、未经质量检验机构检验的产品，不弄虚作假、以次充好、伪造商标、假冒名牌。

(3) 不用搭配手段推销商品。

(4) 尊重消费者权益，主动、真实地介绍商品质量，提供有关商品质量的说明文件和必要的销售服务。

(5) 在保证期内，经销企业应对产品质量负责，应对所售商品包修、包换、包退，并承担赔偿实际经济损失的责任。

9. 企业商品质量管理规范

企业商品质量管理行为规范是从企业经营管理的角度对企业产品质量行为的法律规范。它要求企业认真贯彻国家有关质量工作的方针、政策和法律规章，充分发挥全体员工在质量管理中的积极性和主动性；把全面质量管理列入重要议事内容与日程；设置综合性质量管理机构或专职人员，在企业决策者的领导下进行综合性日常质量管理；建立健全质量检验机构，监督企业产品质量标准的贯彻执行；开展群众性质量管理活动；普遍进行全面质量管理的教育；在企业内部应建立有关质量工作的奖惩制度。

3.3.3 典型的营销违规行为

当今的经济环境发生了很大变化。改革开放以后，国家放宽了经济政策，理顺了经济关系，疏通了商品流通渠道，开拓了新的市场领域。租赁制、股份制的实施使众多企业成为相对独立的经济实体，在自主经营的原则下可以充分实现生产经营的多样性、灵活性和进取性。然而有些企业的决策者在宽松的营销环境中淡泊了规范意识，有些企业的决策者根本不具备规范观念，其营销行为总是违反规范。

1. 侵权行为

在所有侵权行为中，以经济合同纠纷和商标侵权最为突出。商标专用权是商品经济条件下市场营销竞争的产物，它是企业在吸引消费忠诚者、扩大商品市场占有率、击败竞争对手时所用的一种手段，故有人把它称之为“商战武器”。所以商标在使用过程中往往成为不法商人猎取的对象。而不具备商标法规意识的企业，其产品成名之后不主动向有关部门申报注册商标，受到商标侵权之害时，只得“哑巴吃黄连——苦不堪言”，等待仲裁部门的调解。

营销中侵权行为具体表现为以下几点：

(1) 在其未注册的商标上加印®等字样是一种恶劣的商业性欺骗行为，使消费者误认为该商品的商标已经注册。

(2) 假冒他人的注册商标,未经商标持有人许可,就在同类商品或者类似商品上使用他人已经注册过的相同或者近似的商标。

(3) 擅自印制或偷售他人已注册商标的标识,给其他不法分子的投机活动提供有利条件。

(4) 假冒伪劣商品的制作者怕露出马脚,在使用未注册商标的同时,不在商品的包装上标明生产厂家的名称和地址,用以逃避法律责任。

2. 弄虚作假行为

近年来,假冒伪劣商品充斥市场的现象时有发生,从汽车、电冰箱、电视机等高档耐用消费品到烟、酒、药等。制造这些假冒伪劣商品的企业实为不法分子,他们见利忘义、无孔不入,渗透到生产、流通的各个方面,许多久负盛名的企业防不胜防,消费者深受其害。他们的行为严重扰乱了正常的社会经济秩序,要受到法律的追究,被公众舆论所谴责,同时还严重损害了企业的声誉,使企业产品的营销渠道堵塞。

3. 违背传统习俗行为

企业决策者在营销活动中不了解市场环境的局限,不仔细研究目标市场的状况,其营销行为严重违背了消费对象的传统习俗,已经签约的产品被客户拒之门外,给企业带来了巨大的经济损失。

4. 违背伦理道德行为

广州某家制衣厂的营销失败教训同样令人深思。该厂的决策人年轻有为、头脑灵活、目光敏锐,捕捉需求信息的能力出类拔萃,其产品总是超前同行业抢先占领市场。正当企业蒸蒸日上之时,他们发现在香港、澳门地区的少女中开始流行超短迷你套裙,此款衣衫属“开放”之例,袒胸露背,裙摆之处的英文 kiss me 耀眼夺目,甚是引人注意。凭借直觉,他们感到此项产品一定会行销中国内地,并给企业带来丰厚的利润。于是,该企业立即行动起来,打样板、找原料、细加工、精包装,大张旗鼓地在国内推出迷你套裙系列。但此项产品在市场上刚一露面,立即引起轩然大波,有人欣喜,有人驻足观望,有人则嗤之以鼻,最后国家有关部门责成该企业停止生产此项产品,并停止市场供应。因为生产了与民俗、民风相悖的产品,使得企业遭受了惨痛的教训。

3.3.4 跨国营销中的违规行为

1. 产品违规销售

(1) 发达国家在发展中国家销售已被禁止的药品和化学产品。这两类产品之所以受到众多的关注主要有以下两方面的原因:其一,这些产品本身相对于其他产品而言具有更大的危险性,也就是说它们有更多的负面作用。这类负面作用包括由于信息不足而导致的一些问题,如农药的说明书不够详细,导致使用方法不对或使用的量不合适而造成的伤害;产品的使用会带来不可避免的严重后果,如使用某些剧毒的农药等。又如在一些国家,为了限制疟疾的蔓延,大量地使用滴滴涕,而研究表明,用滴滴涕消灭疟疾增加了对环境的污染,加剧了致癌的可能。

其二，对药品和化学产品的出售和使用，在不同的国家有不同的情况。在发达国家往往有严格的控制。比如在美国就有食品与药物管理局、美国职业安全和健康署等机构制定标准来监控和管理这类产品的问题。在这些机构和公众的关注下，这类产品所引发的问题可以控制在可接受的范围内。但是另一方面，一般而言，在发展中国家缺乏这种限制或者限制不够严格，这就会给某些跨国营销者造成可乘之机，他们可以将产品改头换面，改变产品的成分、名称或原产地，采用欺骗的手法来达到占领市场的目的。显然，有些产品从一个市场(那里难以销售或禁止销售)转移到另一个对这些产品缺乏管制的市场时会引起许多伦理问题，尤其是在这些产品对健康和安全存在潜在的负面影响的时候。当跨国公司将一个国家不允许或限制销售的产品销往其他国家或者是明知这种销售会带来某种不良后果而仍然进行时，产品销售就属于违规运作。

(2) 发达国家出口有害产品到不发达国家。例如，在发达国家，由于香烟受到有关法律的限制、吸烟致癌状况的加剧以及社会舆论反对等原因，烟草公司极力将香烟销售到其他国家，尤其是销售到经济落后的国家。这些国家尚未认识到吸烟会危害身体健康而接受了这种销售行为，但实质上，这些转销活动属于不道德行为。最有影响的就是美国的烟草制造商在国外销售香烟。根据世界卫生组织的报告，在 20 世纪 70 年代初期，发达国家成人的人均香烟消费量要比发展中国家高 3.3 倍；到 20 世纪 90 年代初期，这一比值已经变为 1.8 倍。亚洲烟草控制公司执行董事兼中国科学院预防医学研究所教授朱迪思·麦凯(Judith Mackay)说："西方国家的香烟消费数量正以每年 1.1%的速度下降，而发展中国家却以 2.1%的速度上涨。"麦凯认为这一增长在某种程度上是由于跨国烟草公司有计划地在发展中国家开发烟草市场的结果。另一方面，由于亚洲地区不如在美国那样重视由香烟导致的健康问题，因此烟草公司常常使用强行推销的策略。这些国家的青少年和女性往往是香烟广告明显的目标受体。目前，中国的香烟消费量已居全球之冠。美国的烟草公司及跨国烟草公司通过与中国烟草总公司合资的方式进入了中国市场。另有大量美国及跨国公司的香烟被走私到中国。根据世界卫生组织提供的数字，进口香烟占中国市场份额的 5%。国际烟草制品市场的增长给发展中国家的健康状况造成了令人吃惊的后果。华盛顿特区的国家无烟少年中心特别项目组经理约翰·L·布卢姆(John L Bloom)说："目前，世界卫生组织估计中国有 5 000 万儿童将会在成年后死于由吸烟引起的疾病。中国市场向美国品牌香烟的开放，再加上美国公司采用广告诱惑及其老道的促销手段，这一数字还会增加 500 万。"布卢姆上述的评论是基于弗兰克·J·查卢普卡(Frank J. Chaloupka)和阿迪特·莱克苏塞(Adit Laixuthai)发表于 1996 年 4 月份的一项题为《美国贸易政策与亚洲的烟草消费》的研究。根据这项研究，美国烟草公司进入四个东南亚国家和地区(日本、中国台湾、韩国和泰国)后，将该地区的人均香烟消费水平提高了近 10%。如果美国烟草公司不进入的话，这些国家和地区普遍达不到这一上涨水平。另外，吸烟量的增加在发展中国家还会造成更多令人意想不到的后果，特别是对儿童健康的影响。许多发展中国家普遍存在的营养不良及环境毒素暴露会加重吸烟和被动吸烟对健康的危害。具有讽刺意味的是，

造成烟草向发展中国家出口量增长的一个原因竟是美国政府在国内市场不断加强对烟草制品的限制以抑制销售量，特别是对儿童的销售。1996 年 8 月 23 日，克林顿总统批准了美国食品药物管理局制定的一系列条例。这些条例的目的是为了将青少年吸烟人数降低 50%。这些条例包括，不得派发免费香烟样品，不得销售或免费派发带有烟草制品名称或标识的服装，不得用品牌名称代替公司名称赞助体育及娱乐活动，禁止在学校及运动场 1 000 英尺范围内做广告，读者对象中 18 岁以下人士超过 15%（或 200 万）的出版物只能以黑白文字形式刊登香烟广告。在另一条例中，美国食品药物管理局要求向青少年销售香烟数量较大的六家烟草公司要在青少年中开展吸烟危害健康的教育。随着发达国家对健康问题的重视，像美国、加拿大和英国的烟草制造商把他们增加的预算转移到了那些不太重视该类问题的地区。

(3) 产品本身并无害处，但由于消费者缺乏必要的知识和条件来正确地使用这些产品从而造成了问题。这实际上也涉及了信息不充分的问题。这些销售商预先假定用户有阅读能力，并且对所购产品的危害性有所了解，也能够读得懂印在瓶上或者是容器上的告诫性资料，当然还有其他许多种种设想，认为消费者能够正确和恰当地使用其产品。但是事实上每个消费者都不会完全一样，他们有的正如销售商设想的那样有足够的知识和经验正确使用所购买的产品，但是也有一些消费者并不满足这些假设，尤其是在发展中国家。发展中国家的那些易受伤害的消费者可能根本就不知道包装上提示的告诫性资料对他们而言意味着什么，即使出了差错也可能没有专门的人员和机构对他们进行指导和帮助。尤其是当销售针对儿童的产品时，问题就更为严重。而且，通常情况下，销售者总是比购买者拥有更多的关于产品的知识和信息。双方处于信息不对称的位置。如果销售者坚持他的设想，那么他就应该为其带来的伦理问题负责。如麦当劳、肯德基推行的“快餐文化”，突出食品营养价值的宣传，加之优雅、舒适的环境，吸引了大批消费者。他们的各种营销手段直接针对少年儿童，致使很多孩子拉着父母去吃汉堡包和炸鸡，许多家长有时也对此表示出极大的无奈。更深层的问题是，洋快餐是否符合中国人的饮食传统？经常吃汉堡包和炸鸡是否影响饮食的营养结构？在欧洲，快餐食品已经引发了很多社会问题，如青少年的肥胖问题，然而在中国，这些问题还没有引起足够的重视。

2. 商业贿赂

商业贿赂是跨国公司营销违规行为中最常见到的，可分为以下几种形式：

(1) 促进支出或打点

美国《对外贿赂法案》将商业贿赂中的促进支出和贿赂进行区分。促进支出是指为了加快运作过程，如加快文件的传递、货物装运及常规交易的速度等而支付给低级官员的小额款项或少量礼品等。如在印度如果不支付小费及送礼品，产品交易速度就会很慢。在意大利如果不送小红包，进出口产品就很难运作。而在南美国家不给海关官员支付小额费用，产品则不可能顺利通过海关从而会延误交易时间。这种支出的目的是为了获得本该获得的正常待遇。

(2) 贿　赂

贿赂是指支付大额的款项以使官员做出他们平常不会做的行为。贿赂按主动性和被动性

又可以分为两类：一是行贿。行贿是指行贿方主动提供酬金，以企图非法获得某种优势。比如一个公司向某位官员提供酬金，以期顺利获得一个政府的项目订单。二是索贿。指的是某人只是想获得合法权益，但当权者却以此要挟，要他支付一笔酬金。例如，一个政府的高层官员向一家大公司索要一笔巨额酬金，否则就要把项目转交他人。行贿和索贿的区别在于行贿方是主动提供酬金还是应要求提供酬金。从表面上看，向索贿者行贿似乎是值得原谅的，因为那是被逼无奈的行为；但是只要这种行为涉及第三方的利益，那就是在伦理上难以接受的。

(3) 代理费

代理费是支付给代理人的费用，如聘请律师或经销商的费用。但是代理人往往可以成为贿赂的桥梁。当代理费被用来行贿的时候，代理费也就是行贿的费用。

商业贿赂之所以不能被接受，是因为这种做法破坏了市场的公平基础，而且这种行为会伤害到本应得到某种待遇却由于贿赂而失去的人。但是不同文化有着不同的道德标准。许多不在美国经营的企业就认为这种支付在某些国家是标准的操作程序。也就是说，所有的促进支出和许多贿赂应该被视为经营上的一种"惯例"，仅仅是一种商务上的成本。美国的《对外贿赂法案》禁止任何未经报告的以获得海外合同为目的的对外国官员的支付。违者将面临 100 万美元的罚款。此外，相关责任人将被处以 1 万美元的罚款和最高 5 年的监禁。这一法律的顺利通过和洛克希德(Lockheed)公司的行贿事件有很大关系。在这一事件中，公司总裁卡尔·科奇恩(Carl Kotchian)通过付给日本代理商和政府官员酬金，从而获得了日本航空公司对洛克希德公司三叉戟飞机的 1 250 万美元的大额订单。当这一事件被揭露后，日本相关政府大臣被指控有罪，一名大臣自杀，当任内阁倒台。美国政府的反应则是通过了《对外贿赂法案》。这一法律对抑制贿赂起到了积极作用。但是因为《对外贿赂法案》受到广泛批评，尤其是该法案被认为把美国企业置于一种相对于其他跨国企业而言的劣势地位，美国政府于 1988 年对这一条例做了修正。修正后的条例对允许的支出做出了更加广泛且明确的定义，其中有关消除官僚作风的促进支出现在是合法的了。支持促进支出的理由是：在许多国家都被接受；是对购买过程中的中介者的一种补偿；是在特定的市场获得业务顺利进行并进行长期有效竞争的一种必要花费。反对促进支出的理由是：这种行为天生就是错误的；鼓励了政府和企业的腐败行为；欺骗利益相关者，把这种费用作为合理的商务费用。

目前，对商业贿赂问题还没有一个绝对有效的解决办法。按照伦理置换的观点，除非各个国家都能完全实施反腐败协议，而且跨国公司都能拒绝行贿，形成国际层级上的解决办法；否则，在复杂的国际经营活动中，人们很难解决伦理和实用主义这一难题。尽管如此，有社会责任感的企业还是应该尽力去抵制这种行为。

3. 营销歧视

(1)种族、性别、宗教及残疾等歧视

在国际营销活动中，常常有对不同种族、不同性别、不同宗教信仰和对残疾人的歧视行为。尽管美国法律禁止其企业在海外雇用、解雇、晋升等过程中实行种族、性别、宗教、残疾等歧视行为，然而即使在美国，对黑人和少数民族的歧视也很严重。例如，美国许多企业对黑人及少数民族的雇员支付远低于白人的工资。在解雇雇员时，黑人与少数民族雇员首当其冲。再如，英国在东印度对当地人支付较低工资及提供较差的工作。在东南亚和远东国家，由于种族歧视政策的影响，许多雇员得不到晋升。在日本则仍然存在着歧视妇女的现象，尽管近年来有所改观，如日本妇女可以参加企业管理和从政，但晋升到高层次职位的妇女则寥寥无几。在应当如何对待雇员权利和种族歧视的问题上，沙利文原则在南非的种族隔离事件中的作用是一个很好的榜样。南非政府于1948年出台了种族隔离法案。随着时间的推移，种族隔离的程度越来越深。黑人只能居住在该国13%的土地上；黑人不能当经理；黑人只能拿到比白人低的工资；黑人没有选举权、财产所有权，也没有政治集会和参加工会的权利。南非的法律被认为是不公正的，但是企业要想继续留在南非，就要遵守这些法律，给南非黑人以歧视待遇。这在伦理上令人难以接受。1977年，通用汽车公司的董事利昂·沙利文(Leon Sullivan)认为种族隔离法是违规的，从道义上讲，通用汽车不应该遵循这样的法律。他提出了一套被称为"沙利文原则"的准则作为公司在南非运作的行为准则。沙利文原则的主要内容是：

其一，在公司活动和工作设施上不对任何人种有种族歧视；

其二，所有雇员都有平等和公平的受雇佣的权利；

其三，对在同一时期从事同样或者等同的工作的所有雇员支付同等的工资；

其四，创建和发展能够使黑人、有色人种和亚洲人胜任管理、行政、文书和技术等工作的培训项目；

其五，增加黑人、有色人种和亚洲人在管理和高级职位中的数量；

其六，提高雇员在工作环境之外的生活质量，如住房、交通、学习、娱乐和健康设施；

其七，努力消除阻碍社会与政治公平的法律和习惯。

到1986年，有172家在南非经营业务的美国公司签署了遵守这一原则的协议。但是到1987年，经过了10年的时间，沙利文宣布这套原则最终失败了。他认为，仅仅遵循这套原则再也不能保证公司在南非的经营符合道德了。不久，许多公司开始以各种方式离开南非。尽管沙利文最终失败了，但是他给出了一个在伦理困境中如何行事的例子。南非的种族隔离法案于1991年废除，1994年种族隔离政策正式废除。这一结果证明了沙利文原则在伦理上的合理性。

(2) 目标市场用户歧视

目标市场用户歧视主要指同样的产品在不同的国家的销售和服务不同的问题。这些问题的产生往往是在售出的产品发生问题之后，企业对不同市场的消费者的待遇差别问题，如近几年来中国市场的汽车回收问题。2000年，由于福特汽车公司在西方国家召回有问题轮胎的汽车，中国消费者第一次认识了早已通行世界的汽车销售召回制度。但其后揭露出的三菱汽车公司在中国销售的帕杰罗吉普车有致命的设计问题时，三菱公司却以使用环境的道路状况不良来推脱。另一个就是2000年5月的东芝笔记本电脑事件。事件的焦点是东芝笔记本电脑

里的软驱控制器(FDC)半导体微码。这件事起源于 1999 年前在美国的同类事件的处理。关于东芝笔记本电脑里的软驱控制器半导体微码存在瑕疵的问题 10 年前就已经被给东芝提供该部件的 NEC 发现,并告知了美国公众,而东芝没有反应。直到 1999 年 3 月,两名东芝的美国用户因该瑕疵"可能引起存盘错误而导致数据破坏",向得克萨斯州联邦地方法院提起集团诉讼。1999 年 10 月,东芝便与 50 万美国用户达成和解协议。2000 年 3 月,具体内容出台,和解金总额达 10.5 亿美元。李先生在美国购买了东芝笔记本,自然也了解这一事件的来龙去脉。2000 年李先生回国到一家新成立的网站"千龙新闻网"工作,发现国内很多朋友也在用东芝笔记本,却没人知道此事。李先生认为东芝是故意隐瞒。于是,2000 年 5 月 8 日,千龙网开通首日,他在千龙网贴出文章《TOSSHIBA,还要蒙中国消费者多久》,引起极大的反响。在媒体地毯式轰炸报道的同时,东芝及其中国内地地区总代理联想公司没有动静。2000 年 5 月 22 日,东芝副总裁古贺正一赴北京召开新闻发布会进行辩解,媒体普遍评价东芝缺乏诚意。

跨国营销违背道义、超出规范,必定陷入被动的局面。如果把世界经济看做一个大系统,那么每一个国家、每一个行业、每一个企业都是这个大系统中相对微小的细胞组织,而它们各自又形成独立、开放的子系统。因此,市场营销既要服从所属大系统的约束,自觉地遵循国家的政策指令,按照国家的法律规范组织其生产经营活动,同时加强内部子系统的依法管理,建立、健全管理制度和管理方法,使之达到良性循环,这样的营销才能够在外部环境和内部环境的动态平衡中求得自身的生存与发展。

【本章小结】

市场营销道德与社会责任是市场经济的伴生物。在市场经济条件下,企业营销活动必须遵循市场营销道德及其营销规范,并且要履行一定的社会责任。为此,本章系统阐述了市场营销道德含义和道德标准,市场营销道德在营销过程中的具体体现,市场营销道德的构建。同时,本章还阐明了市场营销社会责任的内涵和外延,营销承担社会责任的市场价值,企业营销社会责任领域。另外,本章提出了营销规范概念和营销规范准则,描述了市场营销典型的违规行为,尤其是跨国营销过程中的违规运作。

1. 市场营销道德是消费者对营销决策的价值判断,即判断企业营销活动是否符合广大消费者及社会的利益,能否给社会带来长远利益,能否给消费者带来最大的幸福。在现实中,通常将"功利论"与"道义论"相结合作为判断营销行为的道德标准。市场营销道德体现于企业整体营销活动的全过程,要在充分考虑影响营销道德关联因素的基础上,构建市场营销道德体系。

2. 基于现代营销理念的营销社会责任包括三个层面内容,即保护消费者权益,保护社会的利益和发展,保护社会自然环境。营销履行社会责任具有相当的市场价值,促使企业的营销决策不仅以客户需求为出发点,而且以社会责任为出发点;促使企业的营销目标将企业利益、

消费者利益及社会利益三者有机结合;促使企业将短期利益同长远利益更好地结合。企业营销需要明确责任领域。

3. 营销规范一般是指企业从事营销活动必须遵守的法定或社会约定的行为标准。企业在市场中开展营销活动必须以三方面的规范约束自己的行为,即经济规范、法律规范、社会规范。企业必须具备规范意识,注重对规范的了解、掌握与运用,知晓在一段时期内可能做什么,可以做什么,禁止做什么。唯此,营销才能够步入良性循环的发展境界。

【思考题目】

1. 什么是市场营销道德?如何判断企业营销决策是否具有道德性?
2. 市场营销活动中营销道德的具体表现有哪些?
3. 构建市场营销道德的现实意义是什么?
4. 什么是营销的社会责任?营销担当社会责任具有怎样的价值?
5. 市场营销社会责任的具体内容包括哪些?
6. 什么是营销规范?企业营销规范准则是什么?
7. 举例说明企业营销违规运作的弊端与风险。

第4章　市场营销管理哲学

【职业引导案例】

创建于1986年11月6日的吉利控股集团是中国最早也是最大的民营汽车生产企业。自1997年吉利开始进入汽车产业以来，吉利以产销量年平均增长117%的速度进入中国国内汽车制造企业“3+6”主流格局。吉利控股集团以“造老百姓买得起的好车，让吉利轿车走遍全世界”为己任，为让更多的老百姓早一日拥有汽车，早一日享受快乐人生而不懈努力。

从2007年开始，吉利汽车服务领域全面导入“一二三”服务模式，进一步提高吉利汽车整个服务网络的服务能力和水平，更好地为吉利汽车的广大用户提供更加方便、快捷、优质的服务。“一二三”服务模式主要内容是：一个中心、两个基本点、三个措施。具体来讲，一个中心是指吉利汽车的一切服务工作必须围绕“提高顾客满意度”这个唯一的中心来进行；两个基本点是指要抓吉利汽车服务站的5S现场管理和流程管理，以厂家的统一的高标准要求来推动各个服务网点的整体水平快速提高；为了切实保证服务站的管理和服务水平，使其能有大的进步并能持续改进，吉利汽车采取了三个措施，这些措施分别是优质服务奖励、神秘客户调查和呼叫中心。这三个措施为5S现场管理和流程管理提供有力的落实手段，让提高客户满意度落到实处。吉利汽车对服务网点的5S现场管理和流程管理包含着丰富的内容，对各级别网点的硬件和软件提出了更高、更明确的要求，服务站不仅在建筑样式、面积、功能设置上有要求，而且在整个服务站内部的功能区域划分、装修、布置以及现场管理和服务流程的科学化、规范化方面也有高标准的要求。在5S现场管理上涉及服务站入口及周围、服务接待室、接待人员素养、用户休息室、维修车间等9大方面的61个细节，给用户带来一个洁净、优雅、舒心的良好环境。

以客户为关注焦点，吉利汽车正欲通过这些系统性的工作来全面提升吉利汽车的用户满意度，通过服务网络的良好形象和优质、高效的服务来提高用户的忠诚度。

资料来源：http://www.51cmc.com/中国营销咨询网

4.1　市场营销管理与营销哲学

4.1.1　市场营销管理

在现代市场经济条件下，企业必须十分重视市场营销管理，根据市场需求的现状与趋势，制订计划，配置资源。通过有效地满足市场需求来赢得竞争优势，求得生存与发展。

市场营销管理是指为创造达到个人和机构的目标，规划和实施理念、产品和服务的构思、定价、分销和促销的过程。市场营销管理是一个过程,包括分析、规划、执行和控制。其管理的对象包含理念、产品和服务。市场营销管理的基础是交换,目的是满足各方需要。

1. 市场营销管理的实质

市场营销管理的实质是需求管理,包括对需求的刺激、促进及调节。市场营销管理的主要任务是刺激消费者对产品的需求,但不能局限于此。它还帮助企业在实现其营销目标的过程中,影响需求水平、需求时间和需求构成。因此,市场营销管理的任务是刺激、创造、适应及影响消费者的需求。从此意义上说,市场营销管理的本质是需求管理。企业在开展市场营销的过程中,一般要设定一个在目标市场上预期要实现的交易水平,然而实际需求水平可能低于、等于或高于这个预期的需求水平。换言之,在目标市场上,可能没有需求、需求很小或超量需求。市场营销管理就是要对付这些不同的需求情况。

根据传统的营销管理定义,可以将市场营销管理理解为以下几方面,第一是品牌管理,即管产品。其核心是建立品牌模式、品牌计划等,是市场营销管理最首要、最关键的环节,也是一个企业长远生存与发展的灵魂。第二是业务管理,即管人。这主要包括企业营销机构的设立、销售计划的管理、销售区域设计、销售人员的管理四个方面。第三是财务管理,即管费用与投入。这主要包括营销费用的控制,如广告费、促销费用的控制等,以及销售收入的管理,如货款回笼、政策的制定等方面。第四是客户管理,即管市场与秩序。这包括营销网络的设立、客户评价、合同管理、销售计划及记录、分销管理、预警管理和售后服务管理等。

【营销信息链接】

有的专家学者认为营销管理的核心内容主要包括产品、价格、网络与促销的企划与管理,其实是大同小异、殊途同归。但不管如何归纳分类,作为企业的营销高管人员,都应该在如何创造与维护良好的品牌上倾注最主要的精力与人力、物力。尤其是近几年,中国作为"世界工厂"的无品牌缺陷日趋明显。作为中国企业,在日趋激化的市场竞争中,过去因缺乏品牌而事倍功半,现在因不能很好的维护品牌而得不偿失,未来则会因为没有品牌而毫无立足之地。因此,营销管理可以从产品规划、价格规划、网络规划、促销规划与管理四个方面展开。

——杨开汉(深圳市南通北洋伞业(集团)公司总裁)

资料来源:http://www.emkt.com.cn 中国营销传播网

2. 市场营销管理的任务

市场营销管理的基本任务是,通过营销调研、计划、执行与控制来管理目标市场的需求水平、时机和构成。任何市场均可能存在不同的需求状况,根据需求水平、时间和性质的不同,可归纳出八种不同的需求状况。在不同的需求状况下,市场营销管理的任务有所不同,要求通过不同的市场营销策略来解决。

(1) 负需求

负需求是指市场上众多顾客不喜欢某种产品或服务,即绝大多数人对某个产品感到厌恶,甚至愿意出钱回避它的一种需求状况。例如,近年来许多老年人为预防各种老年疾病不敢吃

甜食和肥肉，又如有些顾客因害怕而不敢乘飞机，或害怕化纤纺织品有毒物质损害身体而不敢购买化纤服装等情况。市场营销管理的任务是分析人们为什么不喜欢这些产品，并针对目标顾客的需求重新设计产品、定价，做更积极的促销，或改变顾客对某些产品或服务的信念，诸如宣传老年人适当吃甜食可促进脑血液循环，乘坐飞机出事的概率比较小等，把负需求变为正需求。这种做法称为改变市场营销。

(2) 无需求

无需求是指目标市场顾客由于时间或者空间的原因对某种产品从来不感兴趣或漠不关心的一种需求状况，如许多非洲国家的居民从不穿鞋子，对鞋子无需求的情况。市场对下列产品无需求：人们认为无价值的废旧物资；人们认为有价值，但在特定市场中无价值的东西；新产品或消费者平常不熟悉的物品等。在无需求情况下，市场营销管理的任务是刺激市场营销，即通过大力促销及其他市场营销措施，努力将产品所能提供的利益与人的自然需要和兴趣联系起来。

(3) 潜在需求

潜在需求是指现有的产品或服务不能满足许多消费者的强烈需求的一种需求状况。例如，老年人需要高植物蛋白、低胆固醇的保健食品，美观大方的服饰，安全、舒适、服务周到的交通工具等，但许多企业尚未重视老年市场的需求。在潜伏需求的情况下，市场营销管理的任务是开发市场营销，准确地衡量潜在市场需求，开发有效的产品和服务，即开发市场营销，将潜伏需求变为现实需求。21 世纪，众多企业对市场份额的争夺日益激烈，而消费者的需求却是日新月异。这就需要企业既要满足消费者现实需求，又要不断开发消费者的潜在需求，通过研究与开发新的"概念产品"，即消费者目前暂时没有需求，但是将来一定会有需求的产品，来提高企业在未来市场的竞争力。

(4) 下降需求

下降需求是指目标市场顾客对某些产品或服务的需求出现了下降趋势的一种需求状况，如近年来城市居民对电风扇的需求已饱和，需求相对减少的情况。在下降需求情况下，市场营销者要了解顾客需求下降的原因，或通过改变产品的特色，采用更有效的沟通方法再刺激需求，即创造性的再营销，或通过寻求新的目标市场，以扭转需求下降的格局。企业在对处于下降需求的产品进行投资选择时，面临着两难的选择。一方面，对市场的剩余需求的控制有可能会使企业获取相当的利润；另一方面，想要控制剩余需求则需要企业加大对此种产品的投资，这也意味着企业将要面临着更大的市场风险。

(5) 不规则需求

不规则需求是指因季节、月份、周、日、时对产品或服务需求的变化，造成产品或服务的闲置或过度使用的一种需求状况。如在公用交通工具方面，在运输高峰时不够用，在非高峰时则闲置不用；又如在旅游旺季时旅馆紧张和短缺，在旅游淡季时，旅馆空闲；再如节假日或周末时，商店拥挤，平时商店顾客稀少。在不规则需求情况下，市场营销的任务是通过灵活的定价、

促销及其他激励因素来改变需求时间模式，使物品或服务的市场供给与需求在时间上协调一致，这称为同步营销。

(6) 充分需求

充分需求是指某种产品或服务目前的需求水平和时间等于期望的需求，这是企业最理想的一种需求状况。但是，在动态市场上，消费者需求会不断变化，企业竞争日益加剧。因此，在充分需求情况下，企业营销的任务是改进产品质量及不断估计消费者的满足程度，通过降低成本来保持合理价格，并激励推销人员和经销商大力推销，千方百计地维持目前的需求水平和现时需求，这称为维持营销。

(7) 过度需求

过度需求是指顾客对市场上的某些产品的需求超过了企业供应能力，产品供不应求的一种需求状况。比如，由于人口过多或物资短缺，引起交通、能源及住房等产品供不应求。在过量需求情况下，企业营销管理的任务是减缓营销。企业可以通过提高价格、减少促销和服务等方式暂时或永久地降低市场需求水平，或者设法降低来自盈利较少或服务需要不大的市场的需求水平。企业最好选择那些利润较少、要求提供服务不多的目标顾客作为减缓营销的对象。减缓营销的目的不是破坏需求，而只是暂缓需求水平。

(8) 有害需求

有害需求是指市场对某些有害物品或服务的需求。对于有害需求，市场营销管理的任务是反市场营销，即劝说喜欢有害产品或服务的消费者放弃这种爱好和需求，大力宣传有害产品或服务的严重危害性，大幅度提高价格，以及停止生产供应等。降低市场营销与反市场营销的区别在于，前者是采取措施减少需求，后者是采取措施消灭需求。

上述各种情况下，不同需求状况与市场营销管理任务之间的关系如图 4－1 所示。

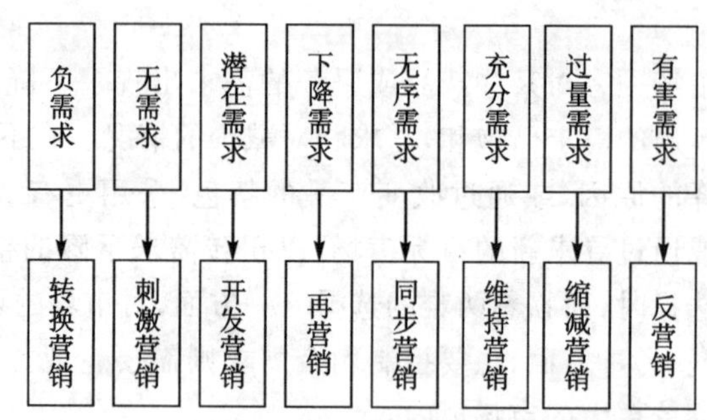

图 4－1　不同需求状况与市场营销管理任务之间的关系

4.1.2　市场营销哲学

随着“皇帝的女儿不愁嫁”的时代的一去不复返，酿美酒的“酒家”们纷纷披挂走出了“深

巷”。于是，市场营销的观念就这样在每一位企业家头脑里扎根了。试问哪一位厂长、经理敢小看“营销”二字？市场营销观念从树立那天起，其实从未曾脱离经济发展的左右。

企业的市场营销活动是在特定的市场营销哲学或经营观念指导下进行的。市场营销哲学是企业经营活动的指导思想，是企业如何看待顾客和社会的利益，即如何处理企业、顾客和社会三者利益的关键。

市场营销哲学的核心是正确处理企业、顾客和社会三者之间的利益关系。在许多情况下，这些利益是相互矛盾的，也是相辅相成的。企业必须在全面分析市场环境的基础上，正确处理三者关系，确定自己的原则和基本取向，并用于指导营销实践，才能有效地实现企业目标，保证企业的成功。

无论是西方国家的企业还是中国的企业，经营观念思想的演变都经历了由“以生产为中心”至“以顾客为中心”，由“以产定销”至“以销定产”的过程。企业经营观念的演变过程，既反映了社会生产力及市场趋势的发展，又反映了企业领导者对市场营销发展客观规律的深化认识，同时还反映了由企业利益导向转变为顾客利益导向，再发展到社会利益导向的基本变化轨迹。图 4-2 显示了西方企业在兼顾三者利益关系上，营销观念的变化趋势。

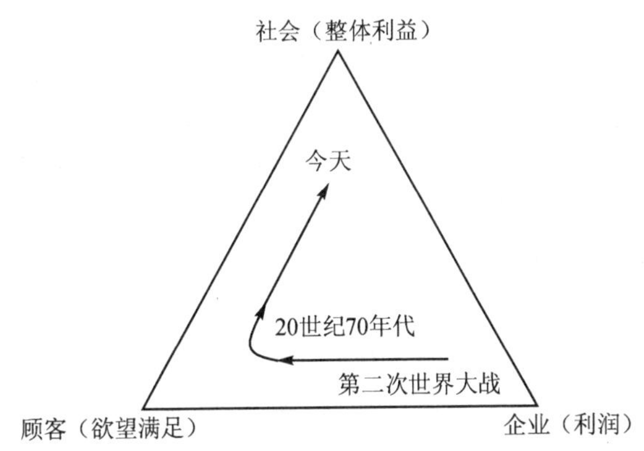

图 4-2　企业营销管理观念的变化趋势

现代企业的市场营销管理观念可归纳为五种，即生产观念、产品观念、推销观念、市场营销观念和社会市场营销观念。前面三种观念一般被称之为传统营销观念，是以企业为中心的观念；后面两个观念是营销观念的发展，属于新的市场营销观念，可分别称之为顾客(市场)导向观念和社会营销导向观念。

1. 生产观念

生产观念(production concept)是指导销售者行为的最古老的观念之一，这种观念产生于20 世纪 20 年代前。企业经营哲学不是从消费者需求出发，而是从企业生产出发，其主要表现是“我生产什么，就卖什么”。生产观念认为，消费者喜欢那些可以随处买得到而且价格低廉的产品，企业应致力于提高生产效率和分销效率，扩大生产，降低成本以扩展市场。例如，美国皮

尔斯堡面粉公司从1869年至20世纪20年代,一直运用生产观念指导企业的经营,当时这家公司提出的口号是"本公司旨在制造面粉"。显然,生产观念是一种重生产、轻市场营销的商业哲学。

生产观念是在卖方市场条件下产生的。在资本主义工业化初期以及第二次世界大战末期和战后一段时期内,由于物资短缺,市场产品供不应求,生产观念在企业经营管理中颇为流行。中国在计划经济体制下,由于市场产品短缺,企业不愁其产品没有销路,工商企业在其经营管理中也奉行生产观念。其具体表现为:工业企业集中力量发展生产,轻视市场营销,实行以产定销;商业企业集中力量抓货源,工业生产什么就收购什么,工业生产多少就收购多少,也不重视市场营销。

除了物资短缺、产品供不应求的情况外,有些企业在产品成本高的条件下,其市场营销管理也受生产观念支配。例如,亨利·福特在20世纪初期曾倾全力于汽车的大规模生产,努力降低成本,使消费者购买得起,借以提高福特汽车的市场占有率。

2. 产品观念

产品观念也是一种较早的企业经营观念。产品观念(product concept)认为,消费者最喜欢高质量、多功能和具有某种特色的产品,企业应致力于生产高值产品,并不断加以改进。因此,企业应致力于提高产品的质量,增加产品的功能,不断地改进产品。同时,抱着"皇帝的女儿不愁嫁"、"酒香不怕巷子深"的想法,认为只要产品好,就不愁没有销路。

在产品观念的指导下,企业注重两手抓。一手抓管理,提高人员的素质,制定各种规章制度;一手抓质量,不断改进产品,提高和增加产品的功能。

产品观念是一种以产定销的观念,其表现为重生产轻销售、重产品质量而轻顾客需求。其主要特点为:

① 企业把主要精力放在产品的改进和生产上,追求产品的高质量和多功能;

② 轻视推销,单纯强调以产品本身来吸引顾客,一味排斥其他促销手段;

③ 企业管理中仍以生产部门为主要部分,但加强了生产过程中的质量控制。

产品观念的核心思想及其特点是由其产生的背景所决定的。产品观念产生于市场产品供不应求的"卖方市场"形势下。最容易滋生产品观念的场合莫过于当企业发明一项新产品时。此时,企业最容易导致"市场营销近视",即把注意力放在产品上,而不是放在市场需要上,在市场营销管理中缺乏远见,只看到自己的产品质量好,看不到市场需求在变化,致使企业经营陷入困境。譬如说,有一家办公用公文柜的生产商,过分迷恋自己的商品质量,生产经理认为,他们生产的公文柜是全世界质量最好的,从四楼上扔下来都不会损坏。然而,当商品拿到展销会上推销时却遇到了强大的销售阻力,这使得生产经理难以理解,他觉得商品质量好的公文柜理应获得顾客的青睐。销售经理告诉他,顾客需要的是适合这些人工作环境与条件的商品,没有哪一位顾客打算把它的公文柜从四楼扔下来。

3. 推销观念

推销观念(selling concept)或称销售观念产生于20世纪20年代末至50年代前,是为许多企业所采用的另一种观念,表现为"我卖什么,顾客就买什么"。这种观念认为,消费者通常表现出一种购买惰性或抗衡心理,如果听其自然的话,消费者一般不会足量购买某一企业的产品。因此,企业必须积极推销和大力促销,以刺激消费者大量购买本企业产品。推销观念在现代市场经济条件下被大量用于推销那些非渴求物品,即购买者一般不会想到要去购买的产品或服务。许多企业在产品过剩时,也常常奉行推销观念。

推销观念产生于西方国家由"卖方市场"向"买方市场"过渡的阶段。在1920—1945年间,由于科学技术的进步,科学管理和大规模生产的推广,产品产量迅速增加,逐渐出现了市场产品供过于求,卖主之间竞争激烈的新形势。尤其在1929—1933年的特大经济危机期间,大量产品销售不出去,因而迫使企业重视采用广告术与推销术去推销产品。许多企业家感到,即使有物美价廉的产品,也未必能卖得出去;企业要在日益激烈的市场竞争中求得生存和发展,就必须重视推销。例如,美国皮尔斯堡面粉公司在此经营观念的指导下,当时就提出"本公司旨在推销面粉"的口号。推销观念仍存在于当今的企业营销活动中,如对于顾客不愿购买的产品,往往采用强行的推销手段。

推销观念虽然比前两种观念前进了一步,开始重视广告术及推销术,但其实质仍然是以生产为中心,注重的也依然是产品和利润,而不注重市场需求的研究和满足,不注重消费者的利益和社会利益。强行推销不仅会引起消费者的反感,从而影响营销效果;而且可能使消费者在不自愿的情况下购买了不需要的商品,严重损害了消费者的利益。

彼得·德鲁克有一句名言,"市场营销的目的就是使销售成为不必要"。这显然是在说,推销不应该是企业追求的营销方式和营销理念,如果商品是顾客非常想得到的,那么强行推销或者说硬推销就是不必要的了。菲利普·科特勒说过,"推销只不过是营销冰山上的顶峰。推销要变得有效,必须以其他营销功能为前提"。

推销工作只是市场营销中的一部分,而且不是最重要的部分。推销作为市场营销活动的一种职能,无论是过去、现在和将来,都会被企业所采用,在企业的市场营销中发挥一定作用。但是,推销观念作为企业营销的一种指导思想,已不能适应社会发展的需要。

【营销信息链接】

推销员的3H1F理论:

HEAD:科学家的头脑　　HEART:艺术家的心

HAND:技术员的手　　FOOT:劳动者的脚

4. 市场营销观念

(1) 市场营销观念的含义

市场营销观念(marketing concept)是作为对上述诸观念的挑战而出现的一种新型的企业经营哲学。这种观念是以满足顾客需求为出发点的,即"顾客需要什么,就生产什么"。尽管这种思想由来已久，但其核心原则直到20世纪50年代中期才基本定型。当时社会生产力迅速发展，市场趋势是供过于求的买方市场，同时广大居民的收入迅速提高，有可能对产品进行选择，企业之间的竞争加剧，许多企业开始认识到，必须转变经营观念，才能求得生存和发展。市场营销观念认为，实现企业各项目标的关键在于正确确定目标市场的需要和欲望，并且比竞争者更有效地传送目标市场所期望的物品或服务，进而比竞争者更有效地满足目标市场的需要和欲望。

许多优秀的企业都奉行市场营销观念。如日本本田汽车公司要在美国推出一种新车。在设计新车前，他们派出工程技术人员专程到洛杉矶地区考察高速公路的情况，实地丈量路长、路宽，采集高速公路的柏油，拍摄进出口道路的设计。回到日本后，他们专门修了一条十几千米长的高速公路，就连路标和告示牌都与美国公路上的一模一样。在设计行李箱时，设计人员意见有分歧，他们就到停车场看了一个下午，看人们如何放取行李。这样一来，意见马上统一起来。结果本田公司的新车一到美国就备受欢迎，被称为是全世界都能接受的好车。再如美国的迪斯尼乐园，欢乐如同空气一般无所不在，使得来自世界各地的每一位儿童美梦得以实现，使各种肤色的成年人产生忘年之爱。因为迪斯尼乐园成立之时便明确了它的目标，它的产品不是米老鼠、唐老鸭，而是快乐。人们来到这里是享受欢乐的。公园提供的全是欢乐。公司的每一个人都要成为欢乐的灵魂。游人无论向谁提出问题，谁都必须用“迪斯尼礼节”回答，决不能说“不知道”。因此，游人们一次又一次地重返这里，享受欢乐，并愿付出代价。反观中国的一些娱乐城、民俗村、世界风光城等，那单调的节目，毫无表情的解说，爱理不理的面孔，使人只感到寒意，哪有欢乐可言？由此可见，中国企业急需树立市场营销观念。

(2) 市场营销观念与推销观念的区别

市场营销观念的出现，使企业经营观念发生了根本性变化，也使市场营销学发生了一次革命。市场营销观念与推销观念相比具有重大的差别。

西奥多·莱维特曾将推销观念和市场营销观念进行过深入的比较，指出推销观念注重卖方需要，市场营销观念则注重买方需要。推销观念以卖主需要为出发点，考虑如何把产品变成现金；而市场营销观念则考虑如何通过制造、传送产品以及与最终消费产品有关的所有事物，来满足顾客的需要。可见，市场营销观念的四个支柱是：市场中心、顾客导向、协调的市场营销和利润；而推销观念的四个支柱是：工厂、产品导向、推销和赢利。两者的区别可以归纳为四个方面：

① 营销重点不同

推销观念以产品作为营销重点。在推销观念的指导下，企业将主要精力用于产品的生产和推销上，以“生产、销售我能生产的产品”作为营销的格言。而市场营销观念以顾客需求作为营销的重点。在市场营销观念指导下，企业的各项工作、各个部门都以满足顾客需求为中心和原则，围绕着如何满足顾客的现实需求和潜在需求来开展工作，以“生产、经营顾客所需要的产品”作为营销的格言。

② 营销目的不同

推销观念是通过产品销售来获取利润。为了多销售产品、多获利，企业会积极研究和运用推销技巧，有时甚至采取做虚假广告等手段，急功近利，表现出“一锤子买卖”的短期行为。而市场营销观念以“通过顾客满意而获得长期利益”为目的，既注重近期利润，又注重长期利益，将两者有机地结合起来，以优质的产品、合理的价格、优良的服务建立企业的信誉，从而取得顾客的信赖，并长期占领市场，取得长远的发展。

③ 营销手段不同

推销观念以单一的推销和促销为手段，不注重各种营销因素的综合运用。而市场营销观念则以整体营销为手段。在企业营销目标指导下，综合运用产品、定价、渠道、促销、公关等企业可以控制的营销因素，从整体上来满足顾客的需要。

④ 营销程序不同

以推销观念为指导的企业营销活动，是“产品由生产者到达消费者的企业活动”，即以生产者为起点，以消费者为终点的“生产者→消费者”的单向营销活动过程。而现代市场营销观念指导下的企业营销活动，是从调查研究消费者需求入手，确定目标市场，研制目标顾客所需要的产品，提供目标顾客满意的价格、渠道、促销和服务，并反馈消费者的需求信息的全过程，即是一个由“消费者→生产者→消费者”的不断循环上升的活动过程。

5. 社会市场营销观念

社会市场营销观念(societal marketing concept)是对市场营销观念的修改和补充。它产生于 20 世纪 70 年代西方资本主义出现能源短缺、通货膨胀、失业增加、环境污染严重、消费者保护运动盛行的新形势下。市场营销观念回避了消费者需要、消费者利益和长期社会福利之间隐含着冲突的现实，因此社会市场营销观念认为，企业的任务是确定各个目标市场的需要、欲望和利益，并以保护消费者和提高社会福利的方式，比竞争者更有效、更有利地向目标市场提供能够满足其需要、欲望和利益的物品或服务。社会市场营销观念要求市场营销者在制定市场营销政策时，要统筹兼顾三方面的利益，即企业利润、市场需求和社会利益，如图 4-3 所示。

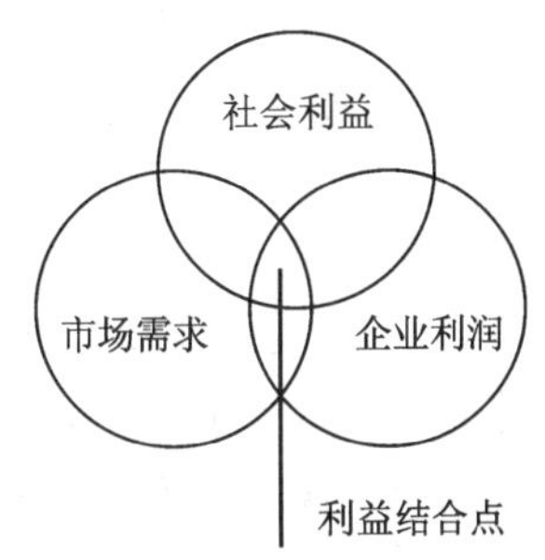

图 4-3　社会市场营销观念中三方的利益关系

在社会市场营销观念指导下，图 4-3 中的三方面重叠的部分即为企业经营的重点。因此，企业一方面要搞好市场调查研究，不仅要调查了解市场的现实需求和潜在需求，而且要了解市场需求的满足情况，以避免重复引进、重复生产带来的社会资源的浪费；同时企业还要调查市场需求，了解企业的营销效果。另一方面，企业要注重和竞争对手的优劣势分析，发挥自身的优势以搞好营销；同时要注重企业营销的社会效益分析，从全局利益考虑，发展有利于社会效益的业务，促进经济社会的发展。

上述五种企业经营观，其产生和存在都有其历史背景和必然性，都是与一定的条件相联系、相适应的，如表 4-1 所列。当前，很多企业已经从生产型企业向经营型或经营服务型企业转变，为了求得生存和发展，企业必须树立具有现代意识的市场营销观念及社会市场营销观念。

表 4-1　五种营销观念的异同

营销观念		重　点	方　法	目　标
传统观念	生产观念	产品	提高生产效率	通过扩大销售量增加利润
	产品观念	产品	提高产品质量	
	推销观念	产品	加强推销	
新观念	市场营销观念	市场需求	整体营销	通过满足消费者需要而获利
		企业利益		
	社会市场营销观念	市场需求	整体营销	通过满足消费者需要、增进社会福利而获利
		企业利益		
		社会利益		

“十一五”期间，中国仍将处于社会主义市场经济初级阶段，由于社会生产力发展程度、市场发展趋势、经济体制改革的状况及广大居民收入状况等因素的制约，中国企业经营观念仍处于以推销观念为主、多种观念并存的阶段。

4.2　市场营销哲学的核心——顾客满意

顾客满意是一种期望(或者说预期)与可感知效果比较的结果，它是一种顾客心理反应，而不是一种行为。具体来说，当顾客实际感受到产品或服务质量符合甚至超过他们预期时，他们就会感到满意或十分满意；当他们实际感受到的产品或服务质量不及预期时，他们就会感到不满意或相当不满意。有这样一个经验统计数据，一个满意的顾客会带来 8 笔潜在业务，而一个不满意的顾客将导致 25 笔潜在业务的丢失。

在现代市场营销观念下，以顾客为核心，以满足顾客需求为导向的营销理论主要有 4C 理论、4R 理论、顾客满意理论(CS)、客户关系管理理论(CRM)等。

4P(产品、定价、渠道、促销)营销策略自 20 世纪 50 年代末提出以来，对市场营销理论和实践产生了深刻的影响，被营销经理们奉为营销理论中的经典。而且，在 4P 理论指导下实现营销组合，实际上也是公司市场营销的基本运营方法。即使在今天，几乎每份营销计划书都是以 4P 理论框架为基础拟订的，几乎每本营销教科书和每个营销课程都把 4P 理论作为教学的基本内容，而且几乎每位营销经理在策划营销活动时，都自觉、不自觉地从 4P 理论出发考虑

问题。

然而，随着市场竞争日趋激烈，媒介传播速度越来越快，以 4P 理论来指导企业营销实践已经过时，4P 理论越来越受到挑战，从而产生了以顾客满意为核心的 4C 理论和 4R 理论。

4.2.1　4C 理论与 4R 理论

1. 4C 理论

4C 理论是由美国营销专家劳特朋教授在 1990 年提出的，它以消费者需求为导向，重新设定了市场营销组合的四个基本要素，即消费者(consumer)、成本(cost)、便利(convenience)和沟通(communication)。4C 理论强调企业首先应该把追求顾客满意放在第一位；其次是努力降低顾客的购买成本；然后要充分注意到顾客购买过程中的便利性，而不是从企业的角度来决定销售渠道；最后还应以消费者为中心实施有效的营销沟通。

与产品导向的 4P 理论相比，4C 理论有了很大的进步和发展。4C 理论重视顾客导向，以追求顾客满意为目标，这实际上是消费者在市场营销中越来越居主动地位的当前市场对企业的必然要求；而 4P 理论是以企业为出发点的。两者的出发点不同，看问题的角度也不同。4C 理论和 4P 理论的差别体现在四个方面：

① 4P 理论强调企业能生产什么；4C 理论则认为消费者的实际需求更为重要，把消费者的实际需求摆在第一位。

② 4P 理论从企业的角度强调自己的成本和利润，据此制定产品的价格；而 4C 理论则考虑消费者能接受什么价格，会付出多少成本。

③ 4P 理论强调企业能建立什么样的销售渠道；4C 理论则考虑企业的销售渠道和服务是否方便消费者。

④ 4P 理论强调促销；4C 理论主张双向沟通，即选择合适的方式或地点让消费者参与到整个销售活动中，消费者不是被动的客体，而是积极参与的主体。

在 4C 理念的指导下，越来越多的企业更加关注市场和消费者，与顾客建立一种更为密切的和动态的关系。如在 1999 年 5 月，微软公司在其首席执行官巴尔默德的主持下，也开始了一次全面的战略调整，使微软公司不再只跟着公司技术专家的指挥棒转，而是更加关注市场和客户的需求。又如在家电行业中，“价格为王”、“成本为师”都是业内的共识。以前都是生产厂家掌握定价权，企业的定价权完全是从企业的利润率出发，没有真正从消费者的“成本观”出发。而消费者考虑价格的前提就是自己“花多少钱买这个产品才值”。于是，作为销售终端的苏宁电器专门研究消费者的购物“成本”，以此来要求厂家“定价”，这种按照消费者的“成本观”来要求厂商制定价格的做法就是追求顾客满意的 4C 理论的实践。

但从企业的实际应用和市场发展趋势看，4C 理论依然存在不足。首先，4C 理论以消费者为导向，着重寻找消费者需求，满足消费者需求，而市场经济还存在竞争导向，企业不仅要看到需求，而且还需要更多地注意到竞争对手。企业须冷静地分析自身在竞争中的优劣势并采取相应的策略，才能在激烈的市场竞争中站于不败之地。其次，在4C理论的引导下，企业若被动地满足顾客的需求，则会令他们失去了自己的方向，为被动地满足消费者需求付出更大的代价。如何将消费者需求与企业长期获得利润结合起来是4C理论有待解决的问题。

市场的发展及其对4P理论和4C理论的回应，需要企业从更高层次建立与顾客之间的更有效的长期关系，于是出现了4R营销理论。该理论不仅仅以满足市场需求和追求顾客满意为目标，而且以建立顾客忠诚为最高目标，是对4P理论和4C理论的进一步发展与补充。

2. 4R理论

21世纪伊始，《4R营销》的作者艾略特·艾登伯格就提出了4R营销理论。4R理论以关系营销为核心，重在建立顾客忠诚。4R理论强调企业与顾客在市场动态的变化中应建立长久互动的关系，以防止顾客流失，赢得长期而稳定的市场。面对迅速变化的顾客需求，企业应学会倾听顾客的意见，及时寻找、发现和挖掘顾客的渴望与不满，以应对可能发生的演变，同时建立快速反应机制以对市场变化做出快速反应。企业与顾客之间应建立长期而稳定的朋友关系，从实现销售转变为实现对顾客的责任与承诺，以维持顾客再次购买和顾客忠诚。企业应追求市场回报，并将市场回报当做企业进一步发展的动力与源泉。

4R理论的四个全新的营销组合要素为关联（relativity）、反应（reaction）、关系（relation）和回报（retribution）。各组合要素的具体内容如下：

(1) 关　联

在竞争性市场中，顾客具有动态性。顾客忠诚度是变化的，他们会转移到其他企业。要提高顾客的忠诚度，赢得长期而稳定的市场，重要的营销策略是通过某些有效的方式在业务、需求等方面与顾客建立关联，形成一种互助、互求、互需的关系，把顾客与企业联系在一起，这样就大大减少了顾客流失的可能性。而且企业营销与消费市场营销完全不同，更需要靠关联和关系来维系。建立关联的方式很多，各类企业不尽相同。例如与用户关联，利用系统集成的模式为用户服务，为用户提供一体化、系统化的解决方案，建立有机联系，形成互相需求、利益共享的关系，共同发展。企业本身可以为顾客提供全方位的服务，但这个服务不一定是完善的，很难保证每项服务都是最优秀的。这个问题的解决办法就是为客户提供一揽子解决方案，然后在更大范围内系统集成和优化组合，这样可以保证方案和各个集成部分都是最好的，从而形成整体最优。与产品需求关联，提高产品与需求的对应程度，提供符合客户特点和个性的具有特色或独特性的优质产品或服务。其具体做法是：首先，产品分为核心产品、外在产品和附加产品三个层次，需求分为使用需求、心理需求和潜在需求三个层次。企业必须把层次对应起来，对应越准，关联性越强。其次，是采用“大规模量身定制”式生产方式。网络经济的发展彻底改变了传统经济下无法大规模集结市场特殊需求，只能小批量生产特殊款式产品，以及“量身定制”所引起的特权价格、高费用和超额利润的局面，使得“大规模量身定制”式生产方式成为可能。任何过去无法开通流水线生产的特殊款式的产品，通过网络进行全球范围的市场集结都可以形成“批量”，可以由特殊化为“常规”，从而可以按照相应的规模经济要求进行流水生

产。而且更重要的是集结这一全球市场所需要的费用正以网络经济的扩展速度迅速下降。所以，企业必须抢占网络先机，在充分了解顾客需求的基础上，为其量身定做合其所用的物品与服务，如针对企业特殊需求的各种电子商务服务和软件服务等，这样可有效地巩固和吸引客户。

(2) 反　应

在今天的相互影响的市场中，对经营者来说最现实的问题不在于如何控制、制订和实施计划，而在于如何站在顾客的角度及时地倾听顾客的希望、渴望和需求，并及时答复和迅速做出反应以满足顾客的需求。目前，多数经营者倾向于说给顾客听，而不是听顾客说，经营者反应迟钝，不利于市场的发展。

当代的先进企业已从过去推测性商业模式转变成高度回应需求的商业模式。面对迅速变化的市场，要满足顾客的需求，建立关联关系，企业必须建立快速反应机制，提高反应速度和回应力。这样可最大限度地减少抱怨，稳定客户群，减少客户转移的概率。网络的神奇在于迅速，营销者必须把网络作为快速反应的重要工具和手段。在协调质量与服务关系的基础上建立快速反应机制，提高服务水平，能够对问题做出快速反应并迅速解决。这是一种使企业、顾客双赢的做法。

(3) 关　系

在企业与客户的关系发生了本质性变化的市场环境中，抢占市场的关键已转变为与顾客建立长期而稳固的关系，企业与客户的关系则从交易变成责任，从顾客变成拥趸，从管理营销组合变成管理和顾客的互动关系。与此种转变的关系相适应产生了五个转向：

① 现代市场营销的一个重要思想和发展趋势是从交易营销转向关系营销，不仅强调赢得用户，而且强调长期地拥有用户；

② 从着眼于短期利益转向重视长期利益；

③ 从单一销售转向建立友好合作关系；

④ 从以产品性能为核心转向以产品或服务给客户带来的利益为核心；

⑤ 从不重视客户服务转向高度承诺。

所有这一切的核心是处理好与顾客的关系，把服务、质量和市场营销有机地结合起来，通过与顾客建立长期稳定的关系实现长期拥有客户的目标。那种认为对顾客需求做出反应、为顾客解答问题、平息顾客的不满就尽到了责任的意识已经落后了，必须优先与创造企业75%～80%利润的 20%～30%的那部分重要顾客建立牢固关系，把大部分的营销预算花在那些只创造公司 20%利润的 80%的顾客身上，不但效率低而且是一种浪费。

(4) 回　报

对企业来说，市场营销的真正价值在于其为企业带来短期或长期的收入和利润的能力。一方面，追求回报是营销发展的动力；另一方面，回报是维持市场关系的必要条件。企业要满足客户需求，为客户提供价值，但不能做“仆人”。因此，营销目标必须注重产出，注重企业在营销活动中的回报。一切营销活动都必须以为顾客及股东创造价值为目的。

【营销信息链接】

德士高超市连锁集团9年前开始实施的忠诚计划——“俱乐部卡”，帮助公司将市场份额从1995年的16%上升到了2006年的37%，成为英国最大的连锁超市集团。德士高的“俱乐部卡”被很多海外商业媒体评价为“最善于使用顾客数据库的忠诚计划”和“最健康、最有价值的忠诚计划”。在英国，有35%的家庭加入了“俱乐部卡”，注册会员达到了1 300多万。据统计，有400万家庭每隔三个月就会查看一次他们的“俱乐部卡”积分，然后冲到超市，像过圣诞节一样的疯狂采购一番。

德士高的顾客忠诚计划之所以获得巨大成功，主要在于以下关键因素：

- 有效的定位和差异化：摆脱简单折扣卡。
- 有效的顾客再次细分：基于数据库的量身打造。
- 有效的成本控制。

总之，德士高的“俱乐部卡”顾客忠诚计划的成功在于该计划首先把目光投到了顾客身上，利用数据库技术，把握顾客，从而做到关心顾客，并推陈出新；同时，公司进行了良好的收益管理。

资料来源：http://www.bioon.com 新营销

总体来看，4R理论有4大优势：

① 4R营销理论的最大特点是以竞争为导向，在新的层次上概括了市场营销的新框架。4R理论根据市场不断成熟和竞争日趋激烈的形势，着眼于企业与顾客的互动与双赢，不仅积极地适应顾客的需求，而且主动地创造需求，运用优化和系统的思想去整合营销，通过关联、关系、反应等形式与客户形成独特的关系，把企业与客户联系在一起，形成竞争优势。可以说4R理论将给新的营销实践带来积极而重要的影响。

② 4R理论体现并落实了关系营销的思想。该理论通过关联、关系和反应，提出了如何建立关系、长期拥有客户、保证长期利益的具体的操作方式，这是一个很大的进步。

③ 反应机制为互动与双赢、建立关联提供了基础和保证，同时也延伸和升华了便利性。

④ “回报”兼容了成本和双赢两方面的内容。为追求回报，企业必然实施低成本战略，充分考虑顾客愿意付出的成本，实现成本的最小化，并在此基础上获得更多的顾客份额，形成规模效益。这样，企业为顾客提供满足和追求利润回归是相辅相成的，相互促进，客观上达到的是一种双赢的效果。

当然，4R理论同任何理论一样，也有其不足和缺陷。如与顾客建立关联、关系需要实力基础或某些特殊条件，并不是任何企业都可以轻易做到的。但不管怎样，4R理论提供了很好的思路，是经营者和营销人员应该了解和掌握的。

如今，建立稳定的顾客关系和顾客忠诚的重要性已经为许多企业所认识。美国哈佛商业杂志的一份研究报告指出，重复购买的顾客可以为公司带来25%～85%的利润，固定客户数

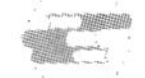

每增长 5%，企业利润则增加 25%。建立顾客关系的方式多种多样，就看各个商家如何大显神通了。有些企业通过频繁营销计划建立与顾客的长期关系，如汇丰银行、花旗银行通过其信用证设备与航空公司开发了“里程项目”计划，累计的飞行里程达到一定标准之后，共同奖励那些经常乘坐飞机的顾客。有些企业设立高度的顾客满意目标，如果顾客对企业的产品或服务不满意，企业承诺给予顾客合理的补偿，以此来建立顾客关系。如印尼的 Sempati 航空公司保证，他们的飞机每延误一分钟，将向顾客返还 1 000 印尼盾的现金。有些企业通过建立稳定的顾客组织来发展顾客关系。如日本资生堂化妆品公司吸收了 1 000 万名成员参加资生堂俱乐部，发放会员优惠卡以及定期发放美容时尚杂志等。

4.2.2　顾客满意

1. 顾客满意的含义

“顾客是上帝”这句话虽然有点陈腐的意味，却道出了一个观点，企业没有顾客便无法生存。企业的主要职责是为顾客提供有价值的产品并以此获得收入。因此，通过满足需求达到顾客满意，最终实现包括利润在内的企业目标，是现代市场营销的基本精神。

顾客满意(customer satisfaction，CS)是指顾客对一件产品满足其需要的绩效与其期望进行比较所形成的感觉状态。顾客是否满意取决于其购买后实际感受到的绩效与其期望(顾客认为应当达到的绩效)的差异。若绩效小于期望，顾客会不满意；若绩效与期望相当，顾客会很满意；若绩效大于期望，顾客会十分满意。这个概念说明，消费者消费一件商品后，衡量产品绩效与顾客期望的关系，就可以反映出顾客的满意程度。

从上面的定义可知，顾客期望与产品绩效是正确衡量顾客满意的关键。顾客期望(expectations)的形成取决于顾客以往的购买经验，朋友和同事的影响，以及营销者和竞争者的信息与承诺。若一个企业使顾客的期望过高，则容易引起购买者的失望，降低顾客满意度。但是，如果企业把期望定得过低，虽然能使买方感到满意，却难以吸引大量的购买者。

绩效(perceived performance)是指企业通过营销努力，供给消费者的产品(或服务)价值或实际利益。它既是企业的预期，也是顾客通过购买和使用产品而得到的一种感受。顾客将这种感受(评价)同期望进行比较，就会形成对某种产品、品牌的满意、不满意或十分满意等感觉。

尽管顾客满意是顾客的一种主观感觉状态，但这种感觉状态的形成是建立在“满足需要”的基础上的，是从顾客角度对企业产品和服务价值的综合评估。顾客满意既是顾客本人再购买的基础，也是影响其他顾客购买的要素。对企业来说，前者关系到能否保持老顾客，后者关系到能否吸引新顾客。因此，使顾客满意是企业赢得顾客、占领和扩大市场、提高效益的关键。

对于企业来说，长期、固定的顾客是一笔有价值的财富。他们购买更多的产品，将产品推荐给自己的朋友，花费更少的时间来选购，而且很少会因为涨价而放弃购买。要吸引一个新顾客所花费的时间是使现有顾客满意所花时间的大约 5 倍以上。因此，在激烈的市场竞争中，企

业会尽量保持老顾客,建立顾客忠诚。顾客保持忠诚是因为他们重视从企业得到的东西,这种价值主要来自于产品质量、功能和风格、服务和支持。那么,要使顾客忠诚,就必须使顾客满意,顾客满意是忠诚的一个关键因素。一般来说,顾客由满意演变为忠诚需要一个过程,即从第一次购买到定期顾客,从定期顾客到忠诚的顾客,再从忠诚的顾客到推荐者,如图4-4所示。

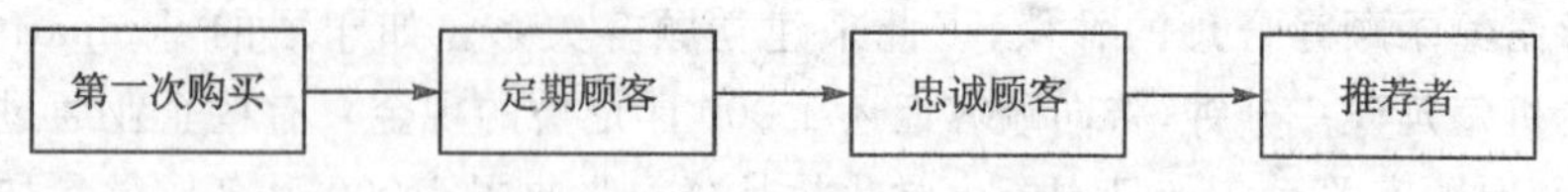

图4-4　培育顾客忠诚的过程

2. 顾客让渡价值

菲利普·科特勒在1994年出版的《市场营销管理——分析、规划、执行和控制》(第8版)中,新增了"通过质量、服务和价值建立顾客满意"一章,提出了顾客让渡价值(customer delivered value)的新概念。这一概念的提出是市场营销理论的最新发展。

(1) 顾客让渡价值的含义

顾客让渡价值是指顾客总价值(total customer value)与顾客总成本(total customer cost)之间的差额。顾客总价值是指顾客购买某一产品与服务所期望获得的一组利益,它包括产品价值、服务价值、人员价值和形象价值等。顾客总成本是指顾客为购买某一产品所耗费的时间、精神、体力以及所支付的货币资金等。因此,顾客总成本包括货币成本、时间成本、精神成本和体力成本等。

由于顾客在购买产品时,总希望把有关成本,包括货币、时间、精神和体力等降到最低限度,而同时又希望从中获得更多的实际利益,以使自己的需要得到最大限度的满足。因此,顾客在选购产品时,往往从价值与成本两个方面进行比较分析,从中选择出价值最高、成本最低,即顾客让渡价值最大的产品作为优先选购的对象。

(2) 顾客购买的总价值

使顾客获得更大顾客让渡价值的途径之一是增加顾客购买的总价值。顾客总价值由产品价值、服务价值、人员价值和形象价值构成,其中每一项价值因素的变化均对总价值产生影响。

① 产品价值

产品价值是由产品的功能、特性、品质、品种与式样等所产生的价值。它是顾客需要的中心内容,也是顾客选购产品的首要因素。因此在一般情况下,它是决定顾客购买总价值大小的关键和主要因素。产品价值是由顾客需要来决定的,在分析产品价值时应注意以下几点:第一,在经济发展的不同时期,顾客对产品的需要有不同的要求,构成产品价值的要素以及各种要素的相对重要程度也会有所不同。例如,中国在计划经济体制下,由于产品长期短缺,人们把获得产品看得比产品的特色更为重要。因此,顾客购买产品时更看重产品的耐用性、可靠性等性能方面的质量,而对产品的花色、式样、特色等却较少考虑。在市场商品日益丰富、人们生活水平普遍提高的今天,顾客往往更为重视产品的特色质量,如要求功能齐备、质量上乘、式样

新颖等。第二，在经济发展的同一时期，不同类型的顾客对产品价值也会有不同的要求，在购买行为上显示出极强的个性特点和明显的需求差异性。因此，这就要求企业必须认真分析不同经济发展时期顾客需求的共同特点以及同一发展时期不同类型顾客需求的个性特征，并据此进行产品的开发与设计，增强产品的适应性，从而为顾客创造更大的价值。

② 服务价值

服务价值是指伴随产品实体的出售，企业向顾客提供的各种附加服务(包括产品介绍、送货、安装、调试、维修、技术培训、产品保证等)所产生的价值。服务价值是构成顾客总价值的重要因素之一。在现代市场营销实践中，随着消费者收入水平的提高和消费观念的变化，消费者在选购产品时，不仅注意产品本身价值的高低，而且更加重视产品附加价值的大小。特别是在同类产品质量与性质大体相同或类似的情况下，企业向顾客提供的附加服务越完备，产品的附加价值越大，顾客从中获得的实际利益就越大，从而购买的总价值也越大；反之，则越小。因此，在提供优质产品的同时，向消费者提供完善的服务已成为现代企业市场竞争的新焦点。

③ 人员价值

人员价值是指企业员工的经营思想、知识水平、业务能力、工作效益与质量、经营作风、应变能力等所产生的价值。企业员工直接决定着企业为顾客提供的产品与服务的质量，决定着顾客购买总价值的大小。相对于知识水平低、业务能力差、经营思想不端正的工作人员，一个综合素质较高、具有顾客导向经营思想的工作人员，会为顾客创造更高的价值，从而创造更多的满意的顾客，进而为企业创造市场。人员价值对企业、对顾客的影响作用是巨大的，并且这种作用往往是潜移默化、不易度量的。因此，高度重视对企业人员综合素质与能力的培养，加强对员工日常工作的激励、监督与管理，使其始终保持较高的工作质量与水平就显得至关重要。

④ 形象价值

形象价值是指企业及其产品在社会公众中形成的总体形象所产生的价值。这些价值包括企业的产品、技术、质量、包装、商标、工作场所等所构成的有形形象所产生的价值，公司及其员工的职业道德行为、经营行为、服务态度、作风等行为形象所产生的价值，以及企业的价值观念、管理哲学等理念形象所产生的价值等。形象价值与产品价值、服务价值、人员价值密切相关，在很大程度上是上述三个方面价值综合作用的反映和结果。形象对于企业来说是宝贵的无形资产，良好的形象会对企业的产品产生巨大的支持作用，赋予产品较高的价值，从而带给顾客精神上和心理上的满足感、信任感，使顾客的需要获得更高层次和更大限度的满足，从而增加顾客购买的总价值。因此，企业应高度重视自身形象的塑造，为企业进而为顾客带来更大的价值。

(3) 顾客购买的总成本

使顾客获得更大顾客让渡价值的途径之二是降低顾客购买的总成本。顾客总成本不仅包括货币成本，而且还包括时间成本、精神成本、体力成本等非货币成本。一般情况下，顾客购买

产品时首先要考虑货币成本的大小。因此,货币成本是构成顾客总成本大小的主要和基本因素。在货币成本相同的情况下,顾客在购买时还要考虑所花费的时间、精神、体力等。因此,这些支出也是构成顾客总成本的重要因素。这里主要考察后面三种成本。

① 时间成本

在顾客总价值与其他成本一定的情况下,时间成本越低,顾客购买的总成本越小,从而顾客让渡价值越大。如以服务企业为例,顾客在购买餐馆、旅馆、银行等服务行业所提供的服务时,常常需要等候一段时间才能进入到正式购买或消费阶段,特别是在营业高峰期更是如此。在服务质量相同的情况下,顾客等候购买该项服务的时间越长,所花费的时间成本越大,购买的总成本就会越大。同时,等候时间越长,越容易引起顾客对企业的不满意感,从而中途放弃购买的可能性亦会增大;反之,亦然。因此,努力提高工作效率,在保证产品与服务质量的前提下,尽可能减少顾客的时间支出,降低顾客的购买成本,是为顾客创造更大的顾客让渡价值、增强企业产品市场竞争能力的重要途径。

② 精力成本(精神与体力成本)

精力成本是指顾客购买产品时,在精神、体力方面的耗费与支出。在顾客总价值与其他成本一定的情况下,精神与体力成本越小,顾客为购买产品所支出的总成本就越低,从而顾客让渡价值越大。因为消费者购买产品的过程是一个从产生需求、寻找信息、判断选择、决定购买到实施购买,以及购后感受的全过程。在购买过程的各个阶段,均须付出一定的精神与体力。如当消费者对某种产品产生了购买需求后,就需要搜集该种产品的有关信息。消费者为搜集信息而付出的精神与体力的多少会因购买情况的复杂程度不同而有所不同。就复杂购买行为而言,消费者一般需要广泛全面地搜集产品信息,因此需要付出较多的精神与体力。对于这类产品,如果企业能够通过多种渠道向潜在顾客提供全面详尽的信息,就可以减少顾客为获取产品情报所花费的精神与体力,从而降低顾客购买的总成本。又如,对于结构性能比较复杂、装卸搬运不太方便的机械类、电气类产品,如果企业能为顾客提供良好的售后服务,如送货上门、安装调试、定期维修、供应零配件等服务,就会减少顾客为此所耗费的精神和体力,从而降低精神与体力成本。因此,企业采取有效措施,对增加顾客购买的实际利益,降低购买的总成本,获得更大的顾客让渡价值具有重要意义。顾客让渡价值决定因素如图 4 - 5 所示。

(4) 顾客让渡价值的意义

在现代市场经济条件下,企业树立顾客让渡价值观念,对于加强市场营销管理,提高企业经济效益具有十分重要的意义。

顾客让渡价值的多少受顾客总价值与顾客总成本两方面的因素的影响。其中顾客总价值是产品价值(product value)、服务价值(services value)、人员价值(personal value)和形象价值(image value)等因素的函数,可表示为

$$\mathrm{TCV} = f(\mathrm{Pd}, S, \mathrm{Ps}, I)$$

其中任何一项价值因素的变化都会影响顾客总价值。顾客总成本是包括货币成本(monetary

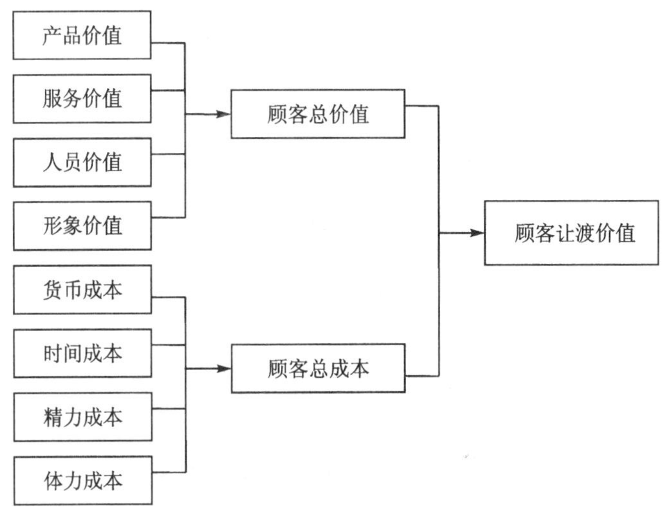

图 4－5　顾客让渡价值决定因素

price)、时间成本(time cost)、精力成本(energy cost)等因素的函数，即 $f(M,T,E)$。其中任何一项成本因素的变化均会影响顾客总成本，由此影响顾客让渡价值的大小。同时，顾客总价值与总成本的各个构成因素的变化及其影响作用不是各自独立的，而是相互作用、相互影响的。某一项价值因素的变化不仅影响其他相关价值因素的增减，从而影响顾客总成本的大小，而且还影响顾客让渡价值的大小；反之，亦然。因此，企业在制定各项市场营销决策时，应综合考虑构成顾客总价值与总成本的各项因素之间的相互关系，从而用较低的生产与市场营销费用为顾客提供具有更多顾客让渡价值的产品。

不同的顾客群对产品价值的期望与对各项成本的重视程度是不同的。企业应根据不同顾客群的需求特点，有针对性地设计和增加顾客总价值，降低顾客总成本，以提高产品的实用价值。例如，对于工作繁忙的消费者而言，时间成本是最为重要的因素，企业应尽量缩短消费者从产生需求、具体实施购买到产品投入使用以及产品维修的时间，最大限度地满足和适应消费者追求速度与方便的心理要求。总之，企业应根据不同细分市场的顾客的不同需要，努力提供实用价值强的产品，这样才能增加消费者购买的实际利益，减少其购买成本，使顾客的需要获得最大限度的满足。

企业为了争取顾客，战胜竞争对手，巩固或提高企业产品的市场占有率，往往采取顾客让渡价值最大化策略。这种策略的结果却往往会导致成本增加，利润减少。因此，在市场营销实践中，企业应掌握一个合理的度的界线，而不应片面追求顾客让渡价值最大化，应确保实行顾客让渡价值所带来的利益超过因此而增加的成本费用。换言之，企业顾客让渡价值的大小应以能够达到实现企业经营目标的经济效益为原则来确定。

【营销信息链接】

麦当劳深谙顾客让渡价值理论的艺术,以适宜的顾客让渡价值而使顾客满意。

1. 麦当劳的整体顾客价值

麦当劳的产品价值、服务价值、人员价值和形象价值共同构成了麦当劳的整体顾客价值。

(1) 麦当劳的产品价值

● 麦当劳产品的原料、用量、过程都有严格的标准。麦当劳在操作规程中对速食品和提供的服务的标准都有具体的规定。

● 食品有严格的时间限制。超过10分钟的汉堡和超过7分钟的法式炸薯条,都不能再出售。

● 麦当劳根据各地顾客的不同需求,提供具有不同特色的产品。

(2) 麦当劳服务价值

● 服务中抓住儿童的心,迎合儿童心理的服务才是小顾客们真正需要的。

● 高标准的"微笑服务"。

● 名副其实的"快"餐店。

● 针对特殊的市场,麦当劳给予特殊的服务。

(3) 麦当劳的人员价值

麦当劳的员工分为两类:经理和员工。经理分为餐厅经理、第一副经理、第二副经理和见习经理;员工分为员工组长、训练员、员工和见习生。麦当劳员工流动性极大,美国麦当劳的人员流动性比率约为125%。经理拿月薪,员工则是按小时计酬。麦当劳的人员价值在外,功夫在内。

(4) 麦当劳的形象价值

● QSCV,即质量(Q)、服务(S)、清洁(C)、价值(V),传递着麦当劳的经营理念。这简明扼要的四个词贯穿于麦当劳的整个生产及服务过程中。

● 麦当劳有一套准则来保证员工的行为规范:OTM(营业训练手册)、SOC(岗位检查表)、QG(品质导正手册)、MDT(管理人员训练)。总之,小到洗手消毒有程序,大到管理有手册,以保证QSCV的贯彻。

● 麦当劳的视觉形象识别是有口皆碑的。

● 麦当劳在各个报刊、杂志上频频亮相,并多次受奖,名声大振。

● 麦当劳的整体顾客价值相对提高,也就是整体顾客成本相对降低。

2. 麦当劳的整体顾客成本

(1) 货币价格

麦当劳一份快餐的货币价格相对较低,不超过两美元。美国的家庭主妇们认为比她们自己做的还省钱。

(2) 时间成本

麦当劳接待一名顾客的时间不超过 1 分钟,顾客的时间成本相当的小。

(3) 体力成本和精神成本

对于一些人,尤其是儿童来说,进入麦当劳店是一种娱乐,体力和精力成本几乎为零,甚至是一种享受。

因此可以概括为这样一个公式:

麦当劳的顾客让渡价值=麦当劳的整体顾客价值-麦当劳的整体顾客成本=顾客满意=麦当劳的成功

资料来源:http://www.sellcn.com/中国营销网

3. 实现顾客满意的营销对策

(1) 合理确定目标顾客

菲利普·科特勒提出,要分析顾客盈利率,吸引和保持有利可图的顾客。威廉·谢登的"20/80/30 定律"指出,"在顶部的 20%的顾客创造了公司 80%的利润,但其中的一半让在底部的 30%的非赢利顾客丧失掉了"。因此,公司应尽力保持为公司带来最大利润的顾客,将其作为公司的基本目标顾客,对之进行有效的客户关系管理,逐步剔出最差的顾客,以调整公司的顾客结构。

(2) 建立顾客满意度监控体系

顾客满意度不仅取决于企业的营销举措,而且在很大程度上取决于目标顾客的主观意愿和偏好。要实现顾客满意,首先必须将顾客总价值和顾客总成本指标进行细化,建立顾客满意指标体系;然后以此为标准对目标顾客进行调查,了解目标顾客的意愿、偏好及对企业营销的满意程度;在此基础上制定整改措施,不断提高顾客满意度。

(3) 建立价值让渡的 CS 战略系统

CS 战略系统包括产品和服务系统、内部员工管理系统、企业与顾客的沟通系统及绩效评估系统。建立这一系统的战略目标是培育和提高顾客忠诚度。

4. 全面质量营销

在努力使顾客满意的过程中,企业仅依赖营销部门是不够的,还应当将改进产品和服务质量视为头等大事。否则,即使企业的研究与发展部门可按市场需要开发出新产品,而生产部门不能有效地制造,那么销售部门以高昂代价做出的营销努力可能就是没有结果的。不能在产品或服务质量上使顾客满意,公司就不能有效地维持老顾客,也不能吸引新顾客。正如丹尼尔·贝克海姆所指出的,"那些不懂得全面质量管理观念的营销者将像马鞭一样被弃之路边。功能营销的年代已经过去了,我们不能再将自己看成市场研究者、广告者、直接营销者、战略者等,整个过程都应该将顾客作为中心"。通用电气公司董事长约翰·F·韦尔奇也说过,"质量是我们维护顾客忠诚最好的保证,是我们对付外国竞争者最有力的武器,是我们保持增长和盈利的唯一途径"。

全面质量营销是以顾客需求为先导,以提高产品和服务质量为重点,通过全过程的营销努力来提高产品的品质,驱动质量绩效,以实现顾客满意的一种营销理念。

实施全面质量营销必须做好五个方面的工作：合理的市场定位，差异化的质量定位，及时的外部沟通，和谐的内部沟通，营销过程的质量监控。

全面质量是创造价值和顾客满意的关键。全面质量管理对企业的营销人员提出了一些要求：必须注重质量问题，必须参与质量管理，成为质量管理的中坚力量，必须顺应“质量与营销相结合”的国际趋势。

在一个以质量为导向的企业里,营销经理有两项责任:第一,必须参与制定旨在通过全面质量管理获胜的战略和政策;第二,营销必须在生产质量之外传递营销质量。作为企业的营销管理者,应该全面实施全面质量营销战略。这一战略的主要内容是:

(1) 质量的好与坏应该是顾客说了算。质量的改进与提高应该以顾客的需要为开始,以顾客的感受为终结。提高质量的目的是应该更好地为顾客服务。如果产品不能按顾客要求的方式去工作,那么这和产品不能工作几乎没什么区别。摩托罗拉对产品缺陷的定义是“顾客不喜欢的产品就是有缺陷的产品”。因此,他们认为在市场营销上,全面质量管理应该转变为全面顾客满意。只有被顾客认可的质量提高才是有意义的质量提高。

(2) 质量的概念不仅仅反映在产品上,而且还要反映在公司的各项活动中。企业不仅要关心产品质量,还要关心广告质量、服务质量、产品标识、送货和售后服务等的质量。

(3) 质量的保证和提高需要全体雇员的支持和参与。只有公司的全体雇员认识到质量的重要性,而且齐心协力地去按照公司的要求去做,公司才能够给顾客提供高质量的产品和服务。成功的公司无不是消除了部门间隔阂的公司。公司的雇员应紧密团结地努力工作,执行公司的核心业务流程并创造出公司要求的结果——全面顾客满意。每个雇员都应通过自己的工作使公司内外顾客同时感到满意。

(4) 质量的改进与提高离不开高质量的合作伙伴。只有整个价值链的上下游公司(即供应商和销售商)都能提供高质量的产品与服务,公司才能够向顾客提供高质量的产品与服务。因此,一个公司为了改进或提高产品质量,必须寻找到能够给该公司提供高质量原料与零部件的供应商和高质量地进行产品分销的分销商。

(5) 质量可以不断改进和提高,即没有最好只有更好。日本公司一直坚持这一原则,通过每个人的努力不断改进产品质量。提高质量最好的办法就是把最一流的竞争者作为学习和赶超的对象,研究其产品、服务等各方面的优点,学习、吸收、消化、创新,赶上并超过他们;同时,也可以把其他行业最一流的公司作为学习、模仿的对象。

(6) 质量的改进,有时需要循序渐进,有时却需要有重大的突破。尽管公司不断地努力改进产品质量,但有时却需要做出重大突破。通过努力工作,公司有时会小幅提高质量;但是,若想大幅度地提高质量却需要有新的解决问题的方法,并更聪明地去工作。惠普公司要求员工不是以10%的能量速度消除产品缺陷,而是要求员工以10倍的能量速度去消除产品缺陷。

（7）提高质量并不意味着提高成本。以前很多管理人员认为提高质量会使成本增加和使生产速度放慢。实际上，提高质量应该是学会一次就做对某事，而不用重复改正错误。提高质量不应该依靠产品检验，而应该依靠产品设计。第一次就把事情做对会大大减少抢救、返修和重新设计的成本，更不会伤害顾客对公司的美好期望与印象。

（8）高质量是必须的，但还不是足够的。提高质量是公司为满足需求多样化的顾客的必然要求。但同时，高质量并不能保证公司获得绝对的优势，特别是当竞争对手也相应地提高了他们产品与服务的质量时。例如，新加坡航空公司在世界航空界曾享有服务最佳的盛誉，但是它的竞争对手们通过提高服务质量从其手中抢得了很大一部分市场份额。因此，质量高低只是一个相对概念，一个公司若想长久地拥有优于竞争对手的竞争优势，它就不得不坚持不懈地去改进、提高产品质量，以更好地去满足顾客。

5. 价值链

要让顾客满意，就要求企业创造更多的顾客让渡价值。为此，企业必须系统地协调创造价值的各分工部门（即企业价值链以及由供应商、分销商和最终顾客组成的价值链）的工作，达到顾客与企业利益最大化。

价值链分析法是由美国哈佛商学院教授迈克尔·波特提出来的，是一种寻求确定企业竞争优势的工具。价值链思想认为企业的价值增值过程，按照经济和技术的相对独立性，可以分为既相互独立又相互联系的多个价值活动，这些价值活动形成一个独特的价值链。价值活动是企业所从事的物质上和技术上的各项活动，不同企业的价值活动划分与构成不同，价值链也不同。

（1）企业价值链

企业价值链是指企业创造价值时互不相同，但又互相关联的经济活动的集合，企业内部各职能部门的每一项经营管理活动都是价值链条上的一个环节。这些环节相互关联，互相影响。任何一个环节的经营管理都会影响其他环节的成本和效益。

价值链可分为上游环节和下游环节两大部分。上游环节包括设施与组织建设、人事管理、技术开发和采购管理；下游环节即生产经营环节，包括材料供应、生产加工、成品储运、市场营销和售后服务。一般来说，上游环节经济活动的中心是创造产品价值，与产品技术特性紧密相关；下游环节的中心是创造顾客价值，成败优劣主要取决于顾客服务。企业价值链构成如图 4－6所示。

价值链的基本活动包括内部后勤、外部后勤、市场营销、服务；辅助活动包括企业基础设施（企业运营中各种保证措施的总称）、人力资源管理、技术开发、采购。每一活动都包括直接创造价值的活动、间接创造价值的活动、质量保证活动三部分。判断企业内部某一个活动是否创造价值，要看它是否提供了后续活动所需要的东西，是否降低了后续活动的成本，是否改善了后续活动的质量。每项活动对企业创造价值的贡献大小不同，对企业降低成本的贡献也不同，每一个价值活动的成本是由各种不同的驱动因素决定的。价值链的各种联系成为降低单个价

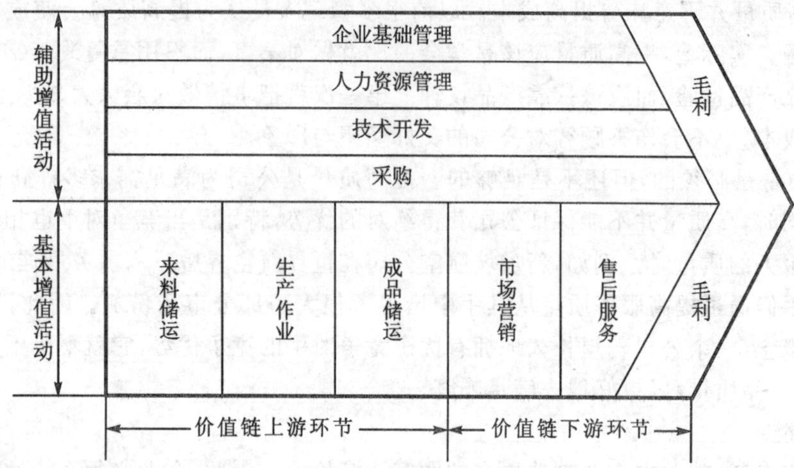

图 4-6　企业价值链构成

值活动的成本及最终成本的重要因素。而价值链各个环节的创新则是企业的竞争优势的来源。

价值链涉及整个企业，计算成本和价差是价值链作为竞争性比较的基础，企业的业务要求推动了价值链的发展。价值流涉及满足特定类型顾客（内部或外部）的一系列活动，为特定类型的顾客或用户提供特定的工作活动是价值流发展的基础。

综上所述，企业价值链包含三方面的内容：第一，企业各项活动之间都有密切联系，如原材料供应的计划性、及时性和协调性与企业的生产制造有密切的联系；第二，每项活动都能给企业带来有形或无形的价值，如售后服务这项活动，如果企业密切注意顾客所需或做好售后服务，就可以提高企业的信誉，从而带来无形价值；第三，价值链不仅包括企业内部各链式活动，而且更重要的是，还包括企业外部活动，如与供应商之间的关系，与顾客之间的关系。

(2) 供销价值链

将企业价值链向外延伸，就会形成一个由供应商、分销商和最终顾客组成的价值链，将之称为供销价值链或价值让渡系统。创造顾客让渡价值，需要供销链上的其他成员的合作，以改善整个系统的绩效，提高竞争力。例如，著名牛仔服制造商莱维·施特劳斯公司运用电子信息系统，加强与经销商和供应商的合作与业务协调，提高竞争能力。

随着竞争的加剧和实践经验的积累，企业之间的合作正在不断加强。过去，企业总是将供应商、经销商视为导致成本上升的主要对象；现在，它们开始仔细选择伙伴，制定互利战略，锻造供销价值链，以形成更强的团队竞争能力，赢得更多的市场份额和利润。

(3) 价值链的战略环节

在一个企业价值链的诸多价值活动中，并不是每一个环节都创造价值。企业所创造的价值，实际上往往集中于企业价值链上某些特定的价值活动。这些真正创造价值的经营活动，就

是企业价值链的战略环节。

按照经济学中的垄断优势原理，如果企业在某一个行业中处于垄断地位，就可以获得超额垄断利润。因此，价值链理论认为，行业的垄断优势来自该行业某些特定环节的垄断优势。抓住了这些关键环节，即战略环节，也就抓住了整个价值链。战略环节要紧紧控制在企业内部，很多非战略性活动则不必花太多的精力和财力，并尽量利用市场以降低成本，使企业能将有限资源集中于战略环节，增强垄断优势，提高顾客满意度。价值链上的战略环节可以是产品开发、工艺设计，也可以是市场营销、信息技术，或是人事管理等，视不同行业而异。

(4) 价值链理论对企业市场营销的指导意义

企业必须依据顾客价值和竞争要求，检查每项价值创造活动的成本和经营状况，寻求改进措施，并做好不同部门之间的系统协调工作。

要使顾客高度满意，需要供销链成员的共同努力。仔细选择伙伴(供应商、分销商、顾客)，制定互利战略，锻造供销价值链，以形成更强的团队竞争能力，赢得更多的市场份额和利润。

行业的垄断优势来自该行业某些特定环节的垄断优势，抓住了这些关键环节，即战略环节，也就抓住了整个价值链。要保持企业的垄断优势，关键是保持其价值链上的战略环节的垄断优势，使企业能将有限资源集中于战略环节，增强垄断优势，提高顾客满意程度。战略环节可以是产品开发，工艺设计，也可以是市场营销、信息技术，或是人事管理等，视不同行业而异。对战略环节的垄断有多种形式，既可以垄断关键性原材料、关键性人才，也可以垄断关键销售渠道、关键市场等。

4.2.3　客户关系管理

客户关系管理(customer relationship management，CRM)是一种旨在改善企业与客户之间关系，提高客户忠诚度和满意度的新型管理机制。CRM 的产生是市场与科技发展的结果。在社会的进程中，客户关系管理一直就存在，只是在不同的社会阶段其重要性不同，且具体的表现形式不同而已。现代企业理论经历了几个发展阶段，即从以生产为核心到以产品质量为核心，再到现在的以客户为中心，这些变化的主要动力就是社会生产力的不断提高。

在以数码知识和网络技术为基础、以创新为核心、以全球化和信息化为特征的新经济条件下，企业的经营管理进一步打破了地域的限制，竞争也日趋激烈。如何在全球贸易体系中占有一席之地、如何赢得更大的市场份额和更广阔的市场前景、如何开发客户资源和保持相对稳定的客户队伍已成为影响企业生存和发展的关键问题，CRM 为解决这些问题提供了思路，并正在成为企业经营策略的核心。

1. CRM 的内涵

CRM 是指通过管理客户信息资源，提供客户满意的产品和服务，与客户建立起长期、稳定、相互信任、互惠互利的密切关系的动态过程和经营策略。CRM 作为一种新的经营管理哲学，可以从不同角度、不同层次进一步理解其内涵。

(1) 客户关系管理是一种管理理念,其核心思想是将企业的客户(包括最终客户、分销商和合作伙伴)作为最重要的企业资源,通过完善的客户服务和深入的客户分析来满足客户的需求,保证实现客户的终生价值。现今是一个变革和创新的时代,比竞争对手领先一步,而且仅仅一步,就可能意味着成功。业务流程的重新设计为企业的管理创新提供了一个工具。在引入客户关系管理的理念和技术时,不可避免地要对企业原来的管理方式进行改变,创新的思想将有利于企业员工接受变革,而业务流程重组则提供了具体的思路和方法。客户关系管理首先是对传统管理理念的一种更新。

(2) 客户关系管理又是一种旨在改善企业与客户之间关系的新型管理机制。它实施于企业的市场营销、销售、服务与技术支持等与客户相关的领域,通过向企业的销售、市场和客户服务的专业人员提供全面的、个性化的客户资料,并强化其跟踪服务、信息分析的能力,使他们能够协同建立和维护一系列与客户和生意伙伴之间卓有成效的"一对一关系",从而使企业可以提供更快捷和更周到的优质服务,提高客户满意度,吸引和保持更多的客户,进而增加营业额。另一方面客户关系管理则通过信息共享和优化商业流程来有效地降低企业经营成本。

(3) 客户关系管理也是一种管理技术。它将最佳的商业实践与数据挖掘、数据仓库、一对一营销、销售自动化以及其他信息技术紧密结合在一起,为企业的销售、客户服务和决策支持等领域提供了一个业务自动化的解决方案,使企业有了一个基于电子商务面对客户的前沿,从而顺利实现由传统企业模式到以电子商务为基础的现代企业模式的转化。

(4) 客户关系管理并非等同于单纯的信息技术或管理技术,它更是一种企业商务战略。其目的是使企业根据客户分段进行重组,强化使客户满意的行为并连接客户与供应商,从而增强企业的可盈利性、提高利润并改善客户的满意程度。具体操作时,它将看待"客户"的视角从独立分散的各个部门提升到了企业,各个部门负责与客户的具体交互,但向客户负责的却是整个企业。以一个面孔面对客户是成功实施 CRM 的根本。为了实现 CRM,企业与客户连接的每一环节都应实现自动化管理。

2. CRM 给传统企业带来的冲击

随着 CRM 的迅速发展,许多公司发现当用户需求成为商业流程的中心时,传统的企业运营方式在很多地方产生了不协调,这些不协调使 CRM 不能发挥出完整的效力。这是因为 CRM 直接从"客户接触点"开始为企业管理换了一种思维方式,它也往往成为企业走向电子商务的第一次尝试。日新月异的科技手段经常让企业目不暇接,要跟踪评估客户就更加困难。在这种情况下,传统企业开始感受到前所未有的冲击。

(1) 来自营销方面的冲击

过去,顾客只能被动地听取介绍,若产品通过大众媒体的广告促销能够树立起独特的产品形象,该产品就有可能成为最热门的商品。企业不必考虑每个客户的专门需要,只要能保持在电视和报纸上经常"曝光"就可以树立并保持自己的品牌。而实施 CRM 后,客户往往是主动的,企业则能够对指定的消费群体进行一对一的营销,而且营销成本低,效果好。

（2）来自竞争对手的冲击

美国东北航空公司曾经是一家规模颇大的航空企业，拥有不少航线和飞机，但却在 20 世纪 80 年代不得不宣布破产。其倒闭不是因为服务质量或其他原因，而是因为当其他航空公司纷纷采用计算机信息系统让全国各地的旅游代理商可以实时查询、订票和更改航班的时候，东北航空公司没有这么做。很快他们就发现在价格和服务方面无法与其他航空公司竞争。别的航空公司及时向客户提供折扣，或在更改航班的时候通知客户，保持每次飞行的客满率，而他们仍然要用昂贵的长途电话方式人工运作。等他们决定投资订票系统的时候为时已晚，最后不得不以倒闭告终。因此，要适应消费者的需求，要在竞争中保持优势，就必须及时地运用各种合理的手段进行顾客关系管理。

（3）来自企业内部的冲击

无论是像 Amazon 这样的新型网络企业，还是像 Ford 这样的致力于网络化改造的传统企业，网上客户的要求并不仅仅是信息交换，最后仍然要落实在产品和服务上，这就要求企业流程要能够在制造、运输、售后服务等各方面与加速流通的用户信息相匹配。通过互联网和电话与企业进行交流的用户往往更加没有耐性，他们要求电子邮件能够立刻回复、订单可以及时查询、更新修改要能够及时办到。

（4）来自科技的冲击

网络技术的迅猛发展和日益普及正在改变我们的生活，同样正在改变社会经济模式。网络技术使产品的生产从批量生产（mass production）向批量定制（mass customization）转变。批量生产就是广泛运用流水线、细化分工和现代管理形成社会化大生产的制造能力，这种方式是目前传统企业运用的主流模式。批量生产让人们摆脱了分散的手工作坊，进入了机械化、电气化、自动化的大生产时代，极大地提高了生产率。但是，随着社会进步，现代社会越来越注重个性，注重更高层次的服务质量，批量生产的产品显得单调、重复和呆板。在这种生产模式下，用户不得不将自己的需求往有限的选择上套。为了让用户更满意，同时保持批量生产带来的低成本和高效率，长期以来人们进行了多种尝试，包括进行市场细分、不断吸收用户反馈、设计可调整流水线和运用自动控制技术等。但直到今天，这些努力都没有达到令人满意的成效。这主要是由于用户之间差异过大，要让产品做到“完全适合你”、“为你定制”，用户和企业之间必须进行不断的、迅速的、一对一的信息交换。在网络未出现之前，这只能是幻想。随着网络的发展和电子商务的展开，以“量身定做”为主要特征的批量定制迅速得到发展，正在越来越多的企业中得到应用，而 CRM 则是专门为此服务的。

3. 客户关系管理的实施

（1）确立合理的项目实施目标

CRM 系统的实施必须要有明确的远景规划和近期实现目标。管理者制定规划与目标时，既要考虑企业内部的现状和实际管理水平，也要看到外部市场对企业的要求与挑战。没有一种固定的方法或公式可以使企业轻易地得出这样的目标。在确立目标的过程中，企业必须

清楚建立CRM系统的初衷是什么,是由于市场上的竞争对手采用了有效的CRM管理手段,还是为了加强客户服务的力量?这些问题都将是企业在建立CRM项目前必须明确给出答案的问题。只有明确实施CRM系统的初始原因,才能给出适合企业自身的CRM远景规划和近期实现目标。

有了明确的规划和目标,接下来需要考虑这一目标是否符合企业的长远发展计划,是否已得到企业内部各层人员的认同。如果这一目标与企业的长远发展计划间存在差距,那么就要考虑这样的差距会带来什么样的影响。这种影响是否是企业能够接受和承受的。最为重要的是,企业各层人员是否都能够认同这个长远规划和目标,并为这一目标做好相应的准备。

作为CRM项目的负责人,必须将已经形成并得到企业内部一致认同的、明确的远景规划和近期实现目标落实成文字,明确业务目标、实现周期和预期收益等内容。这一份文件将是整个项目实施过程中最有价值的文件之一,它既是项目启动前企业对CRM项目共同认识的文字体现,也是项目实施进程中的目标和方向,同时也是在项目实施完成后评估项目成功的重要衡量标准。

(2) 高层管理者的理解与支持

高层管理者对CRM项目实施的支持、理解与承诺是项目成功的关键因素之一。缺乏管理者的支持与承诺会对项目实施带来很大的负面影响,甚至可以使项目在启动时就已经举步维艰了。要得到管理者的支持与承诺,首先要求管理者必须对项目有相当的参与程度,进而能够对项目实施有一定理解。CRM系统实施所影响到的部门高层领导应成为项目的发起人或参与人,CRM系统的实现目标、业务范围等信息应当经由他们传递给相关部门和人员。

(3) 让业务来驱动CRM项目的实施

CRM系统是为了建立一套以客户为中心的销售服务体系,因此CRM系统的实施应当是以业务过程来驱动的。IT技术为CRM系统的实现提供了技术可能性,但CRM真正的驱动力应来源于业务本身。CRM项目的实施必须要把握软件提供的先进技术与企业目前的运作流程间的平衡点,以项目实施的目标来考虑当前阶段的实施方向。同时也要注意,任何一套CRM系统在企业中实施时都要做一定程度的配置修改与调整,不应为了单纯适应软件限制而全盘放弃企业有特点、有优势的流程处理。

(4) 有效地控制变更

项目实施不可避免地会使业务流程发生变化,同时也会影响到人员岗位和职责的变化,甚至引起部分组织结构的调整。如何将这些变化带来的消极影响降到最低,如何使企业内所有相关部门和人员认同并接受这一变化,是项目负责人将面临的严峻挑战。新系统的实施还需要考虑对业务用户的各种培训,以及配合新流程相应的外部管理规定的制定等内容,这些内容都可以列入变更管理的范围之中。

(5) 项目实施组织结构的建立

项目组成员会由企业内部成员和外部的实施伙伴共同组成。内部人员主要是企业高层领导、相关实施部门的业务骨干和 IT 技术人员。业务骨干的挑选要十分谨慎,他们应当真正熟悉企业目前的运作,并对流程具备一定的发言权和权威性,必须全职、全程地参与项目工作。

保证项目组成员的稳定性也是项目成功的关键因素之一。在项目实施的初期,人员的调整带来的影响较小,但随着项目实施进程的推进,人员的变动对项目带来的不利影响会越发突出。最常见的问题是离开的人员曾经参与系统的各类培训,对系统的实现功能十分了解,且参与了新系统的流程定义过程,了解流程定义的原因和理由,了解新流程与现有流程的不同之处和流程的改变原因。而新加入项目组的成员不但要花很长一段时间熟悉系统,同时对新系统流程定义的前因后果也缺乏深入理解,由此可能会带来项目实施的拖延和企业内其他人员对项目实现结果和目标的怀疑。

(6) 明确项目人员的奖惩制度

CRM 实施过程中会发生人员流动,也会出现工作人员的效率不高、情绪不积极等情况。针对上述情况,要求项目组在建立项目小组和人员定位时,一定要在企业内部达成共识,防止在项目实施期间对人员的随意抽调。同时,还必须对项目组成员的职责分工有明确定义,将每项任务落实到人,明确对个人的考核目标,对优秀人员予以奖励,对不能完成任务的人员予以处罚。

(7) 产品供应商及实施伙伴的选择

CRM 的软件系统有很多,但相互间存在着不同程度的差异。很多企业在选型过程中难以做出最后的抉择。对软件的选择要依据企业对 CRM 系统的远景规划和近期实施目标来进行,选择最能贴近企业需求的产品。CRM 系统的最终拥有者是业务部门,因此选型工作必须有业务部门的紧密配合,而不能简单地将工作分配给 IT 部门完成。在选择软件供应厂商时,应注意其产品的开放性、技术支持能力和可持续发展性。同样,对外部实施伙伴的选择也是十分重要的。首先,所选的外部实施方应当在 CRM 领域中有成功实施的经验,且对企业所在的行业有一定的背景认识;其次,企业应在实施前对所需要的外部人员的能力、时间阶段要求等内容进行详细描述,并与外部实施伙伴达成协议,以保证所提供的实施人员的稳定性。

【营销信息链接】

上海金丰易居是集租赁、销售、装潢、物业管理于一身的房地产集团。金丰易居在上海有很多营业点,以前都是通过电话、传真等原始的手段满足客户购房、租房的需求。由于没有统一的客服中心,服务员的水平参差不齐,导致客户常常要多次交涉才能找到解答他们关心问题的部门。又由于各个部门信息共享程度很低,所以客户从不同部门得到的回复有很大的出入,由此给客户留下了很不好的印象。因此,很多客户干脆就弃之而去。更让金丰易居一筹莫展的是,尽管以前积累了大量的客户资料和信息,但由于缺乏对客户潜在需求的分析和分类,这些很有价值的资料利用率很低。为此,金丰易居决定同艾克公司合作,为企业引入完善的CRM管理体制。艾克公司为金丰易居提供的客户关系管理平台包括前端的综合客户服务中心UCC以及后端的数据分析模块。通过以下措施以达到目标:

(1) 金丰易居有营销中心、网上查询等服务,因此需要设立多媒体、多渠道的即时客服中心,提高整体服务质量,节省管理成本。

(2) 实现一对一的客户需求回应,通过对客户爱好、需求分析,实现个性化服务。

(3) 有效利用已积累的客户资料,挖掘客户的潜在价值。

(4) 充分利用数据库信息,挖掘潜在客户,并通过电话主动拜访客户和向客户推荐满足其要求的房型,以达到充分了解客户,提高销售量的目的。

(5) 实时数据库资源共享使金丰易居的网站技术中心、服务中心与实体业务有效结合,降低了销售和管理成本。

资料来源:http://www.emkt.com.cn/中国营销传播网

总的说来,CRM是一种旨在改善企业与客户之间关系的新型管理机制,它实施于企业的市场营销、销售、服务与技术支持等与客户相关的领域。CRM虽然仅仅是电子商务的一个子集,但是它把客户放在了核心位置。企业实施CRM,要求企业更了解现存和潜在客户,能够准确及时地判断竞争对手的行为,能够追赶得上日新月异的信息技术,尤其要求企业的内部管理能够适应这些变化。如果一个企业可以很好地吸收CRM理念,那么它就会在利润、客户忠诚度和客户满意度等多方面获得提高。

【本章小结】

1. 市场营销管理是指为创造达到个人和机构目标的交换,规划和实施理念、产品和服务的构思、定价、分销和促销的过程。市场营销管理是一个过程,包括分析、规划、执行和控制。其管理的对象包含理念、产品和服务。市场营销管理的基础是交换,目的是满足各方需要。

2. 市场营销管理的实质是需求管理,包括对需求的刺激、促进及调节。市场营销管理的任务是刺激、创造、适应及影响消费者的需求。从此意义上说,市场营销管理的本质是需求管理。企业的营销活动首先要分析产品的八种需求状态:负需求、无需求、潜在需求、下降需求、不规则需求、充分需求、过度需求和有害需求。

3. 企业的市场营销活动是在特定的市场营销哲学或经营观念指导下进行的。市场营销哲学是企业经营活动的指导思想,是企业如何看待顾客和社会的利益,即如何处理企业、顾客和社会三者利益的关键。

(1) 生产观念是指导销售者行为的最古老的观念之一。这种观念产生于20世纪20年代前。企业经营哲学不是从消费者需求出发,而是从企业生产出发。其主要表现是“我生产什

么，就卖什么”。

(2) 产品观念认为，消费者最喜欢高质量、多功能和具有某种特色的产品，企业应致力于生产高值产品，并不断加以改进。因此，企业应致力于提高产品的质量，增加产品的功能，不断地改进产品。

(3) 推销观念(或称销售观念)产生于 20 世纪 20 年代末至 50 年代前，是为许多企业所采用的另一种观念，表现为“我卖什么，顾客就买什么”。这种观念认为，消费者通常表现出一种购买惰性或抗衡心理，如果听其自然的话，消费者一般不会足量购买某一企业的产品。因此，企业必须积极推销和大力促销，以刺激消费者大量购买本企业产品。

(4) 市场营销观念认为，实现企业各项目标的关键在于正确确定目标市场的需要和欲望，并且比竞争者更有效地传送目标市场所期望的物品或服务，进而比竞争者更有效地满足目标市场的需要和欲望。

(5) 社会市场营销观念认为，企业的任务是确定各个目标市场的需要、欲望和利益，并以保护消费者和提高社会福利的方式，比竞争者更有效、更有利地向目标市场提供能够满足其需要、欲望和利益的物品或服务。社会市场营销观念要求市场营销者在制定市场营销政策时，要统筹兼顾三方面的利益，即企业利润、市场需求和社会利益。

4. 顾客满意是一种期望(或者说预期)与可感知效果比较的结果，它是一种顾客心理反应，而不是一种行为。具体来说，当顾客实际感受到产品或服务质量符合甚至超过他们预期时，他们就会感到满意或十分满意；当他们实际感受到的产品或服务质量不及预期时，他们就会感到不满意或相当不满意。

(1) 4C 理论是由美国营销专家劳特朋教授在 1990 年提出的，它以消费者需求为导向，重新设定了市场营销组合的四个基本要素，即消费者(consumer)、成本(cost)、便利(convenience)和沟通(communication)。

(2) 4R 理论的四个全新的营销组合要素为关联(relativity)、反应(reaction)、关系(relation)和回报(retribution)。

(3) 顾客让渡价值是指顾客总价值(total customer value)与顾客总成本(total customer cost)之间的差额。顾客总价值是指顾客购买某一产品与服务所期望获得的一组利益，它包括产品价值、服务价值、人员价值和形象价值等。顾客总成本是指顾客为购买某一产品所耗费的时间、精神、体力以及所支付的货币资金等。因此，顾客总成本包括货币成本、时间成本、精神成本和体力成本等。

(4) 价值链思想认为企业的价值增值过程，按照经济和技术的相对独立性，可以分为既相互独立又相互联系的多个价值活动，这些价值活动形成一个独特的价值链。价值活动是企业所从事的物质上和技术上的各项活动，不同企业的价值活动划分与构成不同，价值链也不同。

(5) 客户关系管理(CRM)是一种旨在改善企业与客户之间关系，提高客户忠诚度和满意度的新型管理机制。CRM 是指通过管理客户信息资源，提供客户满意的产品和服务，与客户建立起长期、稳定、相互信任、互惠互利的密切关系的动态过程和经营策略。CRM 作为一种新的经营管理哲学，对其内涵的进一步理解，可以从不同角度、不同层次来理解。

【思考题目】

1. 市场营销管理的实质和任务是什么？
2. 什么是市场营销哲学？它主要包括哪几个观念？
3. 什么是顾客满意？为什么说顾客满意是市场营销哲学的核心？
4. 什么是顾客让渡价值？
5. 4C 理论和 4R 理论与传统的 4P 策略有什么关系？
6. 中国企业建设 CRM 管理体系的必要性和现实意义是什么？

第5章　市场营销系统及效率

【职业引导案例】

擎天电工科技有限公司是广州电器科学院和广州擎天实业有限公司2002年共同组建的高新技术企业，秉承母公司30年专业研究、生产家电和工业电器智能测试、控制仪器设备的经验，逐渐成为行业中的一支后起之秀。但是，和大多数高速发展的制造型企业一样，此时的擎天电工遇到了同样的问题——随着业务的发展，大量增加的市场及客户信息缺乏有效的收集、处理和保存，导致工作效率低下和部门间协同工作脱节，这些问题深深困扰当时的擎天电工管理人员。这主要表现在以下几个方面：

第一，对业务员一些重要工作（如及时对欠款客户进行追款，定期与客户进行联系、沟通等）缺乏有效的监控。

第二，由业务部门收款及催款会造成一个客户同时欠几笔款、客户欠款超过信用额度、欠款漏收等情况，导致企业不能及时掌握客户的回款情况。

第三，售后服务及顾客反馈信息要经过几个部门处理，执行时难以实现信息共享，易造成工作脱节，由此导致企业不能及时对客户的投诉做出反应，影响了客户对公司产品和服务的信任感。

为解决这些问题，擎天电工决定建立起一个相对完善的市场营销系统，以期使企业的市场营销效率得到大幅提高。

擎天电工市场营销系统并不复杂，而且实施也只是涉及企业的销售、售后服务和维修三个部门，具体模块包括用户安全管理、基础数据管理、市场信息、客户关系管理、售后服务管理及综合查询。

通过实施和完善市场营销系统，擎天电工经营部门的日常工作效率大大提高，月报表的种类增加了一倍，而生成时间由以往的3～5天缩短到1天，准确率达100%，提高了企业的决策效率，通过运用营销系统中的客户关系管理思想，初步建立了数据库营销的概念，加强了与客户联系的针对性和及时性，强化了客户信用管理，提高了资金回笼率，实现了经营部、售后服务部、维修部的实时资源共享，减少了时效滞后，提高了客户满意度。

资料来源：http://chanye.finance.sina.com.cn 新浪产业资讯

5.1 宏观市场营销机构

5.1.1 宏观市场营销机构的种类

宏观市场营销机构是指直接参与将产品从生产者转到消费者手中的宏观市场营销活动的组织或团体。一般说,直接参与宏观市场营销活动的宏观市场营销机构主要有中间商(包括批发商与零售商)、仓储公司、交通运输公司及物资流通公司等。此外,有些机构并未直接参与宏观营销活动,但对宏观营销活动起着重要的作用,诸如金融机构(银行及保险公司等)及广告组织等。这些宏观营销机构及辅助性机构从不同侧面执行着宏观市场营销的职能。同时,这些宏观市场营销机构及辅助性机构的发展状况、它们之间的协调状况及其职能的执行状况如何,对宏观市场营销活动的正常运行及宏观营销目标的实现也产生了深刻的影响。

毋庸置疑,社会总供需平衡的前提和基础是社会生产根据广大用户及社会的需求进行。这种需求不仅包括对产品数量的需求,还包括对产品质量、花色品种及各类产品合理结构的需求。可见,社会生产是保证社会总供需平衡的深层次原因。但是,在商品经济社会中,必须通过商品交换,必须建立和发展合乎要求的各种宏观市场营销机构,诸如建立合乎要求的商业机构及商业网点,交通运输网络及其设施,仓库及货栈以及为宏观营销提供资金信贷的金融机构等,才能使各企业生产出来的产品满足社会及广大用户需求,实现社会总供需的平衡。

1. 商业机构

商业机构是宏观市场营销机构的重要组成部分。它通过购销商品来执行宏观市场营销的交换功能。无论是国内还是国外,都存在着因标准不同而被划分为不同类别的商业机构,这些商业机构在交换功能中起着不同的作用。

(1) 按其是否拥有商品所有权,可划分为经销商和代理商

经销商是指从事商品经营业务并拥有商品所有权的经济单位。它向生产企业购买商品并取得所有权,然后独立组织商品销售,并对用户提供各种销售服务。可见,经销商是执行宏观营销活动交换功能的主干机构。代理商则不直接从事商品的购销经营活动,对商品不具有所有权,而是接受买卖者的委托,为买卖双方洽谈生意及交易起穿针引线的作用。它虽不是执行交换功能的主干商业机构,但商品交换却不能缺少它们,而且随着商品经济日益发达,代理商起着更加重要的作用。

(2) 按其在流通中所起的作用,可分为批发商机构与零售商机构

① 批发商机构

批发商机构专门从事批发贸易。它是从生产企业购买产品、又将产品转售给其他单位(如零售商或生产用户)进一步转售或生产加工的中间商。批发商机构是商品流通的起点和中间环节,它是商品流通的大动脉,在宏观市场营销交换活动功能中,起着集散商品、储存商品、沟

通信息、为生产企业和零售企业服务并为它们承担风险的作用。如果没有批发商机构承担宏观营销的交换功能，宏观营销活动就难以顺畅地发展。随着商品经济的日益发展，生产者与消费者的七大矛盾也随之突出，批发商机构则成为解决七大矛盾的主干机构。批发商机构的职能难以由生产者或零售商所替代。2006 年，中国零售市场的销售额占到了整个销售市场份额的 20%，尽管这个数据仍在以每年 5%的速度增长，但批发市场的销售额却仍然占到了总份额的 80%，所以批发商的作用是显而易见的。

但是，随着市场经济的成熟，以及中国对外开放范围的扩大和程度加深，批发商所面临的挑战越来越多，同时也出现了一些不利于批发商发展的因素。第一，随着市场经济的深入发展，众多新生品牌加入暴利行业参与竞争，竞争品牌越来越多，竞争随之日益加剧，产品利润空间越来越小，整个产业也从暴利时代转变为微利时代。此时，制造商的投入产出比已经非常低，许多厂家甚至是亏本经营，这使得原本占据整个商业流通格局垄断地位的批发商所得到的利润回报也越来越小。第二，制造商加强了对销售渠道的掌控力度与投入。随着市场经济的成熟，尤其是国际知名企业的进入，导入了高水平的市场竞争手段，制造商纷纷开始强调终端销售。“渠道为王、决胜终端”被每个制造商当做是市场营销的“制胜宝典”，减少中间层(批发商层次)、节约营销成本、自建营销渠道、实施密集分销成了大家“追捧”的营销改革方向。第三，经销商的日渐成长得到了制造商的大力支持。由于市场竞争加剧，利润下滑，制造商竭力降低营销成本，这时，抛弃批发商、直接与经销商打交道就成为制造商在渠道选择上的首选。经销商与制造商一拍即合，二者的强强联合再度大幅挤压了批发商的生存空间。第四，新兴商业渠道的崛起对批发商构成了巨大挑战。这些新兴的商业渠道主要包括超市(含大卖场)和专业连锁店。自选式大卖场提供充足的货品和低价优质服务，24 小时便利店深入居民区为人们提供生活所需，超市与批发商相比，优势非常明显，从而进一步挤占了批发商的市场空间。

批发商之所以陷入这种困境之中，除了市场环境变化所致外，还有他们自身存在的诸多弊端。因此，批发商要走出困境，可以从多方面进行改进。其中，最为重要的是要认清市场环境的变化，找准自身定位，实现商品流通领域的角色转变。

传统批发商经营模式如图 5-1 所示。传统模式下，批发商是“坐商”，也就是只做找上门的生意。购进时是生产商送货上门，生产商“卖什么”，自己就“买什么”，很少去比较和选择；销售时是依分销客户的要货计划和订单开票，客户“买什么”，自己就“卖什么”，很少去宣传和推介，工作比较被动。这样就容易导致畅销的产品没有购进来，造成供不应求，以致客户流失；难卖的产品又没有推销出去，造成产品滞销，以致资金积压。

在传统模式下，批发商介于生产商和分销商之间，一方面在购进时处于被动的“收货”状态，另一方面在销售时处于被动的“发货”局面，毫无自主权或完全不掌握主动权，可称之为传统批发商的“夹心饼”模式，如图 5-2 所示。

批发商要想从被动的“夹心饼”模式中摆脱出来，就必须完成两种角色转换，由“收货商”向“购进代理商”转变和由“发货商”向“销售代理商”转变。

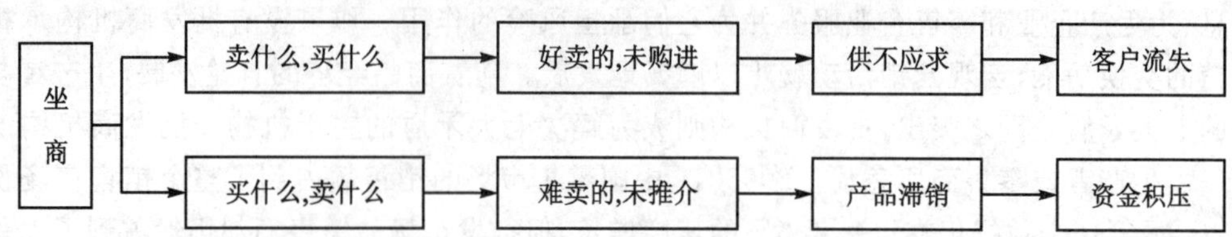

图 5-1　传统批发商经营模式

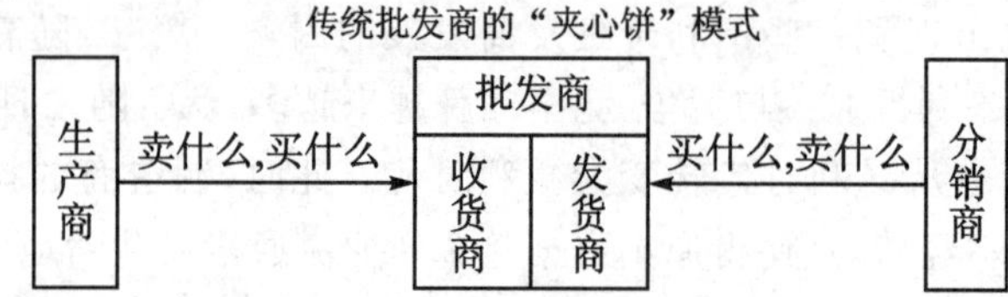

图 5-2　传统批发商所处角色地位

对下线客户(分销商)而言,批发商应是分销商的产品"购进代理商",而非简单的"发货商"(把产品转手分发给各个分销商)。批发商要想最大限度地满足分销商的购货需求,就要尽力优化经营品种结构,改变厂家"卖什么"自己就"买什么"的现状,把握购进主动权,紧密结合分销商的需求信息,按需求采购、储备产品。批发商与下线经销商的关系新模式如图 5-3所示。

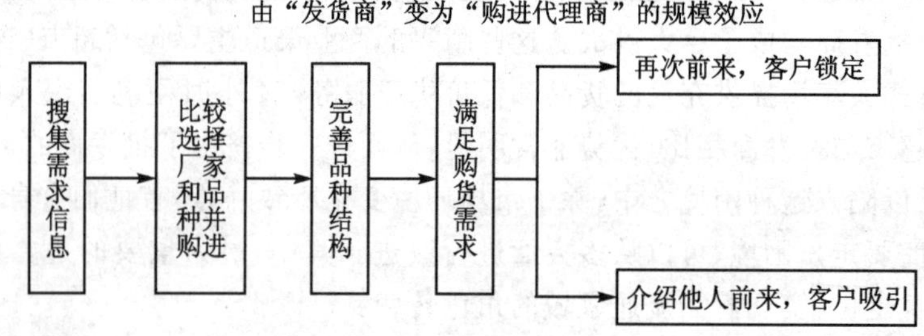

图 5-3　批发商与下线经销商关系新模式

对上线客户(生产商)而言,批发商应是生产商的产品"销售代理商",而非厂家的仓库,也就是"收货商"(仅仅把各个厂家的产品收集起来)。批发商与上线生产商的关系新模式如图 5-4所示。

批发商应该建立自己的营销网络和队伍,增强产品的分销和配送能力,改变那种分销商"买什么"就"卖什么"的自然销售状态;而应主动出击,深入市场,为自己经销、代理的产品多宣传,多推介,打造一种"一家养女百家求"的销售局面。

由"发货商"变为"购进代理商",从"收货商"转换为"销售代理商",批发商以全新的角色对自己的服务功能做了权释,完全摆脱了"夹心饼"模式的束缚。这种变被动为主动的新的批发

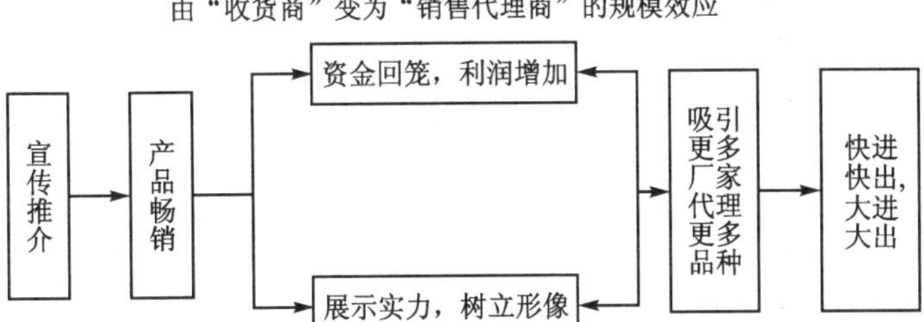

图 5-4　批发商与上线生产商关系新模式

模式，即如图 5-5 所示的"分水岭"模式。

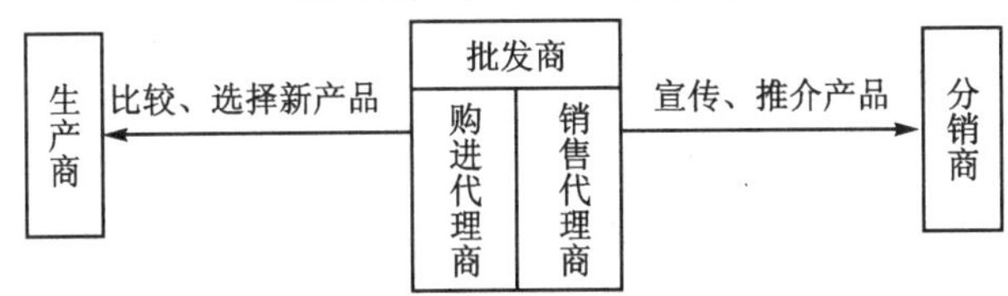

图 5-5　批发商总体经营新模式

批发商可按不同标准划分成不同类别。

● 按经营的商品品种类别划分，批发商可以分为工业品批发商和农产品批发商。工业品批发商主要以城市为中心设置机构，其商品流转路线是由集中到分散，即向诸多工业企业采购不同类别、不同品种的工业品，将它们集中在一起，然后分级分散到各零售商手中或工业用户手中。农产品批发机构则大部分设在农村城镇，其经营重点在于把分散生产的农产品收购起来，然后再分散到各零售点。

● 按批发企业所在地区划分，批发商可分为产地采购批发企业、中转地批发企业和消费地批发企业。

● 按经营商品所有权的归属分类，批发商可分为自主经营的批发企业、代营批发企业及生产者自设的批发企业。

● 按服务内容分类，批发商可分为专营批发企业与兼营批发企业。专营批发企业是专门从事批发商品服务的；兼营批发企业则是除经营商品的批发业务外，还兼营其他商品流通的业务，诸如兼营零售业、仓储业及货车贩运等，有的批发企业还实行跨行业经营。

② 零售商机构

零售商是宏观市场营销交换功能的最后环节，是商品流通的终点。零售商从批发企业或生产企业整批购进商品，通过调、存、加工、分级、拆零、分包等职能，将产品转售给最终消费者。零售商还起着向消费者传递市场信息及向生产者反馈市场信息的作用。因零售商机构经营商

品种类及经营方式十分复杂,所以其类型也很多。

● 按经营规模划分,可分为大型、中型和小型零售商。中小型零售商在中国零售活动中占据重要地位。

● 按所有权归属不同,零售商可分为连锁商店和独立商店。连锁商店是在同一所有者控制下,拥有数个经销同类商品、具有统一名称、被统一管理的商店的商业集团。独立商店是独自拥有所有权的小型零售商店。

● 按是否购置店铺进行商品交易,零售商可分成有店铺零售商和无店铺零售商。有店铺零售商是在商店内出售商品的零售商,其基本类型有百货商店、专业商店、超级市场、折扣商店、廉价零售商、样品目录陈列室等。无店铺零售商在销售商品时,不是在商店内进行,而是能为消费者提供方便的零售商,其基本类型有直接推销(企业派推销员上门推销产品)、直邮营销(具体形式有邮购、电话订购、电视购物、电子购物、网络购物)、自动售货机、购物服务等。

最开始的零售业十分简单,即店主在某个能够吸引顾客的地点,以具有竞争力的价格提供出色的产品或服务。营销方法包括口碑和平面广告。零售历史学家将这个时期称为第一阶段。在这一阶段,有了 Rowland Macy、Adam Gimbel、John Wanamaker 和大西洋两岸的众多店主,他们在 19 世纪 50 年代后创造出了所谓的“百货公司”。19 世纪 70 年代, Aaron Montgomery Ward、Richard Sears 和 Alvah Roebuck 来到了这个无规划用地且不断向西部扩张的国家——美国,并且发展出了“邮购”概念。而在 1880 年, Marshall Field 带着他的名言“这位女士要什么就给她什么”加入了这场竞争。这就是第二阶段的开始。令人惊奇的是,尽管技术、交通和生活方式经历了几代人的变化,但直到 1962 年,零售业中才出现了根本性的变化。在这一年,山姆·沃尔顿和他的兄弟在阿肯色州的罗吉斯镇开设了沃尔玛。沃尔玛“每日低价”和严格控制成本的折扣店模式,在得到数据库技术及自身应用能力不断发展的协助和支持下,从根本上重塑了零售业的蓝图。随之,零售企业的规模变得越来越大,各种规模的零售商迅速拥有了大量新型的工具,用以监控和指导自身的商业运作。全球各地的零售商通过运用多种工具和概念,保持在本地区和国际市场中的企业竞争力。在利润率有限、竞争激烈的环境中,那些成功地削减成本、简化运作和实现资源最大化的企业得到了竞争优势的回报。

“以顾客为中心的理念逐渐占领一席之地,多年来,这一直只是口头行动。现在,我们则真正看到顾客价值得到体现,这是个全球性的趋势”,毕博管理咨询英国综合商业实践董事总经理 Richard Feller 说,“但根据环境不同,主题也各不相同。在欧洲,零售业具有特别的复杂性,它必须满足不同国家的不同需求和品味。即便仅仅是在一个国家中运作的零售商也必须处理来自其他国家的商品和服务的增长效用所带来的影响”。这就是零售业发展的第三个阶段。

现在,这个焦点开始转变。根据由美国零售联合会和毕博管理咨询共同实行的第三次年度零售业调查,对于那些希望在目前经济中获得增长和繁荣的企业而言,成本削减仍然是绝对

需求之一。这标志着第四阶段已经开始。

“零售商们已经意识到，为了胜利，他们必须走上加速差异化的道路”，毕博管理咨询零售行业董事总经理 Scott Hardy 说，“零售行业开始由最初的防御阵容转变为现今的越来越多的零售商聚焦于如何增长业务的情形。每家零售商都试图寻找增长点”。

就目前中国零售商的发展现状来说，随着国内经济的强劲增长和人民收入水平的增加，规划中的中国城市化进一步加快，国内居民消费需求有明显的增加，消费结构也在不断升级，国内零售商业呈现高速发展的态势。零售商业也成了国内外资金和企业竞争的热点行业，在未来几年里必将加速发展和裂变。中国的零售业多种多样，有百货店、大型综合超市、便利店、品牌专卖店、家用电器卖场、数码广场、服饰广场、家居中心、购物中心等。

同样，随着市场经济的深化以及国内市场对外开放程度的加深，国内零售业呈现出以下几个方面的发展趋势：

● 作为主角的大型综合超市和购物中心成为国内零售业中增长最快速的类型和国内外资金竞争的热点，发展中面临着新分离、并购和整合。随着零售业的开放，外资零售业将成为主角，并占据 60%以上的市场；但中国，外资零售业短期内难以完全取代传统商业形式。

● 零售商业的经营及管理规范，行业驶入了争相引进和学习、创造更能制胜的“技术决定效率”的时代，促使了零售业学习、咨询、培训的发展。

● 商品结构调整而形成的商品特色经营趋势明显。由杂货店转变而来的超市面临商品调整，店中店的形式加强，比如突出“食品区”和“生鲜区”或者是分离出“食品加强店”、“生鲜加强店”等单独实体，将“鞋城”从服饰类中进一步分离和加强等。

● 销售专业化商品的大型店铺表现出很强的发展力，如服饰、家电、数码、装潢和家具家居材料等专业性商销会进一步扩张，并迎合消费需求。

● 品牌专卖店作为新型高端专卖店，定位高端消费群，会在大中城市得到发展。这类店铺主要以食品、高档服饰为主。同时，其他的电器、数码等品牌专售店会向专业类卖场、购物中心转移而形成店中店形式。

● 购物中心会进一步增加，随着家庭轿车的增加和消费体验性的转变，更多的居民会选择在节假日去市郊的购物中心消费和体验。

● 便利店的发展还处于占地阶段，短期内很难盈利，中国人更喜欢去大型超市和购物中心消费。便利店会进一步重组，最终只剩下少数有外资和国资等强大资本集团背景的便利店在支撑和布点，并可盈利。

● 连锁超市会进一步扩张到二级和三级城市，并且二、三级城市的门店会成为比一级城市更赚钱的门店。

● 百货店会分离出品牌商品折扣店，在大中城市迅速发展。

● 方便消费者购物的各类无店铺零售商将会迅速的发展。

【营销信息链接】

连锁对于零售业的重要意义在于它从根本上改变了零售业“坐商”的传统盈利模式。面对21世纪更加激烈的市场竞争，中国零售连锁企业的经营规模和实力显著提高，销售额排名靠前的连锁零售企业大多经营稳健，具备一定的市场竞争力，已经成为中国零售市场的龙头企业。它们具有以下几个特征：

- 连锁经营持续高速扩张，在零售业和社会经济中的地位更加突出；
- 收购、兼并已经成为连锁企业规模扩张的重要方式；
- 外资商业在连锁经营中的地位日益增强；
- 特许经营加速发展；
- 连锁零售类上市公司经营规模大幅度提高。

资料来源：http://www.ceocio.com.cn 经理世界网

2. 交通运输机构

交通运输机构是宏观市场营销机构的重要组成部分，它包括铁路、公路、水路、空运及管道运输机构等。交通运输机构执行着宏观市场营销的部分职能，即承担着商品从生产者转向消费者的空间移动的职能。它是实体分配中的最重要的环节。其中铁路运输是中国交通事业的主要支柱，它担负着中国70%以上的货运量。铁路运输在宏观市场营销中发挥作用的程度取决于铁路线的长度及铁路线的质量、铁路货车的拥有量及载重量、从事铁路运输业的职工人数及其素质、铁路线及货车的分布状况等。公路运输业是仅次于铁路运输业的重要货运方式。公路运输业的作用程度取决于公路线的数量和质量、货运汽车数量及质量、从事公路运输的职工人数及其素质等。民航运输业是中国货运方式之一，但由于成本费用高，它不能成为货运的主要方式，而只能是辅助形式。管道运输也是中国货物（主要是气体燃料）的运输方式。

3. 金融机构

金融机构虽不直接参与产品的购销活动，但它是经济运行的神经中枢。金融机构通过对生产者、中间商、运输部门、仓储部门提供信贷，使它们有足够的资金运作，以保证宏观市场营销活动的健康发展。金融机构主要包括银行、投资公司及保险公司等。中国金融体系以中国人民银行为核心，以专业银行（包括中国银行、中国工商银行、中国农业银行、中国建设银行、交通银行等）为主体，各种金融机构（非银行金融机构、信托公司、金融公司、财务公司及租赁公司）并存和分工协作。

近几年，中国金融业改革取得较大进展，主要体现为以下几点：一是中国建设银行、中国银行和中国工商银行相继完成股份制改革，并在境内外成功上市。三家银行初步建立了相对规范的公司治理结构，资本充足率迅速提高，资产质量和赢利能力明显改善，风险控制能力增强。二是作为农村金融主力军的农村信用社改革取得阶段性成果，产权制度和内部机制改革稳步推进，历史包袱初步化解，资产质量有效改善。三是资本市场改革不断深化，基础性制度建设得到加强。中国金融结构体系、市场体系和服务体系不断发展，银行、证券、保险业的规模大幅

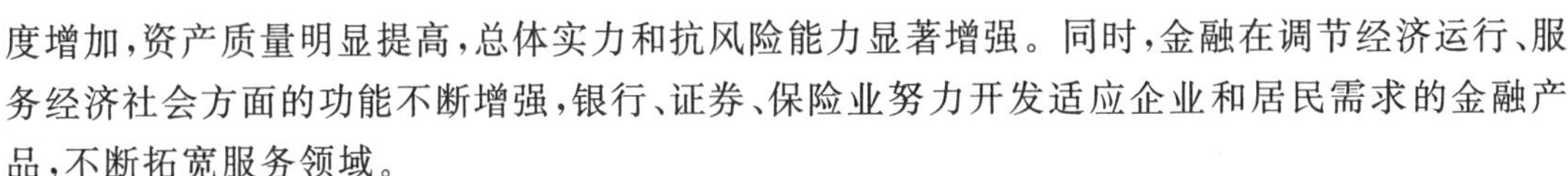

度增加，资产质量明显提高，总体实力和抗风险能力显著增强。同时，金融在调节经济运行、服务经济社会方面的功能不断增强，银行、证券、保险业努力开发适应企业和居民需求的金融产品，不断拓宽服务领域。

另外，由于金融业的全面对外开放，按照中国加入世界贸易组织的承诺，中国放宽了金融业对外开放的地域和业务范围，外资金融机构纷纷来华设立机构、开展业务和投资参股。金融领域的对外开放程度的不断扩大，不仅吸引了资金，更重要的是引进了国外先进的金融管理经验和技术。

金融业的改革，扩展了企业的融资渠道，为企业融资提供了更多的机会和渠道。而资金充足将更加有利于企业开展市场营销活动。

4. 广告组织

广告组织是指经营广告活动的机构。它帮助企业设计、联系或传递广告信息，促进企业购销活动的顺利发展。广告组织主要包括专业广告组织、媒体广告组织及企业的广告部门和群众性的广告团体。

(1) 专业广告组织

专业广告组织是从事广告经营的企业。它包括广告公司、各种广告代理商及广告制作部门。专业广告组织按不同标准可划分为多种类型。如果按其担负的职能划分，广告公司可分为全功能的广告公司与部分功能的广告公司(或广告社)。全功能的广告公司属机构健全的组织，它承担着广告的调查、策划、创作及发布的任务。部分功能的广告机构，只承担全部职能中的某一部分，或承担广告调查，或承担策划，或制作，或发布。按经营广告的范围划分，广告公司可分为综合性的广告公司和专业性的广告公司。

(2) 广告媒体组织

广告媒体组织是担负传递广告信息的机构，主要负责传递企业或产品的信息以引起消费者的注意和兴趣，达到促销商品的目的。主要广告媒体有电视、报纸、广播、杂志、路牌、大屏幕、车厢、实物模型及邮寄广告等。其中电视、报纸、广播及杂志成为中国的四大广告媒体。尤其是电视广告媒体效果最佳，其营业额占广告营业总额的 30%以上。

(3) 企业广告组织

随着商品经济日益发达，广告业的作用日趋突出，现代企业均重视运用广告作为促销的手段。目前，许多企业已设立广告部门。企业广告部门可直接实施广告计划，也可以委托广告公司实施，由企业广告部门对后者进行协助及监督。

【营销信息链接】

近似现代意义的广告代理公司，应该首推 1869 年在美国费城出现的艾耶父子广告公司(N. W. Ayer&Son)。当时年仅 20 岁的青年人 F·魏兰德·艾耶(F. wayland Ayer)向他父亲借了 250 美元，开办了广告公司，由于害怕别人认为他年轻不可信，便打出了他父亲的名义，即艾耶父子广告公司。起初，艾耶也是做中介生意，1890 年左右，他设计了一份公开的广告费

率，告诉客户自己购买版面的底线和包括自己佣金在内的转变价。他为客户提供设计、撰写文案、建议和安排适当媒介等多种服务。因此，艾耶广告公司被广告历史学家称为"现代广告公司的先驱"。

资料来源：http://www.globrand.com 全球品牌网

5.1.2 宏观市场营销机构的职能

宏观市场营销机构分别承担着购销、实体分配及便利交换的职能，通过执行这些职能，宏观市场营销机构不断解决着生产者与消费者的矛盾，从而不断调节社会总供需的平衡。

1. 购销或交换的职能

购销或交换的职能是宏观市场营销机构最重要的职能，是由批发商机构及零售商机构承担的实现商品所有权转移的职能。首先是由批发商机构根据市场需求，向企业购买产品，然后将产品销售给零售商或工业用户，最后由零售商将产品销售给最终用户；或者是由零售商直接从生产者手中采购产品，然后由零售商将产品销售给广大消费者。批发商及零售商在出售产品之前，往往将所购产品按其规格大小及质量高低，分级包装，即承担标准化及分级化的职能。批发商及零售商为了能顺利地开展购销活动，经常在生产者及广告组织的帮助下，采用人员推销、广告及营业推广等促销手段销售商品。

2. 实体分配职能

这是保证企业产品能最终实现的功能。因为在当代商品经济中，商品交换不仅要通过商品流通（亦称"商流"）实现商品所有权的转移，还要通过实体分配（亦称为"物流"）实现产品的空间移动。所以，实体分配是宏观市场营销机构的重要职能之一，具体由交通运输机构及仓储机构承担这一职能。实体分配具体包括商品的包装（即保护性包装）、搬运、装卸、储存、加工整理及运输等环节。其中运输与储存又是实体分配的中心环节。

3. 便利交换功能

便利交换功能是宏观市场营销机构的其他辅助性职能，主要通过中间商、金融机构及广告组织分别执行标准化和分级、融资、承担风险及沟通市场信息的职能。

(1) 标准化及分级的职能

标准化及分级的职能是由批发商与零售商承担的宏观市场营销职能。它们购买商品后，在出售商品之前，根据产品类别或品种的不同，产品规格大小，产品质量高低，分门别类进行整理和包装，最后销售给广大用户。这种职能起着方便广大用户选择和购买的作用。

(2) 融资功能

融资功能是由金融机构（包括银行、信贷公司、保险公司等）承担的职能。这些金融机构对生产、购销、运输、仓储及促销等宏观市场营销活动提供必要的贷款，以保证这些宏观营销活动正常、协调地发展。

(3) 风险承担职能

风险承担职能是由中间商与保险公司所承担的宏观营销辅助职能。在任何商品经济社会开展宏观市场营销活动的过程中,企业都会面临诸多风险,这些风险中有的是由自然条件引起的风险,有的属于社会因素引起的风险,如产品在由生产者转移到消费者的运输和销售过程中,可能发生损坏、变质或变成非时尚商品,有的产品则可能被偷盗等风险。如果生产企业同中间商共同承担风险,它们各自会减少费用损失的负担。如果生产者与中间商要求保险公司实行财产保险,上述诸多风险便可由生产者、中间商及保险公司共同承担,减少它们各自的经济损失,从而减少这些损失对宏观营销活动正常运作的影响程度。

(4)沟通市场信息的功能

沟通市场信息的功能是由批发商机构、零售商机构、市场营销调研机构及广告公司等所承担的职能。市场信息是反映市场活动诸多变化及其特征的情况。它是市场消息、情报、资料及数据等的总称。而商品供求的信息、市场竞争信息、消费者需求及其变化信息则是市场信息的核心部分。生产者要求了解和掌握消费者的需求状况、特征及其变化趋势,了解竞争者状况及其变化趋势,了解市场产品供求状况及其变化趋势。同时,广大用户也需要了解和掌握市场上商品供给状况及商品价格变动趋势,以及何时、何地能够购买到合乎要求的产品等信息。

【营销信息链接】

泸州老窖是中国久负盛名的酒生产企业之一,也是在深圳交易所较早上市的股份有限公司之一。然而,与大多数国企一样,泸州老窖的市场营销组织结构比较复杂,各种机构总共 30 多个,还有遍布全国的分公司和代理商。这些机构和团队成员分布在不同的地理位置,彼此之间交互的信息呈爆炸式增长,协调管理费用非常高。不同部门的人员须组成临时性的项目小组应对大量的工作,例如新产品开发,新渠道拓展、新的市场活动等,现有的财务系统和 ERP 系统不能解决这些跨部门、跨地域的非固定流程,他们之间的协作主要还是基于电话、E-mail 和服务器文件共享等方式,工作效率低下,且各部门之间不能实时互动,企业面临着较大的安全隐患。上述原因使得泸州老窖市场营销组织结构的决策体系混乱,其应有的职能得不到很好的发挥,由此降低了企业的市场竞争力。

资料来源:http://www.globrand.com 全球品牌网

上述宏观市场营销机构恰恰是执行着调查、收集、分析整理有关市场信息的职能,并将这些信息分别传递给广大用户及反馈给生产者,以便促进宏观市场营销活动的顺利运行。

5.2　宏观市场营销系统

宏观市场营销具有自身的宏观营销系统,企业市场营销具有自身的微观营销系统,这两种市场营销系统是相互联系、相互制约、又存在着差异性的。

5.2.1 宏观市场营销系统及其子系统

宏观市场营销系统是从宏观或全国的角度来考察市场营销的，包括参加有组织的社会商品交换活动的一切相互影响、相互作用的参加者、市场和流程。任何商品经济社会的宏观市场营销系统结构均包含三个子系统，即三个参加者——企业、消费者与政府，两个市场——产品市场与资源市场，四条流程——资源流程、商品或劳务流程、货币流程及信息流程。

1. 宏观市场营销系统中参加者的子系统

(1) 企　业

企业是商品经济社会的基本细胞，是社会财富的最基本的创造者，是宏观市场营销的物质基础。这些生产企业到资源市场(主要包括生产资料市场、资金市场及劳动力市场)购买生产资料、劳动力，然后将生产资料与劳动力相结合制造出产品或劳务，并将产品或劳务通过中间商或直接销售给最终消费者。

(2) 消费者

消费者一般通过出售一般产品或特殊产品获得货币收入，然后用货币收入去购买自己所需的产品。

(3) 政　府

政府也是宏观市场营销系统中重要的组成部分，它包括了政府的行政机构及全部职能机构。一方面，政府从制造商或中间商手中购买产品，以维持政府各职能部门的正常活动；另一方面，政府又向企业及消费者征收各种税，同时又为企业及消费者提供各种服务，诸如教育、国防、公共设施及信息服务等。

在具有不同模式的市场经济国家中，政府以不同的调控方式或以同一调控方式下的不同调控程度在宏观市场营销系统中发挥作用。迄今为止，无论是发达国家还是发展中的国家，其社会经济活动，包括宏观市场营销活动在内都离不开政府的宏观调控，只是因各国的国情不同，其宏观调控方式存在差异。美国是典型的市场经济国家，它主要通过立法手段对市场经济活动进行调控，无特殊的经济政策。德国属社会市场经济国家，其政府对市场经济的调控除通过立法手段外，主要通过经济政策、社会政策、宏观调控政策、综合调控政策、部门及地区政策等手段。日本则属于协调型市场经济国家，政府通过中长期经济发展规划，通过对产业和行业的管理，协调各方面的经济关系，发挥产业政策对企业的引导作用。

中国自实行改革开放以来，逐步明确了中国的社会性质，从计划经济发展到有计划的商品经济，进而在党的十四大上明确提出了建立社会主义市场经济体制的目标。因此，现在要求建立起与市场经济体制相适应的现代企业制度，就要求转变政府职能，建立健全宏观经济调控体系，变政府直接干预社会经济为运用经济手段、法律手段和必要的行政手段间接调控和管理国民经济。而经济手段又主要通过健全的宏观经济调控体系，诸如计划、金融、财政、税收、价格等手段对国民经济进行管理。

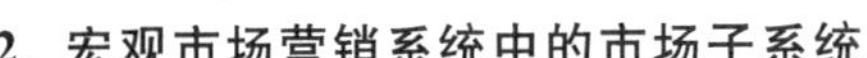

2. 宏观市场营销系统中的市场子系统

市场子系统包括要素市场及产品市场。

(1) 要素市场

要素市场主要包括生产资料市场、资金市场、劳动力市场、技术市场及房地产市场等。这些要素市场为企业经营活动提供人、财、物。要素市场的发育和完善程度，制约着企业经营活动的发展状况，从而影响宏观营销的发展。一般说来，发达国家的市场经济较发达，其国内外市场早已联成一体，它们的生产资源已在国内及国际范围内进行了统一的配置。因此，企业的生产资源可通过国内外要素市场自由地购买，其资本市场及劳动力市场往往呈现出供过于求的买方市场局面，企业一般较易于寻求到所需的资本和劳动力。西方国家要素市场较高程度的发展为企业生产经营活动提供了较好的客观条件。

目前，中国的要素市场已获得巨大的发展。生产资料市场已从原来严重短缺的卖方市场转变为买方市场。虽然一些原材料仍严重短缺，但某些生产资料已开始呈现出供过于求的局面。这一方面表明了目前中国生产资料市场对企业市场营销及宏观市场营销已产生了积极的促进作用；但另一方面，某些生产资料的严重短缺又成为制约宏、微观市场营销良性循环的重要因素。

针对中国要素市场的发展，对生产要素市场的调控既要防止过热，又要避免市场出现较大起伏。一是一些行业新增产能释放比较集中，使得市场供需格局将可能出现一些变化，一些产品可能出现供大于求的状况，如不及时调控，会给市场带来一定的冲击。因此，市场调控不仅要控制“泡沫需求”，同时也要控制“泡沫供给”，应限制那些没有需求的产能释放市场。二是在市场需求旺盛、价格上涨的利好吸引下，越来越多的社会资本涌入生产资料领域。应该说，适量的社会资本进入市场，有利于市场交易活跃，但这部分资本十分灵活，对市场变化反应非常灵敏。一旦市场降温，这些资本就会迅速撤出市场，给市场造成较大冲击。

随着市场经济体制的初步建立，中国的劳动力市场也在不断完善。但是，中国的劳动力市场还不规范，传统就业制度还在影响求职者和用人单位；旧的就业观念、用人观念还在影响着劳动力市场的发展；各种政策和地区壁垒还在影响着人力资源的合理流动，加上人力资源配置总体上供大于求，因而结构上存在不平衡；各种就业中介机构和服务机构工作还有待进一步改进；劳动力市场完善的配套措施，特别是社会保障制度、收入分配制度等都有待进一步改革和完善。因此，应构建健全和成熟的劳动力市场，从而为企业发展成长创造良好的外部环境。这需要完善劳动力立法，为企业实践提供法律保障；修改或者制定相应的就业政策和劳动力流动政策，加强和完善就业服务机构，加快配套措施改革，从而为人力资源合理流动和配置创造客观条件。

(2) 产品市场

产品市场主要是指消费品市场，它为企业产品价值的实现提供了场所。目前，中国消费品市场发展进入一个新的发展阶段。从实际增长速度来看，2006 年社会消费品零售总额实际增

长12%，达到1997年以来的最高增速，且增长幅度也是1997年以来最大的，比2005年提高了1.8%。中国消费品市场开始进入一个新的发展阶段的特征将突出体现于两个方面：一是消费品市场快速而稳定的发展；二是消费品市场规模扩大速度加快。

如前所述，产品市场是企业产品价值实现的场所。但是，如果产品在市场上卖不出去，产品价值也就无法实现。就目前中国消费品市场的销售状况来看，在买方市场情况下，大多数产品都是供大于求。因此，就存在着很多企业的产品销售不出去，导致产品积压。因此，如何有效地进行市场营销，将企业的产品卖出去，就成了大多数企业所关注的问题。

3. 宏观市场营销系统中的流程子系统

这一子系统主要包括资源流程、商品或劳务流程、货币流程及信息流程。这四条流程能否畅通无阻地运转，是关系到宏观市场营销及企业市场营销活动能否顺利购买到生产资源、获得经营活动所需的货币、收集到保证宏观市场营销及微观市场营销健康运行所需的信息及保证产品从生产者顺利到达广大用户手中的根本性问题。

西方国家宏观市场营销系统中的流程系统是建立在高度发达的社会生产力及资本主义私有制基础上的，因而其流程子系统的运作呈现出双重格局：一方面，其流程子系统赖以运作的基础是先进的科学技术及先进的手段，因而其流程子系统发育较健全，且能快速地满足宏观市场营销及企业市场营销发展的需要。另一方面，资本主义私有制所决定的资本主义社会基本矛盾，往往又通过周期性的经济危机对流程子系统的正常运行产生干扰或使之中断。

目前，中国宏观市场营销流程子系统发育还不健全，运行不够畅通。例如资源流程，有些生产性资源大量积压滞销，而有些企业对这些资源的需求却得不到满足，诸如钢材多年来处于大量库存积压与钢材短缺并存的怪局。又如商品或劳务流程，某些商品或劳务，或者由于不适销对路，或者因定价不合理，或者因分销渠道不畅，或者因未做促销活动而广大用户不知晓等原因，造成商品或劳务流程的阻滞。中国信息流程发育程度不高，信息流程不够畅通，市场信息尚不能快速、及时地传递给广大消费者，亦不能及时地反馈给广大生产者及中间商，从而严重地阻滞了生产与消费的衔接。

【营销信息链接】

上海汽车集团在市场营销系统流程改进之前，尽管其办公软硬件基础设施及环境与国内大型企业相比也都不错，可以解决个体的办公自动化，但是员工仍习惯于传统办公方式，多满足于一般事务处理和简单信息管理，缺少一个保障信息安全、高效、稳定、有序流动的平台，资源不能共享、信息纵横向流动不顺畅。集团各下属子公司之间，公司部门与部门之间，部门上下级、平行级之间，形成了一个个孤立的“信息孤岛”，滞塞了信息通畅的流动，严重影响了办公效率，同时磨蚀了许多员工的工作积极性。

为了解决上述问题，上汽集团通过打造企业内部协同的工作环境、建立高效的订单处理、新产品的在线及时发布系统、对产品研发过程的全程监控管理、完善丰富灵活的自定义报表功能、采用方便灵活的流程审批、启用消息到达提醒功能、让员工在最短的时间内掌握业务技能

等市场营销系统流程改进措施以后，在其产品研发和生产中的项目管理、对供应商的管理、市场推广和策划等方面都实现了信息畅通，促进其更好地占领市场、提高企业竞争力。

资料来源：http://www.chinagta.com/中国营销金鼎网

5.2.2　协调宏观市场营销系统中各子系统之间的关系

宏观市场营销系统是由各子系统组成的有机整体。市场子系统是宏观市场营销系统运行的中心，企业经营活动子系统是宏观市场营销运作的基础，政府宏观调控子系统是宏观市场营销系统运行的保证。这三个子系统本身是否健全和完善，它们之间能否协调地发展，会对宏观市场营销系统的正常运行以及对宏观市场营销活动的正常发展产生深远的影响。

1. 市场子系统是宏观市场营销系统运行的中心

市场子系统由消费品市场、生产资料市场、资金市场、劳动力市场、技术市场、信息市场及房地产市场等各类市场组成。市场子系统中各类市场发育与发展程度以及它们之间是否协调发展，关系到市场子系统能否正常地运行。各类市场发育与发展程度，既表现在各类市场发展数量的多少及质量的高低，也体现于各类市场的发展趋势是卖方市场或是买方市场，还表现于各类市场的市场机制是否健全和完善，尤其是价格机制能否成为社会资源流向的信号。市场子系统中各类市场是否协调发展，主要视其能否按比例地适应企业经营活动对生产要素的需要及对实现产品价值的商品市场的需要。

各类市场的发育及其相互间协调发展为市场子系统的发育和发展提供了基础；而市场子系统的发展又为企业子系统的运行创造了良好的外部环境，以及为政府宏观调控、子系统间接宏观调控社会经济活动提供了最佳的中间媒介，使政府能通过调控市场来引导企业的经营活动，并且为宏观市场营销联结生产与消费、实现社会总供需的平衡提供了中间媒介。

2. 企业子系统是宏观市场营销系统运行的基础

企业子系统的发育和发展程度如何，以及它们之间能否协调的发展，关系到企业子系统能否顺利地运行，从而关系到宏观市场营销系统及宏观营销活动的健康发展。企业子系统发育与发展程度高低，集中体现于是否建立起现代企业制度，具体表现在企业产权关系是否明晰，政企是否分开，责权是否明确，企业的生产经营活动是否是以市场为导向，是否建立起科学的企业领导体制及组织管理体制。企业子系统中各类企业应当协调地发展，同时各类企业还应根据市场需求开展生产经营活动，并各自实现盈利目标。

企业子系统的发育和发展为确立企业的市场主体地位，并为市场体系的建立和发展奠定了基础。诚然，市场子系统的发育和完善是由诸多因素决定的，它要求社会生产力及商品经济的发展，要求市场诸构成因素（如消费者、中间商及生产者）的发展。企业经营活动的发展要求各类市场提供更多的生产资料、资金及劳动力，同时通过市场为用户提供更多更好的产品，为市场提供训练有素的劳动力、为金融市场提供更多的资金，从而对市场子系统的发展产生巨大的推动作用。企业子系统的发育和发展亦为政府宏观间接调控的实施奠定了基础。

改革开放前,中国企业普遍成为政府行政的附属物,企业不是独立自主、自负盈亏的商品经济实体,这种企业体制必然同政府对企业的直接干预相适应。而企业子系统的发展,意味着现代企业制度的逐步建立,企业成为独立自主、自负盈亏的商品经济实体,这既要求政府宏观调控方式的变革,也为政府实行间接宏观调控提供了条件。

3. 政府子系统是宏观市场营销系统运行的保证

政府子系统是由各级政府行政部门及各职能部门组成。政府子系统中各行政部门及各职能部门是否健全和完善,政府各职能部门之间是否协调发展,不仅影响市场子系统中各类市场的培育和发展,而且影响到企业子系统中各类企业,尤其是国有企业经营机制能否顺利地实现改革。政府子系统的发育和完善与否,集中体现于政府职能是否已转变,是否已建立和健全宏观调控体系。

政府职能的转变是指政府由原来直接干预社会经济生活、直接干预企业经营活动及直接干预市场活动,转变为主要制定宏观调控政策、搞好基础设施建设、创造良好的经济发展环境、培育市场体系、监督市场运行及维护平等竞争、调节社会分配及组织社会保障、控制人口增长、保护自然资源和生态环境、管理国有资产和监督国有资产经营、实现国家的经济和社会发展目标。政府宏观调控的方式也从直接干预转为运用经济、法律和必要的行政的间接手段,同时建立起计划、金融、财税等相互配合及相互制约的宏观经济调控体系。

转变政府职能及建立健全宏观经济调控体系,必将保证市场体系按照市场经济发展的要求、遵循社会主义经济发展规则而运行。同样,它还将保证企业经营机制顺利地实现改革以及使企业在宽松的宏观环境下开展经营活动。

自改革开放以来,中国政府为转换企业经营机制及培育各类市场已先后颁布了一系列有关经济政策、法规及条例,并为推动市场体系的建立及企业经营机制的改革做出了巨大的努力。但也应当承认,目前政府机构改革及政府职能转换在整个经济体制改革中显示出严重的滞后性:政府机构仍然十分臃肿,工作效率不高;政府对企业的直接干预仍未消除,并且通过建立“翻牌”公司,把政府过去下放给企业的权力又收上来;某些地方政府任意对企业进行乱摊派,造成企业巨大的经济负担和政治压力,严重地束缚着企业活力的迸发;相互配合、协调发展的宏观经济调控体系尚不健全。因此,应当把转变政府职能、建立健全宏观经济调控体系作为深化经济体制改革的重心。

5.3 宏观市场营销效率

宏观市场营销效率主要是指整个社会商品分销系统的工作效率和经营效率,包括市场分销系统(广义上的流通领域)的劳动生产率、一定时期某分销系统成员的人均销售量或销售额、市场占有率、分销系统投入产出率、营销费用及其占商品成本或价格的比例、商品和资金的周转速度等。可以从某个行业、企业或整个社会营销系统来评价营销效率。这里选择其中几个

典型的方面，即商品流通角度对宏观营销效率的总体情况、分销渠道系统的运行效率、批发业的营销效率、零售业的营销效率以及运输系统的分销效率等五个方面，对宏观市场营销效率进行描述性的分析评价。

5.3.1　关于商品流通宏观营销效率的总体评价

一个国家商品流通能否高效率运行，在很大程度上取决于市场的发展水平。商品流通的不发达、经常出现的流通阻滞现象以及商品营销的低效率等问题，直接导致整个宏观经济和微观经济的低效率运行。

目前，中国商品流通宏观营销效率还比较低，主要有以下几个方面的原因：

(1) 商品流转环节太多，流通渠道不畅，流通速度缓慢，流通阻滞现象严重。

(2) 流通领域变相侵蚀、耗损生产企业的收益，社会交易成本上升。

(3) 流通企业（主要指商业企业）自有流动资金缺乏，固定资产投资不足，资金利润率过低，许多企业无法开展正常的经营活动。

(4) 流通领域竞争环境差，竞争条件不平等，竞争行为不规范。高效率的商品流通必须有充分、合理的市场竞争作保证。

(5) 物流业发展还很不完善，体现为设施比较落后，仓储结构不合理，运输成本高，耗损大。

在商品流通过程中，物流业发挥的作用越来越大，物流业的发展水平已经直接影响到企业的商品流通效率。中国一些工商企业已开始认识到物流是除企业降低物资消耗、提高劳动生产率之外，能够使企业增加效益和增强竞争能力的“第三利润源”。强化企业的物流管理，可取得明显的收效。如海尔集团把物流能力摆在企业核心竞争力的位置，实施企业流程管理再造工程，将集团的采购、仓储、配送和运输等物流活动统一集中管理，并成立了物流推进本部，下设采购事业部、配送事业部和储运事业部，对物流业务和物流资源优化重组，从而获得了巨大的经济效益。

5.3.2　商品分销渠道的运行效率分析

商品的分销渠道，从微观营销的角度划分，可分为直接分销和间接分销；按中间商的类型划分，有广泛性分销、选择性分销和独家专营分销；而且渠道本身还有长短之分。从宏观营销的角度来看，可以把市场分销渠道大体上分为自组织渠道和组织化渠道两种。这两种渠道在不同的流通体制下，有不同的功能和作用。

自组织渠道就是为了适应市场供求关系，由企业自发组织、自己建立、简单联合所形成的产品分销渠道。这是一种传统的商品分销渠道，其典型形式是生产者自销和松散型的简单合作销售。在自组织渠道中，商品的生产者和各个中间商独立决策，购销双方在市场竞争中进行有限度的双向选择，流通渠道成员之间的联系松散，联系对象也很不稳定，缺乏共同目标，不易进行集中性、系统化管理，难以组织大规模的商品流通，规模经济效益差。但是，这种分销渠道保证了生产经营者完全的独立性，组建灵活，形式多样，能适应多变的产销关系和市场环境。

如果人们按照一定的商品流通体制、流通特点、流通规律和分销组织结构等对分销渠道加以系统组织，就形成了较为规范的分销渠道系统，即组织化渠道。这种渠道系统通过不同程度的一体化经营或联合经营在生产企业与分销渠道成员之间形成稳定的、联系紧密的购销关系。这种渠道形式，虽然在一定程度上影响流通当事人的独立性，但它能适应社会化大生产、大流通的要求，产生较大的协同效应和较高的分销效率，创造自组织渠道无法比拟的规模经济效益。从商品分销渠道成员之间的经济联系和市场分销结构来看，组织化渠道主要有以下三种类型：

(1) 公司渠道系统

一家公司控制了商品分销的若干层次或环节，甚至控制了整个分销渠道，由此而形成的渠道系统称为公司渠道系统。该系统又包括两种形式：一是拥有若干生产企业和贸易企业的生产者主导型公司，如实行产销一体化的工业公司和农工商一体化公司；另一种则是拥有若干批发和零售机构的批发商或零售商主导型公司。由于这些公司规模相当大，业务联系紧密，这种渠道系统容纳了自组织渠道中各个独立的企业，使它们的社会分工转为同一企业集团的内部分工。这就减少了商品分销过程中的许多矛盾冲突，使商品流转效率提高，企业的协调性增强，销售成本下降。

(2) 联合渠道系统

联合渠道系统是一种以契约关系为基础，通过较为松散的联合经营而形成的分销渠道系统。这种分销渠道形式一般由生产者与批发商、生产者与零售商、批发商与批发商、批发商与零售商签订供销合同，建立正式稳定的购销关系来实现联合经营，如工商联营、农商联营、商商联营等。此外，若干独立的中小批发商和零售商实行联购分销也属于联合渠道系统的一种形式。这种分销渠道系统，使企业有较为稳定的分销费用和经营利润、较高的商品周转速度，并获得较高的劳动生产率。

不少生产厂商发现联合分销商不是一件轻松的事情。分销商有不同类型，企业形象、声誉和市场影响力也有很大差别，而且具有不同的利益目标和采购政策，要找到合适的分销商并不容易。分销渠道的拓展成为企业经营上最棘手的问题之一。许多成功企业的经验说明了这样一个基本道理，明确选择分销商的目标和原则，并且做好深入细致的调查研究工作，全面了解每一个将被选择的分销商的情况是选择分销商的起点和前提条件。一般来说，选择分销商应遵循的原则包括以下几个方面：第一，把分销渠道延伸至目标市场原则；第二，分工合作原则；第三，树立形象的原则；第四，共同愿望和共同抱负原则。按照这些原则来选择分销商，可以保证所建立的分销渠道成员的素质和企业与分销商的合作质量，并提高分销渠道的运行效率。

（3）计划渠道系统

计划渠道系统是一种以国家计划为基础，由国家指定或委托的工商企业（通常为国有企业）按商品预定流向统一组织分销所形成的渠道系统。它主要承担关系到市场稳定大局和国计民生的重要商品的流通任务。过去，这种渠道系统在中国商品分销体系中占举足轻重的地位。随着中国流通体制改革的深入，该渠道系统在整个渠道系统中所占的比例呈下降趋势。其主要原因是这种分销渠道的垄断性和计划性使商品流通和市场分销活动缺乏活力，降低了分销效率，有时还会违背商品的合理流程和合理流向。但是，作为一种分销渠道形式，计划渠道分销会继续存在下去，它对特殊商品或在特殊情况下的商品流通具有特殊的宏观意义和政策效应。

与自组织渠道相比，组织化渠道通常可以减少对企业的流动资金的占用，加快资金周转速度，物流综合效率和规模经济效益显著，大大提高商品分销对社会化大生产的适应性。但这只是理论上的优势，如果组织化渠道发展不完善、存在严重的缺陷，或分销实际效率较低，则自组织渠道的功能优势可能超过组织化渠道。在许多情况下，商品通过自组织渠道分销，其效率和效益反而高于组织化渠道分销。

5.3.3　中国批发业的营销效率分析

批发业是商品流通过程中重要的一环，也是企业产品分销渠道中的主要成员。探讨宏观市场营销效率不能不研究批发业，但对批发业营销效益和宏观营销效率的评价历来争议较大。争议的焦点实质上集中在批发业的功能、地位和作用等方面，而很少涉及不同的批发企业、批发形式和批发类型之间的效率比较，以及国内外批发业的比较。

批发业的发展是一个国家、一个地区流通力的重要标志，它关系到国民经济发展的广度和深度。中国 90%以上的中小生产制造业和 97%以上的中小零售商或各种服务业对批发商业的依赖性很强。现代批发业在中国有很大的市场发展潜力：一是中国有 13 亿人口，消费者基数大，哪怕是低增长的收入和消费水平，也能形成一个巨大的消费市场；二是中国的经济呈持续高速增长趋势，消费水平不断提高，消费需求出现多样化、个性化等，这将增加零售商业的经营成本，于是就需要有批发功能的物流或配送组织向零售商或各种需求者提供商品齐全、质量有保证、物流成本低的商品；三是中国中小生产商及零售商较多，组织化程度低，需要以批发为平台的加盟连锁经营。

从 2001 年 7 月第一个获国家批准成立的外资批发企业——上海百红商业贸易有限公司的诞生到两年后首家在中国获得批发经营权的零售企业——中贸联万客隆的落户北京，从 2004 年商务部批准设立 11 家外资批发企业到 2005 年的 571 家，再到 2006 年的 1 000 余家，入世以来，外资不仅在中国批发业的史册中实现了零的突破，还由这个原点喷薄而出，一发而不可收。不但数量增加，外资批发企业的销售额增长也十分明显。当中国商界在越发拥挤的零售业中争抢得不可开交而批发业由小商贩唱主角时，精明的外国巨商已经在悄悄填补“中国的空白”,“抢滩”使他们获得了巨大利益。与此形成鲜明对照的是,内资批发业尽管这些年也取得了不少的进步,但仍未摆脱小、散、弱、差的格局,面对外资批发商的大举抢滩,内资批发业在变革创新、提高运行效率等方面依然任重道远。

(1) 中国批发业营销效率现状

批发业营销效率的高低体现在批发企业的劳动生产率、资金利润率、销售规模、商品周转速度、营销成本和费用以及不同批发环节、批发方式之间协同组合效应等方面。

从流通领域各行业的比较来看,批发业是营销效率最低,综合经济效益最差的行业之一,商品在批发环节阻滞现象非常严重。批发环节已成为制约中国商品流通的最主要“瓶颈”因素。批发业营销效率较低主要体现在以下几个方面:

① 批发企业费用水平一直呈上升趋势,销售规模相对缩小,销售利润率逐渐下降。

② 资金投入不足,自有资金少,资金利用率低,资金周转速度逐年减缓,资金利润率普遍下降。

③ 劳动生产率和工资利润率下降,批发企业职工人数与企业营销效率、职工收入与企业经济效益、劳动耗费与单位劳动量创造的价值形成巨大的反差。

(2) 国营批发企业和个体、私营批发企业营销效率比较

不同所有制、不同地区、不同类型的批发企业,其营销效率的差别是相当大的。一般情况下,个体、私营批发企业的效率高于合作制批发企业,合作制批发企业高于集体批发企业,集体批发企业又高于国营批发企业;专业批发企业高于综合批发企业;销地批发企业高于产地批发企业。

国营批发企业和个体、私营批发企业的营销效率的差别,也反映出国家宏观政策和流通体制存在的问题。比如,政府对国营批发企业经营管理干预过多,国营批发企业和个体、私营批发企业在经营计划、财务制度、人事制度和税收负担等方面,存在明显的不平等。这些都是导致国营批发企业和个体、私营批发企业营销效率差别的主要原因。

【营销信息链接】

北京民营服装批发企业——百荣世贸商城2004年4月一亮相,百荣就改变了过去摊位纷杂、市场配套简单、单纯进行服装批发的旧形象。以便利的交通条件、先进的信息化设备、流行趋势的发布、环境的改善等众多服务提升了服装批发市场的形象。同时提供信贷、信息发布和咨询、工商税务一站式服务、电子商务交易等一系列配套服务,也为百荣世贸在服装批发业营销效率的转型中占据先机。

资料来源:http://www.china-ef.com/中国品牌服装网

5.3.4 中国零售业的营销效率分析

零售是社会商品流通的最终环节,它对沟通产需、满足消费、提高整个领域的营销效率,具有重要的作用。

(1) 中国零售业经营活动的发展状况

中国零售业正处在高速发展时期，经营活动领域扩大，商品辐射能力增强，营销效率和经济效益的多项指标，都超过了以前的各个时期，也好于批发业的整体情况。其主要表现有：社会零售商品总额急剧增长，购销量日益扩大，零售业的商品流通速度加快；零售商业网点迅速增加，服务质量有所提高，劳动生产率和工资利润率上升；大型零售企业在社会商品流通中的地位显著改变，其营销效率和经济效益一般高于中小零售企业。中国大型零售企业人均销售额、劳动生产率、资金利润率、商品周转速度等一般都好于中小零售企业。从企业经营规模来看，大型零售企业远远超过大批发商。零售企业大型化和连锁化趋势还在继续发展之中，发展最快的是大型百货商店。

(2) 零售业经营发展中的效率问题

美国科尔尼咨询公司的最新研究表明，2006 年中国零售市场对外资的吸引力开始出现下降趋势，已从 2005 年的第四位跌至第五位，越南迅速超越中国上升到第三位，印度则成为目前对外资最具吸引力的零售市场。这项连续进行了 6 年的研究显示，中国零售市场对外资吸引力下降的主要原因是沿海城市，如上海、广东等地的零售市场日趋饱和，投资回报率下滑。

但从市场整体发展趋势看，中国零售业仍然存在着巨大的发展空间，投资机会很多。根据国家信息中心的预测，2007—2010 年，中国零售业将保持每年 8%～10%的增长速度。支撑中国零售业未来几年保持平稳、快速增长的因素有：不断扩大的内需；居民收入不断增长；中国城市化发展速度不断加快，每年大概可以新增消费需求 1 000 亿元；中央政府加大对农村、农民的投入，能够创造部分需求。

未来几年，越来越多的中外零售企业将会采用并购的方式，快速扩张销售网络，争夺市场份额，同时这也将是国内零售企业形成并购、抗并购实力的关键时刻。但是，零售业并购比较困难，由于零售业的地域化特征明显，并购后人力资源的整合、IT 系统的整合、供应商的谈判等都将面临很大挑战。

近年来，中国零售企业的营销效率有所提高，但由于多种因素的影响，目前仍存在一些不可忽视的问题：

① 先进的零售形式和经营方式较少。零售业要提高整体营销效率，必须合理配置不同形式、不同类型的零售企业，而且要采用先进的零售形式，但中国零售业在这方面还存在缺陷。同时，各类商店尚不能进行有效的组合，居民购物仍不太方便。

② 零售商业网点布局不尽合理。虽然中国零售商业网点总量有较大的增长，但网点布局的合理性较差，缺乏总体规划。许多城市只注重建设高级的大商场，而忽视中低级或普通商场的发展及其合理配置；只注重在城市中心繁华地段重复建设商场，而忽视在其他地段，特别是在城郊居民区进行零售商业群体的配套建设。许多城市网点设置缺乏必要的层次结构、规模结构和地区结构。此外，农村零售商业网点建设和发展远远落后于城市。零售商业网点布局的不合理，使许多城市商业服务出现了明显的断层，这不仅给消费者的购买带来很大的不便，

而且大大降低了零售企业的经营效率和经济效益。

③ 一些城市中心大型零售企业过于集中，出现了过度竞争的现象。作为一些全国性和地区性的中心城市，适应社会经济发展的需要，在其主要商业繁华地段适当多开设一些大型零售企业，繁荣城市经济，创造良好的购物环境，形成发达的现代购物中心，这应该说是必要的，也是正常的。但是，大型零售企业不宜过于集中，否则其综合优势难以发挥，市场占有率和销售规模很难达到应有水平。尤其是在某些中小城市，有关部门和地方贪大求高，纷纷开设大中型商场。但这些城市在相当长的时期内，不可能成为全国性或地区性的商流中心，也不可能有足够数量的流动人口产生较大的市场潜量。结果，这些城市的零售企业不惜血本争夺顾客，销售费用上升，商品价格下降，由此导致企业难以达到规模效益，亏损面较大。

④ 部分中小零售企业组织程度低下，经营困难。一些中小零售企业既无大型零售企业的种种优势，又无个体特色，经营的盲目性大，组织化程度低，因此亏损企业较多。在任何国家，中小零售企业的数量都占绝大多数，它们在商品流通过程中发挥着大型零售企业无法取代的功能和作用。没有中小零售企业的高效率和高效益，就不可能有宏观营销的高效率。

5.3.5 中国商品分销的运输系统效率分析

分析宏观市场营销效率，必然涉及运输系统的效率。这是因为商品流通不仅包括商流，还包括物流，即商品的实体分配。宏观市场营销效率在很大程度上是由商品运输系统的效率所决定的。

(1) 中国运输系统在商品流转效率方面存在的问题

虽然中国的商品运输系统有了前所未有的发展，并为中国社会经济的发展产生了巨大的推动作用，但与发达国家的商品运输系统相比，中国商品流通规模仍显得效率不高。这种低效率不仅表现在运输速度慢、运输质量差、运输耗损大、运输成本高，压船、压港、压站严重，还体现在运输能力、运输规模、运输结构、运输方式等方面。目前，由于运输困难，中国每年平均有30%左右的产品在商品流通中受阻，加工工业约有20%的生产能力闲置浪费，仅因运力不足而引起的能源短缺一项所造成的工农业损失每年高达上千亿元。

中国不同地区的运输业发展水平也存在明显的差异。西部和中部的许多地区运输条件太差，不少山区仍未完全摆脱依靠人力和畜力运输的局面，商品流通极为困难，因此这些地区市场发育迟缓，商品率低，产品成本高，市场信息闭塞。而沿海地区的运输条件明显好于西部和中部，商品的流动性远高于西部地区，在商品运输速度和费用等方面，也占有很大的优势。

由于运输方式的落后和管理中的不足导致中国商品运输系统的效率较低。联运网络体系不完善和集装箱运输业务发展缓慢是比较突出的两个问题。条块分割、部门封锁、各自为政割裂了运输体系的内在联系。本来采用联运方式可以大大提高效率，但往往因为运输企业之间的利益矛盾而难以实行，由此导致商品运输时间延长、运输成本上升、运输工具的综合利用率下降、运输系统出现不经济性、商品在流转过程中容易发生阻滞。如许多企业宁愿采用传统的

货物运输，也不愿采用现代化的集装箱运输。

(2) 运输效率影响商品流转的技术经济分析

运输效率对商品流转的影响是多方面的，其衡量方法和指标也有多种。这里只用货运弹性、货运强度、平均运距和优势资源利用率等指标进行分析。

① 货运弹性反映货运量变动率与国民生产总值变动率的比例。

② 货运强度是指一定时期货运量(或货物周转量)与同期国民生产总值的比例。

③ 商品的综合平均运距受区域分工发达程度和区域间运输量大小的影响较大，而不同运输方式下的平均运距，则主要受各自的运输特点和它们之间比价关系的制约。

④ 优势资源利用率也是评价商品运输效率的一个重要指标。

目前，中国运输系统仍处于需要迅速扩大运网、增加运力、强化管理、提高运输效率的层次上，运力不足、运输效率低下的物流系统与高速成长的商品流通之间存在尖锐矛盾，而且这种矛盾将存在相当长时间。因此，必须重视通过交通运输体制改革及迅速发展社会生产力、增加对交通运输的投资等诸多途径，逐步解决上述矛盾。

【营销信息链接】

在激烈的竞争中，越来越多的商业企业引进了以 CRM、ERP、ECR 以及供应链管理等先进的管理思想为理念的连锁分销管理系统。ECR 以实现“高效率消费者反应”为主要目标，即在连锁分销系统中分销商和供应商密切合作，消除运输中不必要的成本和费用，给客户带来更大效益。系统旨在提高整个连锁分销供应链的效率，从而大大降低整个系统的成本、库存和物资储备，同时为客户提供更好的服务。该系统借助于相关的 ERP 管理模块为连锁分销企业提供完备、统一的订单管理、库存管理、采购管理、运输管理和财务管理，实现连锁分销体系中的物流和信息流在配送、制造和采购这三个领域的结合，对特定地点的供应源和客户之间流转的材料、半成品和成品进行综合管理，从而达到快速反应、最低库存、降低成本、整合运输等管理目标。这样大大提高了企业运输系统的效率。

资料来源：http://www.emkt.com.cn/中国营销传播网

5.4　微观市场营销系统

5.4.1　微观市场营销系统

微观市场营销系统是指一个公司(或企业)为从事市场营销活动而对其营销活动可能产生影响的由一系列相互作用和相互影响的参加者、市场及宏观市场营销环境因素等进行整合形成的综合系统。微观市场营销系统是由企业(主要是指市场营销部门及各职能部门)、市场营销渠道企业(包括资源供应者、中间商、便利交换及物资分销者)、市场、竞争者、公众宏观环境力量等诸多子系统所组成。在微观市场营销系统中，企业、市场营销渠道企业直接参与微观市场营销活动，因而它们是微观市场营销系统的基础。市场，尤其是用户或顾客是微观市场营销服务的对象，因而他（她）们是微观市场营销系统的核心。竞争者及公众是影响企业市场营销成败的重要外在因素，因此，他们也是构成微观市场营销系统不可缺少的因素。宏观环境力量则是微观市场营销系统顺利运行的保证。

1. 微观市场营销系统中的企业子系统

由于考察角度不同，这里的企业同宏观市场营销系统中的企业不同，它并非泛指一般企业，而是指特定的企业，如汽车制造公司、服装企业、家用电器公司或化妆品企业等。这里的企业子系统不是指企业之间的关系，而是指企业内部各职能部门的关系。企业领导者应当处理好各职能部门，诸如生产部门、财务部门、供销部门、研究与开发部门及市场营销部门之间的关系，突出市场营销部门并使其成为主导部门，成为指挥和协调企业其他职能部门的核心。市场营销部门的领导者应参与企业市场营销总决策，这样才能保证从整体上满足广大顾客的需求。可见，在现代企业营销活动中，市场营销部门是把市场顾客需求变为企业盈利目标的核心部门，是保证企业在微观市场营销系统中发挥起点作用的关键机关。

必须清醒地看到，迄今为止，不论是在发展中国家还是在发达国家，众多企业仍未实现以市场营销部门作为指挥和协调其他职能部门的主导部门，而往往使其处于次要地位，因此难以发挥市场营销部门在微观市场营销系统运行中良好的起点作用。要突出市场营销部门在企业各职能部门中的主导作用，必须通过发展社会生产力来改变市场趋势，通过深化企业经营机制改革来加强企业同市场的联系，使企业自觉地树立市场营销观念。

【营销信息链接】

大连三洋制冷有限公司是行业三强之一，并与另外两家企业进行着激烈的竞争。一方面，为降低成本，根据公司的总体要求和统一计划，许多原来进口的零部件已经开始国产化；另一方面，营销部门面对竞争对手咄咄逼人的攻势，为获得订单，向用户承诺主要零部件和原材料采用进口以及其他苛刻的技术和检查条件，导致营销部与公司内的技术部、品质部、采购部等部门出现矛盾并且冲突日益激化。每个部门的理由都很充足，都认为自己部门是在维护公司的利益而互不相让，严重影响了企业的日常经营管理工作。为化解矛盾冲突，公司指定生产管理部作为协调部门去解决冲突。生产管理部从业务流程的角度出发，根据各部门的职责，重新理顺了业务流程，指示相关部门编制出产品的标准配置，与各部门进行协调沟通，最终达成了一致。

资料来源：http://www.51cmc.com/中国营销咨询网

2. 微观市场营销系统中市场营销渠道企业子系统

市场营销渠道企业子系统是由资源供应商、中间商、便利交换及物质分配者等组成的。这里的市场营销渠道企业并非泛指，而是同特定生产企业相联系、为特定生产企业服务的渠道企业。

(1) 资源供应商

资源供应商是指为特定生产企业提供生产资料，诸如生产设备、原材料、附件及能源等的

供应商。如供应商为汽车制造厂提供车身、轮胎、发动机、玻璃、坐垫、地毯等。要保证企业经营活动畅通无阻地运行，企业必须善于选择那些能为自己及时、按质、按量、适地提供所需生产资料的供应商。

（2）中间商

这里的中间商是指同特定生产企业发生购销关系的商人中间商与代理中间商，如同服装厂发生购销关系的服装批发商、服装零售商或服装代理商。中间商是微观市场营销活动的中心环节，因为在任何商品经济社会中，企业必须通过市场来实现产品价值。诚然，有部分企业的产品可直接销售给用户，但在绝大多数情况下，尤其大部分消费品企业，其产品必须通过中间商进行分销。因此，生产企业能否寻求到可信赖的、高效率及高效益的中间商，关系到企业产品价值能否迅速地实现，并取得高效益。

（3）便利交换和物质分配者

这些企业不直接参与商业活动，但它们对商品生产及商品交换活动起着不可忽视的辅助作用。便利交换机构主要包括金融机构（如银行、保险公司等）、广告代理商、市场营销调研公司、市场营销咨询公司等。金融机构对工商企业的营销活动起着"输血"功能，因为工商企业从事经营活动，必须筹措资金，除部分资金属自有外，大部分资金需要从企业外筹措，或是银行贷款，或通过短期资金市场及长期资金市场筹集，如通过商业银行之间拆借、发行债券、股票等形式获得企业经营活动所需的资金。因此，必须协调好工商企业同金融机构的关系。

市场营销服务机构包括市场营销调研公司、广告代理商、市场营销咨询公司等。它们从不同方面促进工商企业营销活动的发展。如市场营销调研公司帮助工商企业进行市场营销调研及市场预测，掌握特定产品的市场需求及其发展趋势，以便企业选择目标市场及制定相应的市场营销组合策略。广告代理商则帮助工商企业或联系、或制作广告宣传，树立企业和产品的优良形象，促进产品的销售。市场营销咨询公司对工商企业的营销活动进行探测、诊断，从中发现问题，找出问题原因所在，并提出进一步改善企业营销活动的建议。因此，工商企业必须处理好同市场营销服务公司的关系。

物质分配者主要是指为工商企业实现产品间接移动的交通运输企业及公共货栈。企业能否寻求到适合自己要求的交通工具及足够的货栈将对企业微观营销活动的周转产生重大的影响。

随着营销环境的变化，渠道成员间自行协调其间产生的合作与冲突。在工业时代的初期，市场基本为供不应求的卖方市场，生产商在营销渠道中处于主导地位，生产商将产品的所有权和实物逐级推向分销商，分销商再将其推向最终的消费者。信息流也是以"生产商到分销商，再到消费者"为主。生产商控制渠道，自己建立的层层分销网络就成了占主导地位的渠道模式。

随着市场逐渐由供不应求的卖方市场逐渐转向供大于求的买方市场，零售商处于营销系统的下端。为了拥有处于终端的消费者这种稀缺资源，部分零售商通过扩张和兼并急剧增大了自己的规模，从而控制了营销渠道，处于了主导的地位。零售商开始组织各种物流活动，指导产品实物流的转移；安排各种促销活动；向上游的生产商下订单，或是进行贴牌生产；掌握营销渠道中的主要信息。在这种模式下，生产商处于弱势地位，为改善自身处境，其中的部分生产商已开始建立绕开零售商的渠道模式，或建立自己的销售队伍直接面对最终顾客，或利用互联网同最终消费者建立联系等。

营销渠道系统中的各成员努力地通过对稀缺资源的争夺来控制对方，这种控制和被控制的关系是传统的交易型渠道关系，双方之间必然存在利益冲突。经济全球化和信息网络化的发展，使企业面临的竞争环境发生了重大改变，顾客让渡价值的最大化成为营销渠道变革的最直接的外部推动力。最能满足最终消费者和渠道合作伙伴的需求，能为他们提供最大顾客让渡价值的渠道才有竞争力。所以渠道关系由竞争变为竞合。在外部环境的影响下，渠道成员间合作与冲突将自行协调。

3. 微观市场营销系统中的市场子系统

从市场学角度看，市场是由具有现实需求与潜在需求的顾客组成的。因此，市场子系统实际上是顾客子系统。众所周知，顾客是现代企业市场营销的中心与出发点，这是由企业外部激烈竞争规律及企业内部追求利润规律所决定的。从现代市场营销角度看，没有顾客便没有市场，企业的生产经营便难以维系。因此，企业应当根据市场消费者的需求特点、消费者的购买力，结合企业的经营目标、经营范围及资源力量，选择最佳的目标市场顾客。

4. 微观市场营销系统中竞争者子系统

企业在市场上会面临两大类的竞争。一类是不同行业的竞争：通过生产不同的产品满足消费者的不同需求；或者以不同的产品满足消费者同一需求。另一类是同行业的竞争：以不同型号的产品满足不同顾客的需求；或者以不同品牌的产品满足顾客的需求。在实践中，企业往往只注视同行业竞争者的挑战，而忽视不同行业竞争者的竞争，这是市场营销近视的表现。这种营销方式没有认识到，随着商品经济不断发展，满足消费者不同需求或同一需求的不同行业的企业日益增多，而且消费者的个人收入在一定时期内是一定的，其支出结构则可受多种因素的影响而不断变化，如当消费者支出结构中食物比重增加，其他方面费用支出会相对减少。因此，企业应当巧妙地运用市场营销组合策略，将顾客吸引到自己这方面来。此外，企业还必须注意，现代市场营销的竞争已从传统的价格竞争扩展到产品质量、产品分销、产品促销及售后服务等全面的竞争，从国内竞争延伸到国际市场竞争。并且在竞争的过程中，同行业的企业甚至是不同行业的企业都出现了一种如何在竞争的基础上寻求相关合作的趋势。

【营销信息链接】

"名人电脑"致"恒基伟业"的一封公开信

尊敬的张征宇总裁、孙陶然常务副总裁：

最近一段时间，我们生产的名人掌上电脑和贵公司的商务通掌上电脑之间的市场争夺战备受媒体和消费者的关注。

“名人”和“商务通”作为掌上电脑行业的两大龙头企业，如果我们之间的竞争是理智的、良性的，对于整个行业的发展无疑是有积极意义的，因为良性竞争不仅使消费者有了更大的选择余地，同时也迫使我们不断地完善技术、改善服务，苦练内功。

但是，我们之间的竞争，如果从技术战、价格战这样的良性竞争，发展到针锋相对、互相指责的口水战，甚至发展到动用阴招损招的恶斗，对于整个掌上电脑行业都将是一场灾难。也许我们小时候看各种各样打击侵略者的影片看得太多了，对“一山难容二虎”、你死方能我活的竞争观念深信不疑。但事实上，恶性竞争的最终结果一定是“杀敌一千自损八百”，一定是我们亲手打败了我们自己。因为恶性竞争会使整个行业不可避免地提前走向毁灭；相反，良性竞争所体现出来的集约效应和优势互补往往会带动竞争群体在利益上的整体上扬。

基于此，我们认为市场竞争的最高境界应该是竞合，即竞争中有合作，合作中有竞争。这一新理念非常明确地传递着这样一个信息，除了关注竞争本身之外，我们要比以往任何时候都更加关注对于培育和维护共同市场的重要性。

一个行业的竞争品质能否真正提升，又在很大程度上取决于龙头企业之间的竞争方式。名人和商务通作为掌上电脑行业的两大龙头企业，若能真正做到“合作的竞争”或是“竞争的合作”，便能够从点带面，树立整个行业的正风正气，便能够共同维护好既有的市场并且合力去扩大它。这时的竞争，已经不再是“一山难容二虎”，而是“鹰击长空，比翼双飞”，甚至是“百花争艳”。

倘若如此，我们不仅能够发展和壮大自己的企业，而且也能为中国掌上电脑行业的发展做出巨大贡献。维护、培育和发展中国掌上电脑行业，这不是一句套话，而是我们必须共同肩负的责任和我们必须共同拥有的使命感。

我们的企业都在蒸蒸日上，我们也都想做成一个大事业，并且在 1995 年至 1997 年，名人负责研发和生产掌上电脑，你们负责代理销售，我们也曾有过两年愉快的合作。因此，无论是为掌上电脑行业的共同利益，还是为中国企业竞争品质的迅速提升，或是为了我们曾经的友谊，我们双方都应该即刻理智下来，彼此反思和检讨自己。“渡尽劫波兄弟在，相逢一笑泯恩仇”。让我们结束口水战，手牵手，肩并肩，共同走向真诚的合作吧。

我们期待着你们的回音。

名人公司董事会

2001 年 7 月 20 日

很可惜，恒基伟业对名人的寻求竞合的建议置之不理，并转而进行更为激烈的价格战——这种没有最终胜利者的无序竞争。

资料来源：http://www.emkt.com.cn/中国营销传播网

5. 微观市场营销系统中的公众子系统

公众是微观市场营销系统中重要因素之一，是指对一个组织实现其目标的能力有实际的或潜在的兴趣或影响的任何团体或个人的总和。公众不一定都是企业的潜在买主，有些公众

根本不可能成为企业的潜在买主，但是他们通过社会舆论对企业的潜在买主产生深刻的影响。因此，企业必须在实践中从公众利益出发，宣传和树立企业及产品的优良形象，促使公众通过社会舆论宣传企业及产品，引起潜在顾客对企业和产品的兴趣及产生购买产品的欲望。企业的公关活动不仅针对企业外部的公众，还要面对企业内部的职工，使企业职工对本企业产生光荣感，并积极主动地去宣传本企业的优点，创造良好的舆论环境。

6. 微观市场营销系统中宏观力量子系统

宏观力量是由人口、经济、政治法律、物质自然、科学技术、社会文化等因素所构成的，它成为企业营销活动不可控制的因素。一般来说，企业不能改变宏观力量，而只能适应它。但也不是说企业对宏观力量是无能为力的，只能消极地适应，而是说企业可以通过公共关系及政治权力等大市场营销策略去影响或促进某些宏观力量的改变。宏观力量对企业市场营销活动的作用是通过提供机会或造成威胁表现出来的。因此，企业必须善于寻觅市场机会，正确评价市场机会，适时地利用市场机会，并且善于把威胁力量变为机会，或采取回避及转移策略对付宏观威胁力量。把握机会是企业赢得竞争优势的关键因素，寻找机会是企业参与市场竞争的主导活动，寻求市场机会实际就是发现市场需求。

要具有健全、和谐的微观市场营销系统，微观市场营销系统中各个子系统需要协调发展。而要使各子系统之间能够协调发展，就必须提高社会生产力、不断深化经济体制改革、深化企业经营机制改革、不断提高企业的素质，以此促进微观市场营销系统正常地、高水平地运行。

5.4.2 宏观市场营销系统与微观市场营销系统的关系

宏观市场营销系统与微观市场营销系统交错并存于特定商品经济社会中，二者既有区别，又存在着紧密的联系。

1. 宏观市场营销系统同微观市场营销系统的差异性

(1) 考察二者的角度不同

宏观市场营销系统从总体、或从全国、或从宏观的角度进行考察。微观市场营销系统从个体、或从企业、或从微观角度进行考察。

(2) 二者组成的因素不同

宏观市场营销系统包括三个参加者——企业、消费者及政府，两个市场——资源市场、商品市场，四条流程——资源流程、商品或劳务流程、货币流程及信息流程。此处所指的企业不是指单个企业，而是全国企业总体；消费者不是指单个消费者，而是全国总体的消费者。政府同三个参加者、两个市场的关系也是从总体上分析的。两个市场也是指全国资源市场与商品市场。四条流程是指全国性的，而不是个别企业使用的具体流程。由于各个国家的社会生产力发展水平不同，各国经济制度有差异，因而各国宏观市场营销系统所包含各种因素的发展程度迥异。微观市场营销系统主要包括企业、市场营销渠道企业、市场、竞争者、公众及宏观力量。由于各企业的经营范围及经营方向不同，各企业的经营自主权不同，因此各企业面临着不

同的微观市场营销系统。例如，家用电器公司、服装公司、食品公司、汽车公司会面临着不同的目标顾客、不同的供应商、不同的中间商、不同的竞争者、不同的公众、不同的宏观力量的影响。并且，各企业协调及处理微观市场营销各子系统发展的能力亦不同。

(3) 二者运行的目标不同

宏观市场营销系统正常地运行，可保证宏观市场营销活动的健康发展，从而促进宏观市场营销目标的实现。企业市场营销系统的运转，可保证企业市场营销活动的正常运作，从而促进企业营销目标的实现。

2. 宏观市场营销系统与微观市场营销系统的联系

宏观市场营销系统与微观市场营销系统既紧密相连，又相互渗透，相互交错，共同发生作用。企业宏观营销系统与微观营销系统必须在不断变化中为企业的营销目标服务。

(1) 宏观市场营销系统的正常运行是微观市场营销系统正常运作的前提和保证。宏观市场营销系统的正常运行，必须要求建立和健全统一、开放、竞争和有序的市场体系及完善的市场机制，这样才能保证特定企业对生产资料、资金及劳动力的需求，才能保证企业之间的平等竞争。同时，只有建立、健全宏观经济调控体系，才能保证企业市场营销活动正常地运行。此外，宏观市场营销系统中四条流程畅通无阻地运转，才能保证微观市场营销能及时获得资源、信息，实现产品及货币的正常流转。

(2) 微观市场营销系统的健全发展为宏观市场营销系统的正常运行奠定了基础。因为宏观市场营销系统的正常运行是建立在各企业市场营销系统良性循环的基础之上。微观市场营销系统的健康发展，意味着绝大多数企业市场营销活动的相关因素能够协调地发展，从而为宏观市场营销系统中各子系统有序及迅速发展提供了微观基础。

(3) 二者交错并存，共同发生作用。微观市场营销系统中各构成要素，成为宏观市场营销系统各要素的组成部分。例如，微观市场营销系统中的特定的、具体的企业构成宏观市场营销系统中全国所有企业的因素，各特定、具体企业是指供应商、中间商、金融机构、物质分销机构、市场营销服务机构或宏观市场营销系统的市场营销渠道企业等。可见，二者只是从不同角度考察交错并存的社会市场营销系统。

宏观市场营销系统与微观市场营销系统在实际运作中存在着矛盾。例如，全国的宏观市场营销系统可能不协调地发展，诸如商品市场发育较成熟，但要素市场相对滞后。从总体看，这种宏观营销系统的发展格局，势必制约和影响众多企业对生产要素需求满足的程度；但对于某些企业来说，可能生产要素并不短缺，故对其营销活动影响不大。又如宏观市场营销系统中政府子系统，由于政府职能未转换、宏观经济调控体系未健全，对企业普遍产生不利的影响；但也有某些企业不受种种因素的影响依然能够正常地发展，诸如有些企业利用政府宏观调控不甚规范、依靠政府实行的各种优惠政策来促进企业经营活动的发展，使特定企业的市场营销系统仍照常运行。从微观角度看，各企业的主客观条件差异性大，有的由于缺乏市场营销观念，未能制定出最佳的市场营销组合策略，产品不适销对路；有的因缺乏市场营销管理能力和经验，不能选择符合要求的目标顾客，或是不能发挥企业的竞争优势等，致使企业营销系统运行受到梗阻。但这并不一定意味着宏观市场营销系统不健全。必须了解和掌握宏观市场营销系统与微观市场营销系统的联系与区别，才能更好地协调二者的关系，从而促进社会市场营销活动的发展。

【本章小结】

1. 宏观市场营销机构是指直接参与将产品从生产者转到消费者手中的宏观市场营销活动的组织或团体。一般说，直接参与宏观市场营销活动的宏观市场营销机构主要有中间商（包括批发商与零售商）、仓储公司、交通运输公司及物资流通公司等。此外，有些机构并未直接参与宏观市场营销活动，但对宏观市场营销活动起着重要的作用，诸如金融机构（银行及保险公司等）及广告组织等。这些宏观市场营销机构及辅助性机构从不同侧面执行着宏观市场营销的职能。同时，这些宏观市场营销机构及辅助性机构的发展状况、它们之间的协调状况及其职能的执行状况如何，对宏观市场营销活动的正常运行及宏观营销目标的实现也产生了深刻的影响。

（1）商业机构是宏观市场营销机构的重要组成部分。它通过购销商品来执行宏观市场营销的交换功能。

（2）交通运输机构是宏观市场营销机构的重要组成部分。它包括铁路、公路、水路、空运及管道运输机构等。交通运输机构执行着宏观市场营销的部分职能，即承担着商品从生产者转向消费者的空间移动的职能。它是实体分配中的最重要的环节。

（3）金融机构虽不直接参与产品的购销活动，但它是经济运行的神经中枢。金融机构通过对生产者、中间商、运输部门、仓储部门提供信贷，使它们有足够的资金运作，以保证宏观市场营销活动的健康发展。

（4）广告组织帮助企业设计、联系或传递广告信息，促进企业购销活动的顺利发展。它主要包括专业广告组织、媒体广告组织及企业的广告部门和群众性的广告团体。

2. 宏观市场营销机构分别承担着购销、实体分配及便利交换的职能，通过执行这些职能宏观市场营销机构不断解决着生产者与消费者的矛盾，从而不断调节社会总供需的平衡。

（1）购销或交换的职能是宏观市场营销机构最重要的职能，是由批发商机构及零售商机构承担的实现商品所有权转移的职能。

（2）实体分配职能是保证企业产品能最终实现的功能。

（3）便利交换功能是宏观市场营销机构的其他辅助性职能，主要通过中间商、金融机构及广告组织分别执行标准化和分级、融资、承担风险及沟通市场信息的职能。

3. 宏观市场营销系统是从宏观或全国的角度来考察市场营销的，包括参加有组织的社会商品交换活动的一切相互影响、相互作用的参加者、市场和流程。任何商品经济社会的宏观市

场营销系统结构均包含三个子系统，即三个参加者——企业、消费者与政府，两个市场——产品市场与资源市场，四条流程——资源流程、商品或劳务流程、货币流程及信息流程。

(1) 市场子系统是宏观市场营销系统运行的中心。

(2) 企业子系统是宏观市场营销系统运行的基础。

(3) 政府子系统是宏观市场营销系统运行的保证。

4. 宏观市场营销效率主要是指整个社会商品分销系统的工作效率和经营效率，包括市场分销系统(广义上的流通领域)的劳动生产率、一定时期某分销系统成员的人均销售量或销售额、市场占有率、分销系统投入产出率、营销费用及其占商品成本或价格的比例、商品和资金的周转速度等。

5. 微观市场营销系统是指一个公司(或企业)为从事市场营销活动而对其营销活动可能产生影响的由一系列相互作用和相互影响的参加者、市场及宏观市场营销环境因素等进行整合形成的综合系统。微观市场营销系统是由企业(主要是指市场营销部门及各职能部门)、市场营销渠道企业(包括资源供应者、中间商、便利交换及物资分销者)、市场、竞争者、公众宏观环境力量等诸多子系统所组成。

6. 宏观市场营销系统与微观市场营销系统交错并存于特定商品经济社会中，二者既有区别，又存在着紧密的联系。

【思考题目】

1. 什么是宏观市场营销机构，它有哪几个组成部分?
2. 宏观市场营销机构的职能是什么?
3. 什么是宏观市场营销系统，它的三个子系统分别是什么，三者各有什么样的作用?
4. 宏观营销效率可从哪些方面进行评价?
5. 中国批发业的营销效率现状如何? 如何对其进行改进?
6. 宏观市场营销系统与微观市场营销系统关系如何，它们二者存在着什么样的矛盾?

第 6 章　中国市场营销现状及发展动向

【职业引导案例】

作为具有中国特色的社会主义市场经济的重要组成部分,中国市场当然也具有鲜明的中国特色。特别是目前中国市场仍属于发展的初级阶段,相关的政策、渠道的构成、消费者心理等因素相比于发达国家成熟的市场而言,特色十分鲜明。在这样一个奇特的市场里,没有一点奇门异术是无法超越对手,赢得胜利的。而家乐福正是掌握了这门技艺,才能在中国市场战胜沃尔玛。

中国作为全球人口最多的国家,市场的巨大早在 20 世纪 80 年代就足以令世界各大零售业者垂涎三尺。但由于铁桶般的政策壁垒,令众人不得其门而入,只能等待开放的时机。然而家乐福没有消极地等待,它预感到中国市场的奇特性足以令人无所适从,所以有必要在等待的时候做点什么,那就是学习。而这学习不是市场调查,不是专家研究,而是沙场练兵。1989 年,家乐福在台湾开店,并借此为以后进军大陆做跳板。家乐福更为聪明之处在于,它选择了台湾的龙头食品企业统一集团作为合资伙伴,并将这一模式运用到以后在大陆的发展中。

在中国政府开放零售市场之初,对外资零售企业的审批是很慎重的。当时,尽管政府也出台了相关的监管政策,但这些政策还不是很完善,使得零售业监管体系还存在着一定的漏洞。在这种环境下,沃尔玛选择了等待观望,而家乐福却是积极地激流勇进,打下了一个又一个的根据地。

资料来源:http://www.bioon.com 新营销

6.1　中国市场营销的发展现状

随着经济体制改革的开展与深入,中国的经济体制已经逐步由计划经济转变为社会主义市场经济。社会主义市场经济意味着市场(顾客)为本位,政府服务企业和消费者,政府受约束,市场配置资源,竞争决定胜负。

在建设社会主义市场经济体制的指导以及加入 WTO 的影响下,中国的市场环境发生了很大的变化。许多跨国公司的高层管理者在进入中国市场数年后,在感叹中国市场之大的同时,也深切体会到了中国市场变化之快及其复杂性。

6.1.1　中国市场营销环境的变化

中国市场以及市场环境的变化表现为两大方面:一是经过这么多年的改革实践,中国的市

场环境有了较大改善;二是中国的市场环境与西方成熟的市场环境相比,出现了一些特点,并存在一些需要进一步改进的问题。

1. 中国市场及市场环境的改善

(1) 转变了政府职能,实现了依法行政

2001 年,为适应中国加入世界贸易组织的需要,加快政府职能转变,提高依法行政水平,国务院对截至 2000 年底的现行行政法规进行了全面清理,清理了不相适应的以及已被新的法律或行政法规所代替的 71 件行政法规;宣布适用期已过或者调整对象已经消失,实际上已经失效的 80 件行政法规失效;统一公布 1994 年至 2000 年底公布的法律、行政法规已经明令废止的 70 件行政法规。

2002 年,国家取消了 789 项行政审批项目。这次决定取消的 789 项行政审批项目,涉及中国国务院 56 个部门和单位。其中,涉及经济管理事务的 560 项,涉及社会管理事务的 167 项,涉及行政管理事务及其他方面事务的 62 项。

行政审批项目取消后,按照市场经济体制的目标和建立"廉洁、勤政、务实、高效"政府的要求,政府须进一步转变职能,继续深入推进行政审批制度改革,并把行政审批制度改革与政府机构改革、实行政务公开和"收支两条线"管理以及其他有关工作紧密结合起来,建立适应市场经济体制要求的行政管理体制。

在传统的产权制度条件下,政府的行为事实上是企业行为,政府官员是在"经商"而不是行政,终日劳心费神的工作大多是企业的产、供、销问题,政府是整个公有经济的大管家,政府是个大企业。而在企业产权不明、企业还是政府附属物时,转变政府职能事实上只能是一句空话。如果在条件尚未完全成熟时硬是将职能转移出去,"做夹生饭",那无疑会造成混乱的后果。道理很简单,就是在转移出去的职能尚未有新的载体时,必然造成管理的真空地段,导致市场的无序状态。

(2) 规范了市场秩序,提高了市场诚信

市场经济的健康发展离不开良好的市场秩序,中国政府为建立统一、开放、公平竞争的市场,加强了立法和执法力度,先后出台了一系列的法律法规来约束市场参与者的行为,大力整顿和规范了市场秩序。

《中华人民共和国消费者权益保护法》第八条规定,"消费者享有知悉其购买、使用的商品或者接受的服务的真实情况的权利";第十九条规定,"经营者应当向消费者提供有关商品或者服务的真实信息,不得作引人误解的虚假宣传";第二十二条规定,"经营者以广告、产品说明、实物样品或者其他方式表明商品或者服务的质量状况的,应当保证其提供的商品或者服务的实际质量与表明的质量状况相符"。

《中华人民共和国产品质量法》第二十六条规定,"生产者应当对其生产的产品质量负责。产品质量应当符合在产品或者其包装上注明采用的产品标准,符合以产品说明、实物样品等方式表明的质量状况"。

同时，政府对一批具有自然垄断和公用事业特点的行业进行了改革，通过分拆、重组等手段，为这些已经形成高度垄断的行业引入竞争机制，如将石油石化行业分拆为南北两大集团，将电力行业重组为四大集团，将民航重组为三大航空公司，在电信行业中新组建两家新公司，使其与中国电信形成鼎立之势。这一系列措施在一定程度上打破了垄断，增强了竞争，促进了这些行业市场化运作机制的形成。同时，在相当多的行业中允许外资参与中国国有企业的改组、改造。这些行业的改革对国有经济改革的全局有重要意义。

(3) 放宽了市场准入

为适应WTO的要求，中国在各个领域逐步放宽了市场准入条件。如中国于2002年1月1日起，在货物贸易领域，大幅下调了5 000多种商品的进口关税，关税总水平由15.3%降低到12%。工业品的平均税率由14.7%降低到11.3%，农产品(不包括水产品)的平均税率由18.8%降低到15.8%。按照加入WTO的承诺，中国自2002年1月1日起取消了粮食、羊毛、棉花、腈纶、涤纶、聚酯切片、化肥、部分轮胎等产品的配额许可证管理。从2007年开始，中国的金融领域全面对外开放。同时，中国还增加了市场准入的透明度。另外，为配合市场准入，中国先后完成了对《专利法》、《专利法实施细则》、《商标法》、《著作权法》等法规的修改，以使其适应市场开放后的要求。

2. 当前中国市场及市场环境存在的问题

虽然中国市场经济体制已经建立，并且在逐步完善，市场趋于规范，但仍不同于西方的成熟市场。中国的市场及市场环境出现了有别于西方成熟市场的种种特点。

(1) 中国市场存在的两大弊端

在中国不成熟的市场中，有三种行为是相互影响的，即政府行为、企业家行为和消费者行为。这三种行为形成关联三角形。其中，政府行为占支配性的主宰地位，原因在于政府控制了与产品有关的所有资源。政府控制资源这是无可争议的，但是在资源分配当中却存在着非常关键的两方面的弊端：

① 政府职能未能彻底转变

按照社会主义市场经济体制的要求，政府职能应该与企业职能相分离，市场依据市场供求规律进行调节。事实上，中国的政府职能未能彻底转变。

② 市场信用环境恶化，相关法律、法规不完善

好的市场信用环境是建立在完善的制度保障基础上的。发达的市场经济国家一般都建立了比较完善的市场信用体系。从目前的情况看，中国尚未真正确立适应市场经济要求的信用体系，这恰恰是中国市场信用环境恶化的根源所在。受发展阶段所限，中国与市场经济运行密切相关的法律法规还很不完善，特别是与信用制度建设密切相关的法律法规还比较缺乏，如《信用法》、《公平交易法》、《信用中介机构管理条例》等一些法律法规尚未出台。由于缺乏有效的法律法规保障，市场信用体系建设的规范性、完整性会受到很大制约。

随着社会主义市场经济体制改革的逐步深入，市场信用的功能在不断扩大，但与此同时，

由于市场信用体系建设的滞后，企业、银行和政府都面临很大的风险，企业和国民经济的健康发展受到直接威胁。为防范信用风险，企业的信用意识在逐渐增强，但受各方面条件所限，绝大多数企业都还未能找到有效防范信用风险、加强信用管理的办法。在信用环境恶化的状况下，很多企业只好通过抑制信用交易来回避信用风险，企业的信用管理又步入新的误区。

尽管中国在《合同法》、《反不正当竞争法》等法规中都有诚实守信的法律原则，在《刑法》中还有对欺诈等不讲信用的犯罪行为的惩罚规定，但这些并没有阻止失信行为的蔓延。这充分说明造成当前中国市场信用体系紊乱的原因不仅仅在于法律惩罚不足。为有效整顿社会信用，必须改变单纯依靠法律惩罚的办法，而应采取综合治理的方式，建立适应市场经济要求的市场信用体系。

【营销信息链接】

中国二手车市场的混乱状态亟待整顿。不规范的二手车市场将给行业发展带来不利影响。如果市场过于混乱，上当受骗的事情时有发生，将会降低消费者对行业的信心和兴趣，对行业发展带来毁灭性的打击。在中国的二手车市场交易中，由于缺乏相关法律、法规约束，诚信一直是困扰人们的一个重要问题。社会上不少旧车需求者，由于对旧车交易过程中的诚信机制信心不足，加之对车辆的机械性能、价格行情知之不多，因此对旧车市场常常是望而却步。消费者是信息的弱势群体，在旧机动车交易中，由于消费者对旧机动车的质量状况难以做出判断，常常处于不利的地位。因此在交易过程中，普遍存在着买方对卖方的不信任。二手车市场的又一主要问题是垄断经营带来的负面影响。由于中国目前没有完整统一的旧机动车价值评估标准和汽车残值发布制度，不同地区对旧机动车价值的评估过于简单和随意，主要将评估价值作为收取交易费的标准，无法形成公平、公正的交易环境。这一原因又导致买卖双方对旧车市场和经纪人所报价格表现出不信任。二手车评估应该评估出指导性的质量范围，让供需双方来参考，同时就这一质量参考范围提供出一个合理的价格范围，而最终具体的定价还应以买卖双方商定价格为准。而现在的情况是，两个人做买卖，却要由第三个人定价，而且还必须按这个价格交易。

由于法规不全不细造成执法的随意性，二手车市场水深莫测。因此，规范二手车市场，制定更为细致有效的规章制度，是二手车市场改革必须要先做好的工作。

资料来源：http://www.kmclub.com.cn/Index.html 易知网

(2) 中国市场环境的缺陷

中国地域辽阔，人口众多，经济增长速度很快，居民的个人可支配收入也在逐年大幅提高。因此，中国是世界公认的前景巨大的“赚钱天堂”。但中国市场存在上述诸多弊端，市场环境也还很不完善，因此严重地阻碍了中国企业营销的发展。下面将主要阐述目前中国市场环境所显现出的不规范和所表现出来的主要问题。

① 市场发展快、变化快；政策多变，法规不健全。这一点在前面已经有所阐述。

② 市场秩序混乱，假冒侵权严重，信誉(商业伦理)严重缺乏。如前所述的二手车市场。

假冒侵权现象是各个企业所深恶痛绝的，是影响一个企业生存发展的重要因素。当一个企业的产品被假冒侵权之后，一方面侵占了企业的利益；另一方面，假冒产品多为劣质的、不合格的产品，从而使企业的信誉受损，这是对企业更大的打击。

③ 某些行业的垄断程度高。在垄断的情况下，企业更容易获得超额经济利润，但同时也阻碍了其他企业进入垄断行业。垄断程度越高，市场机制越不能完全发挥作用，也就不能达到建立完善市场经济体制的目的。在中国现阶段，垄断是一个极其复杂的问题。垄断是中国计划经济时期的遗留问题，计划经济时期的垄断基本表现为国家垄断或是公有垄断。在中国市场经济改革进程中，这些垄断是不可能一下子全部消失的。同时，垄断又是市场经济存在激烈竞争的产物，市场本身是无法解决垄断问题的，它必须通过政府职能加以解决。然而，中国现阶段的垄断，除自然垄断外，主要是行政垄断，真正意义上的经济垄断还很少。行政垄断实际上就是政府运用行政力量（包括行政法规与政策）造成的垄断，并且这种垄断又与各级政府自身的权力和利益密切相关，要让政府各有关部门自己制定有关政策和法规去打破这种垄断，是一种痛苦和困难的事，这大概就是中国的反垄断法迟迟不能出台的一个主要原因。同时，法律应当是相对稳定的，而转轨时期与垄断相关的很多情况却是不断变化的，某些垄断暂时又是不可避免的，甚至是必要的，这也增加了制定反垄断法的难度。

中国的电力、电信、烟草、金融、保险、水电气供应等行业都属于垄断性行业。这些行业的垄断性为相关企业带来了高额的利润，同时也导致了该行业职工平均工资高于其他行业，甚至是其他行业职工平均工资的2～3倍。特别是垄断行业的一般岗位，其收入水平与其贡献和价值背离。

④ 企业行为多趋向短期行为，盲目投资现象严重。企业为了追求利润，盲目投资热门行业，这很容易导致失败；同时，盲目投资也会导致市场虚假繁荣，使市场紊乱。2006年年末的行业统计数据显示，部分行业产能过剩问题集中释放，这已经成为当前甚至将来一段时期中国经济面临的一个突出矛盾。2005年以来，钢铁等一些行业产能集中释放，供大于求的矛盾已开始突显。钢材价格自2005年4月份开始呈下滑之势，部分建筑用钢材价格已接近或低于生产成本，8、9月份利润连续下降。电解铝行业生产成本上升较快，市场价格持续下跌，利润大幅下滑，企业生产经营较为困难。电力、煤炭、铜冶炼等行业也存在无序建设现象。

⑤ 市场竞争无序，常常表现为过度竞争和不正当竞争。中国企业在市场竞争中，最常使用的手段就是价格大战。价格战是一种无序竞争，过度的价格大战一方面会使企业在竞争中利益受损，同时也会降低消费者的信任度。因此，盲目地进行价格大战对企业乃至整个市场并无益处。例如，由于看到平板电视巨大的市场潜力，商家、厂家无不把平板电视作为抢占市场的制高点。厂商时不时爆出惊人低价，刺激市场关注度。目前主流平板电视的价格仍应在万元以上，而动辄以“跌至8 000元”、“仅售6 999元”的字眼示人，实际上是市场一种不正常的现象。由于生产技术的局限，大部分国产厂商使用的均是从日、韩进口的显示屏，高成本也决定了高售价。在目前平板市场还没成熟的情况下，大打价格战对国产品牌的成长并无裨益。

总体上看，中国的市场环境还很不稳定，存在着很多问题，同时不同市场之间的差异比较大，具体表现为区域差异、行业差异、营销水平差异等。

(3) 中国市场特有的市场现象

正是由于上述两大弊端的存在和中国市场环境的缺陷，中国的市场经济具有这一时期的中国特色，出现了两种中国市场特有的现象。

第一种现象是，虽然市场经济要求政府不直接干预市场，政企职能要分开，但在实践中，政府依然是市场的主导者。这些导致了无论是国内国有企业、国内民营企业、还是外资企业，都无法逃出依赖政府、政企相互渗透的怪圈。

对于国内企业来说，政府不仅仍然掌握着历史上遗留下来的优势资源，而且其全能体制下的政府功能仍然渗透在经济领域的每一个角落。这就意味着企业家不依靠政府，往往就做不成事，就发展不了；但一旦依靠上政府，企业家又将背负很多本不该由他们承担的东西。这样，企业在后续发展中照样会遇到政府问题。

【营销信息链接】

国内著名的《IT经理世界》曾发表封面文章《权力数字化》指出："在中国电子商务领域可预见的未来能够赢利的公司中，其大部分之所以能够赢利，是因为其背后有强大的政府资源支持。还有另外一种电子商务模式：中国地方与地方、部门与部门之间的权力冲突几乎成为传统。谁有足够大能量，协调好各个部门的利益关系，在不失真的情况下将其权力平移到数字空间，这样的人做电子商务似乎才有成功的可能。"

资料来源：http://www.ceocio.com.cn 经理世界网

在中国，私营企业更需要与政府保持良好关系。尽管中国官方允许私营企业存在已经10多年了，但仍然禁止它们进入国有部门继续保持垄断的许多商业领域。例如，中国对私营有限公司注册资本的要求是世界上最高的，零售业注册资本至少要30万元，批发或制造业是50万元。中国的商业立法还有另外一方面的弱点，即缺乏有效的竞争政策。私营企业仍然不愿意进入国有企业占支配地位的领域，因为它们认为在这些领域的市场中不存在平等竞争的条件。

对于进入中国市场的外资跨国企业来说，虽然它们本身具有良好的经营机制和管理手段，但进入中国市场，就不得不入乡随俗。它们在中国实施本土化战略，中国本土化是它们的胜利之本。先期进入中国市场的跨国公司，有赢家也有输家，赢家有一个共同的口号，即"我们是中国公司"。摩托罗拉公司亚洲总裁说，摩托罗拉要"以中国为家"，"比中国公司还中国"，"立志做到爱心、耐心、诚心"；飞利浦公司电子集团总裁说，"请不要把我们当成外国公司，我们是一个地地道道的中国公司"。

能够在中国成为赢家的跨国公司，它们的营销策略有如下共同之处：十分重视中国本土化；将洋品牌做"土"；重视与中国政府的关系、重视高层公关等，从而适应中国的转型市场环境。伊莱克斯冰箱、宝洁的"润妍"洗发水及脱敏牙膏"舒敏灵"、可口可乐的"天与地"和"醒

日”、安利转型等无不是以本土化取胜。其中被各跨国公司最为重视的并且取得一致共识的就是权力公关，也就是说在本土化经营过程中，要重视与中国政府的关系，这也是中国市场经济发展到目前水平的产物。

因此，总体来说，中国政府并没有真正地从市场主导地位中退出，导致了政府仍然在很大程度上干预市场行为，政府职能也未能从企业中完全分离出来，政企关系依然混沌不清。

第二种现象是，由于市场行为不规范，企业与消费者行为都还很不成熟。当今条件下，中国市场一个最显著的特点是人际关系繁杂。中国地域辽阔，不同的地区经济文化、民俗差别明显，不同地方政府执行政策的差异导致中国市场细分和消费者分群的复杂性高于其他国家，而复杂性又导致中国市场专业化要求程度高。受中国传统文化的影响，人际关系对中国人的日常生活有重大意义。因此，中国消费者行为突出表现在面子消费、关系消费、“根”消费等特殊形式，企业根本无法根据国际通行的营销规则与实践加以把握。这样就使得企业和营销人员在中国市场实现营销成功的难度加大。企业用不成熟的行为去满足消费者不成熟的行为，二者之前存在着巨大的差异，这样就形成了企业无法获得最大的利润，消费者无法获得最大的满足的局面。

6.1.2 中国市场营销的现状

随着市场经济体制的完善与发展，市场营销已经成为了大多数企业生存、发展的重要手段。目前，市场营销的各种手段、战略、措施已经被各个企业广为使用。但是，与西方成熟市场上的市场营销状况和水平相比，中国的市场营销表现出来的水平与层次是比较低的。

1. 感觉营销

西方的市场营销是80%的科学加20%的艺术，而国内企业的市场营销则是20%的科学加80%的艺术。中国的企业很多还是处在“艺术”经营阶段，也就是不像跨国公司那样，先把市场上非常具体的数据统计出来，而更多的是凭感觉。

感觉营销是中国企业的营销特色，企业首先追求“感觉对路”，但是这种感觉营销的中心却是从企业的现状出发，而很少考虑到消费者的感觉。如今，主宰市场的不再是企业自以为是的产品品质或技术，而是顾客的感觉。如果产品能够令顾客感觉不错，那么该产品就是畅销的成功商品。中国的企业在这个时候往往过度迷信营销策略的功能，殊不知营销策略却是无法产生永久的畅销品。只要产品滞销，企业就把原因归罪于外部经济环境恶劣，而从未从企业产品自身寻找原因。任何畅销产品一定有它畅销的原因。现在的消费者非常聪明，消费者对企业发出的资讯不再有反应，就连企业举办的各式促销活动，消费者的反应都是非常冷淡的，仿佛看透了企业的想法。企业应当视顾客为上帝，上帝是否满意才是企业真正需要关心的。有些企业已开始注意顾客满意度，但也有一些企业也是叫的声大，做的事少，迟迟未见其具体行动。

其实，企业与消费者之间的鸿沟天生就存在。只不过随着企业本位主义营销策略的延伸，逐渐形成了一道难以跨越的深谷。企业存在的问题，实际根本没有解决，多年积累，也就成了

最棘手的课题。

值得强调的是，中国企业正在加紧学习，提升市场营销水平，市场营销方式内部的比例关系也在变化之中，发展的方向是“科学”的比重不断上升，逐步向国际跨国公司的市场营销模式靠拢。一些优秀的企业进步很快，已经表现出很强的学习能力、竞争能力和创新能力。

【营销信息链接】

智慧营销手段被海尔演绎得淋漓尽致。其在空调市场上的营销表现是很值得推广和借鉴的。在这个渠道决定一切的市场环境下，人们很容易将海尔空调的成功归功于其完美的服务和宣传策略，但却忽略或遗漏了海尔空调成功的具体营销手段和方式。海尔空调的营销手段看上去很简单，但大智慧下的营销手段却往往被人们所忽略，乃至海尔空调取得成功了，大家还未醒过神来。

每年，海尔空调都要进行几次全国性的、大规模的促销活动，与其他品牌的促销活动相比，海尔的促销活动规模更大、影响力更强、宣传更到位、赠品更丰富、人员配置和商品配置更齐全、活动氛围更热烈、准备更充分，而且海尔空调的促销活动从来就不是大幅度降价促销活动，而是真正意义上的以提升品牌形象、提高市场销量和市场份额为目标的营销活动。美的、格力虽然也很少有大幅度降价，但是活动规模和气势却远不如海尔。其他二三线品牌、新生品牌，除极少数几个品牌外，其他都是清一色的降价促销活动。从宏观层面考虑，海尔拉开了与竞争对手之间的差距。

海尔空调重视淡季市场，并有专门的工程机市场部，其淡季工程机销量占了海尔空调年销量的很大一部分，加上给予经销商足够的利润空间和优惠的营销政策，各经销商也乐意重推海尔空调。当市场上还流行“淡一旺二”(即淡季占总销量的 1/3，旺季占 2/3)的口号时，海尔空调淡季销量现在已经超过其年销量的一半。正因为做好了淡季市场，海尔空调不仅使其知名度和美誉度不断提高，而且在旺季来临前就能顺利完成全年的销售任务。

不管是在淡季还是旺季，海尔空调坚持进行品牌形象的宣传。在每个重点市场，海尔空调都会组织专人负责户外、室内宣传促销活动，选择重点商场，进行品牌形象和产品上市宣传活动，海尔的户外宣传活动在每个城市几乎都是频繁出现的，这对提升品牌形象、增加消费者信任无疑起到很大的促进作用。

资料来源：http://www.globrand.com 全球品牌网

2. 推销主导，过度依赖广告

目前，中国企业营销信奉的观念相当大比例仍是推销导向，把推销当营销，以推销为目的，所以才有了没完没了的价格战、促销战、广告战。事实上，自 20 世纪 90 年代中期以来，中国市场竞争的主旋律是价格竞争，尽管品牌这一非价格竞争优势被广为叫喊，但真正运作的却并不多。

相当多的企业面临市场中的生死危机，并缺乏竞争优势和核心竞争力，因此只能走向无奈的短期营销，单纯地追求销售额。状态较好的企业往往又没有危机感，囿于推销观念不能提

升,或在管理层内无法突破固化了的推销导向理念和业绩体系。大多数企业没有意识到营销上的短期行为给企业带来的仅仅是短期效益,而并不利于企业的长期发展,甚至有的企业的短期营销根本达不到其所要追求的销售量或销售额。

为了追求的销售量或销售额,企业过度相信广告的力量。市场营销少不了广告宣传,这是众所周知的。适度的广告宣传,可以合理地刺激消费者的购买欲望;但广告宣传是短期行为,如过头的广告宣传,就如同"百米跑",远不了一样。过头的广告宣传,往往会给企业带来很多的负面影响。目前,中国企业在广告宣传上,有的使用过于标显的大媒体宣传。一般来说,广告对消费者都有刺激作用,大媒体广告对消费者的作用更强烈。对消费者强烈的刺激作用在短期内无疑会给企业带来较多的经营额,但同时也会带来副作用。比如过度地提高了消费者的期望值,期望值越大,意味着失望的风险也就越大;过度地开发了消费者,过度的广告宣传,除刺激特定群体内的消费者外,也刺激了特定群体外的消费者进行消费,但一旦产生了一定的反面宣传者,品牌的形象就会下降,产品的市场很快会萎缩,广告宣传就难以激活消费者的疲软心理。消费者长期接受某一广告后,广告产生的刺激作用就会渐退,而且这种作用再难以提高,那么就难以提高消费者对产品信息的接受程度。

有的企业则使用铺天盖地的低档次宣传。各种制作低劣的传单式广告随处可见,这些铺天盖地的低档次宣传虽然短期内可以见到一定效果,但对企业未来的发展留下了极大的隐患。低档次的宣传不仅建立不起美誉度,而且在相当多的消费者心目中会留下负面印象,并且这种印象很难消除。任何产品没有美誉度的支撑,就不会有忠诚的消费者,就没有稳定的市场,企业就不可能有长远地发展。

还有一些企业编造假案例进行宣传。反映产品功效的现身说法的案例对刺激消费者的作用是很大的,几乎所有的企业营销都采用过案例宣传的方式。有些企业为了强化案例的效果,搞出一些假案例,这些案例有的是由决策者授意的,更多的则是由基层员工应付工作所致。无论是全部编造还是部分编造,一旦有人提出异议,企业就处于尴尬的局面。1997 年曾经掀起的"告别三峡游"是超前过头宣传的实例,为了吸引游客,各旅行社喊出了动心的广告语"告别三峡",一时吸引了相当多的游客。长江截流后,虽然三峡还在,但游客锐减。"告别三峡游"这项策划的主要失误在于对后续推广宣传不利,使人误解为长江截流人们就再看不到三峡美景了。好的活动策划、好的广告创意的基本要求是不仅要考虑近期利益,而且还要顾及企业长期利益,用长期的利益做代价换取近期的利益是不可取的短期行为。

3. 策划多过策略

随着国际营销环境的剧烈变化,许多新的营销策略不断在实践当中得到了广泛运用,如关系营销、基准营销、直复营销、内部营销、定制营销、服务营销、形象营销、数据库营销、文化营销、绿色营销、伦理营销、全球营销、情感营销等,这些营销策略大大丰富了传统营销策略的内容,反映了当代西方营销活动发展的新特点、新趋势。然而,目前中国企业的营销策略和手段还相对落后,仍局限在传统的 4P 组合的运用上,甚至仍局限于单一的价格手段或促销手段的

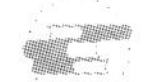

运用上，对西方理论界先后提出的一些新的营销策略还未能及时借鉴和吸收。

就是在这种营销策略运用水平比较低下的现状之下，中国相当多的企业却依然没有意识到营销策略的重要性，而是一味地、盲目地崇拜“策划”。“策划”盛行是中国市场上特有的现象，许多企业有问题请策划，但多数策划是经验导向，而并非专业化。由此伴随的现象是，市场炒作多过市场研究，或者多用单一营销手段（如广告轰炸）粗放执行而没有精细的整合营销运作。这种短期行为必然导致企业在竞争升级后走向失败。

【营销信息链接】

重庆奥妮是中国本土洗发水业的一支生力军。自从 1997 年奥妮成功推出“百年润发”洗发水后，产品的销售额取得了突飞猛进的增长，取得了公司发展史上最辉煌的胜利——年销售收入达到 8 亿元，市场占有率 12.5%，销量仅次于饮誉世界日化行业的宝洁公司。一时间，奥妮成为业界和媒体心目中的倡导草本洗发的“黑发美”概念的领军者。甚至被一些媒体誉为“国产洗发水”未来的领军者。

乘着上一年度的成功，奥妮决定乘胜追击，全面包装推广奥妮皂角洗发浸膏。于是它们选择了在世界广告界有着很高地位的奥美公司，奥妮希望奥美能够运用其强大的策划力量，一举包装推广“皂角洗发浸膏”，使它成为“百年润发”之后的又一个胜利。于是，奥美经过市场调查研究和分析，为重新包装后的“新奥妮皂角洗发浸膏”提炼出“不腻不燥，爽洁自然”的核心价值。广告片的核心创意是一幅瀑布，头发构成的瀑布。奥美认为，依照中国人的发质只要给他们一个不油腻、不干燥的这种所谓“自然美”的中性成效就能很好的取悦消费者了。然而，从中国消费者对于洗发水的核心利益需求来讲，虽然我们不能说奥美的“不腻不燥，爽洁自然”就一定行不通，但是它却明显的与中国女性消费者的核心需求产生了微妙的错位。因此，奥美所谓的“不腻不燥，爽洁自然”核心价值并未准确击中消费者的核心需求。

于是从 1998 年 3 月开始，奥妮仍然将奥美的“不腻不燥，爽洁自然”为核心价值的这个广告片在中央台密集投放。为了与广告创意相配合，形成整体的广告运动的合力，奥美紧跟着策划了一项名为“奥妮带你去看瀑布”的行销活动。与此同时，免费派送活动也在全国几个目标市场轰轰烈烈地开展起来。它是整个推广活动的重要组成部分。具体内容是，在全国 7、8 个主要目标城市，把小袋装的产品（6 毫升）免费发给消费者试用。一时间，一场声势浩大的整合推广运动仿佛使得奥妮如日中天了。看着几千万的广告投进去，所有人都在眼巴巴地等着市场回报，没料到残酷的市场跟包括奥美在内的所有人开了一个大大的玩笑，市场竟然没有产生大的起色，在有些地区甚至不如从前。令所有人更加没想到，更大的恐慌还在后面，在不到半年时间里，新皂角密集投放了约 8 000 万广告（电视广告和户外广告）。此时奥妮的财政方面出现了重大问题，也就是它的资金链条再也承受不住这样大规模的投入了。在这样的情况下，只有两条出路，那就是要么举债继续干下去，直到油尽灯枯为止，要么立即停止一切投入。奥妮选择了后者，于是一切的广告以及促销活动宣告停止，当然这其中也包括了与奥美的合作。

同年，奥妮持续了多年的高速增长也戛然而止，销售收入开始逐年回落，一直落到 1995 年的水平，市场占有率也从12.5%跌至不足4%。于是奥美的一通“经典案例”的策划终成了阻止奥妮前进之路的“刹车剂”。

资料来源：http://www.tomx.com/Library/网络营销手册

4. 缺乏专业人才

在中国转型市场中营销专业人才非常短缺，有实战经验的、在知名公司担任过市场部经理的人，在人才市场上非常抢手，其身价也越来越高。缺乏专业人才也正是中国企业营销水平不高的原因之一。

尽管近两年，国内的就业形势比较严峻，但这并不表示企业不需要人才，事实上是企业总找不到合适的人才。从2006年北京及上海的各届招聘会上的人才供需情况来看，市场营销人员依然最受欢迎，同时也是最供不应求的人才。可是许多市场营销专业毕业生和从业人员却抱怨无法找到真正的营销工作。一位企业人事经理说，“问题的关键在于求职人员的营销水平根本不符合厂长、经理们的要求”。人才市场上出现的是虚假的人才过剩现象：一方面遍地都是学过营销专业的人员；另一方面许多企业又为缺乏营销人才而叫苦。企业所需要的是既有理论又有实践能力的营销人才。这样的人才中国至少需要几百万。中国人力资源开发会会长刘福垣说过，“不是会背两句营销学的术语、原理就成为营销人才了。如果你不能把产品销出去，不能培育起消费者对企业、对产品的忠诚度，再多的理论也是白搭”。

管理是企业成功的关键，但具体实施时，营销才决定着企业的命运。一个企业的管理水平高，可以保证它的产品质量，降低成本，提高产量。但是，物美价廉的产品如果卖不出去，企业就必垮无疑。因此，只有将产品卖出去的营销人员，才能维持企业的生存，促进它的发展。而要想成为真正的营销人才，营销人员不仅要有灵活的头脑，更要有锲而不舍的顽强毅力。这样的人才绝不会因为市场需要便马上被大量地“克隆”出来。

另外，企业对营销人员的需求是弹性的。当缺乏营销人才、产品卖不出去时，企业只好降低产量，以求不亏成本；而一旦有了一定数量的营销人才，便可以迅速扩大生产能力，增加产品数量。对于企业来说，只有生产人员饱和的时候，而绝没有营销人才饱和的时候。从发展的眼光看，真正的营销人才永远不会过剩，只能是供不应求。

因此，中国不是营销人才过剩，而是缺乏营销人才。而营销人才的缺乏，恰恰是导致中国目前营销水平相比西方成熟市场较低的决定性因素。

21世纪知识经济时代营销人员存在的价值不再是推销产品和服务，而是充当信息咨询顾问。因为营销功能的实现在很大程度上依赖各种电脑网络系统，营销人员的作用是要借助互联网等各种信息系统为客户提供各种解决问题的方案，而不是简单地劝诱顾客或向顾客推销产品。

由于营销人员角色转换成为辅助消费者采取购买行为的顾问，他们不但要适应信息化社会千变万化的需求，充满真知灼见，全面掌握和了解市场全球化的发展趋势，应对技术创新而带来的营销观念、营销理论和营销策略的不断变化，还要将自己培养为洞悉消费者行为、精通

业务分析的专家。

综上所述，中国大部分的企业营销还处于初级的阶段。起点低是多数企业的共同点，大量企业必须从基础开始学习。当然中国不同行业、不同企业的营销水平相差悬殊，但有的行业、有的企业的营销提高很快，且表现不俗。

总之，在全球化营销的大趋势中，西方营销的理论方法具有普遍意义，该理论也同样适用于中国市场。只是因为目前中国的市场与西方成熟市场存在较大差异，那么就需要完善中国市场以及市场环境，实现西方营销理论方法的中国本土化创新。

6.2　经济全球化条件下中国市场营销动向

世界经济全球化和新经济的兴起，正改变着营销环境，影响着市场营销的方方面面，以营销创新为主题的新营销革命风暴正在国内外掀起。

6.2.1　中国市场营销环境的变化

著名营销专家彼得·道伊尔(Peter Doyle)等学者将新世纪的营销环境变化归纳为十大趋势。这里将从中国政治经济形势、市场变化和科技发展应用等实际国情出发，将中国企业面临的营销环境的变化总结为如下几个方面。

1. 政治、社会和经济环境的变化

(1) 政府职能进一步转变

政企职责分开后，联结企业与政府的隶属关系被切断，企业进入法人治理结构阶段。企业实现了产权明晰，政企分开，权责明确，管理科学。

(2) 法制管理加强

政府对企业的行政干预转变为政策上的宏观调控，为保证宏观调控目标的实现，一个重要手段就是加强各种立法和执法力度，以完善的法制体系规范制约企业行为。

(3) 新的制约

新的制约主要表现在环境保护的强化和社会伦理标准的重构政治、经济和社会发生多种变化，环境保护的强化和社会伦理标准的重构对企业既是一种潜在的制约，又孕育着新的机会，对环境有害的，或被认为不公平的，或非伦理的行业，受到愈来愈多的限制。比如，电脑对环境有着显著的负面影响。制造一台计算机需要 700 多种原材料和化学物质，其中大部分用在半导体元件和印刷线路板上。制造一块芯片有 400 道工序，涂料的刻画清洗要用高纯度的氢氟酸、氢氯酸、砷化氢等化学物质，制造 10 克重的芯片需用 284 克液态化合物，而中和这些酸则需要 11 千克的氢氧化钠，此外酸洗液的排除和线路板的清洁还需要耗费大量水。因此，电脑垃圾问题也很严重。目前，每当一部新电脑投放市场，就会有一部电脑沦为垃圾。欧盟对中国企业出口到欧洲的计算机要加收 3%的环保税，这是因为中国企业的产品在某些方面达不到环境保护的要求，这就增加了产品的成本。

2. 市场环境的变化

(1) 买方市场的形成

从20世纪90年代末以来，中国买方市场已逐步形成。各类商品和劳务供求总态势是供大于求，消费需求趋向选择性、个性化、档次化、感性化。如今，各类市场进一步发育完善，彻底呈买方市场格局。全面买方市场格局的形成如图6-1所示。

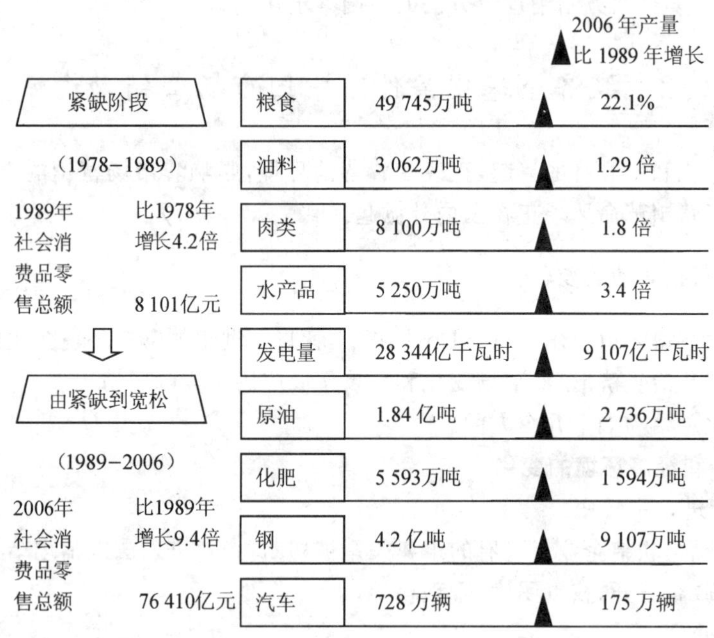

图6-1 全面买方市场格局的形成

(2) 市场微型化

统一的单一需求大市场均不复存在，无差异化目标市场战略将彻底失效。不同消费者期望企业为其特殊需求提供相应的产品和服务，同质市场的数量越来越少，容量越来越小，异质市场的数量急骤增加，但规模变小，市场日趋微型化。

(3) 市场竞争加剧

垄断市场的状况几乎不复存在，行业渗透加强，在愈来愈多的行业中竞争变得异常严酷。国际贸易中，关税降低、运输成本减少、市场信息的实时化，使市场障碍弱化。竞争的结果是，企业的兼并与被兼并，收购与被收购乃至破产、倒闭成为经常性事件。各企业利润减少，来自股东的压力增加，这迫使企业不断提高经营水平，强化其市场竞争能力。

(4) 市场的全球化

国际经济和投资正日趋全球化。在社会发展、技术进步的进程中，尤其是信息技术革命，全球将跨越时空的障碍，成为信息共享的“地球村”。电视、旅游和广告信息等使世界各国居民加强了相互沟通，对商品和服务的期望和需求趋同化。趋同化需求创造出趋同化的供应机会，每个企业都面临全球化的市场。同时，中国买方市场的全面形成对企业的营销活动也提出了更高的要求。

3. 消费需求行为的变化

(1) 流行化消费

流行趋势是在一定的空间和时间内被大多数人所认可并形成穿着潮流。这是一种社会现象，反映了相当数量人的意愿和行为需求，体现了时代精神、生活方式、情趣爱好和价值观念。流行化是服装消费的一个重要特征是，世界各发达国家都非常重视对服装流行预测预报的研究，定期发布服装流行趋势，以此指导生产和消费，这成为服装产业发达国家地区的共举。除时装服饰外，消费者开始讲究消费品位，期望将消费品的效用评价与消费者的个性特征融为一体。而消费品位极易被模仿并且流行，许多产品将显现流行化趋势，如手表、摩托车、小轿车、啤酒、药品、电子产品、影视、音乐、甚至大学管理类课程等。市场变化如此迅速，产品生命周期大大缩短，致使预测变得十分困难，市场营销难度加大。

(2) 商品大众化

流行化消费导致商品大众化。技术的进步和信息的快速传播，使得商品大众化成为可能。产品差异日趋淡化，今日的特殊服务，明天就成了标准化服务；今日还是特殊产品，明天就成了大众化产品。盈利性产品很快被模仿，其市场很快就被模仿品以更低价格入侵了。而消费者也期望着商品的大众化。

(3) 消费趋向品牌化

品牌的功能在于减少消费者选择产品时所花费的心力，选择知名的品牌无疑是一种省时、可靠又不冒险的决定。这一功能恰好符合 21 世纪消费者的消费心理和行为。随着买方市场的形成，越来越多的消费者所需求的已不仅仅是一件满足其实用需求的“实物产品”，而是一个既能满足其实用需求，又能满足其精神需求的“品牌商品”。企业的利润只在消费者决定购买，而且会重复购买的情况下才会产生。20 世纪八九十年代，世界顶级品牌占据着绝大部分市场。21 世纪，同类产品的市场将被众多的品牌占有，无品牌产品将无立足之地。造成这种消费趋向品牌化的原因有原先同一化市场的分散化、竞争的加剧、产品和技术的创新、消费者面临更多供应品的选择等，这一切导致了大量的新品牌的出现。中间商也竞相加入品牌营销的行列，它们已有能力来支撑它们自己的品牌，而且愈来愈多的制造商从用广告推广自己的品牌，改变为用价格优惠、营业推进等方式支持中间商推进自己的品牌。

【营销信息链接】

享有服装城之美誉的海滨城市大连，服装消费正逐渐倾向品牌化，尤其是进入 21 世纪以

来，这一趋势已经越来越明显，特别是中档品牌销路非常好。影响居民的服装消费习惯的主要为年龄、职业、收入等因素。总体而言，中价品牌服装销路最佳，是当前大连服装市场的主导。根据对大连主要商家上半年的销售统计，价位在1 000元以上的高档服装销售金额占总额的25%，其代表品牌为凯撒、皮尔卡丹及影儿等，产品主要来源为中国南方的外资服装生产企业，其中以港资居多。价位在500元左右的中档服装销售金额占总额的60%，代表品牌包括罗曼、滕氏等内地品牌，而价位在200元至300元之间的低档服装销售金额仅占15%，多为小企业产品。

资料来源：http://www.china-ef.com/中国品牌服装网

(4) 消费者推崇感性消费和软性消费

理性消费时代已经过去。除了产品实体外，消费者更加看重其附加价值，消费者的需求将从物质转向精神。这种新的消费趋势呈现如下几个特点：一是美学性，即要求周围环境和使用的各种物品具有符合个人性格特征的美感和艺术欣赏性；二是体感性，即消费者通过眼、耳、鼻、舌、身等感觉器官对商品的实际接触，感受到最大的愉悦；三是脑感性，即消费者能获得五大体感以外的第六感觉；四是心因性，即消费者能得到精神、心理和宗教信仰等方面的满足。

随着中国经济进入新的发展阶段，中国居民的消费已步入了一个新的周期，上了一个新的台阶。在人们肚子不饿、身上不冷、房子不漏的生活水平得到满足之后，在追求吃讲营养、穿讲漂亮、住讲舒适的同时，消费观念也发生了很大的变化。人们购买商品，不仅是为实用，还要买个气派，买个赏心悦目；人们不仅讲究吃、穿、用等实实在在的硬性消费，而且追求旅游、娱乐、健美、交往、情调以及提高自身素质等的软性消费；人们的消费不再是只追求传统的耐用、价廉和看得见、摸得着的近期效益，而且追求现代的舒适、快感、美感、炫耀等远期效益；人们的消费不只是从理性上追求质、量和价格的满意，而是更看重感性的样式、色泽、舒适、明快等。这说明，人们的消费不仅仅只是物质性消费，科技性消费、休闲性消费、保健性消费、文化性消费在人们的消费中的比重越来越大，形成了一种无法阻挡的消费新潮流。

4. 社会人文环境的变化

(1) 灰领阶层将成为社会消费的主力军

21世纪，成为社会消费主力军的将是被称为"灰领阶层"的一代新人。所谓灰领阶层，是指在经营决策、研究开发、技术攻关、工程设计或市场开拓等领域内具有高度专门知识和技能的人。他们的最大特征是，以头脑为资源，以脑力劳动为职能，要求具有被称为"无穷经营资源"的脑力，并有开辟新产业领域的创造力。灰领阶层既是知识经济时代的生产骨干和主力，又是社会均衡财富分配的依托。当前，在灰领人才严重短缺的情况下，由于市场的力量，他们中部分人员的工资飙升到很高的价位，20万年薪找不到一个技师或高级技师是一种不正常现象，但是又说明在21世纪市场消费总额中他们又将占据着相当大的比重。

(2) 企业文化将成为重要的软性经营资源

全球化的市场经济背后，有两只看不见的手，一只是经济规律，一只是文化。经济和文化

的一体化是时代大趋势，这种趋势将发展成为经济建设中的历史性潮流。在 21 世纪，企业文化将步入更高的层次，构成这种高层次企业文化的因素有三个：一是企业伦理；二是企业哲学；三是企业教养。如何建立一种超越时代，适应新时期需要的企业伦理规范将成为企业文化的核心。在急剧变化的产业社会和企业环境中，建立企业自身存在基础并体现企业个性的"企业哲学"也是不可缺少的。为了适应 21 世纪消费者需求的变化，还必须建设良好的"企业教养"，它要求企业内无论是经营者还是普通职员，都要具有历史、文化、科技和美学方面的修养，这也是一种新的经营资源。

【营销信息链接】

一些知名企业或有特色的企业文化

1. 美国 IBM 公司

——经营理念：科学，进取，卓越。

——企业精神：IBM 就是最佳服务。

——基本信念：尊重个人，顾客至上，追求卓越。

——归纳为大家长式企业文化：

身为员工，必须全力以赴，为公司贡献

公司对员工的努力与忠心，提供优厚薪水和福利回报员工，照顾员工。

2. 日本松下公司

——经营理念：自来水哲学，即产业人的使命就是通过生产，再生产。

——企业精神：产业报国，光明正大，和睦团结，奋斗向上，礼貌谦让，顺应同化，感谢报恩。

——员工信条：唯有本公司每一位成员和亲协力，至诚团结，才能促成进步与发展。

3. 三菱家训

——小不忍则乱大谋，实乃经营大事业的方针。

——一旦着手事业，必须求其成功。

——绝对不得经营投机事业。

——以国家观念为基础来经营事业。

——任何时候，均应保有至诚服务之意念。

——勤俭自持，慈善待人。

——仔细鉴别人才技能，以求达到适才适用。

——善待部属，事业上的利益应尽量多分给部属。

——大胆创业，谨慎守成。

4. 日本丰田公司

——经营理念：优良的产品，优良的思想，世界的丰田。

——企业精神：从干毛巾中拧出水。

5. 日本日立公司

——企业魂:和,诚,开拓精神。

6. 麦当劳公司

——经营理念:QSCV

品质(quality),服务(service),清洁(cleanness),价值(value)。

——企业精神:美在汉堡之中。

7. 美国惠普

——尊重个人价值。

8. 香港金利来公司

——勤,俭,诚,信。

资料来源:http://www.globrand.com 全球品牌网

5. 技术的变革

制造技术的进步以及信息技术的发展和运用使市场环境发生了很大变化。首先,高、精、尖技术将以更快的速度被开发运用,知识力将成为继经济力、资本力之后的重要推力。快速的技术变化给不少行业带来巨大冲击。成功的企业不一定是技术先进者,但必须是技术快速跟进者。竞争和顾客预期缩短了新技术进入市场的周期。其次,数字化信息革命极大地改变了全球政治、经济、文化格局,同时给企业的生产经营活动带来了巨大的冲击。信息分散生成和递减传输的特性使得现代企业更加依赖信息技术的发展。

21世纪与工业时代相比的一个最大区别就是高科技的发展极大地影响了人类的生产方式和生产领域,数字化的经济模式使得产品生产不仅越来越多样化,而且越来越容易。由此而引发的问题是,技术的高度发展,降低了生产成本,使市场上出现越来越多同质性很强的商品,而且先进的技术又会加速产品的发明创造,使得一种新产品在市场上停留的时间越来越短。

6.2.2 中国市场营销的发展趋势

随着经济全球化的发展,中国的市场营销也将逐步完善与发展,并适应经济全球化发展的需要。那么,要了解中国市场营销的未来发展趋势,就必须先了解世界市场营销未来发展的特点。

1. 世界市场营销未来发展的特点

(1) 市场营销国际化

工业社会的市场壁垒随着互联网和全球经济一体化进程的加快而被逐渐打破,知识经济和信息社会将全球融合为一个巨大的没有时空差异的统一市场。社会的发展客观地把现代企业营销置于一个国际化的环境之中。

在未来发展中,随着自由贸易区域的扩大和各国政策法规对外国投资的放宽,全球市场将进一步开放,所有的企业面临的市场竞争不仅来自于本国,更严峻的是要接受外国强大竞争者的挑战。而全球性的战略联盟进一步加速了市场营销的国际化,特别是国家之间、区域之间和跨国公司之间的战略性联合,缩短了国际市场之间的差异和距离。尽管目前全球联盟仍未形

成大规模发展的趋势，但互联网的迅猛发展客观上为各种联盟创造了良好的条件。

【营销信息链接】

战略联盟的优势

1. 创造规模经济。小企业因为远未达到规模经济，与大企业比较，其生产成本就会高些。这些未达到规模经济的小企业通过兼并联合，扩大规模，就能产生协同效应，即“1+1>2”效应，提高企业的效率，降低成本，增加赢利。当然，像波音、麦道这类大公司的合作，其目的已不是追求规模经济，它们追求的是企业的长远发展。

2. 实现企业优势互补，形成综合优势。企业各有所长，有的资金上有优势，有的技术上有优势，有的产品品牌上有优势，有的管理上有经验等等。这些企业如果通过兼并联合，结成同盟，可以把分散的优势组合起来，形成综合优势，也就可以在各方面取长补短，实现互补效应。例如垄断个人计算机软件市场的微软与惠普公司联盟。通过联盟，微软公司将得到惠普公司的帮助，使微软公司的操作系统 Windows NT 具有更大的功能和更大的计算机市场。惠普公司将生产一种成本更低、简化了的计算机——网络个人计算机(NETPC)，而 NETPC 是微软公司和芯片制造厂家英特尔向企业推荐的新型计算机。

3. 可以有效地占领新市场。企业进入新的产业要克服产业壁垒，企业进入新市场也同样要越过壁垒。通过企业间的联盟合作进入新市场，就可以有效地克服这种壁垒。例如，在 20 世纪 80 年代，摩托罗拉开始进入日本的移动电话市场时，由于日本市场存在大量正式、非正式的贸易壁垒，使得摩托罗拉公司举步维艰。到 1987 年，它与东芝结盟制造微处理器，并由东芝提供市场营销帮助，最终成功地克服了日本市场的进入壁垒，进入了日本移动电话市场。

4. 能够快速有效地实现主导产品的转移。每一个产品都有其创新期、成长期、成熟期与衰退期。企业一方面可以不断开发新产品以适应产品生命周期；另一方面可以与别的企业兼并联合，运用联盟，进行产品转移，以适应产业升级和产业政策的变化以及新的贸易格局。

5. 有利于处理专业化和多样化的生产关系。企业通过纵向联合的合作竞争，有利于组织专业化的协作和稳定供给。如丰田公司只负责主要部件的生产和整车的组装，减少了许多交易的中间环节，节约了交易费用，提高了经济效益。而通过兼并实行联盟战略，从事多样化经营，则有利于企业寻求成长机会，避免经营风险。

资料来源：http://www.cn—mba.org 中国商学院联盟

(2) 品牌趋向全球一致

与市场营销国际化相对应的必然是品牌的全球化。基于全球经济一体化与网络化的宏观环境影响，市场营销围绕品牌而组合的策略是 21 世纪营销国际化发展战略的重点。

造成品牌全球化的主要原因有两方面，一方面根植于市场的开放和消费者购买模式的标准化；另一方面则是因为全球范围内跨国公司之间的合并。与工业社会不同，越来越多的品牌可以在世界市场范围内流通，消费者在任何一个国家都可以买到他所熟悉的时装、快餐、旅游或银行服务等。特别是网络营销和电子商务的出现，既降低了品牌全球化的运作成本，使无数过去传统工业社会难以跨出国界的品牌，可以一夜间进入国际市场，面向全球的消费者；同时，也使过去无法在本国买得到的世界知名品牌，消费者坐在家里就可以轻松地买到。

未来品牌全球一致化之后，将刺激企业为争夺领导品牌而在全球范围内开展竞争，同时，亦可能对品牌还未形成全球化的国家或企业构成强有力的冲击。世界著名市场战略家杰克·特罗特在分析未来市场品牌的意义时指出，"有两类竞争者是成功的，一类是强有力的品牌、大的品牌，这类公司能够在全世界范围内谋求利益；另一类是专门化的或定位很好的品牌"。

(3) 数字化分销渠道

21世纪人类迅速进入数字化生存时代，商业过程的高度自动化和网络化将市场营销中的分销移植到了互联网，实现真正的虚拟营销。电子商务改变了工业时代传统的、物化的分销体制，企业必须为适应BTB或BTC的业务开展在网上建立全新的分销模式。

数字化分销渠道缩短了生产与消费之间的距离，节省了商品在流通中经历的诸多环节，消费者或用户通过互联网在电脑屏幕前直接操作鼠标就可完成购买行为。在网上购物不仅可以节省时间，方便快捷，而且还省钱省力。相对于传统的市场营销，互联网最具革命性的影响就在于此。虽然全球电子商务的推广与发展还未能完全取代传统的分销体制，但数字化分销的电子商务带来的是21世纪全球性的商业革命。无论是B2B还是B2C，全球电子商务正以百倍的发展速度推动着网上交易的扩张和渗透。1992年全球网上购物总值达50亿美元，而到2006年已增长100倍，总额达5 000亿美元。如何利用互联网建立自己的分销体系，如何将数字化的分销渠道和传统的分销体系有机地结合起来，如何在网上和客户建立长久的合作关系，是现代企业在21世纪相当长一段时间必须面对和要思考的问题。

(4) 高科技市场营销

20世纪末，人类开始进入高科技时代。电脑、互联网、激光、生物工程、卫星通信等新技术的出现和应用，不仅改变和影响了我们的生活方式和生活质量，还改变了传统的市场营销管理体系和原则。全球知名企业咨询专家科克·泰森在他所著的《世纪企业制胜法则》中指出，"在20世纪时，科技不断发展，改变更是屡见不鲜，21世纪的改变步调，将呈现前所未有的速度，20世纪末的后20年，科技发展所带来的进步，远胜于过去200年的发展。21世纪末的发展，又相当于今日的10倍"。可见，未来高科技营销管理将是企业制定市场营销战略的重点。在产品策略的组合方面，高科技所占比重会越来越大。高科技产品在市场总体份额中逐渐超过传统产品的市场份额，出现供应引发需求而不是需求决定供给的现状，新产品的问世皆是基于高科技的不断创新。在这一点上完全不同于传统营销理论强调的由调查研究市场需求之后而确定供给的模式。

产品日益高科技化的发展趋势进一步加速了产品寿命周期的缩短，同时，由于产品科技含量高、更新换代速度快以及科技发明层出不穷等原因，加之消费者对高科技产品认识不足和缺乏消费经验，促成高科技市场营销环境充满风险和不确定性。营销人员无法按照常规预测把握该市场对新产品的需求特性和相关数据。这就是为什么近年高科技行业利润高、风险也高

的缘由。

显而易见，高科技营销除了注重持续创新，建立专业分工协作体系抵御其风险性经营之外，围绕高科技产品创建相应的服务体系也显得尤为重要。因为服务体系不止是解决客户对高科技产品缺乏了解和购买的后顾之忧，更为必要的是，21 世纪的高科技产品竞争最终归结为服务的较量。在中国彩电市场上，当国产品牌展开激烈的针对中低端产品的“价格战”时，索尼、东芝、飞利浦、三星等国外品牌却稳固地占据着高端市场，并通过一系列相关广告彰显着自己的品牌形象。“三流做产品，二流做技术，一流做标准”，正是对于高端产品技术的研发与创新，保证了洋品牌在相对小的市场份额下能够占有大部分利润空间，同时塑造了极具个性化的品牌形象。因此，国内彩电品牌在这种彩电行业出现大幅业绩滑坡、利润下降甚至亏损的局面下，就必须开始由“规模性”追求向“技术性”概念转变，以高科技附加值的产品力图加快占据高端市场。

(5) 虚拟市场营销

21 世纪市场营销因素的组合是信息与互联网技术的组合。以互联网技术为基础的高新技术与市场营销资源融合在一起，在信息社会发展的催化与影响下，生成新的市场营销模式——营销虚拟化，即消费者身份虚拟化，消费行为网络化，广告、调查、分销和购物结算都通过互联网而转变为数字化行为。

20 世纪工业时代创造的市场营销 4P 要素与互联网技术资源重新整合将建立一个全球性的统一而又抽象的市场。这个全球性的抽象市场是不受空间限制的 24 小时网上营销，可以将产品或服务通过互联网最直接、最快速地传递给处于世界任何一个角落的客户。商品或服务的推广不再是面对面地与客户直接产生交易，而是借助电脑与互联网在网上与客户直接见面；客户不再是被动地去接受商品或服务，而是利用互联网、多媒体手段主动与企业建立互动式的商业关系。消费者通过互联网这个虚拟的购物空间确定自己的消费行为，标志着 21 世纪虚拟营销时代的到来。

【营销信息链接】

美特斯·邦威这家专门生产休闲服装的公司自创立之初就没有生产过一件成衣，全部由国内 200 多家服装厂代加工。公司本身也不卖衣服，而是由分散全国的 1 200 多家加盟店销售。它只通过投资 1 亿元打造的 IT 管理系统，就实现了对上游生产商和下游专卖店的全流程“掌控”。这套集管理、生产、销售于一体的信息平台由制造商资源管理系统、集团内部资源管理系统和代理商资源管理系统共同组成。它能够实时掌握每个专卖店进、销、存状况，还可以根据这些数字随时变更生产订单。正是靠了这种“虚拟经营”模式，美特斯·邦威已经做到了 20 亿元的销售额。对服装行业来说几乎不存在核心技术，它的最大附加值就是品牌，做好品牌经营和服装设计，就能使美特斯·邦威变成在虚拟链条中处于核心地位的管理型企业。

资料来源：http://www.chinagta.com/中国营销金鼎网

(6) 个性化的市场营销

消费者的需求决定一切。企业所有经营的定位和支撑点就是消费。企业产品要创造一切有利条件使消费者利益最大化，即利益的合理化。"市场只有永远被细分，而不是被合并"，原因就是消费者需求是越来越细，越来越有个性，每一个具体的要求都可能衍生出一个市场来。因此，其实并不是企业要细分，而是消费迫使企业不得不细分。

市场进一步细分化和个性化是未来市场发展的总趋势。菲利普·科特勒在其《想象本来的市场》一文中指出，未来市场经营者将把注意力由集中于大的群体转移到特殊的、合适的目标。在这些目标所在处有巨大的财富存在。由于消费者需求的特殊性增加，不同消费者在消费结构、时空、品质诸多方面的差异自然会衍生出"特殊的、合适的目标市场"，这些市场规模会缩小，但其购买力并不会相对减弱。目标市场特殊性的强化预示着消费者行为的复杂化和消费行为的成熟。

21 世纪的消费者将具有良好的教育背景和日益个性化的价值观念，虽然他们总体上倾向于和大众保持同质化的产品或服务消费，但他们期望在送货、付款、产品功能和售后服务等方面，供货方能满足其特别的需求。这是导致市场营销个性化的基础。

21 世纪市场营销策略走细分化的发展趋势，完全不同于传统工业社会将消费群体相近的需求等同看待。根据单个消费者的特殊需求进行产品的设计开发，制定相应的市场营销组合策略，是新世纪营销个性化的集中体现。能够满足千差万别个性化需求的营销可能取决于 21 世纪高新技术的发展。因为互联网技术使信息社会供求关系变为动态的互动关系，消费者可以在全世界的任何一个地方、任何时间将自己特殊的需求利用互联网迅速地反馈给供给方，而生产方也可以随时随地通过互联网了解和跟踪消费者的市场反馈。供需双方利用现代媒体相互沟通使得工业时代难以预测和捉摸的市场将变得逐渐清晰和有章可循。

(7) 市场营销人员成为咨询顾问

当今，许多管理咨询公司的咨询顾问、培训师都是从营销实践中转过来的，有些还是营销老总、总监、大区经理等，因为他们有丰富的销售经验和行业背景，更理解企业实践的营销环境，在做相关行业的营销管理咨询、战略咨询和专业培训时，优势尤为明显。

(8) 产品多样化，产品生命周期缩短

进入 21 世纪以后，技术的变革日新月异。而当技术转化为生产力以后，企业采用先进技术所生产的技术含量高的产品一方面更好地满足了消费者的需求，另一方面也使得企业在产品生产领域的竞争日益激烈。企业为了获取长久的竞争优势，就必须不断加大研究与开发的投入，生产出更高、更新的产品满足消费者不断提升的需求。这也从而使得原有的产品在市场上受欢迎的程度逐步降低，产品生命周期也是越来越短。

产品多样化满足了消费者个性化的消费需求，同时也加剧了市场竞争的激烈程度。以电脑、电视机和国内近年一些 VCD 品牌的大起大落来看，从 20 世纪末起已经预示出未来这一发展趋势。20 世纪 80 年代，品牌的平均生命周期为 8 年；到了 20 世纪 90 年代初，品牌的平均

生命周期只剩下5年了;20世纪90年代末,又迅速缩短为2年;而现在,很多品牌不到2年就被人们淡忘了,一些品牌甚至到了"见光死"的短命程度。家用电子消费品行业有个可怕的"361"规律,它描述的是大多数家用电子消费产品的生命周期,即用三个月设计新产品,用六个月的时间进行产品销售,之后即沦为大量泛滥的普及型日用品。为此,生产厂商不得不花最后一个月的时间来消化剩余的产品库存。产品生命周期的缩短及新产品的不断推出对公司的反应速度及灵活性提出了很高的要求,它们必须在很短的时间内准确把握并满足顾客的需求,否则就只能制造库存,或者干脆被市场所淘汰。

2. 中国营销未来发展趋势的具体表现

世界市场营销的未来发展特征以及中国营销环境的变化必然带来中国市场营销各个方面的变化,这包括营销观念、营销策略、营销组织、营销管理以及营销作用领域等。

(1) 营销观念

市场营销观念从产品观念、生产观念、推销观念、营销观念到社会营销观念的逐步演进是基于当时的市场环境发展和变化的,每一种营销观念都深刻地烙上了那个时代的印记。如今新经济的迅猛发展正改变着整个营销环境。美国营销大师唐·舒尔茨称当前的市场为"21世纪市场",他说"21世纪的市场是消费者统治的市场,是互动以及不断发展的。它是互联网和万维网时代,也是电子商务的时代——便捷、快速、消费者居于统治地位——不幸的是,我们现在的营销和营销传播思想与方法都是按历史市场来设计的"。的确,现在的营销观念还存在诸多与新经济不相适应的方面,应该看到当前一个时期以至未来,营销观念的发展着重体现在"四个更加重视":

① 更加重视战略

传统计划经济下诞生的国有企业,甚至包括一些知名的民营企业,大都没有明确的经营目标和长期的战略规划,常常为了追求眼前的利润,只重视商品一时的畅销,不注重维护、创造企业的经营特色,在生产经营设施和技术开发上不愿进行大的投资,浮躁和急功近利的特征明显。未来企业营销将更强调可持续发展,要求企业营销必须重视战略的制定以及战略与战术的协调,以确保市场营销作用的充分发挥。

② 更加重视合作

"商场如战场",竞争的成功是建立在对手失败的基础上的,这是传统的竞争观念。这种观念在中国企业的市场营销上表现得尤为突出。国内企业竞争基本上都是低水平的价格战和广告战,其结果往往是两败俱伤。这种传统的营销竞争观念显然落伍了,客观上实行资源共享、优势互补的双赢战略联盟及企业间合作已是大势所趋。

③ 更加重视"知本"

以前企业营销活动中更多地依靠的是有形的资本,一旦资本缺失,营销活动就难以开展。而在知识经济时代,企业要重视资本更要重视"知本",即企业要重视营销人才的作用,如果没有资本但有"知本",企业营销同样可以开展。美国通用公司总裁曾经说过,"如果我一夜之间失去了所有的财产，而只要我们的员工还在的话，我同样可以重新开始”。从这话中不难看出营销“知本”的重要性。“知本”是未来营销制胜的核心资本。

④ 更加重视顾客

从营销观念的发展进程中就可看出，每一次营销观念的重大变革，无不是向重视顾客方向更进一步发展的结果。未来营销观念的演进也是如此，只不过更加重视的是顾客的个性化需求、差别化需求或更加细化、深化的需求。

中国的市场营销进入21世纪后，以产品为导向的营销哲学将逐步转向以客户为中心的营销哲学；全方位满足客户需求，不断创造更新、更好的产品；市场营销管理的中心将从以往注重业务的量的增长转向注重质量的管理；营销目标将从降低成本、提高效率转向开拓业务、提高客户忠诚度。

工业时代市场竞争的焦点是产品和价格，降低生产成本、提高劳动效率可提高竞争优势。21世纪，科技发展、全球经济一体化使得企业竞争的焦点变为对客户的争夺。因为互联网的广泛应用和信息的爆炸，特别是电子商务的迅速崛起，改变了消费者传统的购买行为，顾客由以往购买信息的被动接受者变为主动的信息搜寻者，现代高科技赋予消费者前所未有的权利，他们决定着信息价值的取舍；另外，消费者行为的个性化和多元化，以及顾客身份的国际化，也促使企业必须将市场营销管理的重点转移至对客户的开发和维系上来。可以说，没有同顾客的信息交流与互动，就没有企业的存在。

【营销信息链接】

21世纪领先企业的营销职能部门需要掌握以下几种以客户为中心的高价值的营销流程。

1. 营销运营管理

由于市场竞争日趋激烈，产品与渠道增殖程度日益提高，加上市场、媒体和交互渠道的进一步细分，营销运作的复杂度也已有所提升。在这样的环境下，营销职能必须努力追求高度标准化和自动化的营销流程，以提高效率和生产力，并依据企业目标更好地安排资源与活动。

2. 营销的可见度与价值衡量

随着营销工作的绝对数量与复杂性的提高，营销活动在整个企业甚至于所有分销渠道中的价值衡量已成为一项巨大挑战。虽然高级业务管理人员对可验证的营销投资收益(ROI)越来越感兴趣，但是大型企业营销部门的业绩在很大程度上依然无法衡量。如果要想使营销工作变得更加容易衡量，就要求企业开发出正式的标准化营销流程以及针对营销工作的计划、预算与跟进系统，并付诸使用。

3. 洞察客户与市场先机

在传统的竞争分析、市场研究和客户调查手段之外，企业还必须有能力获取大量的客户与市场信息。这需要一套系统的数据收集与质量管理办法，并具有对数据进行分析的技巧以及通过数据看出客户与市场动机的能力。

4. 基于客户价值的市场细分

关于细分的实践并不少见，但很多企业仍然在很大程度上保持着以产品为中心的习惯，倚重人口统计数据或者公司统计的数据来进行市场细分并调整产品生产。而要调整存在潜在收益的资源，就要求以客户为中心进行细分，其重点在于客户与企业间的关系和与之相关的潜在终身价值。

5. 客户组合与基于生产能力的资源分配

除了常规的营销能力评估办法，企业还必须能够有效地使用自身资源来接近客户、发展与客户的关系并最终赢得客户。这需要以基于价值的客户细分组合为前提，对企业的营销能力与资源进行系统地认识、开发与管理。企业最终的目标是要在考虑到提供给每个客户群体的潜在价值以及随之而来的预料中的风险与回报以后，对资源进行优化分配。

资料来源：http://www.yanmo.net/中国研磨网

(2) 营销策略

① 在产品方面

随着市场由以"产品技术为中心"向以"客户为中心"的转变，服务正成为企业竞争的焦点。

② 在价格方面

价格构成因素发生变化，知识因素、创新成本等计入价格之中。价格导向发生转变，即由传统的以生产成本为导向的定价策略转为真正以需求为导向的产品定价策略。定价方式也发生变化，出现了通过网络技术运用价格策略的方式。

③ 渠道方面

渠道结构由金字塔式向扁平化转变。如有的企业由多层次批发环节变为一层批发，还有一些企业在大城市设立配送中心，直接面向经销商、零售商提供服务。这种扁平化结构的销售渠道通过通路层次的减少来提高企业和消费者的利益，增加了品质保证；同时也有利于企业把握消费者需求。相当多的企业都开始重视E化渠道分销的建设与应用了。E化渠道以跨时空、交互式、拟人化、高效率为特征，能够适应新经济时代消费者快速、便捷并富有个性的需求。

④ 在促销方面

网络广告、网络公共关系兴起使得企业与企业、企业与公众之间可以通过网络进行双向互式沟通，出现了站点宣传、网上新闻发布、栏目赞助、参与或主持网上会议、发送电子推销信、在网络论坛和新闻组发送信息传单等网络公共关系。与此同时，电子邮件广告(E-mail)、电子公告牌(BBS)广告、Usenet广告和Web广告等新型网络广告形式将成为未来广告的重要组成部分。

其实从营销策略的发展趋势，营销组合的变革趋势明显。首先，在整个20世纪80代至90年代，企业的营销更多地运用4P策略。后来在4P营销观的基础上，加上了权力(power)与关系(publicrelation)形成6P营销策略组合。其次是4C组合理论，包括顾客的需求和期望(customer)、顾客的费用(cost)、顾客购买的方便性(convenience)以及顾客与企业的沟通

(communication)。接着,随着高科技产业的迅速崛起,高科技企业、高技术产品与服务不断涌现,出现了营销新组合,即4V营销组合。4V是指差异化(variation)、功能化(versatility)、附加价值(value)、共鸣(vibration)的营销组合理论。它强调的是顾客需求的差异化和企业提供商品的功能的多样化,以使顾客和企业达到共鸣。最后,是美国营销学教授舒尔茨提出了4R营销组合。关于4C理论和4R理论在前面章节中已经有过详细的解释,而对于具体的营销策略的实施,也将在后续的"市场营销原理"中有所论述,这里不再详细阐述。

【营销信息链接】

再下一城——联想扬天结盟NBA

2006年10月24日,联想与NBA宣布结成长期的全球性市场合作伙伴关系。根据合作协定,联想将会配合不同的NBA赛事和事件,全面开展市场推广与球迷互动活动,例如NBA全明星赛、NBA季后赛及总决赛,以及各种NBA全球性活动。

作为联想与NBA达成官方市场合作协议的第一项大规模产品营销活动,联想扬天同时启动了"明日巨星"计划。如同NBA扶持众多球员成为篮坛巨星,联想扬天将推广NBA理念与推进中国中小企业发展相结合,斥资亿元人民币打造"明日巨星"计划,希望能让更多的中小企业成长为商界的"明日巨星"。明日巨星计划,就是联想扬天希望为中小企业打造一套扶持激励机制,致力于通过这套机制,扶持中小企业取得健康快速的成长,成为各自行业领域的明日巨星。其计划主要包括创新产品普及、明星企业评选、企业信息化培训、企业员工关怀等四方面的内容。

第一,联想扬天将继续加强产品创新技术的研发投入,降低中小企业技术应用门槛。针对中小企业的应用需求进行研发,在未来继续推出像"安全密钥"、"互联一点通"等更符合中小企业实际应用的功能;同时,在全国范围内开展大规模的秋季促销回馈活动,降低中小企业的采购门槛。

第二,联想扬天将在全国范围20多个地区开展企业信息化评优、推广活动,进行全国百强中小企业的评选。中国百强中小企业将会对全国的中小企业起到榜样作用,激励全国的中小企业创新成长。

第三,联想扬天将与中央的相关部委机关合作,在全国开展百万级别的中小企业培训。除了开展全国范围内的培训外,联想扬天还将充分考虑中小企业区域性强的特点,在不同地区与各地政府、相关企业合作,因地制宜地开展中小企业信息化培训,使培训内容更适应当地中小企业的需要。

第四,联想扬天还计划在全国组织推广中小企业员工篮球赛等公益活动,并在重点城市举办中小企业明日巨星篮球赛,通过在遍布全国的3 000多家经销店面设立NBA互动游戏供客户参与,传递"积极向上"的NBA理念。

联想集团希望通过NBA体育营销和产品营销的组合,以及管道的积极配合,能够快速地把产品的信息以及产品所倡导的理念传递给中小企业客户,从而深化客户对产品的认知,并提

高对产品的忠诚度，使联想扬天未来市场份额有较大的提升。

资料来源：http://www.yanmo.net/中国研磨网

(3) 营销组织

对于营销组织创新的具体内容，将在第 8 章中具体论述，这里只是提出中国营销组织的三个发展方向：

① 学习型营销组织

学习型营销组织是彼得·圣吉博士提出的一种新的管理科学理论。它是在总结以往理论的基础上，通过对 4 000 多家企业的调研而创立的一种具有巨大创新意义的理论，如今愈来愈引起理论界及企业的浓厚兴趣，并被喻为“21 世纪的管理圣经”。中国企业组织存在着大量的组织智障，从而妨碍了组织的学习和成长，并最终导致组织的衰败。组织智障，顾名思义，指的是组织或团体在学习及思维方面存在的障碍。这种障碍最明显地表现是组织缺乏一种系统思考的能力。这个障碍对组织来说是致命的，许许多多的企业因此走向衰落。因而要使企业茁壮成长，必须建立学习型组织，即将企业变成一种学习型的组织，以此来克服组织智障。建立学习型组织的前提是进行五项修炼，即自我超越，改善心智模式，建立共同愿景，团队学习，系统思考。

② 网络型营销组织

进入 21 世纪以来，随着竞争的激化和复杂以及顾客需求的多样化，中国很多企业已逐渐认识到要保持竞争优势必须改变组织结构，没有任何一个企业可以靠单干保持竞争优势。越来越多的企业走上了战略联盟的道路，市场营销的重点从交易转至关系，采用关系营销战略，进而又不断地转移到管理独立组织间的战略联盟。企业从交易型营销向网络组织型营销转变，企业及其市场环境间的传统外部界线变得日益模糊不清，企业不断开发与供应商、分销商、顾客的战略营销伙伴关系，以取代传统的竞争模式。西方国家已出现的营销交流公司、营销联合公司、虚拟公司等网络组织形式，通过网络的开发，网络成员都提供了一种其他成员所缺乏的核心能力。网络成员通过高度复杂的信息和决策支持系统互相连接在一起形成一个价值增值系统，该系统为企业带来的优势已在中国开始出现。

③ 虚拟营销组织

虚拟组织是指为实现对某种市场机会的快速反应，通过互联网技术将拥有相关资源的若干独立企业集结以及时地开发、生产、销售多样化、用户化的产品或服务而形成的一种网络化的战略联盟经济共同体。在这个经济共同体之中，在有限的资源背景下，为了取得竞争中的最大优势，合作各方仅保留自身最关键的功能，而将其他功能通过各种形式借助外力进行整合弥补，以最大效率地发挥协同优势，构造强有力的战略竞争联盟。

中国已经进入了信息社会，21 世纪信息社会的最大特征就是网络化和自动化。由互联网产生而带来的速度、效率和不确定性，使得中国企业建立的营销组织必须变革才能适应新的市场营销环境。

美国著名管理学权威彼得·德鲁克说,“世界的经济与技术正面临一个不连续的年代,在技术和经济上,在产业结构和经济理论上,在统领和管理的知识上,将是一个瞬息万变的年代”。社会的不确定性从本质上改变了传统市场营销组织设计的思路,适应网络时代变化的营销组织要求反应迅速、沟通畅通、加强业内外的协调和互动。传统的产品部门、分销部门、广告部门、公关部门和推销部门等都会被逐一淘汰。未来企业营销构架特征是不设中层管理机构,即20世纪层级组织体系将由网状组织体系取代。

信息化社会的市场竞争强调的就是速度,产品更新换代快、消费者行为变化快、竞争对手反应敏捷、信息技术日新月异等因素,都制约着市场营销组织的建立。因此,精简、富有弹性和互动,极具效率并且高度自动化、网络化,将是营销组织在信息化社会设置的基本原则。

(4) 营销管理

中国企业营销管理的趋势主要体现为“三个转变”:

① 从硬式管理向柔性管理的转变。传统营销管理的特点主要体现为集中管理和硬性管理,通过大量硬性指标和规章制度来强化对营销人员的管理,且营销管理者与被管理者之间的双向沟通缺乏,营销管理的效率不高,组织绩效低下。可以说这种滞后的营销管理在新经济的冲击下不堪一击。在传统工业经济时代,生产和经营是用庞大的规模和集中的管理来获得高效率;但是在新经济时代,知识型营销人员增多,靠强制性的硬式管理不但不能见效,相反只会起反作用。知识型员工更需要与管理者的沟通,过去“你说我听”的指令型管理模式需要改变为双向沟通。知识和信息在市场营销中的应用正成为现代营销管理的发展方向,如以数字化管理为代表的柔性营销管理。此外,知识经济时代企业不再把传统工业经济时代沿袭下来的速度、数量、产值作为追求的目标,不再只注重以往的流水线、节拍等严密的分工组织形式和工艺流程,而是重视人的主观能动性、独立性和创造性。

② 从忽视企业内外部协调向运用客户关系管理系统联结内外部营销管理转变。传统营销管理观念存在着明显与新经济不相适应的方面,即营销管理缺乏内外部协调。传统营销管理要么是只重视内部的产品和人员的管理,要么只重视外部公共关系的开展,而没有将内外部营销管理有机地结合起来,新经济强调的是持续发展,重外轻内或重内轻外都将妨碍企业的长期发展。市场营销的目的是要满足顾客的需求,因而企业要在重视企业内部营销管理的同时,将重心转移至外部顾客服务上来,特别注意通过加强内部的管理来实现外部的顾客满意目标。客户关系管理(CRM)是一种倡导企业以客户为中心的营销管理思想和方法,它将成为未来营销管理的发展趋势。

③ 从忽视整合营销管理到大力实施整合营销管理的转变。市场营销策略包括4P,营销管理的整体效果取决于4P的整合程度。根据木桶原理(即木桶盛水的多少取决于木桶的最短边而非最长边),那么营销效果的高低实际上是取决于4P中的最弱方面,而非做得最好的方面。企业在进行营销活动时,非常重视促销(尤其是广告)和价格。这未免有失偏颇。可以预见未来在营销管理中强化营销组合的整合程度将是营销管理成败的关键。

(5) 营销领域

企业进入 21 世纪以后，中国营销领域越来越宽，这主要体现以下两个方面：

① 全球化、国际化营销趋势明显。世界经济一体化使国内市场与国际市场对接，进而导致国内市场国际化，这就不可避免地把现代企业营销置于一个国际化的环境之中。营销国际化成为企业营销发展的必然趋势。更重要的是，加入 WTO 使中国企业营销走向国际化的步伐进一步加快。

② 非盈利组织重视营销的趋势明显。一般而言，市场营销是企业制胜的武器之一，但随着社会的发展和环境的变化，很多国家、政府组织、大学、社团或其他非盈利性组织开始运用营销策略来提升组织自身的知名度。北京申奥、上海申博的成功，与其说是申办的成功，不如说是营销北京、营销上海的成功。随着旅游业、会展业的兴盛，非盈利性组织运用营销方式来达到宣传推广目的的活动将越来越多，并渐成一种趋势或热潮。

【本章小结】

1. 在建设社会主义市场经济体制的指导以及加入 WTO 的影响下，中国的市场环境发生了很大的变化。中国市场以及市场环境的变化表现为两大方面：一是经过这么多年的改革实践，中国的市场环境有了较大改善；二是中国的市场环境与西方成熟的市场环境相比，出现了一些特点，并存在一些需要进一步改进的问题。

(1) 中国市场及市场环境的改善：转变了政府职能，实现了依法行政；规范了市场秩序，提高了市场诚信；放宽了市场准入。

(2) 中国市场存在的两大弊端：政府职能未能彻底转变；市场信用环境恶化，相关法律、法规不完善。

(3) 中国市场环境的缺陷：第一是市场发展快、变化快，政策多变，法规不健全；第二是市场秩序混乱，假冒侵权严重，信誉(商业伦理)严重缺乏；第三是某些行业的垄断程度高；第四是企业行为多趋向短期行为，盲目投资现象严重；第五是市场竞争无序，常常表现为过度竞争和不正当竞争。

(4)中国市场特有的市场现象：第一种现象是，虽然市场经济要求政府不直接干预市场，政企职能要分开，但在实践中，政府依然是市场的主导者。这些导致了无论是国内国有企业、国内民营企业、还是外资企业，都无法逃出依赖政府、政企相互渗透的怪圈；第二种现象是，由于市场行为不规范，企业与消费者行为都还很不成熟。

2. 中国市场营销的现状

随着市场经济体制的完善与发展，市场营销已经成为了大多数企业生存、发展的重要手段。目前，市场营销的各种手段、战略、措施已经被各个企业广为使用。但是，与西方成熟市场上的市场营销状况和水平相比，中国的市场营销表现出来的水平与层次是比较低的。

(1) 感觉营销是中国企业的营销特色，企业首先追求“感觉对路”，但是这种感觉营销的中心却是从企业的现状出发，而很少考虑到消费者的感觉。

(2) 目前，中国企业营销信奉的观念相当大比例仍是推销导向，把推销当营销，以推销为目的，所以才有了没完没了的价格战、促销战、广告战。事实上，自20世纪90年代中期以来，中国市场竞争的主旋律是价格竞争，尽管品牌这一非价格竞争优势被广为叫喊，但真正运作的却并不多。

(3) 在中国企业营销策略运用水平比较低下的现状之下，中国相当多的企业却依然没有意识到营销策略的重要性，而是一味地、盲目地崇拜"策划"。"策划"盛行是中国市场上特有的现象，许多企业有问题请策划，但多数策划是经验导向，而并非专业化。

(4) 在中国转型市场中，营销专业人才非常短缺，有实战经验的、在知名公司担任过市场部经理的人，在人才市场上非常抢手，其身价也越来越高。缺乏专业人才也正是中国企业营销水平不高的原因之一。

3. 中国市场营销环境的变化

(1) 政治、社会和经济环境的变化：政府职能进一步转变，法制管理加强，新的制约——主要表现在环境保护的强化和社会伦理标准的重构。

(2) 市场环境的变化：买方市场全面形成，市场微型化，市场竞争加剧，市场的全球化。

(3) 消费需求行为的变化：流行化消费，商品大众化，消费趋向品牌化，消费者推崇感性消费和软性消费。

(4) 社会人文环境的变化：灰领阶层将成为社会消费的主力军，企业文化将成为重要的软性经营资源。

(5) 技术的变革：首先，高、精、尖技术将以更快的速度被开发运用，知识力将成为继经济力、资本力之后的重要推力；其次，数字化信息革命极大地改变了全球政治、经济、文化格局，同时给企业的生产经营活动带来了巨大的冲击。

4. 世界市场营销未来发展的特点：市场营销国际化；品牌趋向全球一致；数字化分销渠道；高科技市场营销；虚拟市场营销；个性化的市场营销；市场营销人员成为咨询顾问；产品多样化，产品生命周期缩短。

5. 世界市场营销的未来发展特征以及中国营销环境的变化必然带来中国市场营销各个方面的变化，这些方面包括营销观念、营销策略、营销组织、营销管理以及营销作用等。

【思考题目】

1. 中国市场环境的改善与弊端体现在哪些方面？
2. 什么是感觉营销？
3. 什么是虚拟营销？它对企业管理工作提出了哪些具体的要求？
4. 中国消费者为什么推崇感性消费和软性消费？
5. 世界市场营销未来发展的特点体现在哪些方面？
6. 中国企业在建立营销组织的过程中有几种可供选择的模式？

第7章　市场营销创新

【职业引导案例】

《英雄》——有史以来中国电影市场最成功的票房，尽管在其故事情节设计、动作表演等方面有着诸多的不尽如人意，但就是这部电影，上映20天就创下了超过2亿元的票房。而同一年度风靡全球的《哈利·波特》，在中国创下的票房仅为6 300万元。

让《英雄》成功的，不是由于电影的精彩，而是由于营销策划、市场推广的创新。《英雄》组成了阵容强大的明星剧组，早在2001年初，新画面公司就开始借助团队的明星效应，持续制造新闻。在媒体的支持下，这些"新闻广告"高强度持续进行了两年时间，终于让大量中国人按捺不住，走进影院观看这个中国有史以来营销最成功的电影。

《英雄》之所以获得成功，原因在于其将电影营销策略和营销组织性推进到了前所未有的程度。《英雄》以令人赞叹的耐心、丝丝相扣的营销策划和长达两年的新闻公关，列2003年度十大营销创新案例之首。

资料来源：http://www.chinagta.com/中国营销金鼎网

7.1　市场营销创新的背景和意义

市场营销创新就是根据营销环境的变化情况，并结合企业自身的资源条件和经营实力，寻求营销要素某一方面或某一系列的突破或变革的过程。在这个过程中，并非要求一定要有创造发明，只要能够适应环境，赢得消费者的心理且不触犯法律、法规和通行惯例，同时能被企业所接受，那么这种营销创新即是成功的。还需要说明的是，能否最终实现营销目标，不是衡量营销创新成功与否的唯一标准。

7.1.1　市场营销创新的背景

由于社会需要决定于社会环境，那么与其他企业职能相比，作为企业基本职能的市场营销和企业面临的社会环境关系最为直接、密切，是联结一个社会需要和它的行业反应形式的纽带。这既体现在市场营销对社会发展的巨大影响上，也表现为社会环境变化对市场营销观念、方法创新和发展的影响。当今世界科学技术日新月异，信息技术对人类社会的影响日益深远，人们的价值观念、行为准则日趋多元化，人们对社会、市场、消费等的观点和看法也发生了巨大变化，这就决定了市场营销方法、技术在市场营销学科日益成熟的基础上走向深化、拓展的多元化发展。

1. 消费者消费观念的变化

现代消费者的生活观念、价值标准和生活方式日趋多元化，人们的需求日益多样化，人们的消费方式趋向个性化，追求时尚与形象、展现自我个性与发展自我逐渐成为新一代消费者的愿望与迫切需求。这些现象都被称为消费感性化。

对经营者来说，这一变化将蕴含着新的营销机遇。这就促使企业想方设法创新各种营销方法，迎合消费者的价值观念，满足消费者多样化的需求，适应消费感性化的需要。例如绿色营销是源于消费者绿色消费的价值观念；而直接营销则顺应了二战后西方国家家庭日益小型化、快节奏的生活方式和消费者愈来愈重视闲暇的潮流；同样，形象营销的产生和发展在某种程度上适应了消费者从"物"的消费转向诸如美感之类的"感受"消费的需要。

适应消费感性化趋势进行营销创新的成功案例很多。如 2002 年韩国推出三星彩屏手机并不是针对成功人士，而是紧紧抓住新新人类消费感性化中的自我表现欲望。市场监测表明，该举措不仅使产品卖得好，更重要的是使品牌（三星）与这一消费群体的关系得到更深层的发展。

【营销信息链接】

牛仔裤 Levi's& Lee 的成功例子说明了消费感性化正成为时尚与流行。Levi's 品牌是列维·施特劳斯于1853 年创立的，Levi's 作为第一牛仔品牌的形象早已深入人心了。消费者喜欢 Levi's 的牛仔裤，更是体验牛仔精神的美国文化。相信见过 Levi's 商标图像的人都会浮想联翩——两匹马各拉着牛仔裤的一条裤管往两个相反的方向使劲拽——这是 Levi's 和两匹马间的比赛。这不仅展现其坚固耐穿的品质，更是表现了美国人坚韧正直的精神。而 Lee 在牛仔服装界，则更多地充当着时尚与先锋的角色。一百多年来，Lee 开创设计潮流，成为时尚和前卫的典范，引领牛仔裤由实用性向时尚性的演变。Lee 于 1924 年开始生产牛仔裤，并提出了"建设美国牛仔裤"的宣传口号。Lee 又是世界上第一个大力发展女士牛仔服系列的企业，并提出合身剪裁的牛仔裤理念，这在当时是创新而独有的观念。时至今日，Lee 的产品在始终保持牛仔传统品质的基础上，又不断地注入一些前卫理念的阐释，不断地冲击、更新人们对牛仔的理解，其产品也变得越来越多样化，从而赢得更多的消费者。当今 Lee 品牌不仅早已超越了牛仔裤的本来意义，而且更加体现美国人不断创新与个性化的精神文化。

资料来源：http://www.china－ef.com/中国品牌服装网

2. 企业之间的激烈竞争

企业间日趋激烈的市场竞争使常规的营销方法在很多情况下难以奏效，促使企业在营销方法和策略上另辟蹊径，努力创新。政治营销、权力营销、直接营销、形象营销和关系营销等的产生和发展都无不与竞争压力有关。其中，关系营销更能说明这一点。面对激烈的市场竞争，为了保持稳定的顾客，精明的市场营销者总是通过公平的价格、优质的产品、良好的服务等营销活动与其顾客、分销商、经销商、供应商等建立起长期的互信、互利关系，这也就是关系营销。关系营销不仅能稳住客源，还能节省交易成本和时间，并由以前的逐次谈判交易发展为例行的

程序化交易。在关系营销实施过程中，企业与客户保持广泛、密切的联系，价格已不再是最主要的竞争手段，竞争者很难破坏企业与顾客的关系，企业也就不可能失去相应的客户。

【营销信息链接】

力波啤酒曾是上海最受欢迎的本土啤酒之一。1996年三得利登陆上海后，力波因为营销手段落后、口味不佳，在三得利的进攻中阵地屡屡失陷，还曾因攻击三得利水源质量，被三得利告上法庭，既输了官司，又丢了市场。

2001年开始，力波啤酒开始了自己的抗争历程，力波创作的广告歌曲《喜欢上海的理由》很快风靡上海，在广告歌的推动下，力波的销量迅速回升。2002年6月亚洲太平洋酿酒公司接手力波，并成功推出超爽啤酒，并改变产品瓶体。力波还利用韩日世界杯的机会，和众多饭店联盟，推广看足球、喝力波的营销活动。世界杯之后，力波继续和餐馆终端联盟，推出"好吃千百种，好喝有一种"的广告攻势，引导消费者改变消费行为。

力波的成功，体现了地方情节在啤酒、香烟等产品消费上的重要作用，尽管已有很多啤酒作为地方品牌存在，却极少有啤酒主动打上地方标签。力波的成功为啤酒、香烟等产品如何巧妙利用地方情节开展营销提供了最好的案例。力波和餐饮终端联合推进的策略，则反映了终端在营销战中的地位的不断上升。

资料来源：http://www.globrand.com 全球品牌网

3. 科学技术的发展

现代科学技术，尤其是现代电子信息技术的发展，为现代市场营销方法的创新和发展提供了技术手段和基础，而且许多新的营销方法就是现代科学技术直接创造的。可以说，如果没有电话、电视、家庭电脑及其他视听产品的普及，如果没有发达的现代邮寄系统，电话营销等直接营销方式的发展是不可想象的。如果没有电脑和电脑网络，电子商场、网络营销等营销方法就根本不会产生和存在。信息与通讯科技等科学技术的发展大大改变了销售管道的形态，使得企业的营销方式可以借助各种科学技术工具得以精确地投资估算和量化，提高营销的准确性，并提升营销的投资回报(ROI)。科学技术日新月异，新的信息工具、传播媒介不断出现，新的营销方法也就会不断产生，现代市场营销也就会保持多元化发展趋势。

在消费者环境以及大营销环境变迁的形势下，由于符合科技优势以及现代人追求快捷、方便的消费形态，加上成本低、效率高的特性，电话营销被重新受到重视。电话营销最初在1970年由美国开始发展，至今仍被视为相当重要的营销通道之一。根据美国电话营销协会的统计数据，美国本土市场广义的电话营销(含电话销售、客服)相关产值高达5千亿美元，而全英国更有超过5 000家的电话营销中心，电话营销就业人口达35万人(资料来源：英国电话营销协会CCA)。在苏格兰，电话营销更是当地政府重点扶持的产业，共建有220个以上的电话营销中心，电话营销人员超过4.6万名，服务的客户包括了微软、摩根斯坦利等跨国企业。

4. 学术界的理论支持

学术界存在着不同的市场营销理论学术流派，现在一般认为以美国为代表的市场营销学主要包括六个流派，即宏观市场营销学派、消费者主义学派、系统方法学派、购买者行为学派、行为组织学派和战略计划学派。它们从不同角度对市场营销理论进行研究，其研究成果为市场营销方法的多元化创新和发展奠定了理论基础。例如，宏观市场营销学派注重研究企业的外部环境变量，如社会学变量、人类学变量、法学变量、技术变量等，这是市场营销创新的外部条件。消费者主义学派强调将消费者作为营销的中心，这是营销创新的核心，所有的营销创新无不将消费者放在重要的位置上。购买者行为理论学派注重行为学、心理学原理在消费者行为分析中的应用，注重家庭购买决策和产业购买行为的探索与研究，并运用选择行为数学模型进行定量分析。购买者行为理论学派的出现，使西方市场营销学界发生了巨大变化，使市场营销从一种专业实务提高到一种科学研究的高度，为营销创新提供了更为严格的理论依据和定量分析方法。1900—1920 年间，美国出现了一些被当代视为市场研究先驱的学者。在过去的研究中，美国学者出版了许多有影响的著作。20 世纪初，市场营销刚刚兴起之时，研究市场营销学的学者可以大致分为四大学派，即威斯康星学派、哈佛学派、中西部学派和纽约学派。20 世纪 60 年代以后，市场营销学界可区分成六个学派，即宏观市场营销学派、消费主义学派、系统方法学派、购买者行为理论学派、组织行为学派和战略计划学派。20 世纪 70 年代以来，有人将市场营销学界划分为三个学派，一是主张从宏观层次研究市场营销问题的学派，称为宏观市场营销学派；二是主张从保护消费者权益，提高消费者地位的角度来研究问题的学派，称为消费者主义学派；三是主张从供给者和需求者力量均衡的角度来研究问题的学派，称为系统方法学派。1988 年，Sheth、Gardner 和 Garrett 提出按营销思想可分为 12 个学派，即商品学派、功能学派、区域学派、体制学派、实用论学派、管理学派、购买者行为学派、行动论者学派、宏观营销学派、组织动态学派、系统学派和社会交换学派。

5. 其他学科的发展

由于吸收了数学、运筹学、经济学、统计学、社会心理学及管理学等学科的理论、方法和技术，市场营销研究技术日益丰富和发展，尤其是 20 世纪 90 年代以来的博弈论及模拟市场研究技术，极大地促进了市场营销方法创新的多元化发展。1994 年诺贝尔经济学奖授予三位博弈论专家以后，博弈论的研究方法也很快在市场营销研究中广泛应用。博弈论是一种研究主体行为相互作用及均衡状态的方法，可以帮助企业在激烈的竞争环境下透彻地分析竞争者、顾客和供应商的决策行为，进而指导企业制定科学的营销决策。博弈论可以应用于市场营销组合策略的各个环节，如新产品开发、定价、促销方式及分销渠道选择等环节。如 Gila E Fruchter 与 Shiomo Kalish 就利用非合作博弈理论分析了寡头垄断条件下的广告策略，并从纳什均衡角度解析了 1968—1984 年的著名营销案例——“可乐大战”。

【营销信息链接】

诺贝尔经济学奖得主，美国经济学家纳什曾经以非合作博弈论为基础，提出了一个著名案例，即“智猪博弈”。这个案例分析了在同一间房间里的一头大猪与一头小猪之间的生存竞争。房间的一头是食槽，另一头有一个按钮。按一次按钮，食槽中就会落下一定的食物。纳什认

为，从小猪的立场出发，应该耐心等待大猪去按钮，才能获得生存发展的机会。这一结局被学界称为“纳什均衡”。

“智猪博弈”的一般结论是从小猪立场考虑的最佳选择。而对大猪而言呢？壮大自己，击败竞争对手的最佳方法，无疑是让小猪按钮，自己等待。既然参与博弈的各方都是有能力做出理性选择的独立个体，那么大猪必须使用各种策略来诱使小猪做出有利于自己的决策。这样一种演绎，学界称为“新智猪博弈”。中国彩电行业的发展，则是这种“新智猪博弈”的良好体现。

纵观中国彩电业的发展历程，价格一直在其中充当着非常微妙而关键的作用，几乎所有的企业都放下先进的营销技巧，提着价格的“大刀”进行“肉搏战”。所以，中国电视机的市场特征是“市场成熟，竞争无序”。因此，成熟的市场需要规则，而无序的竞争扭曲着规则。

在中国平板电视市场中博弈的是空降的“洋智猪”和土生土长的“中国智猪”，“洋智猪”的特点是装备精良，“中国智猪”的特点是熟悉地形，它们是各自为政的个体又属于两个不同的阵营。

在CRT时代，国内彩电行业逐渐建立起独立的产业链，从彩管的生产到销售渠道，国内彩电企业摆脱了外国企业的影响，并致力于将具有核心技术的产品与国外企业一拼高下，而且在同国际彩电品牌的竞争中赢得了市场。

可是国际品牌并没有放弃中国肥沃的彩电市场，它们一直在通过技术优势不断寻找新的市场需求。当年索尼、夏普、三星柜台上的平板电视一直是少数人才购买的奢侈品，国内的企业都在中低端市场上忙得不亦乐乎。“春江水暖鸭先知”，当越来越多的消费者开始询问是等离子好还是液晶好时，国际品牌意识到中国“平板时代”来了。

在夏普、松下、飞利浦、索尼等外资企业的强势推动下，中国彩电行业的平板化浪潮正在袭来。自2003年开始，在“洋猪”的铃声下，平板电视在中国进入了高速增长期，平板电视销量连续两年同比增长率超过200%。

从表面上看，在这次中国平板电视市场中的“智猪博弈”中，中国企业成功的扮演了小猪的角色，等待大猪按钮，并且抢到了较多的食物。但仔细分析，国内彩电企业所使用的平板电视芯片及液晶屏、等离子屏，绝大多数都是由德州仪器、夏普、飞利浦、三星、松下等外资企业提供，这些外资巨头开发、制造核心部件，引领行业的发展，也参与到国际“技术标准”的制定，拥有大量的专利技术。这无疑是套在中国电视企业脖子上的一个枷锁，并且枷锁的控制者就是自己的竞争对手。目前，在平板电视制造过程中，面板及驱动电路约占制造中的60%，并主要依靠从日、韩等国家进口，同样依赖进口的机芯约占20%。可想而知，国内平板企业的利润空间小之又小。

所以，已经领教过中国“智猪”厉害的“洋猪”敢在中国平板电视市场首先按铃就不难理解了，因为这样会出现它们期盼的结果。就算中国企业依靠深厚的市场基础在市场上占得先机，可是落后的市场竞争手段也无力持续抗衡，死去的是为市场铺路，活下来的是在为上游企业打工。

目前的中国电视机市场是消费需求在推着生产企业前进，就是说在这场“智猪博弈”中是消费者开始按“铃”。中国式“智猪”如何才能在这场博弈中胜出呢？

首先，要有“才”，先进的核心技术使你左右逢源。

其次，要有“貌”，出色的外观形象使你人见人爱。

最后，要有“德”，内外兼修加上良好的口碑能增加你的影响力。

资料来源：http://www.51cmc.com/中国营销咨询网

在博弈论技术广泛应用于市场营销研究的同时，随着计算机技术和国际互联网的日益普及，模拟市场营销技术也正愈来愈多地得到使用。尤其是用虚拟市场进行市场调研已开始在西方国家广泛应用。对计算机模拟的虚拟市场进行市场研究，能营造出市场的真实氛围，可以对品牌罗列、产品包装、定价、促销和商品陈列等诸多方面进行随意变动和组合，并可以较为准确和科学地测试新的营销概念、方法和计划。用虚拟市场技术还能降低许多在实地测试中无法避免又无法分离出来的干扰因素的干扰。虚拟市场给市场营销人员以发挥想象力和创造力的自由空间，并可使他们在不需要实际的生产和促销成本的情况下，即在不借助经销商和不被竞争对手获悉的情况下，进行各种试验，创新各种营销方法。

7.1.2 市场营销创新的意义

1. 市场营销创新是对营销理论的丰富与发展

市场营销是对需要满足的促进，需要无处不在，市场营销也无处不在。实用的营销不在于优雅的形式，而在于被谁、在什么地方、以何种程度得到充分和有效的应用。市场营销应成为一门实用管理技术，解决实际管理问题，还应该向企业提供行之有效的营销策略、技术。工业革命以来，每一次重大的技术革命都会给人类带来巨大的冲击。无疑，传统的营销理论也将发生重大变革，市场细分的标准将更加细化；市场调查方法将更加创新，显现多元化；营销策略的研究更加注重互动的、整合的网络营销等等。

进入20世纪90年代以来，买方市场的完全转移和因特网的兴起使生产商的产品定位、厂商自身的定位更加细分，商品的文化特征、民族特征、艺术特征会得到充分的发挥。商品将不再仅是大众的商品，而开始成为真正表达极小群体生活方式的商品。顾客成为一切的开始，为顾客找产品，不再是为产品找顾客。企业不再是将尽量多的产品卖给尽量多的顾客，而是培养相当数量的对本企业多种产品或某一产品具有完全忠诚度的顾客。一对一营销、直效营销、直复式营销将成为全面满足消费者个性要求的营销方式。

同时，由于网络调研获取信息的及时性、共享性和低成本的优势而将逐渐取代传统调研方法，这种基于顾客和潜在顾客的市场调研结果更为客观、真实，反映了消费心态和市场发展趋势。

然而，由于营销创新在世界各国的发展缺乏对西方营销理论应用于各国实践的充分探索，

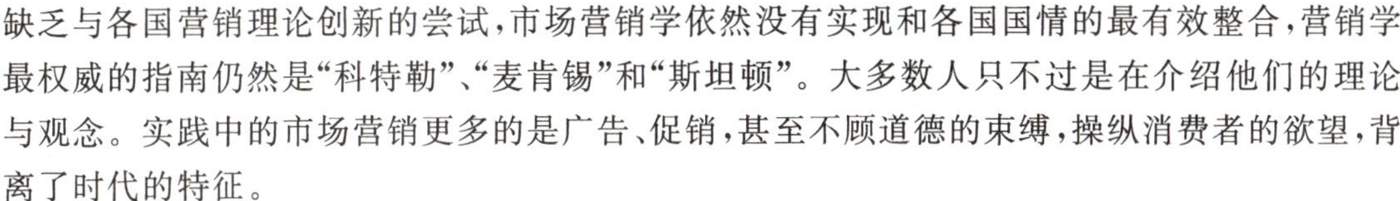

缺乏与各国营销理论创新的尝试，市场营销学依然没有实现和各国国情的最有效整合，营销学最权威的指南仍然是“科特勒”、“麦肯锡”和“斯坦顿”。大多数人只不过是在介绍他们的理论与观念。实践中的市场营销更多的是广告、促销，甚至不顾道德的束缚，操纵消费者的欲望，背离了时代的特征。

可喜的是，进入 21 世纪以后，营销理论对现代营销理论和应用原则上提出了许多新的观点，如对质量、价值和顾客满意的强调，对关系建立和顾客保持的强调，对商业过程和整合商业职能的强调，对全球性思考和区域性规划的强调，对战略联合和网络建立的强调，对直接（复）和在线营销的强调，对服务营销的强调，对高科技产业的强调，对符合伦理的营销行为的强调等加以了辩证的思考和引进，并将这些营销创新逐步应用于企业营销的实践。这些新的观点经过系统化后，也正是今天所看到的关系营销、整合营销、网络构建、战略联合、直复营销、在线（网络）营销、服务营销和营销伦理等，它们构成了当今营销时代的新特征，同时也是对传统营销理论的丰富与发展。从宝洁的品牌营销、可口可乐的特许经营、斯沃琪的差异化营销、马狮的关系营销到戴尔大规模开始定制化营销，可以看出这些营销创新成就了一个品牌，一个企业，丰富了营销理论体系。

2. 市场营销创新是企业生存和发展的要求

如前所述，随着经济全球化的发展、科学技术的进步，市场环境发生了很大的变化，消费者的消费观念有了较大转变，消费行为呈现出多样化、理性化、感性化的特点。企业要生存和发展就必须不断地进行营销创新，开发新产品，新服务，开展新的营销渠道，进行促销活动的创新，发展新的目标顾客以满足消费者需求。营销创新对企业具有重要意义。第一，营销创新有利于企业营销观念的更新。由于市场同行业、同产品的竞争日益加剧，企业要想提高自己在原有市场的占有率，必须依靠营销创新挖掘新的消费者和争取其他品牌的消费者。特别是有些产品，其原有市场的容量日趋饱和，企业要想大幅度提高销售额，必须开拓新的市场，营销创新有利于企业形成大市场、大发展的观念。第二，营销创新有利于企业管理机制的调整和完善。营销创新强化了企业的市场观念和销售职能，能促进企业向现代企业制度的转制，有利于企业管理机制的调整和改革。第三，营销创新是经济全球化对企业的要求。世界一体化和全球化的国际市场正逐步形成，营销创新有利于中国一些产品在国际贸易中发挥其比较优势。

因此，营销创新是企业前进的另一个轮子，作为微观经济部分的企业，不能单纯强调“技术创新”，而是要一手抓技术创新，一手抓营销创新，要两手抓，两手硬。正如著名管理大师德鲁克所说，“我们无法左右变革，我们只能走在变革时代的前面。唯一可能取得成功的原则是努力创造未来。努力创造未来是要冒很大风险的。然而，它的风险比被动地接受未来小得多”。

另外，营销创新与刺激消费相配合，形成对产品的一推一拉。刺激消费是社会上设法让有需要的客户把产品拉向自己，营销创新是厂家设法把产品推向有需求的客户。所以厂家的营销创新有利于扩大内需，推动经济的增长。

7.2 市场营销创新

【营销信息链接】

市场营销"八大戒律"

1. 尽量保存实力，延长生存时空；不要过度消耗，更不要孤注一掷。今天的大形势注定了绝大多数市场不会有大红大紫的可能。所以无论你如何投入，火爆也很难再现。这种情况下，企业若仍像以往一样追求轰动效应，盲目投入，就可能因过度消耗而导致自身难保。

2. 要靠科学方法提高营销效果和命中率，不要因市场环境不好而停止营销努力。市场的疲软会进一步加剧竞争，此时如果企业怕自身消耗而不敢投入开展营销活动，同样会坐以待毙。正确的方法应该是用"狙击战"的方式提高营销的命中率，以最小的代价换取最大的收益。

3. 在自己擅长的领域建立他人较难模仿的优势，不要局限于"投资小，见效快"的项目，因为这样的项目谁都能干，只要你一赚钱，必然引来更多欲分"一杯羹"的竞争者，结果往往是未收回投资，企业已成"烈士"，而难模仿意味着竞争的减少。所以要想在当今激烈竞争的市场中站住脚，企业可以在刚起步时找些投资小、见效快的项目，但一有可能，就应该在自身擅长的领域逐步建立难以模仿的优势。

4. 要专注于本行业开发，尽量不要寻找陌生领域。眼下，有可能赚大钱的新行业不能说太少，但由于你不熟悉、没基础，必然比以前需要更高的投入，遇到更大的竞争，获利期自然难保长久。因此，如果一个企业能够长期专注在所熟悉的行业，并进行系统营销，成功的可能性会比进入一个新行业大得多。

5. 对于新项目，必须聘请较有经验的营销顾问公司进行市场可行性研究，不要根据感觉或技术水平及专家的看法而决策。这里，营销的可行性研究是第一位的，技术的成功不一定会带来市场的成功，主观的感觉可能与客观不符。市场可行性研究与自我感觉或专家意见的根本区别在于，它反映的是客观市场及潜在客户的需求，所以是任何人都无法替代的。不肯投入可行性研究或敷衍了事，可能会带来无法挽回的损失。

6. 将手中的资本最好投入于一个项目，不要全面出击。目前的市场与几年前相比有很大的不同，机会越来越少，客户越来越理智，营销投入越来越大。因此，干好一个项目已十分不易，若是将有限资金分散开来，大搞多元化，无论哪一项都可能因你精力分散而失败。多元投入在立足未稳时更是凶多吉少。

7. 要将有限的营销资源投入于现有及潜在客户，不要一味投入于媒体或权力方面。从长远来看，最终决定厂商命运的是用户，而非媒体或权力部门。对于一个企业来说，了解目标市场、客户需求、客户购买动机、使用行为和满意度，远比花上百万、上千万投入于广告或拉关系更为重要。

8. 要进行系统的市场研究和营销运作，并进行打持久战的准备，不要试图通过一个点子、

策划或广告而取得成功。市场的发展已经使企业无法通过粗放型市场经营模式而获得成功，系统营销已是大势所趋。而系统营销的效果是靠长期积累的，而非一蹴而就。因此，放弃投机心理、相信科学是企业在质量市场生存的基本保障。

资料来源：http://www.51cmc.com/中国营销咨询网

7.2.1　营销观念创新

营销观念创新是企业营销创新的核心和前提。营销观念的创新需要企业从满足顾客需求的传统营销观念转变为不仅满足顾客需求、还要创造顾客需求的新的营销观念。

1. 全球化营销观念

经济全球化是当今世界经济发展的最重要趋势，现代化大生产的客观规律必然要求实现全球化的分工。在这一经济规律的驱动下，各国企业和产品纷纷走出国门，在世界范围内寻求发展机会，许多产品都已成为全球产品，许多支柱产业也已成为国际支柱产业，而不是某一国的产品或产业。特别是实力雄厚的跨国公司，早已把全球市场置于自己的营销范围内。

企业经营活动的全球化意味着企业在全球范围内同外国企业展开对资源、市场、人才和资金等要素的竞争。这就要求企业具有全球营销观念，着眼于全球的“潜在市场需求”，并创造新的市场。也就是说，企业必须着眼于全球市场的分析，研究其消费潮流，抓住其消费热点，超前地开发出让全球消费者感到满意的新产品或服务，丰富其消费内容，提高其消费水平，以一种全球营销观念来指导企业的营销活动。可口可乐公司在世界几十个国家布有生产据点，并在100多个国家拥有市场，成为一个总部设在美国的全球公司；空中汽车公司早已不是法国公司而是欧洲公司，并把营销触角伸向各国市场。这些公司都是把眼光放在世界地图上开展全球营销活动。海尔是中国企业界较早具有这一意识的公司，它们明确提出要实现“海尔的国际化和国际化的海尔”。“海尔的国际化”就是通过大规模出口和在境外设厂让海尔迅速走向世界各国；国际化的海尔就是让海尔在世界各国本土化。海尔的跨国经营首先在知识经济最发达的美国迈出第一步，美国海尔是海尔按照三位一体（即设计中心、营销中心、生产中心都在美国）原则成立的本土化海尔，而不是单纯的中国海尔，其设计中心设在波士顿，营销中心设在纽约，生产制造中心设在南卡罗林那州，让美国人来经营美国海尔，让美国资源来“养育”美国海尔。

2. 知识营销观念

21世纪是知识经济时代，以科技革命为基础、以信息技术为核心的知识经济对人们的生产方式、思维方式、生活方式、行为方式以及对企业管理、企业营销都将产生深刻的影响。在知识经济时代，企业可以依赖信息传播产品的知识，催化消费者产生新的消费需求，从而主动购买产品和服务，智力优势是知识经济时代的最重要优势。比尔·盖茨的微软公司在资产负债表上的资产总额只有通用汽车公司资产总额的4%左右，而它的市场价值却相当于通用汽车市场价值的4倍。之所以如此，是因为微软生产经营的是知识经济时代的重要产品——电脑

软件,而通用生产经营的是工业经济时代的典型产品——汽车。

在知识经济时代,企业的营销观念也要相应转变,即树立知识营销观念。知识营销观念是知识经济发展的产物,是与知识经济相适应的一种新营销观念。它高度重视知识、信息和智力,凭知识和智力而不是凭经验在日益激烈的市场营销战中取胜。

具体地说,知识营销是营销理念的深化与知识经济发展二者相碰撞的结果。首先,知识营销是营销理念从占领、培育到缔造市场的必然产物。它将市场看做动态的和上升的。企业要满足目标市场的需要,关键是让顾客了解产品,喜欢和偏爱产品。其次,知识经济的发展促使企业进行知识营销。一方面技术发展变化快,产品生命周期缩短,新型企业不断崛起,使市场竞争更为激烈和复杂;另一方面人的知识增长速度,特别是对高新技术产品的认识水平,远远没有技术发展那么迅速。消费者这种对高新技术产品认识的"滞后性",就成为企业营销的一大障碍。因此,要真正地融入知识经济的世界经济潮流,就应该确立知识营销的观念,这包括挖掘产品的文化内涵;增加营销活动的知识含量;注重与消费者形成共鸣的价值观;注重与消费者建立营销关系,使消费者成为产品忠实的顾客;加强营销队伍建设,使营销更适合产品高技术含量、智能化和个性化的要求。

【营销信息链接】

中国传统道德的根基是儒家伦理,在传统的商业经营活动中,无不体现着儒家伦理,由此许多商人被称为儒商。传统儒商作为中国早期企业家的典型,其最显著的特征就是他们都具有深厚的传统文化修养,在他们的经营活动中充满了儒家伦理思想。广为流传的经营格言"守信用、重诺言"、"童叟无欺"、"诚招天下客,义纳八方财"等充分体现了这一思想。

儒家伦理和现代市场营销有相通之处。现代市场营销观念是指以消费者利益为中心开展市场营销活动。它是以满足消费者的需要为前提,充分利用企业的一切资源,不断开发消费者所需要的产品和劳务,满足社会需要,实现企业目标,它还注意维护社会公众的利益,不污染社会环境,不危害人们的健康。现代市场营销观念是在外界压力下逐渐形成的,它与儒家伦理道德不谋而合,这充分证明了真理的客观性,同时也证明了儒家伦理观具有旺盛的生命力。市场营销和儒家伦理的相互融合和相互作用,能使现代市场营销向高层次、高品位方向发展,并在中华大地上造就新的一代儒商。为此,企业在树立知识营销观念的时候需要树立以"仁"为内核的市场营销理念,建构以"义"为特征的市场营销准则,建立以"礼"为基础的市场营销规范,确立以"智"为动力的市场营销策略,遵循以"信"为核心的市场营销原则。

资料来源:http://www.sellcn.com/中国营销网

3. 绿色营销观念

随着全球环境保护意识的增强,世界各国经济都在实施可持续发展战略,强调经济发展应与环境保护相协调。作为绿色保护运动的一个重要组成部分——绿色营销正成为社会和企业认真研究的热门课题。人们逐渐崇尚绿色消费,诸多企业也开始从传统营销转向绿色营销。

绿色营销源于人们的绿色消费观念。在20世纪70年代末和80年代初,随着环境污染的

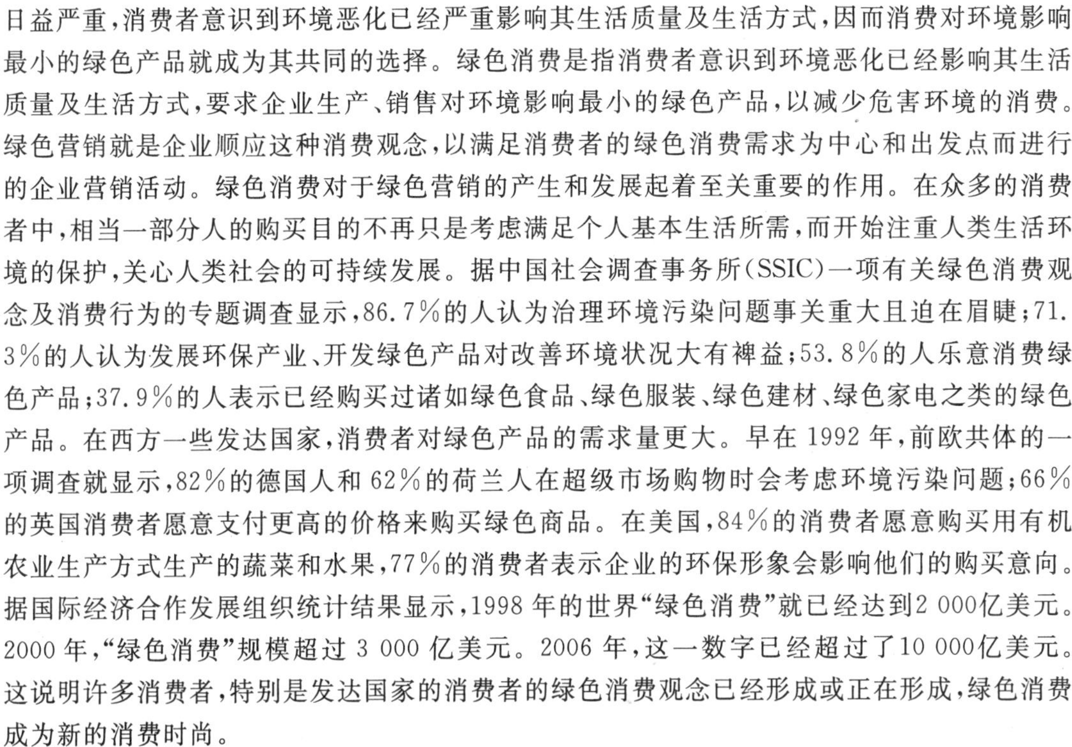

日益严重，消费者意识到环境恶化已经严重影响其生活质量及生活方式，因而消费对环境影响最小的绿色产品就成为其共同的选择。绿色消费是指消费者意识到环境恶化已经影响其生活质量及生活方式，要求企业生产、销售对环境影响最小的绿色产品，以减少危害环境的消费。绿色营销就是企业顺应这种消费观念，以满足消费者的绿色消费需求为中心和出发点而进行的企业营销活动。绿色消费对于绿色营销的产生和发展起着至关重要的作用。在众多的消费者中，相当一部分人的购买目的不再只是考虑满足个人基本生活所需，而开始注重人类生活环境的保护，关心人类社会的可持续发展。据中国社会调查事务所(SSIC)一项有关绿色消费观念及消费行为的专题调查显示，86.7%的人认为治理环境污染问题事关重大且迫在眉睫；71.3%的人认为发展环保产业、开发绿色产品对改善环境状况大有裨益；53.8%的人乐意消费绿色产品；37.9%的人表示已经购买过诸如绿色食品、绿色服装、绿色建材、绿色家电之类的绿色产品。在西方一些发达国家，消费者对绿色产品的需求量更大。早在 1992 年，前欧共体的一项调查就显示，82%的德国人和 62%的荷兰人在超级市场购物时会考虑环境污染问题；66%的英国消费者愿意支付更高的价格来购买绿色商品。在美国，84%的消费者愿意购买用有机农业生产方式生产的蔬菜和水果，77%的消费者表示企业的环保形象会影响他们的购买意向。据国际经济合作发展组织统计结果显示，1998 年的世界“绿色消费”就已经达到2 000亿美元。2000 年，“绿色消费”规模超过 3 000 亿美元。2006 年，这一数字已经超过了10 000亿美元。这说明许多消费者，特别是发达国家的消费者的绿色消费观念已经形成或正在形成，绿色消费成为新的消费时尚。

绿色营销是指企业以环境保护观念作为其经营哲学思想，以绿色文化为其价值观念，以消费者的绿色消费为中心和出发点，在生产经营过程中，将企业自身利益、消费者利益和环境保护利益三者统一起来，并以此为中心，对产品和服务进行构思、设计、销售和制造，是力求满足消费者绿色消费需求的营销观念、营销方式和营销策略。进行绿色营销的企业不仅关心和研究使用本企业产品的消费者，而且更关心社会和全人类，自己的营销活动不但能创造消费者效应和企业经济效益，还能产生社会效益和生态效益。绿色营销方法是传统营销方法的延伸和发展。传统营销方法强调通过协调企业、顾客与竞争对手三者的关系来获取利润，而绿色营销则在此基础上还要进一步考虑营销活动同自然环境的关系。绿色营销方法的出发点与社会营销观念也有一定程度的差异，后者虽强调企业利益同消费者及社会长远利益结合，但它并未重视社会可持续发展。绿色营销方法要求企业尽可能满足消费者对绿色消费的需求，其产品生产及使用过程一定要安全，并对环境有益，营销策略也一定要从可持续发展的战略高度进行制定、组合和实施。

树立绿色营销观念、开发绿色产品、开拓绿色市场已成为 21 世纪企业营销发展的新趋势，也给企业发展创造了新的机遇。绿色营销观要求企业在营销中，要以可持续发展为目标，注重经济与生态的协同发展，注重可再生资源的开发利用，减少资源浪费，防止环境污染。绿色营销强调消费者利益、企业利益、社会利益和生态环境利益等四个利益的统一，在传统的社会营销观念强调消费者利益、企业利益与社会利益三者有机结合的基础上，进一步强调生态环境利益，将生态环境利益的保证看做是前三者利益持久地得以保证的关键所在。

4. 亲情营销观念

随着科学技术和企业管理水平的不断提高，企业的产品、质量、价格、种类等竞争优势已不十分明显，经济的不断发展使顾客的购买能力不断增强，而且顾客心理正发生从单纯追求物质消费到更看重、更追求物质消费以外的附加消费及心理感受的改变。这一变化正是对提高营销服务质量的呼唤，服务因素已逐渐取代产品质量和价格而成为市场竞争的新焦点。亲情营销正是服务营销中的一种人性化极强的营销形式和亮点。20 世纪 80 年代初，美国通用电气公司就提出了顾客“亲情营销”战略。随之，世界上许多企业便开始对它进行尝试和探讨。

亲情营销作为一种全新的服务营销形式，它服务的立足点是实现企业与顾客心理的接近，并把顾客利益放在首位。亲情营销是经营哲学领域顾客满意的具体体现。它并不在意企业目前效益是否降低，而在于通过特色服务缩短或消除企业与消费者之间在时间、空间、特别是心理上的距离。亲情营销凸现服务的精确性和个性化。企业通过建立具有反馈职能的信息管理系统等多种渠道，不断了解和认识顾客需要，针对顾客的需求差异，及时准确地介入，以满足顾客的不同需求。如通过建立“消费者意见系统”，把消费者的意见和需求进行量化；针对消费者或用户的个性特点和特殊偏好，开发出特殊的产品和服务，以满足顾客的需要。亲情营销更侧重情感服务，讲求服务的艺术性。它更注重对顾客的人格尊重、精神愉悦和美感享受的需要，讲究服务的技巧，把握服务的时机，把情感服务贯穿于服务过程的始终。亲情营销还具有柔性化的特点，这集中体现在企业利用同一条生产线，生产出不同规格、不同色泽、不同款式的同类型产品，以满足消费者的个人偏好。

亲情营销通过服务的精确、服务的情感与人性，最终寻求企业与顾客心与心的交流与接近，并赢得顾客的信任和好感。亲情营销可以创造新的人际传媒媒介，减少企业巨额的促销与广告投入。亲情营销侧重于服务的准确到位，洞察民心，体贴民情。这种攻“心”战略，无疑抓住了服务顾客的关键。留住了顾客的心，也就赢得了顾客对企业的忠诚。忠诚的顾客会把从企业服务中得到的美好享受告诉亲朋好友，左邻右舍。他们喜形于色，情不自禁，无疑是对企业形象的极佳传播。因此，在当今剧烈变动的市场环境下，几乎没有任何一个方面可以使企业获取长远的、稳固的竞争优势，而通过亲情营销，加强与顾客的联系，缩短与顾客的距离，提高他们的满意与忠诚度，通过忠诚顾客带来的稳定收入，以及在此基础之上获得的相关销售和顾客推荐，却能帮助企业获得比竞争者更多的利润，并取得长久的竞争优势。

亲情营销观念强调把顾客当“朋友”或“亲人”而不是“上帝”，通过建立一种新型的亲情关系，把企业与顾客之间的距离最大限度地缩短，通过与顾客做“朋友”，而使顾客成为企业的永远“朋友”。试想，当顾客成为企业的“朋友”时，还会不向企业的产品“投资”吗？这就叫以企业的“感情投资”换取顾客的“货币投资”。

【营销信息链接】

成功的亲情营销策略

当服务营销越来越受到企业重视并成为新的竞争焦点后，亲情营销作为服务营销中的一种特色营销，已在许多企业的实践中获得成功。

(1) 企业把烦恼带走，把幸福和喜悦留给顾客。这种及时准确的亲情服务，深深打动着消费者的心。海尔集团就在服务中提出了“尽量使用户的烦恼趋于零”的口号。企业视用户的烦恼为企业的烦恼，设身处地地为顾客着想。1994 年 3 月，《青岛晚报》刊登了一则消息，一位姓王的老太太买了一台海尔空调并租用一辆出租车运输回家，当老人上楼请人帮忙时，出租车司机乘机将空调拉跑了。消息刊出后，社会反响强烈，人们纷纷谴责黑心的出租司机；而身为海尔集团老总的张瑞敏这时想到的却是老人那颗被伤痛的心和万般的无奈。因此，他指示企业有关部门免费赠给王老太太一台空调，并迅速上门安装。雪中送炭，真情奉送，不仅解除了顾客的忧愁和烦恼，更关键的是这份珍贵及时的真情，让消费者永久难忘。

(2) 超越顾客企望的服务，让消费者意外惊喜和感动。大宗电器使用出现故障后，维修往往给消费者带来诸多不便，像冰箱的维修，厂家要么是上门服务，要么是要客户把电器送到指定的地点维修，这使得消费者不得不暂停使用。更让消费者发愁的是冷冻食品的处理，尤其在夏天。然而科龙电器股份有限公司对冰箱的维修服务却远远超出消费者的想象。厂家维修时不仅派人负责冰箱的往返搬运，而且在搬走故障冰箱的同时，还运来一台供客户无偿使用的冰箱，直到客户冰箱修好为止。海尔集团安装空调推行“红地毯”式服务。当安装空调时，工人便从进门处就铺好地毯到安装房间，从搬运到安装过程结束，客户地面一尘不染。企业的服务完全超越顾客的期望，这种服务的精神与技巧使消费者不得不拍案叫绝。企业的这种服务变成了消费者的一种享受。

(3) 服务零距离，使企业与消费者的心更贴近。倡导“服务零距离”，就是通过企业细致、周到、体贴的服务，拉近与消费者的距离。它具体表现在企业的好客及关心顾客的行为上。企业的人情味服务贯穿于服务过程的始终。现在世界上一些知名的超市都实施了这种情感浓浓的服务。当顾客与企业接触时，便受到企业员工得体的欢迎；当天气恶劣时，企业向顾客提供车辆，使其不受侵袭；当顾客在企业室内选购时间长久后，企业便提供一些供顾客消除疲劳的设施，如沙发、报纸、电视等。企业尽善尽美的服务，使顾客领悟到服务的温馨与和谐，顾客有一种“宾至如归”的感觉。

资料来源：http://www.bioon.com 新营销

7.2.2　产品创新

1. 产品创新的重要性

中国有句古话，“不谋全局者，不足谋一域；不谋万事者，不足谋一时”。在 20 世纪二三十年代，福特公司曾以大规模生产黑色轿车而独领风骚数十载，但随着时代变迁，消费者的消费需求也发生着变化，人们希望有更多的品种、更新的款式、更加节省能耗的轿车。而福特汽车公司的产品，不仅颜色单调、而且耗油量大、废气排放量大，完全不符合日益紧张的石油供应和环保的要求。而此时，通用汽车公司和其他几家公司则紧扣市场脉搏，制定出正确的产品战略规划，生产节能省耗、小型轻便的汽车，在20世纪70年代的石油危机中，跃然居上，使福特汽车公司差点濒临破产。所以福特公司前总裁亨利·福特深有体会地说："不创新，就灭亡。"

(1) 产品创新是新经济企业发展的动力

作为企业，技术创新永远是生存必不可少的手段。技术创新的结果便是促进企业不断设计、生产出市场需求的各种新产品。产品创新是技术创新的延续和深入。一个企业能否持续不断地进行产品创新，开发出适合市场需求的新产品，是决定该企业能否实现持续稳定发展的重要问题。尤其是在科学技术发展日新月异、产品生命周期大大缩短的新经济时代，企业产品面临的挑战更加严峻，不及时更新产品，就可能导致企业的灭亡。

市场上没有永远畅销的产品，任何一种产品在市场上的存在都有时间长短之分，这是由产品生命周期理论决定的。产品是为了满足市场上消费者的需求而产生的，不同时期的消费者存在不同的消费倾向，所以对产品也就提出了不同的要求。能够适应消费者需求的产品会在市场上存在；过时的，不能满足消费者需求的产品，会失去在市场上存在的理由而被市场所淘汰。一个企业能自觉地迎合市场的变化，开发相应的产品，就能够不断发展；否则，企业的生存就面临威胁。不断变化的消费者需求决定了企业必须不断创新产品。企业的生命是以其产品为载体的，企业产品的消亡，意味着企业以这种产品作为其生命载体的可能性消失，如果此时企业没有开发出新产品，企业就会随之消亡。市场竞争是残酷的，消费者是挑剔的，产品不会因为以前得到过消费者的宠爱，就永远得到消费者的青睐。因此，企业不断开发研制适应消费者需求变化的新产品是一个企业保持生命活力与不断发展的前提和基础。

(2) 产品创新是企业获利的源泉

产品创新可以使企业增加获利的机会，降低市场风险，形成新的增长点，有利于产品结构调整。产品创新可积累核心技术和管理经验，增加企业快速反应能力和处理能力，以适应多变的市场。不断推出新产品，在细分市场上，既有大众化的产品，同时又有高档产品，在产品宽度和深度上满足不同层次的客户需求，这样就可以加深公司的亲和力，有利于抢占市场，从而克服了以前靠促销，靠狂轰滥炸的广告战术来形成品牌，转而用战略来赢得品牌。

国内外一些百年老字号企业之所以宝刀不老，就在于不断强化产品创新。烟台"北极星"钟表公司的成功秘诀就是每年推出数十个新品种、新花色、新样式。如果不坚持产品创新，企业发展则会潜伏重大危机。武汉长江音响曾盈利7 000多万元，当时领导者认为把这笔钱放在银行里拿利息也有一笔可观的收入，因而未去投资开发新产品，不到几年时间，VCD取代了音响，长江音响则因失去市场而被迫关门。"产品常新，企业长青"，这是企业界流行的一句格言。它告诉人们只有不断进行产品创新，才能永葆企业青春活动。

2. 产品创新的类型

产品创新是从产品整体概念出发，具体可以划分为以下几种类型：

(1) 产品标准创新

企业在产品开发过程中，一方面应按照国家标准、国际标准进行创新，符合 ISO9000、ISO14000 等国际认证标准的要求；另一方面也不宜机械地照搬某一标准，而应以消费者要求为最终标准，力求使产品最大限度地满足消费者需要。

(2) 产品品种、花色、样式创新

随着科技的迅速发展，产品生命周期日趋缩短，产品的流行色、流行样式变化很快，因而企业必须不断加速产品的更新换代，适时推出新品种、新花色、新样式，以变应变。

(3) 产品包装创新

包装创新要与产品的特性和价值相符，进行适度包装，防止过度包装和过简包装。包装材料的选用也要从有利于环保出发，尽量节约有限资源。同时，应注意纠正社会上对“包装”的变异理解，防止“货卖一张皮”的现象蔓延。

(4) 产品品牌创新

一方面要根据时代的发展和竞争的变化对品牌的设计和使用加以更新，另一方面要根据企业的发展扩大品牌的知名度，争创全国名牌和国际名牌。

(5) 产品服务创新

服务是有形产品的延伸，良好的服务能够为消费者带来更大的利益和更多的满足，因而高质量的服务日渐成为产品的一个重要组成部分。产品服务创新就是强调不断改进和提高服务水平和服务质量，不断推出新的服务项目和服务措施，力图让消费者得到最大的满足或满意。正如美国营销学家李维特教授所言，“未来竞争的关键，不在于企业能生产什么样的产品，而在于为产品提供什么样的附加价值：包装、服务、用户咨询、购买信贷、及时交货和人们以价值来衡量的一切东西”。

产品创新还要顺应国际大趋势，朝着多能化、多样化、微型化、简便化、健美化、舒适化、环保化、新奇化等方向发展，并注重实施产品陈旧化战略。产品陈旧化战略是企业根据市场需求变化规律有意识地淘汰老产品、推出新产品的战略，通过企业自己对产品加以否定而不断地注入“新鲜血液”的方式，使企业成长曲线呈平稳上升态势。

3. 创新产品的发展趋势

通过对国内外市场千姿百态的商品销售动向的观察与分析，企业创新产品的发展趋势大致有以下 10 种。

(1) 发展不同领域相互融合的“复合型”创新产品

“复合型”产品是指通过现有技术与高技术的融合，传统工艺与现代新技术的融合，自有技术与引进技术的融合，军用技术与民用技术的融合，使原有产品具有新的使用性能和使用价值，从而成为“复合型”高新技术产品。例如，电脑与现代通信技术的融合产生具有各种新功能

的信息技术产品；航空燃气轮机与民用工程控制及保全技术的融合而获得陆用和海用功能的新产品。“复合型”新产品的技术和工艺都是现成的，且大部分机件可保持不变，因此较易实现功能“移植”和“转换”。这种创新产品具有周期短、成本低、效益高的优势。

(2) 发展富有智能启迪功能的“智力型”创新产品

“智力型”产品是指在创新产品的物质实体中具有演唱、奏乐、模仿、计算、学习、会话等功能，能给人以智力启迪的产品。当前市场上流行的掌上电脑、英语学习机等就具有很大的诱惑力；容量更大、功能更全的微机已开始大量进入家庭。这类“智力型”创新产品必将进入一个全新的境界。

(3) 发展融机电为一体的“机电型”创新产品

“机电型”产品就是综合运用机械技术、电子技术和信息技术而研制的机电一体化产品，它实现了机械装备的整体优化。具体创新的优先领域是数控机床及其他机械制造设备，电子化量具量仪、过程检测控制仪表、工业机器人，微电子控制的轻工纺织、医疗器械等；具体创新的共性关键技术是检测传感、信息处理、自动控制、伺服传动、精密机械、系统总体等。机电一体化创新产品具有很高的功能水平和附加价值。

(4) 发展高效、降耗、省料的“节能型”创新产品

能源是严重束缚经济发展的“瓶颈”之一。因此，开发创新高效、降耗、省料的“节能型”新产品是经济发展的迫切需要。“节能型”产品的突出特点就是经济效益显著，而且一旦创新成功并被社会广泛采用，就会有令人瞩目的社会价值。因此，应用节能新技术改造耗能旧设备和发展“节能型”创新产品是工业生产领域的一个永恒主题。

(5) 发展工业生产普遍需求的“安全型”创新产品

企业对安全装置、设施和设备的需求日益迫切，开发创新“安全型”产品，确保劳动者安全、健康、舒适、愉快地劳动，以提高工作质量和劳动效率，也是工业生产的普遍需求。例如，覆盖火区、迅速灭火并能预防瓦斯爆炸的矿井灭火装置，就能为井下工人带来福音，就会具有很大的市场潜力。

(6) 发展用途相同而档次不同的“系列型”创新产品

“系列型”创新产品就是以技术先进、功能完善、结构相近的名优产品为基型，通过升级、提高，形成具有新的功能，能满足新的需求的系列化产品。例如，近年来市场对用途相同而档次不同的监控仪表、家用电器、汽车、摩托车等具有旺盛的需求。

(7) 发展适应自动化新浪潮的“自控型”创新产品

“自控型”创新产品是指能自动控制和自动调节其功能的产品。在工业生产自动化的新浪潮面前，企业的主攻方向是使用“自控型”技术设备，以小批量灵活生产方式来适应多变的市场需要。因此，“自控型”产品已成为产品创新的必然趋势之一。

(8) 发展代表新技术发展趋势的“轻微型”创新产品

微电子技术的发展加速了“轻微型”产品的开发创新进程，“短、轻、精”的创新产品一问世

即称雄市场，使“长、重、粗”的老产品相形见绌。

(9) 发展集实用性和外观美于一身的“艺术型”创新产品

“艺术型”创新产品既是经济、耐用、实惠的实用品，在某种意义上又是美观、大方、新颖的艺术品。随着物质生活的改善和文化生活的丰富，消费者把对产品的需求与对美的追求联系在一起，审美心理则愈来愈成为决定商品取舍的重要因素。因此，适应消费者的求美心理，搞好产品设计、造型、包装的创新，实现美学向商品的渗透，开发适销对路“艺术型”创新产品，就一定能赢得用户。

(10) 发展符合环境保护消费意识的“环保型”创新产品

日益强烈的环境保护呼声已成为许多国家强化环保法规的推动力。作为抵制破坏环境的一项战略性手段，越来越多的国家开始重视发展环保型产品，因而具有远见的厂家正在增加对该领域的投资。为此，只有根据消费者的绿色消费意识尽早进行绿色产品的创新，方能驾驭未来的市场。

7.2.3　市场创新

1. 市场创新的基本概念

按照熊彼特的观点，一种新的技术发明，只有被市场化了才能成为“创新”。可以看出，创新离不开市场，但创新不等于市场创新。在不同的角度和层次对市场创新这个基本理论问题有不同的见解。一般认为，在市场经济条件下，市场创新的基本含义可以界定为，在市场经济体制下，企业为实现各种新市场要素的商品化和市场化而进行的一系列活动的总称，它具有以下四个特点：

(1) 企业是市场创新的主体

作为一种具有很强商业目的的商品生产与市场开发行为，符合现代企业制度要求、能够自主投资决策、自享利益、自担风险的现代企业应该成为虽不是唯一、但却是基本的市场创新主体。

(2) 市场创新的主要目标是开辟新市场

市场创新的本质特征就是创新性。没有创新就没有新的市场要素，创新是一切进步发展的活力源泉。只有进行创新性的市场研究与开发，创新者才能发现新的市场要素进而开发新的市场。市场创新的新市场要素及其新的组合方式包括各种新的生产和销售技术、新的广告创意、新的促销手段、新的营销渠道、新的市场定位、新的市场形象等。

新市场是相对于旧市场而言的，不同的企业具有不同的创新能力，因此产生不同的市场创新领域、不同程度的市场创新和不同的市场发展方向。

(3) 市场创新成功与否主要取决于市场认可程度

市场创新的成功与否，既不完全取决于某一市场要素在技术上的成败，也不完全取决于其在市场上创造性地大小，而主要取决于市场对其的认可，即市场化或市场实现的程度。如果是

产品，则看产品的市场销售状况；如果是需求，则看需求市场的满足程度；如果是技术，则看技术能否产业化，能否创造市场需求、推动市场发展等。因此，市场创新能够被市场认可是实现市场创新目标的关键环节。

(4) 市场创新是一项整体性的系统工程

企业市场创新活动首先牵涉到企业内部的各个领域和环节，如产品技术开发、生产组织与管理、人力资源规划与培训、市场营销与推广等。同时，企业市场创新活动还必然受到社会景气指标优劣、产业结构调整、产业投资比重改变、社会文化、传统影响、消费习惯等因素的影响和制约。因此，企业市场创新是一项整体性的系统管理工程，必须建立在前瞻性、战略性的基础上。

【营销信息链接】

"红高粱"挑战麦当劳的雄心壮志已是非常遥远的回忆了。但现在，中国真的出现了自己的大规模快餐销售企业——丽华快餐。

丽华快餐没有选择中式快餐连锁店，而是选择了竞争程度相对较低的工作快餐市场。丽华的成功，改变了人们对工作快餐市场作坊式操作、低价位、低利润、无法标准化操作的成见。因为实现了规模效应，丽华还在工作快餐市场上，第一个使用大众传媒——电视广告和平面广告与目标消费群体进行沟通。

丽华的市场创新，应引起众多服务企业反省——如果连工作快餐都可以成就大企业，看来服务行业的机会真的很多。

资料来源：http://www.tomx.com/Library/网络营销手册

2. 市场创新的意义

在市场经济条件下，市场是企业的根本。没有市场就没有企业的生存，没有市场的发展就没有企业的发展。为了拓展企业的生存和发展空间，开辟市场空间、部署新的市场战略、注重市场创新、灵活应对市场变化是十分关键的。市场创新是影响和决定企业命运的关键因素，是企业发展的动力源泉，是一切创新的出发点和归宿。市场创新能够带动企业战略创新、制度创新、管理创新、技术创新、组织创新、文化创新、人力资源开发战略创新，甚至带动整个新型商业运行模式的创新。

市场创新是企业生存与发展的活力源泉。市场创新可以延长产品寿命周期、市场寿命周期与技术寿命周期，从而延长企业的寿命周期。市场创新是扩展企业利润空间的主要来源。在成本降低空间有限度的条件下，差异化和目标聚集的市场创新战略能够帮助企业参与市场竞争，并给企业带来无限生机。其原因主要包括以下几点：一是市场创新能够使企业形成自己的特色，将市场定位于个性化、独特性的产品领域，生产和经营差别化的产品，并采用富有特色的营销手段和优势营销来重塑其市场竞争力；二是市场创新能够实施补缺战略，选择开发未被满足或易被竞争者忽视的空当商品或边缘性市场，通过专业化经营来获取最大的收益。一般来说，市场的变化会带来新的需求，有新的需求就有新的市场空白，填补市场空白，或进入一些

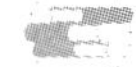

容易被忽略的细分市场，不仅解决了企业谋求生存和发展的问题，而且有助于开拓更广阔的市场。

3. 市场创新的类型

市场创新是个相对概念，新的程度需要比较、衡量和参照标准，尺度不同则新的程度不同。市场创新的领域是非常广泛的，在不同的领域有不同的市场创新来源，可以从不同角度研究市场创新的类型。

（1）根据创新的程度分类

根据市场创新的程度，可以将市场创新分为首创型市场创新、改创型市场创新和仿创型市场创新三大基本类型。

① 首创型市场创新

首创型市场创新是指企业首次引入某种新的市场要素并实现其市场化的创新活动。从时序性来看，这是创新程度最高的一种市场创新活动。例如，1877 年美国贝尔电话公司推出的电话、1935 年美国柯达公司推出的彩色照相机、1971 年美国英特尔公司推出的微处理机等。这类市场创新一旦成功，就能给企业带来丰厚的利润、赢得长期的竞争优势，但同时也意味着这是最难的一类创新活动，先期投资大，市场风险高。

② 改创型市场创新

改创型市场创新是指企业在已有的首创市场基础上，对某一市场要素改进和再创新并实现其市场化的创新活动。从创新程度来看，改创型创新属于中等创新程度的创新活动，它没有必要率先创造新市场，只需要在首创者所创造的新市场上进行改良或者改进，因此难度相对较小。虽然改创型市场创新的创新程度中等，但并不意味着其所获市场创新收益和形成市场竞争优势比首创型创新小。另外，从企业创新的人力和条件看，任何一家企业在进行首创时都不可能是完善的，只有不断地改善，才可获得市场的大发展。所以，改创型市场创新不仅具有十分重要的意义，而且能够获得较大的市场竞争优势。

③ 仿创型市场创新

仿创型市场创新是指企业通过对市场创新首创者或改创者进行模仿，从而使自己原有的市场发生变化和发展的创新活动，这是创新度最低的一种市场创新活动。市场仿创者承担的市场风险和市场开发成本都比较小，但是这并不意味着通过仿创创新的企业所获得的市场收益和市场竞争优势就小，只要条件具备，这些企业同样能取得很大的成功。

（2）根据作用于市场的方式不同分类

根据作用于市场的方式不同，可以将市场创新分为渗透型市场创新和开发型市场创新。

① 渗透型市场创新

渗透型市场创新是指不改变现有产品基本状况，利用原有市场的优势，通过挖掘市场潜力，强化市场营销，提高市场份额的市场创新活动。其主要目标是增加产品的销售量，扩大新市场。具体方法有：第一，扩大产品使用人的数量，增强产品宣传力度，扩大宣传范围，使原来不使用本企业产品的人也成为顾客;发掘潜在顾客等。第二,扩大产品使用人的使用频率,包括通过宣传增加消费者的使用次数和使用的数量;增加产品的新用途等。

【营销信息链接】

1898 年,在美国北卡罗来纳州伯恩市,药剂师出身的布拉德创建了百事可乐公司。由于比可口可乐公司晚了 12 年,因此在饮料市场上它永远处于一个跟随者的地位。从 20 世纪初期开始,百事可乐公司通过鼓励现有的顾客多买、争夺竞争对手——可口可乐公司的顾客、不断挖掘尚未购买的潜在顾客等市场创新手段,在一百多年的发展历程中,百事可乐不断发展壮大。如今,由百事可乐发展而来的百事公司(PepsiCo. Inc.)位居全球食品饮料公司前三位,被公认为世界上最成功的消费品公司之一。百事公司目前在碳酸饮料、非碳酸饮料、休闲食品等领域发展均衡,呈现出长期可持续发展的潜力。

资料来源:http://www.tomx.com/Library/网络营销手册

渗透型市场创新还可以分为快速渗透型市场创新和缓慢渗透型市场创新。快速渗透型市场创新是企业以低价格和高促销费用推销产品;而缓慢渗透型市场创新是企业以低价格和低促销费用推销产品。

渗透型市场创新应当是企业首选的市场创新途径,付出的代价和风险比较小,而且成功率比较高。

② 开发型市场创新

开发型市场创新是对市场深度、广度的拓展,销售渠道、销售方式的开拓以及对产品进行开发的市场创新活动。这种创新主要有以下三个方面:一是扩大市场覆盖面,提高市场占有率;二是寻找新的细分市场;三是开拓新的销售渠道。

(3) 根据市场创新的动力机制分类

根据市场创新的动力机制,可以把市场创新分为需求导向市场创新和竞争导向市场创新。

① 需求导向市场创新

需求导向市场创新是指对某种商品或服务的需求还没有形成,或者虽有一定需求但规模太小,使得市场需求处于一种潜在状态。其主要原因在于消费者由于消费条件不具备或不完善,或者对产品尚缺乏足够的认识。因此,就应该采取各种积极措施,创造性地激发、培养市场需求,促进消费条件的完善,从而开辟新市场。

需求导向市场创新的途径主要有创造顾客,创造需求;超前引导顾客需求;培育顾客,培育市场;滞后开发;求情开发等。

② 竞争导向市场创新

由于市场竞争越来越激烈,企业成败的关键不仅在于能否满足消费者的某种需求,而在于企业能否比竞争者更能满足顾客的需求,这就是由企业竞争引发的新的市场创新。

竞争固然给企业的生存带来成败,但同时也给企业以发展的压力和动力。企业要生存发展,一方面要看准顾客,另一方面又必须看准竞争者,通过竞争进行市场创新。

7.2.4　市场营销方法创新

随着营销观念的创新以及市场环境的变化，营销已经不再局限于传统的营销方法，企业从多个角度对营销方法进行了创新，并逐渐应用于营销实践中。

1. 网络营销

网络营销的发展是伴随信息技术的发展而发展的。信息技术的发展，特别是通讯技术的发展，促使互联网络形成一个辐射面更广、交互性更强的新型媒体。它不再局限于传统的广播电视等媒体的单向性传播，而且还可以与媒体的接受者进行实时的交互式沟通和联系。因此，这种新型的营销方式可以为企业带来更大的效益。网络营销的效益是使用网络人数的平方，随着入网用户的指数倍数增加，网络的效益也随之以更大的指数倍数增加。

(1) 网络营销的含义

网络营销是一种新的营销方式和营销手段，是指企业利用网络资源展开营销活动，即在互联网络上开展营销活动的一种方法。企业可通过国际互联网建立网站，传递商品信息，吸引网上消费者注意并在网上购买。它是目标营销、直接营销、分散营销、顾客导向营销、双向互动营销、远程或全球营销、虚拟营销、无纸化交易、顾客参与式营销的综合，具有营销成本低、营销环节少、营销目标准确、市场拓展障碍少等特点，这是企业在 21 世纪最重要的营销手段。它的内容非常丰富，包括网上市场调查，主要利用 Internet 交互式的信息沟通渠道来实施调查活动；网上消费者行为分析，通过 Internet 这个信息沟通工具，来了解这些群体的特征和偏好，是网上消费者行为分析的关键；网络营销策略制定；网上产品和服务策略；网上价格营销策略；网上渠道选择与直销；网上促销与网络广告，网络广告作为最重要的促销工具，主要仰赖 Internet 的第四媒体的功能，即网络广告具有交互性和直接性。

(2) 网络营销的特点

市场营销中最重要的信息沟通是组织和个人之间进行信息传播和交换。正因如此，互联网络具有市场营销所要求的某些特性，使得网络营销呈现出以下一些特点：

① 跨时空

企业能有更多时间和更大的空间进行营销，每天 24 小时随时随地地提供全球性营销服务。

② 多媒体

互联网络被设计成可以传输多种媒体信息的网络，使得为达成交易进行的信息交换可以以多种形式存在和交换，可以充分发挥营销人员的创造性和能动性。

③ 交互式

互联网络可以展示商品型录，联结资料库并提供有关的商品信息，和顾客做双向互动沟通，收集市场情报，进行产品测试，进行消费者满意调查等，是产品设计、商品信息提供以及服务的最佳工具。

④ 拟人化

互联网络上的促销是理性的、消费者主导的、非强迫性的、循序渐进式的，而且是一种低成本与人性化的促销，可以避免推销员强势推销的干扰，并通过信息提供与交互式交谈，与消费者建立长期良好的关系。

⑤ 成长性

互联网络使用者数量快速增长，使用者遍及全球，且多为受过高等教育的年轻中产阶级。由于这部分群体购买力强而且具有很强市场影响力，因此网络营销是一项极具开发潜力的市场渠道。

⑥ 整合性

互联网络上的营销可由商品信息至收款、售后服务一气呵成，因此也是一种全程的营销渠道。另一方面，企业可以借助互联网络将不同的传播营销活动进行统一设计规划和协调实施，以统一的传播咨讯向消费者传达信息，避免不同传播中的不一致性而产生的消极影响。

⑦ 超前性

互联网络是一种功能最强大的营销工具，它同时兼具渠道、促销、电子交易、互动顾客服务以及市场信息分析与提供的多种功能。它所具备的一对一营销能力，正是符合定制营销与直复营销的未来趋势。

⑧ 高效性

电脑可储存大量的信息，方便消费者查询，可传送的信息数量与精确度远超过其他媒体，并能应市场需求，及时更新产品或调整价格，及时有效了解并满足顾客的需求。

⑨ 经济性

通过互联网络进行信息交换以代替以前的实物交换，一方面可以减少印刷与邮递成本，可以无店面销售，免交租金，节约水电与人工成本；另一方面可以减少由于迂回多次交换带来的损耗。

⑩ 技术性

网络营销是建立在以高技术作为支撑的互联网络的基础上的，企业实施网络营销必须有一定的技术投入和技术支持。

【营销信息链接】

19世纪80年代，一种无菌的、可包扎的、密封于单独包装、不会被感染且立即可用的外科敷料成品的开发标志着强生公司的诞生。它的使用大大减少了手术后病人感染和再次得病的几率，从而企业迅速发展起来。目前，强生已发展成为拥有180多个公司、近10万雇员的世界大家庭，生产婴儿护理、医疗用品、家庭保健产品、皮肤护理用品、隐形眼镜和妇女卫生用品等系列产品。著名的"邦迪"牌创可贴更是人们居家外出的必备品。

显然，策划这类企业网站比策划通用汽车、德尔和高露洁之类企业网站要难得多。因为设计单一产品企业网站时，当以纵横捭阖为旨；而建立拥有多种产品的企业网站时，则以聚敛收缩为要。这有点类似于书法要诀中"小字贵开阔，大字贵密集"的辩证关系。面对旗下众多的

企业、产品和品牌，强生网站如果不厌其烦地一味穷举，就可能做成“医疗保健品大全”之类的网站。当然，“大全”本身并无不好，问题是互联网生来就是“万类霜天竞自由”的寥廓天地，人们希望的不是遍地“山花烂漫”，而是在寻觅哪边“风景独好”？今日网上谁主一方沉浮，谁就为一方豪杰，可谓英雄割据正当时。所以，强生以“有所为，有所不为”为建站原则，以企业“受欢迎的文化”为设计宗旨，明确主线，找准切入点后便“咬住青山不放松”，将主题做深做透，从而取得了极大成功。

面对庞大的企业群和无数产品，强生网站若按一般设计，可能就会陷入“前屏页面查询＋后台数据库”的检索型网站的传统模式。从网络营销角度上看，这类企业站点已呈“鸡肋”之颓势。这就如同各种典籍类工具历来都有，但任何时候都不会形成阅读热潮和建立起忠实的顾客群体，且对强生来说，那样做还无助于将其底蕴深厚的企业文化传统发挥出来。于是，企业站点在设计上作了大胆的取舍，毅然放弃了所有品牌百花齐放的方案（当然，强生为旗下每家公司注册了独立域名，并能从站点“Websites”目录中方便地查到），只以婴儿护理用品为营销主轴线。选择“您的宝宝”为站点主题，精心构思出“宝宝的书”为其与客户交流及开展个性服务的场所。力求从护理层、知识层、操作层、交流层、情感层、产品层上全面关心顾客，深入挖掘每个家庭的需求，实时跟踪服务。因此，借助于互联网络，强生开辟了丰富多彩的婴儿服务项目；借助于婴儿服务项目，强生建立了与网民家庭的长期联系；借助于这种联系，强生巩固了与这一代消费者间的关系，同时又培养出新一代的消费者。强生这个名字，必然成为最先占据新生幼儿脑海的第一品牌，该品牌可能将从孩子记事起，伴随其度过一生。网络营销做到这一境界，已是不易。

资料来源：http://www.globrand.com 全球品牌网

(3) 网络营销对传统营销的冲击

网络营销作为一种全新营销理念，具有很强的实践性，它的发展速度是前所未有的，而网络营销的跨时空性无疑是一颗“重型炮弹”，将对传统营销产生巨大冲击。

① 对传统营销策略的影响

● 对传统产品品牌策略的冲击

首先，对传统产品品牌策略的冲击表现在对传统的标准化产品的冲击上。通过互联网，厂商可以迅速获得关于产品概念和广告效果测试的反馈信息，也可以测试顾客的不同认同水平，从而更加容易地对消费者行为方式和偏好进行跟踪，以此对不同的消费者提供不同的商品。怎样更有效地满足各种个性化的需求是每个上网公司面临的一大挑战。其次表现在品牌的全球化管理上。对上网公司的一个主要挑战是如何对全球品牌和共同的名称或标志识别进行管理。是实行统一形象品牌策略，还是实行有本地特点区域品牌策略，以及如何加强区域管理是上网公司面临的现实问题。

● 对定价策略的影响

相对于目前的各种媒体来说，互联网先进的网络浏览和服务器会使变化不定的且存在差异的价格水平趋于一致。这对于执行差别化定价策略的公司来说不能不说是一个严重问题。

● 对传统营销渠道的冲击

通过互联网,生产商可与最终用户直接联系,因此中间商的重要性有所降低。这就造成两种后果:一是由跨国公司所建立的传统的国际分销网络对小竞争者造成的进入障碍将明显降低;二是对于目前直接通过互联网进行产品销售的生产商来说,其售后服务工作是由各分销商承担,但随着他们代理销售利润的消失,分销商将很有可能不再承担这些工作。

● 传统广告障碍的消除

首先,相对于传统媒体来说,网络空间具有无限扩展性,因此企业在网络上做广告可以较少地受到空间篇幅的局限,尽可能地一一罗列必要的信息。其次,迅速提高的广告效率也为网上企业创造了便利条件。

② 对传统营销方式的冲击

随着网络技术迅速向宽带化、智能化、个人化方向发展,用户可以在更广阔的领域内实现声、图、像、文一体化的多维信息共享和人机互动功能。这将导致大众市场的终结,并逐步体现市场的个性化,最终以每一个用户的需求来组织生产和销售。

另外,网络营销的企业竞争是一种以顾客为焦点的竞争形态,如何与散布在全球各地的顾客群保持紧密的关系并能掌握顾客的特性,再经由教育顾客与企业形象的塑造,建立顾客对于虚拟企业与网络营销的信任感,是网络营销成功的关键。

③ 对营销战略的影响

首先,对营销战略的影响表现在对营销竞争战略影响上。互联网具有的平等、自由等特性,使得网络营销将降低跨国公司所拥有的规模经济的竞争优势,从而使小企业更易于在全球范围内参与竞争。另一方面,由于人人都能掌握竞争对手的产品信息与营销作为,因此胜负的关键在于如何适时获取、分析、运用这些来自网络的信息,以及如何研究、制定并采用极具优势的竞争策略。同时,策略联盟将是网络时代的主要竞争形态,如何运用网络来组成合作联盟,并以联盟所形成的资源规模创造竞争优势,将是未来企业经营的重要手段。其次,对营销战略的影响表现在对企业跨国经营战略影响上。任何渴望利用互联网的公司都必须为其经营选择一种恰当的商业模式,并要明确这种新型媒体所传播的信息和进行的交易将会对其现存模式产生什么样的影响。

④ 对营销组织的影响

互联网(Internet)带动了企业内部网(Intranet)的蓬勃发展,使得企业内外部沟通与经营管理均需要依赖网络作为主要的渠道与信息源。

⑤ 网络营销与传统营销的整合

作为新的营销理念和策略,网络营销凭借互联网特性对传统经营方式产生了巨大的冲击,但这并不等于说网络营销将完全取代传统营销。网络营销与传统营销将长期并存,它们的整合是一个相当漫长的过程。

网络营销与传统营销是相互促进和补充的，企业在进行营销时应根据企业的经营目标和细分市场，整合网络营销和传统营销策略，以最低的成本达到最佳的营销目标。网络营销与传统营销的整合，就是利用整合营销策略实现以消费者为中心的传播统一、双向沟通，实现企业的营销目标。

2. 关系营销

关系营销是西方国家进入 20 世纪 90 年代以来在诸多产业领域广为运用的一种新方法和新概念。公共关系曾作为促销和打开市场的一大关键因素而曾被科特勒引入他的大市场营销理论，但自 20 世纪 90 年代以后的关系营销却有更广泛和更深刻的含义。

(1) 关系营销的含义

关系营销是以系统论为基本指导思想，将企业置于社会经济大环境中来考察企业的活动，认为企业营销是一个与顾客、竞争者、供应商、分销商、政府机构、股东、员工和社区公众等发生互动作用的过程，其核心是建立和发展与这些个人和组织的良好合作关系，尤其是努力使顾客满意，保持与加强同顾客的良好关系，长期获得市场利益。企业有效地开展关系营销，将使企业的营销活动从单纯的交易行为转变为由以上各方共同编织的关系网络的过程，企业营销的功能也由从过去使每次交易的利润最大化转变为谋求网络成员利益的最大化。企业正是通过谋求与各网络成员的互惠互利，尤其是通过最大限度地满足消费者的需求，求得生存和发展的。

采用关系营销方法有利于建立和维护同顾客的关系；有利于建立与供应商的良好合作关系；有利于加强与协调和同行之间的关系；有利于企业文化建设，增强员工的归属感和凝聚力；有利于保持商场同政府、中介机构等的良好关系等。

(2) 关系营销的特征

关系营销的本质特征可以概括为以下几个方面：

① 双向沟通

在关系营销中，沟通应该是双向而非单向的。只有广泛的信息交流和信息共享，才可能使企业赢得各个利益相关者的支持与合作。

② 合　作

一般而言，关系有两种基本状态，即对立和合作。只有通过合作才能实现协同，因此合作是双赢的基础。

③ 双　赢

关系营销旨在通过合作增加关系各方的利益，而不是通过损害其中一方或多方的利益来增加其他各方的利益。

④ 亲　密

关系能否得到稳定和发展，情感因素也起着重要作用。因此关系营销不只是要实现物质利益的互惠，还必须让参与各方能从关系中获得情感需求的满足。

⑤ 控　制

关系营销要求建立专门的部门用以跟踪调查顾客、分销商、供应商及营销系统中其他参与者的态度，由此了解关系的动态变化，及时采取措施消除关系中的不稳定因素和不利于关系各方利益共同增长的因素。此外，通过有效的信息反馈，也有利于企业及时改进产品和服务，更好地满足市场的需求。

(3) 关系营销的流程系统

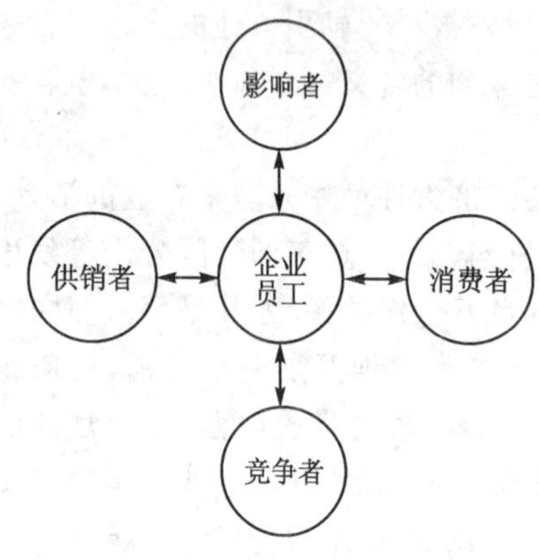

图 7-1　企业营销基本关系

关系营销把一切内部和外部利益相关者纳入研究范围，用系统的方法考察企业所有活动及其相关关系，表现积极的一方被称为市场营销者，表现不积极的一方被称为目标公众，企业营销基本关系如图 7-1 所示。

企业与利益相关者结成休戚与共的关系。企业的发展要借助利益相关者的力量，而后者也要通过企业来谋求自身的利益。

① 企业内部关系

内部营销起源于把员工当做企业的市场。企业要进行有效的营销，首先要有具备营销观念、能够正确理解和实施企业的战略目标和营销组合策略、并能自觉地以顾客导向的方式进行工作的员工。企业要尽力满足员工的合理要求，提高员工的满意度和忠诚度，为关系营销奠定良好基础。

② 企业与竞争者关系

企业所拥有的资源条件不尽相同，往往是各有所长，各有所短，为有效地通过资源共享实现发展目标，企业要善于与竞争对手和睦共处，并和有实力、有良好营销经验的竞争者进行合作。在中国 PDA 市场上，商务通和名人作为两个最大的竞争对手，不断地进行着价格战和口水战。价格战和口水战在短期内刺激了市场，但是这种恶性竞争的后果就是，商务通和名人都无法像英特尔和微软那样垄断地控制新产品和关键技术的进展和价格走势，无法像它们那样每出一次新品都从容地从高价起步，并催大市场容量。它们也意识到了这种竞争其实只会带来一种结果，那就是两败俱伤。为此，名人公司曾提出和恒基伟业两家联手做市场，搞"竞合战略"。这个蓝图确实是很诱人的，两家的份额加起来高达 80%，如果结成同盟，不仅可以控制价格以及新产品推广的步伐，还可以联手去打击其他市场闯入者。但这种双寡头垄断市场的格局仅仅是一厢情愿。在国外的品牌还没有真正大张旗鼓地杀进来时，这个市场也远没有成熟。但是，在一个成熟的市场，一个企业想要生存并成为整个行业的领导者，就必须真正搞好与众多竞争者的关系。

③ 企业与顾客关系

企业要实现盈利目标，必须依赖顾客。企业需要通过搜集和积累大量市场信息，预测目标市场购买潜力，采取适当方式与消费者沟通，变潜在顾客为现实顾客。同时，要致力于建立数据库或以其他方式密切与消费者的关系。对老顾客，要更多地提供产品信息，定期举行联谊活动，加深情感信任，争取使其成长为长期顾客，其花费的成本，肯定比寻求新顾客更为经济。

④ 企业与供销商关系

因分工而产生的渠道成员之间的关系是由协作而形成的共同利益关系。合作伙伴虽难免也存在矛盾，但相互依赖性更为明显。企业必须广泛建立与供应商、经销商之间的密切合作的伙伴关系，以便获得来自供、销两个方面的有力支持。

⑤ 企业与影响者关系

各种金融机构、新闻媒体、公共事业团体以及政府机构等对企业营销活动都会产生重要的影响，企业必须以公共关系为主要手段争取它们的理解与支持。例如，社区是以地缘为纽带而连接和聚集的若干社会群体或组织，构成了企业关系营销中不可忽视的一环。企业需要社区提供完善的基础设施和有效率的工作，社区也希望企业为社区建设提供人、财、物的支持。

【营销信息链接】

“亚细亚”的衰败

关系营销认为，商场与商场之间既有竞争关系，又有合作关系。现代商业崇尚成行成市，“一枝独秀”、“一家独霸天下”的局面已不存在，更何况早有唇亡齿寒的古训。同一商业区域内的各大商场，都应有自己的目标定位，扬长避短，优势互补，从而满足顾客的不同需求，实现各自的营销目标。但实际情况是大多数商场千店一面，这就加剧了同行之间的竞争。

在中原商战时，郑州的“亚细亚”为了和五大商场争夺顾客，不断加大营销成本，不惜重金。当时亚细亚广告铺天盖地，并制造了“星期天到哪里去——亚细亚”这样夸大自身宣传的歇后语，令其他商场在感情上难以接受。于是五大商场成立联谊会，达成不和亚细亚合作的协议，如不和亚细亚一起做广告，在五商场有生意的厂家若在亚细亚有柜台必须撤货，不然五商场将联合抵制这些厂家等。这对亚细亚来说是致命的杀招，但并未给亚细亚敲响警钟。

后来，亚细亚连锁店广州仟村百货开业之初，其营销基调仍定得很高，表现出很强的进攻性。如对外宣称“一年不亏，二年盈利，三年称雄广州”。广告宣传仍铺天盖地，并像在郑州一样大张旗鼓地派汽车在广州四周招揽顾客等。但这种咄咄逼人的气势不可避免地与广州商界一贯崇尚的锋芒内敛、和气生财的心理发生冲突，以至于四面树敌。供应商碍于其他商场的压力不愿与其合作，仟村百货陷入孤立无援境地，再加上其他原因，只好关门大吉。

资料来源：http://www.myoic.com/点子俱乐部

3. 服务营销

(1) 服务营销的含义和意义

服务营销是企业营销管理深化的内在要求，也是企业在新的市场形势下竞争优势的新要

素。服务营销的运用不仅丰富了市场营销的内涵,而且也提高了面对市场经济的综合素质。针对企业竞争的新特点,注重产品服务市场细分及服务差异化、有形化、标准化以及服务品牌、公关等问题的研究,是当前企业竞争制胜的重要保证,也是服务营销的最主要的含义。

服务营销的兴起,对增强企业的营销优势,丰富企业营销活动内涵有着重要的意义。首先,它有利于丰富市场营销的核心——充分满足消费者需要的内涵。服务营销从消费者需要的满足或消费者能够获取的实际利益出发,在提供有形产品给消费者的同时,向消费者提供一系列无形服务,使市场营销的本质内涵得以全面实现。其次,它有利于增强企业的竞争能力。各企业为了在竞争中取胜,除了向市场提供优质低价的产品外,还在提供各种附加服务上下工夫,使自己所提供全部产品(实体和服务)优于竞争对手。再次,它有利于提高产品的附加价值。服务作为产品的附加利益可增加产品的整体价值,使产品身价倍增,给消费者更多的方便和享受。产品的附加价值愈大,消费者满意程度则愈高。向消费者提供高于竞争对手的产品附加价值,才能提高消费者的满意度,获得更大的利润。最后,它有利于提高企业的综合素质,树立企业的良好形象。企业营销人员是企业对外交流的主体,是企业与消费者联系的纽带,企业的服务质量要通过营销人员的素质来体现。也就是说,企业对外的服务营销工作要靠企业通过内部营销工作、努力提高企业职工的素质来实现。内部营销是服务营销的一个不可缺少的重要组成部分,企业通过服务营销工作,可以促进营销人员素质和企业经营管理水平的提高,提高企业的综合素质。

(2) 服务营销的特点

与有形产品比较,服务产品具有不可感知性、不可分离性、差异性、不可储存性和所有权缺位等特征,服务产品的特征决定了企业服务营销具有以下不同于实物产品营销的种种特点。

① 服务营销以提供无形服务为目标。服务营销往往通过一种行为、绩效或努力来表现,消费者对服务营销的效果往往是通过服务质量的实物线索,如地点、人员、设备、沟通工具、价格等来评判,这不仅增加了服务营销的难度,而且也对营销组织的有关人员提出了更高要求。

② 服务的不可分离性决定了服务产品的消费与提供是同时进行的,也就是服务的消费者要直接参与服务的生产过程,并与服务提供者密切配合。在这一过程中,服务营销者在努力提高自己的素质、创建良好信誉的同时,还要时时注意揣摸消费者的心理喜好,区别不同类型消费者对同一服务的需求差异特性,有针对地开展服务营销工作,以增加消费者的满意度,消除和弱化其不满和抱怨情绪。

③ 服务的差异性导致同一服务者提供的同种服务会因其精力和心情状态等的不同而有较大的差异,同时消费者对服务本身的要求也参差不齐,这就使得服务营销工作稳定性差。服务营销必须因时、因地、因服务对象的变化而变化,而且还要求企业完善规章制度,规范营销管理行为,以制度和规范管理保证服务提供者的服务质量,同时争取消费者对企业工作的理解和支持。

④ 服务具有不可运输和不可贮藏的特征，这使服务供需管理不可能像有形商品那样采取时空转移(存储和运输)的办法解决产品供需在时空上分布不平衡的问题，不能调节供需矛盾，实现供需平衡。因此，如何调节服务供求、如何保持服务供需平衡是企业服务营销管理中的一大难题。在供需不平衡时，可以通过服务营销、调整服务时间和服务内容以及服务程序的方式，在一定程度上平衡供需。

⑤ 服务的所有权缺位特征决定了在服务的生产和消费过程中不涉及任何实体的所有权转移。消费者在接受服务后并未"实质性"地拥有某种所有权。比如，乘坐飞机的旅客除了登机前买到的机票和登机牌外，他并没有得到任何东西的所有权，航空公司也没有把任何东西的所有权转让给旅客。这种所有权缺位往往会使消费者在购买服务时有风险感，服务消费之后仍有"一无所得"的消费心理感应。服务营销的一个重要任务就是要通过建立与消费者的密切关系来克服这种心理，促进服务销售。

(3) 开展服务营销应注意的问题

① 注重对服务市场细分的研究

任何一种服务市场都有为数众多、分布广泛的服务需求者，由于影响人们需求的因素是多种多样的，服务需求具有明显的个性化和多样化特征。任何一个企业，无论其能力多大，都无法全面满足不同市场服务需求，都不可能对所有的服务购买者提供有效的服务。因此，每个企业在实施其服务营销战略时都需要把其服务市场或对象进行细分，在市场细分的基础上选定自己服务的目标市场，有针对性地开展营销组合策略，这样才能取得良好的营销效益。

② 强调服务差异化、有形化、标准化研究

服务差异化的目的是要通过差异化的服务突出自己的优势，与竞争对手相区别。实行服务差异化要求企业首先要调查、了解和分清服务市场上现有的服务种类、竞争对手的劣势和自己的优势，有针对性、创造性地开发服务项目，满足目标顾客的需要。其次，采取有别于他人的传递手段，迅速而有效地把企业的服务运送给服务接受者。最后，企业应注意运用象征物或特殊的符号、名称或标志来树立企业的独特形象，在同业企业中让消费者一见到这些象征或标志就能分辨出企业属性，联想到企业形象。

服务有形化是指企业借助服务过程中的各种有形要素，把看不见摸不着的服务产品尽可能地实体化、有形化，让消费者感知到服务产品的存在，从而延长享用服务产品利益的过程。服务有形化可以通过三个方面来实现：一是服务产品有形化，即通过服务设施等硬件技术来实现服务自动化和规范化，保证服务行业的前后一致和服务质量的始终如一；二是服务环境的有形化，服务环境是企业提供服务和消费者享受服务的具体场所和气氛，它虽不构成服务产品的核心内容，但它能给企业带来"先入为主"的效应，是服务产品存在的不可缺少的条件；三是服务提供者的"有形化"，企业应对员工进行服务标准化的培训，让他们了解企业所提供的服务内容和要求，掌握进行服务的必备技术和技巧，以保证他们所提供的服务与企业的服务目标相一致。

由于受到服务人员水平差异的影响，不同服务人员所提供的服务就会有差异，这样会影响到企业的整体服务水平和形象。因此，企业应尽可能地把这部分技术性的常规工作标准化，以有效地促进企业服务质量的提高。如从方便消费者出发，改进设计质量，使服务程序合理化；制定要求消费者遵守的内容合理、语言文明的规章制度，以诱导、规范消费者接受服务的行为，使之与企业服务生产的规范相吻合；改善服务设施，美化服务环境，使消费者在等待期间过得充实舒服，如设置坐椅、放置书报杂志、张贴有关材料等，为消费者等待和接受服务提供良好条件；使用价格杠杆，明码实价地标明不同档次、不同质量的服务水平，满足不同层次的消费者的需求；规范服务提供者的言行举止，营造宾至如归的服务环境和气氛，使服务生产和消费能够在轻松、愉快的环境中完成。

③ 注重进行服务品牌、公关的研究

服务品牌与商品品牌不一样，它往往不是代表某项单一的服务产品，而是代表整个企业的形象。一个出色的服务品牌能起到展示服务内涵、质量和价值的作用，意味着企业提供优质高效的服务，并有利于企业在市场上树立竞争优势。服务品牌对具有无形性、难以表达和展示等特征的服务来说，是一种强有力的弥补。创服务名牌，是服务企业提高规模经济效益的一项重要措施。因而，企业应注意服务品牌的研究，通过创名牌来树立自己独特的形象，以建立和巩固企业特殊的市场地位，并在竞争中保持领先的优势。

服务公关是指企业为改善与社会公众的联系状况，增进公众对企业的认识、理解和支持，树立良好的企业形象而进行的一系列服务营销活动，其目的是要促进服务产品的销售，提高服务企业的市场竞争力。服务公关活动可以沟通与消费者的联系、影响消费者对企业服务的预期愿望，同时，服务公关活动还应尽可能地与企业提供的实际服务相一致，保证消费者对企业服务需求的稳定发展。

【营销信息链接】

企业在服务当中应该尽可能地量化细节，而细节则必须通过相关的指标来体现。量化指标可以通过心理、生理、神经学综合评估来确定最合适的标准。

根据顾客需求层次进行目标市场分类，根据消费心理过程设计售前、售中、售后服务全程，根据顾客生理、心理所产生购买动机细化服务项目，根据顾客购买习惯在时间、地点、方式等方面有效投入商家资源，一定能收到事半功倍的效果。

研究顾客潜意识对商家抢占目标市场、针对性投入以获取有效回报有极高价值。未来趋势发展，中国独生子女、新新人类、拇指族、月光族等新的目标市场划分及其心态研究一定会为市场竞争添加新亮点。

通过神经科学的工具来研究人类的经济行为，理解人脑决定过程，中间一定有规律可循。通过分析消费生理、心理变化，销售顾问与顾客买卖过程中所产生的视、听、说、动、触等各种表现相互之间一定会有合理的匹配与满足。

资料来源：http://www.tomx.com/Library/网络营销手册

4. 整合营销

(1) 整合营销的含义

菲利普·科特勒认为，企业所有部门为服务于顾客利益而共同工作时，其结果就是整合营销。整合营销发生在两个层次，一是不同的营销功能，包括销售力量、广告、产品管理、市场研究等必须共同工作；二是营销部门必须和企业的其他部门相协调。

营销组合的概念强调将市场营销中各种要素组合起来的重要性，营销整合则与之一脉相承，但更为强调各种要素之间的关联性，要求它们成为统一的有机体。在此基础上，整合营销更要求各种营销要素作用于统一方向，形成合力，共同为企业的营销目标服务，整合营销的过程如图 7-2 所示。

从图 7-2 可以看出，整合营销是一种通过对各种营销工具和手段的系统化结合，根据环境进行即时性动态修正，以使交换双方在交互中实现价值增值的营销理论与营销方法；是一种系统化的营销方法，具有自身的指导理念、分析方法、思维模式和运作方式，是对抽象的、共性的营销的具体化。因此，整合营销是对营销整合的升华和理性化，使之更成体系。

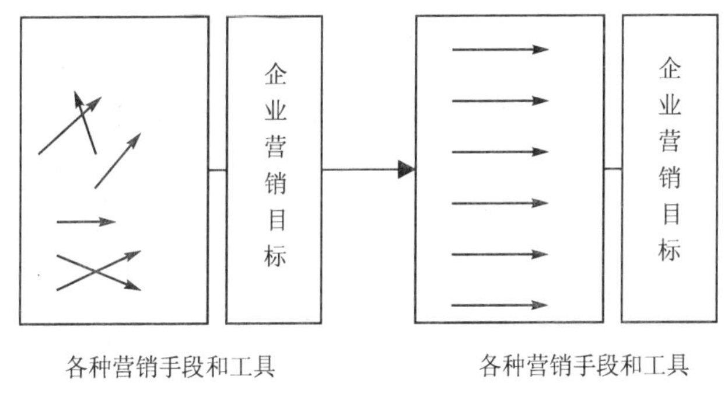

图 7-2　整合营销的过程

(2) 整合营销的执行

营销执行是将营销计划转化为行动和任务的部署过程，并保证这种任务的完成，以实现营销计划所制订的目标。营销计划是围绕营销环境分析和预测，根据一定的战略决定营销活动“做些什么”和“为什么做”的问题。营销执行涉及的是“什么人做”、“在什么地方”、“什么时候”和“怎样做”的问题，是将纸面上的计划、任务落实而产生结果的过程。整合营销同样离不开营销执行，而且因为整合营销计划具有更大的弹性空间和对企业内外发展的动力机制，整合营销执行可以有更多的活力，更高的效率，同时必须增强回馈职能。

① 影响整合营销执行的因素

从整合营销执行的过程看，影响营销计划方案执行的因素主要来自实施、评价和反馈三方面的能力，集中体现在四个要素：

● 营销贯彻技能

企业营销计划从最高层和营销部门起,由少数人的无形的思想转变成企业全体相关人员的行动,并最终形成预期的成果。要使这种贯彻执行快捷有效,企业的功能、规划、政策层次都必须运用一套技能,即分配、监控、组织和配合。分配技能是营销各层面负责人对有形资源(如人员、设备、资金)和无形资源(如时间、信息)进行合理分配组合,使它们在营销活动中达到最优配置、效用最大化的能力;监控技能是在各职能、规划和政策层面建立系统的营销计划结果的反馈系统,并通过反馈结果修正各部分行动(或修正计划目标),形成控制机制;组织技能在于开发和利用可以信赖的有效的工作组织;配合技能要求营销活动各部门以及各成员要善于借助其他部门、其他团体甚至企业之外的力量有效实施预期的战略。

● 营销诊断技能

当营销执行的结果偏离预期目标,或是在向预期目标前进中遇到越来越大的阻力时,就要判断问题是出现在营销计划本身还是执行不力。其次要确认问题所在并采取对策解决这些问题。

● 问题评估技能

营销执行中的问题可能发生在三个层次。一是行使营销功能的一层,如广告代理、经销商。二是营销规划一层,即各种营销功能和资源的组合。三是营销政策一层。层次越向后,解决时涉及的范围越大,难度也越高。在发现问题后就应评定问题所处的层面及解决中可能涉及的范围。

● 评价执行结果技能

营销活动整体的目标,必须分成各个阶段的目标和各部门、各小组的目标才能有效实施。对各分目标完成结果和进度的评价是否及时准确,是能否对营销活动实施控制和调整的前提,也是营销活动能否正确贯彻的保证。

② 整合营销执行过程

在整合营销目标确立之后,接下来就要在营销导向指导下着手整合营销执行。在整合营销执行中,涉及资源、人员、组织和管理四方面的问题,下面分别进行介绍。

● 资源的最佳配置和再生

整合营销执行中要实现资源的最佳配置,一方面要利用内部资源运用主体的竞争,实现资源使用的最佳效益;另一方面要利用最高管理层和各职能部门,形成对稀缺资源的规范管理,并组织资源共享,在最大限度上避免资源浪费。

● 人员的选择、激励

整合营销执行需要企业大量人员参与和推动,人是实现整合营销目标的最能动的因素。因此,首先要进行人员选择。整合营销常以非长期的团队小组来执行其分目标,在这种团队中工作,需要有较高的合作能力和综合素质。其次是进行人员激励。实践证明,即使干劲十足的整合营销团队成员也需要激励。激励可以强化人员信心,发挥其主观能动性,促使创新性变革的产生。

● 学习型组织

企业要实现局部目标和整体目标的统一、内核稳定性和外壳流动性的统一，就需要运用学习型组织的理论，这包括建立共同愿景、团队学习、突破思维定式并形成开放思维。

● 监督管理机制

整合营销实施同样离不开监督管理，与别的组织实施监督管理不同的是，整合营销监督管理划分管理层次，注重监督管理内在化。

营销的最高管理层注重的是如何使各种监管目标内在化，如通过共同愿景培养使各成员、团队自觉、积极地服务于企业目标，通过激励、培养塑造企业文化，通过团队中的人员、职能设置强化团队自我监管功能。某层的工作一旦形成体系，最高层就可将更多的精力放在整合营销战略制定及共有资源协调分配上，并可以通过对各团队的评估和撤并做到对整合营销实施的间接监管。

【营销信息链接】

“超级女声”——一个生动的整合营销案例

“超级女声”的热播，吸引了无数人的眼球，成就了不少怀有明星梦的年轻人，同时也让众多厂商眉开眼笑、财源广进，蒙牛就是这样一家。成千上万套印着“超级女声”广告的蒙牛酸酸乳包装盒、宣传单四处可见，蒙牛酸酸乳的销量激增，其品牌也变得与“超级女声”密不可分，并为中国企业界提供了一个生动的整合营销案例。

产品借机转型。

蒙牛的战略目标很明确。根据 AC 尼尔森的统计数字，2004 年蒙牛乳业已占液体奶市场的 22%，液体奶已成为蒙牛的主要收入来源，占其总营业额的 85% 左右，但其毛利率却由 25.1% 下跌至 22.3%。英昂调查公司总经理英昂林认为，蒙牛一贯擅长利用事件进行营销，此次它们正是希望借机转型，调整产品结构，在主攻液态奶的同时进军酸奶市场。

整合广告、传媒终端促销助推。

蒙牛将酸酸乳的目标消费群体定位在 12 至 24 岁的女孩，并选择首届“超女”季军张含韵为形象代言人；发布以“酸酸甜甜就是我”为号召的广告，充分表达了个性、前卫的广告诉求，彰显了消费者的个人魅力与自信。此广告已在以中央电视台为主、各地卫星电视台为辅的电视广告中迅速铺开。

活动及产品层面的传播是蒙牛此次宣传的侧重点之一。在五大主赛区——也就是蒙牛主攻的五大市场的各种媒体中，对活动的报道此起彼伏，如从赛事的举办及其内涵，到蒙牛酸酸乳的“酸甜”新口味、代言人张含韵及该产品定位等。

借助“超级女声”之势，蒙牛还设立了“超级女声”夏令营，即凡购买酸酸乳夏令营六连包即有机会参加抽奖活动，中奖者可以免费去长沙观看“超级女声”总决赛，还有机会享受长沙游。此活动进一步与终端销售进行结合，将活动影响力转化为产品销售力。

资料来源：http://www.emkt.com.cn/中国营销传播网

5. 数据库营销

(1) 数据库营销的含义

数据库营销是企业通过搜集和积累消费者的大量信息，经过处理后预测消费者有多大可能性去购买某种产品，并利用这些信息给产品以精确定位，有针对性地制作营销信息，以达到说服消费者去购买产品的目的。

(2) 数据库营销的主要特征

① 数据库营销是信息的有效应用。

② 成本最小化，效果最大化。

③ 顾客终身价值的持续提升。

④ "消费者群"观念，即一个特定的消费者群对同一品牌或同一公司产品具有相同兴趣。

⑤ 双向个性化交流，买卖双方实现各自利益，任何顾客的投诉或满意度均通过这种双向信息交流进入公司顾客数据库；公司根据信息反馈改进产品或继续发扬优势，实现服务的最优化。

(3) 数据库营销的优越性

企业实施数据库营销，可以从以下几个方面帮助企业获取市场竞争优势：

① 可以帮助企业准确找到目标消费者群。新一代高速计算机和数据库技术可以使企业能够将精力集中在更少的人身上，并将最终目标集中在最小消费单位——个人身上，实现准确定位。

② 帮助企业判定消费者和目标消费者的消费标准并准确定位。

③ 帮助企业在最合适的时机以最合适的产品满足顾客需求，降低成本，提高效率。

④ 帮助营销者结合最新信息和结果制定出新策略，使消费者成为本企业产品长期忠实用户。越来越多的企业投资建立数据库记录顾客最新反馈，以便公司利用最新成果制订出针对性强的、保证稳定消费群的计划来。

⑤ 为开发营销新项目并增加收益提供信息。

⑥ 发展新的服务项目并促成购买过程简便化，带来重复购买的可能。

⑦ 选择合适的营销媒体。企业根据顾客数据库确定目标，从顾客所在地区、商店数目以及消费者的购买习惯、购买能力做出大致的销售估计，这些是决定营销媒体分配、充分传达广告内容、使消费者产生购买行为必须要考虑的内容。

⑧ 运用数据库与消费者建立紧密关系，企业可使消费者不再转向其竞争者，同时使企业间竞争更加隐秘，避免公开对抗。

(4) 数据库营销的运作程序

数据库营销包括六个基本过程，即数据收集、数据存储、数据处理、寻找目标顾客、使用数据、改善数据。

① 数据收集可以通过市场调查，也可以利用公共记录，如人口统计、医院婴儿出生记录、

患者病历记录、信用卡记录等。

② 数据存储即将数据输入电脑，并建立起消费者数据库。

③ 数据处理即运用统计技术、计算机及相应软件，产生产品开发部门、营销部门、公共关系部门所需要的详细数据。

④ 寻找目标顾客即用电脑设计出某产品的消费者特性，查找目标顾客，以此作为营销工作的目标。

⑤ 使用数据，如特殊身材的消费者数据库不仅对服装生产企业有用，而且对于减肥药生产厂、医院、食品厂、家具厂也都很有用。

⑥ 改善数据库即不断增加各类信息。信息可以从以产品为中心的消费者俱乐部、优惠券反馈、抽奖销售活动登记及其他促销活动中得到。

【营销信息链接】

美国通用电器公司成功地运用了数据库营销。它建有资料详尽的数据库，可以清楚地知道哪些用户应该更换电器，并时常赠送一些礼品以吸引他们继续购买公司的产品。美国的陆际旅馆也建立了顾客数据库，掌握顾客喜爱什么样的房间和床铺、喜爱哪一品牌的香皂、是否吸烟等等，从而有效地分配房间，使每一位顾客都能得到满意的服务。连锁公司运用数据库营销更加有效，如果顾客在某一分店购买商品或服务时表现出某些需求特点，任何地方的任一分店店员都会了解并在顾客以后光临时主动给予满足。随着顾客期望值的提高和电脑的普及，小公司也应采用数据库营销以达到吸引和保留顾客的目的。

资料来源：http://www.ceocio.com.cn 经理世界网

6. 其他营销创新方法

(1) 文化营销

文化营销是把文化观念融入营销活动的全过程中，在满足消费者物欲需要同时，旨在满足消费者精神上、文化上的需要。文化营销强调隐藏在物质需求背后的文化内涵，而不仅仅停留在广告、销售等环节上。文化营销既视产品销售为一种物质现象，也视其为一种文化现象；既视消费活动为个体文化现象，也视其为一种社会文化现象。文化营销特别注重追求精神文化上的满意度，并以价值观为基础。

文化营销是以满足消费者及社会的价值取向为目标开发市场，企业必须迎合消费者的价值取向，并把文化观念融合在产品设计中，以文化吸引顾客，以文化促销售。

(2) 事件营销

事件营销即通过或借助某一有重要影响的事件来强化营销、扩大市场的方法。事件营销的目标是要提高企业或品牌的知名度或美誉度，而不是提高事件本身的知名度或美誉度。长虹公司借助柯受良驾车飞越黄河的重要事件来宣传产品、扩大市场便是成功一例。开展事件营销的前提是充分抓好和利用某一有影响的事件，并把它与企业营销有机地结合起来，达到“借船过海”、“借风扬帆”的目的。

(3) 个性化营销

个性化营销是指企业把对人的关注、人的个性释放及个性需求的满足放在重要位置，尽可能按顾客要求进行生产，迎合消费者个别需求和品味，并应用信息，采用灵活战略适时地加以调整。个性化营销以生产者与消费者之间的协调合作来提高竞争力，以多品种、中小批量混合生产取代过去的大批量生产。

(4) 零库存营销

零库存营销是采用先接订单后生产、库存为零的一种营销方法。采用这一方法的关键是要争取到足够的订单，因而加强产前订货工作就显得尤为重要。

(5) 无缺陷营销

无缺陷营销是指在整个营销过程中不给消费者留下任何遗憾的营销方法，包括产品的设计无缺陷，以消费者满意为原则；生产过程的无缺陷，保证产品的质量；销售过程的无缺陷，使消费者能够挑选到称心如意的商品；售前、售中和售后服务无缺陷，以此建立和维系同顾客的良好关系，促进企业营销工作。

(6) 柔性营销

柔性营销是指企业适时灵活地调整营销活动，适应并满足个性化需求的一种方法。采用这一营销方法要求企业改变以往高度统一、程度标准化的集中管理，实行面向实际、灵活性的分散管理；改变以往一条生产线只能生产一种标准化产品的生产方式，建立一种由计算机设计、控制、管理诸子系统的生产方式，以达到在一条生产线上可生产不同形状、规模、花色、款式的产品的目的；改变以往单纯依赖中间商、中介的流通模式，建立以信息网络为中介的、生产者与消费者密切联系的“外订内制”的产销模式。

(7) 内容营销

内容营销就是把企业品牌的营销信息融入内容里，然后一起传递给目标消费者，以此增加他们的接受程度。

相对生活水平已经提高了许多的城市消费者，如果让他们选择，他们宁愿付点月费给有线台，也不愿意有太多的广告打断他们正在收看的节目。在这个时候，内容营销的概念就应运而生。

内容营销可以包括很多不同的形式，《天下无贼》中的诺基亚手机、BMW 邀请各国名导演拍摄的《The Hire》短篇电影，都属于内容营销的范畴。

(8) 公益营销

在发达国家，帮助弱势群体这个重担永远不会让政府独力承担，由企业成立的慈善基金会一年比一年多。中国企业家在这个领域有必要好好向外国企业学习。

做公益营销，其目的与方向一定要非常清楚。如时代杂志年度人物比尔·盖茨及其太太梅莲达就在预防和治疗艾滋病方面作出了巨额的捐献。当然，从营销的角度，比尔·盖茨更应该成立教育基金来教育贫穷地区的小孩如何使用电脑。但公益营销其实是一个“自相矛盾”的

概念，从消费者的角度来看，会觉得公益是无私的，但营销是自利的。所以企业做公益营销的时候，一定要像比尔·盖茨夫妇一样，全心全意把公益做好，营销的效果才能发挥得最好，这是做公益营销最需要注意的地方。

随着社会经济的发展、科学技术水平的提高、市场竞争压力的加大、消费者需求的日新月异，营销创新的形式将会越来越多，并将在实践当中越来越完善。

【本章小结】

1. 营销创新就是根据营销环境的变化情况，并结合企业自身的资源条件和经营实力，寻求营销要素某一方面或某一系列的突破或变革的过程。市场营销创新是对营销理论的丰富与发展，是企业生存和发展的要求。

2. 营销观念创新是企业营销创新的核心和前提。营销观念的创新需要企业从满足顾客需求的传统营销观念转变为不仅满足顾客需求、还要创造顾客需求的新的营销观念。它包括全球化营销观念、知识营销观念、绿色营销观念和亲情营销观念等。

3. 产品创新是新经济企业发展的动力，是企业获利的源泉。从产品整体概念出发，具体可以划分为以下类型：一是产品标准创新，二是产品品种、花色、样式创新，三是产品包装创新，四是产品品牌创新，五是产品服务创新。产品创新要顺应国际大趋势，朝着多能化、多样化、微型化、简便化、健美化、舒适化、环保化、新奇化等方向发展，并注重实施产品陈旧化战略。

4. 一般认为，在市场经济条件下，市场创新的基本含义可以界定为，在市场经济体制下，企业为实现各种新市场要素的商品化和市场化而进行的一系列活动的总称。它具有以下四个特点：一是企业是市场创新的主体；二是市场创新的主要目标是开辟新市场；三是市场创新成功与否主要取决于市场认可程度；四是市场创新是一项整体性的系统工程。

5. 网络营销是一种新的营销方式和营销手段，是指企业利用网络资源展开营销活动，即在互联网络上开展营销活动的一种方法。企业可通过国际互联网建立网站，传递商品信息，吸引网上消费者注意并在网上购买。它是目标营销、直接营销、分散营销、顾客导向营销、双向互动营销、远程或全球营销、虚拟营销、无纸化交易、顾客参与式营销的综合，具有营销成本低、营销环节少、营销目标准确、市场拓展障碍少等特点，这是企业在 21 世纪最重要的营销手段。

6. 关系营销是以系统论为基本指导思想，将企业置于社会经济大环境中来考察企业的活动，认为企业营销是一个与顾客、竞争者、供应商、分销商、政府机构、股东、员工和社区公众等发生互动作用的过程，其核心是建立和发展与这些个人和组织的良好合作关系，尤其是努力使顾客满意，保持与加强同顾客的良好关系，长期获得市场利益。

7. 服务营销是企业营销管理深化的内在要求，也是企业在新的市场形势下竞争优势的新要素。服务营销的运用不仅丰富了市场营销的内涵，而且也提高了面对市场经济的综合素质。针对企业竞争的新特点，注重产品服务市场细分，服务差异化、有形化、标准化以及服务品牌、公关等问题的研究，是当前企业竞争制胜的重要保证，也是服务营销的最主要的含义。

8. 营销组合的概念强调将市场营销中各种要素组合起来的重要性，营销整合则与之一脉相承，但更为强调各种要素之间的关联性，要求它们成为统一的有机体。在此基础上，整合营销更要求各种营销要素作用于统一方向，形成合力，共同为企业的营销目标服务。

9. 其他营销创新方法还有文化营销、事件营销、个性化营销、零库存营销、无缺陷营销、柔性营销、内容营销、公益营销等。随着社会经济的发展，科学技术水平的提高，市场竞争压力的加大，消费者需求的日新月异，营销创新的形式将会越来越多，并将在实践当中越来越完善。

【思考题目】

1. 营销创新的背景和意义是什么？
2. 为什么说营销观念创新是企业营销创新的核心和前提？
3. 绿色营销和绿色消费的关系是什么？
4. 创新产品的发展趋势是什么？
5. 如何理解市场创新的特点和分类？
6. 网络营销对传统营销有什么样的冲击？
7. 如何理解关系营销的特点和流程系统？
8. 开展服务营销应该注意哪些问题？
9. 整合营销的过程与执行是怎样的？

第 8 章　市场营销组织与人才

【职业引导案例】

益康公司是一家股份制涂料集团公司，从 1999 年开始，公司根据市场发展的需要，投入大量资金，适时开发出具有广泛市场前景的民用市场新产品，从而使公司的市场重心从以工业市场为主转变为以民用市场为主。益康公司在不到半年的时间里，在全国二十多个省份设立了办事处，并广招省级和地市级经销商。但是公司经过一年的市场运行，在市场管理上出现了一些问题，最突出的表现在市场营销人员的流动性太强，在不到一年的时间里，60％的营销人员变成了新面孔。人员的频繁流动，造成了市场工作没有延续性，增加了培训时间，延误了市场网络的建立和新产品的推广，眼看着竞争对手的产品出现。公司为应付市场营销人员的匮乏，更是不断地在各种媒体上大肆发布招聘信息，并到各种人才交流会上招聘人员，但是营销人员还是像走马灯一样不断地辞职走人，换来换去。

究其人才流失的原因，主要有以下几个方面：一是管理者根本没有建立起适合企业实际的市场营销组织机构。益康公司是以乡镇企业发展起来的，一直是老板的“家天下”，以前在工业市场方面，靠着人际关系的优势，也可以说是得心应手；但随着市场经济的发展以及企业经营重心从传统购销到市场营销的转变，企业仅对市场营销措施做出了相应的改变，但是对于市场营销组织并没有进行相应的变革。二是缺乏有效的营销绩效管理机制。益康公司的营销人员的薪酬体系根本没有量化，“印象＋考勤”的模式依然是公司的薪酬管理主线。三是企业内部没有健全的营销人员培训机制，从而使营销人员抓不住企业的市场管理脉搏，导致他们不能和企业真正融为一体。四是企业内部没有优秀的企业文化。企业文化的优劣对于一个企业的凝聚力和向心力的形成是很重要的。一个有着优秀企业文化的企业，应该抛弃粗放型的管理体系，强调企业自己的核心价值观和企业精神，这样就有了一个让人留下来的环境。

资料来源：http://www.tomx.com/Library/网络营销手册

8.1　市场营销组织

进入 21 世纪以后，中国企业在营销组织建设理念上存在着一定的误区，而企业经营环境也在不断的变化过程中，这就要求企业须深入研究自身的市场营销组织，并考虑如何完善并利用好市场营销组织，以适应新形势的要求。麦肯锡曾为中国很多的顶尖企业提供了非常优秀的战略规划与营销定位服务，比如“联通”CDMA 新时空、中粮酒业“长城葡萄酒”等，然而这些企业目前的发展都遭遇了方案之外的执行阻碍。不是方案本身出了问题，而是执行方案的组织(机制)存在缺陷。

8.1.1 市场营销组织内涵

市场营销组织是指企业内部涉及市场营销活动的各个职位及其结构,是一种以向市场提供价值为使命的人与人之间的关系。在这样的组织里倡导着一种文化,即每个人都关心并致力于向客户提供更多的解决问题的方法(无论是哪个层面的问题),并通过这种努力来解决企业所面临的问题(如企业如何生存与发展,如何面对竞争等),同时关注企业与客户的成本与收益,从而将市场与企业价值(价值是收益与成本的正差)落在实处。

正确理解市场营销组织需要考虑以下几个问题:

① 并非所有的市场营销活动都发生在同一组织岗位。比如,在拥有很多产品大类的大公司中,每个产品经理下面都有一支销售队伍,而运输则由一位生产经理集中管辖。不仅如此,有些活动甚至还发生在不同的国家或地区,但它们属于市场营销组织,因为它们都是从事市场营销活动的。

② 不同企业对其经营管理活动的划分也是不同的。例如,信贷对某个企业来说是市场营销活动,对另一个企业来说则可能是会计活动。同时,即使企业在组织结构中正式设有市场营销部门,企业的所有市场营销活动也不是全部由该部门来完成。因此,市场营销组织的范围是难以明确界定的。

③ 市场营销组织运作的好坏可以从效率和效果两方面来考察。效率通常是结果与努力的比率。从组织的角度讲,效率要通过企业内部的专业化和程序化来实现,只要组织的目标及所面临的外部环境不发生变化,即使专业化和程序化会带来精神和道德等方面的问题,它们也必然大大提高组织的效率。效果反映的是实现目标的程度,它是实际结果同预期结果的对比。效率与效果的区别在于,迅速取得的结果并不一定有效地满足目标。比如,企业很容易卖掉的产品未必能获得最大盈利。因此,一个有效的组织必须能随市场变化和技术革新而不断地进行自我调整。正如彼得·德鲁克所言,“效率是正确地做事情,而效果则是做正确的事情”。有的组织试图不断革新,就倾向于效率;而有的组织愿意维持原有的市场,则倾向于效果。

有时,市场营销组织也被理解为各个市场营销职位中人的集合。由于企业的各项活动总是由人来承担的,所以对企业而言,人的管理比组织结构设计更为重要。有的组织看起来完美无缺,但运作起来却不是那么回事,这主要是由于有人的因素介入。正是在这种意义上,判断市场营销组织的好坏主要是判断人的素质的高低,而不单单判断组织结构设计的好坏。这就要求市场营销管理者既能有效地制订市场营销计划和战略,又能使下级正确地贯彻执行这些计划和战略。

1. 市场营销组织的新特征

知识经济时代的到来和信息网络技术的飞速发展带来了企业生产速度和效率的不确定,由此使得工业社会建立的营销组织只有进行彻底变革,才能适应21世纪的营销环境。由于知

识经济社会的市场竞争强调的是速度和知识的竞争，所以企业的产品更新换代快、消费者的行为变化快、竞争对手反应快、信息技术日新月异等因素都影响和制约着营销组织模式的建立和发展。为了适应时代的要求，营销组织的构建应该是以市场为导向，尽量减少管理层级，以达到反应迅速、沟通畅通、内外协调与互动的目的。传统的层级营销组织体系必将被具有时代特色的营销组织所取代。

(1) 形成真正以市场为导向的营销理念，促成营销组织的扁平化。在变化纷呈和日趋微型的市场里，营销组织只有密切接触市场，真正以市场为导向，才能产生对市场极为敏锐的嗅觉，捕捉稍纵即逝的机会。而现行不少企业的组织结构是按照传统方式设置相应的职能部门，以研究开发为起点，消费者为终点，中间依次设置采购、生产、营销部门。这种模式从企业经营的角度来看是合理的，但缺点也是明显的。消费者被视为企业运行过程的终点而不是起点，以这种导向构建的营销组织没有从消费者个性化需求出发来满足消费者，充其量只能视为企业的产品推销部门。以市场为导向，就要求营销部门以最快捷的速度对市场需求做出反应。那么只有尽可能减少营销组织层级，使之扁平化，才能够加快信息的传递，更快地占领市场。

(2)以消费者为营销组织的核心，实现营销组织的柔性化。营销的实质是通过满足消费者需求而追求盈利，消费者是企业营销的客体。在以标准化产品为代表的“大量生产、大量消费”的时代已经结束，消费者需求日益个性化和多样化的时代扑面而来。企业必须彻底改变传统的组织结构，借助信息技术的发展为消费者提供及时、有效的服务。为此，许多企业开始注重营销组织柔性化的建立。以传统的营销模式来满足消费者的一般需求，通过建立特殊团队的方式来分析和研究消费者的个性化需求，从而实现企业营销组织的柔性化。

(3) 建立良好的企业营销协调和信息沟通的能力。营销不仅仅是营销部门的事，它还依赖于企业各部门的共同配合，在营销环境发生深刻变化的情况下更应如此。要让企业各部门都认识到它们自己就是企业营销中的一个环节，使营销观念真正融入每一业务部门的日常工作中去。同时，基于现代先进的网络信息技术，企业还可以在内部实现更好的信息沟通，实现真正的营销协调和信息的广泛交流，由此才能提高企业整体竞争力。

(4) 建立虚拟组织和网络联盟有利于扩大企业竞争优势。在知识经济时代激烈的竞争中，越来越多的企业认识到，在其营销领域中建立一定的核心竞争力比盲目的多元化战略更具竞争优势。通过收购或兼并实现垂直一体化很可能会弄巧成拙，付出高昂代价。相反，企业更愿意以虚拟组织或者战略联盟的形式与上下游企业建立灵活、协调的生产销售网络，降低投资成本和交易费用，提高经营效益。

(5) 依靠现代先进网络信息技术，形成企业内外部营销网络。基于网络信息技术的全面发展和普及，现代企业已经普遍实现内外部信息网络化。企业内部的信息网络可以加快信息的内部传递和协调，营销部门把收集到的消费者的需求信息以最快的速度传递到生产部门，更好、更快地满足消费者，抓住市场机会。建立外部网络，与消费者建立快捷方便的联系方式，一方面企业可以通过网络方便地宣传自己的最新产品，并通过网络商店销售产品；另一方面消费者则可以反馈产品信息，并足不出户地选购自己喜欢的商品，享受更方便的维修售后服务等。

【营销信息链接】

金锣集团从沂蒙山区的大地上破土而出，用十余年时间成长为中国十大民营企业之一，并成功在新加坡、香港上市，成为中国当之无愧的肉类“大鳄”，其生猪屠宰、肉制品综合加工能力均居全国前列，与肉类巨头双汇、南京雨润形成三足鼎立之势。

金锣何以能够在竞争异常残酷的肉类市场上屡创佳绩？除了超低的成本控制能力、优质低价的价值观等成功因素外，其超强的市场竞争能力和区域市场把控能力，以及来自于根据企业发展战略和外界环境变化对区域市场的营销分支机构不断进行的组织创新，从而全面提高了其区域市场的整体市场竞争能力。

20世纪90年代初，金锣开始从承包冷库、屠宰生猪起家，主产品大部分供应春都、双汇用于火腿肠等肉制品生产，在山东区域市场基本上没有什么营销分支机构。随着屠宰量的不断扩大，快速消化生猪屠宰各种副产品成为迫切需要解决的问题，于是公司在总部临沂成立销售部，并分别在济南、青岛设立销售办事处，租赁省、市食品公司冷藏库和办公场所，开发冻品经销商和面向消费者销售屠宰主副产品。90年代中后期，金锣开始上马火腿肠生产线，以火腿肠为代表的高温肉制品取得了异常迅猛的发展，产销量每年均以成倍或数倍的速度快速增长。由于高温火腿肠和冻品在产品储藏、运输、销售、终端、客户等方面存在诸多差异，因此迫切需要对高温火腿肠的销售进行专业化管理和运作。金锣在公司总部成立冻品销售部及火腿肠销售部，分别负责屠宰主副产品以及在全国范围内销售高温肉制品。在山东区域市场内，考虑到人员成本、工作效率和管理费用等因素，对济南、青岛办事处的管理采取一套班子、多类别产品、多头管理的模式。

进入21世纪以后，山东区域的肉制品市场发生一系列重大变化，如消费者肉类需求的变化，产品类别和品种的急剧扩充，零售终端格局的变化，肉类竞争格局的演变，竞争对手区域战略、策略和市场手段的创新，市场环境的变数对金锣掌控区域市场的能力提出了严峻挑战。

除了市场、竞争对手和外界环境发生的重大变化外，金锣集团区域市场营销组织自身在纵向和横向两个方面都存在着亟待改善的问题，这些问题不解决，企业就无法适应自身的快速发展。

1. 区域营销组织存在的问题

(1) 纵向问题点

① 营销组织各层次缺乏清晰的职能定位：总部营销部门直接参与区域市场的销售；营销组织的每个层次不太清楚自己的责任和权限，很多问题都要退回总部解决；一线销售人员同时面临冻品销售部、火腿肠销售部、广告部等的多头领导。

② 职能分配“头重脚轻”：办事处缺乏足够的权限，大小决策都要层层上报批准，信息反馈慢，无法快速反应，错失市场良机；决策重心高、决策流程长、决策时间慢。办事处经理权力实施受到销售支持部门制约，使放下去的权无法运用；总部管理职能停留在消防员角色，不能对产生问题的深层次原因做出分析，政策制定与区域市场特性脱节，随意性大，影响区域市场销

售工作。

③ 总部权力和管理幅度过大：总部的管理职能、权力和管理幅度过大，但同时面对层面不同的大量问题，包括策略性问题，战术性问题，甚至某一个客户的具体问题，精力有限，而且远离实际市场，无法做出准确地判断和决策；缺乏针对区域市场特点的决策和运作策略。

(2) 横向问题点

① 缺乏专业化分工：办事处同时负责冻品、冷鲜肉、高温肉制品、低温肉制品和中式传统肉制品等多类产品的销售，人员、利益、资源分配的难度阻碍了各细分类别产品的销售；办事处内部协调耗费大量的时间和精力。这些问题制约了营销效率的提高。

② 营销功能不完善：总部没有专门负责市场研究、开发和策划的部门，无法在市场调查、品牌推广、销售促进、产品上市等诸多方面给予指导和专业培训，从而导致区域营销组织和人员缺乏对市场的专业调研的经验和技能，缺乏系统的产品策划和推广的能力，缺乏针对产品特性的营销策划和策略，新产品开发设计也跟不上市场的需求，且上市过程缺乏节奏的把握。

③ 缺乏对分类产品的营销能力：冻品销售人员缺乏对熟肉制品的营销能力和经验；高温肉制品营销人员对低温肉制品的分销，尤其是与大卖场、超市进场谈判等方面缺乏专业的经验和技能。

2. 区域营销组织创新的潜力

(1) 过去成功的关键因素：金锣在山东的区域营销组织曾经因为适应了企业自身的状况和区域市场特点，再加上营销队伍的超强战斗能力，从而得以在山东市场创造了很多辉煌业绩。这些因素体现在基于对市场了解而具备的市场预见能力，总部和办事处领导的个人判断能力，对区域市场的熟悉和与客户的地缘关系，销售人员超强的吃苦耐劳能力，企业整体形象的宣传策划。

(2) 组织创新的方向与潜力：市场环境的变化，企业自身的快速发展，迫切要求金锣的区域营销组织进一步完善以取得更大成功。为此区域营销组织需要从销售转向营销，从销售产品转向经营品牌及经营品牌与客户的关系。区域营销组织创新的方向为：超强的市场分析和预测能力，贴近终端和消费者的快速反应能力，功能完善的营销管理体系，超强的产品营销能力，超强的品牌沟通能力。

资料来源：http://www.chinagta.com/中国营销金鼎网

2. 市场营销组织的目标

市场营销组织的目标是企业为了适应不同的商业环境而创造更多的商业价值和利润。因此，市场营销组织就应该充分发挥其内在的功能，为企业的最终目标服务。

(1) 对市场需求做出快速反应

市场营销组织应该不断适应外部环境，并对市场变化做出积极反应。把握市场变化的途径是多种多样的，市场营销研究部门、企业的销售人员以及其他商业研究机构都能为企业提供各种市场信息。了解到市场变化后，企业的反应则涉及整个市场营销活动，从新产品开发到价格确定乃至包装都要做相应的调整。

(2) 使市场营销效率最大化

企业内部存在着生产、销售、财务、人事等许多专业分工的部门,为避免这些部门之间的矛盾和冲突,营销组织要充分发挥其协调和控制功能,确定各自的权利和责任。

(3) 代表消费者的利益

企业一旦奉行以市场为导向的概念,就必须将消费者的利益放在第一位。企业必须在管理的最高层面上设置营销组织,以确保消费者的利益不致受到严重伤害。

企业市场营销组织的目标归根结底是帮助企业实现整个营销任务,建立组织不是最终的目的,而是指导公司获得最佳营销成果的手段。

8.1.2 市场营销组织的演变

企业的市场营销部门是执行市场营销计划,并服务于市场的职能部门,是随着市场营销管理哲学的不断发展演变而来的。这个过程大致经历了单纯的销售部门、兼有附属职能的销售部门、独立的市场营销部门、现代市场营销部门、现代市场营销公司五个阶段。

1. 单纯的销售部门

20 世纪 30 年代以前,西方企业以生产观念作为指导思想,大部分企业都采用单纯的销售部门这种形式。一般说来,所有企业都是由财务、生产、销售和技术这四个基本职能部门组成的。财务部门负责资金的筹措;生产部门负责产品制造;销售部门通常由一位副总经理负责管理销售人员,并兼管若干市场营销研究和广告宣传工作。在这个阶段,销售部门的职能仅仅是推销生产部门生产出来的产品,生产什么、销售什么;生产多少、销售多少。产品生产、库存管理等完全由生产部门决定,对产品的种类、规格、数量等问题,销售部门几乎没有任何发言权。图 8-1 所示为单纯的销售部门示意图。

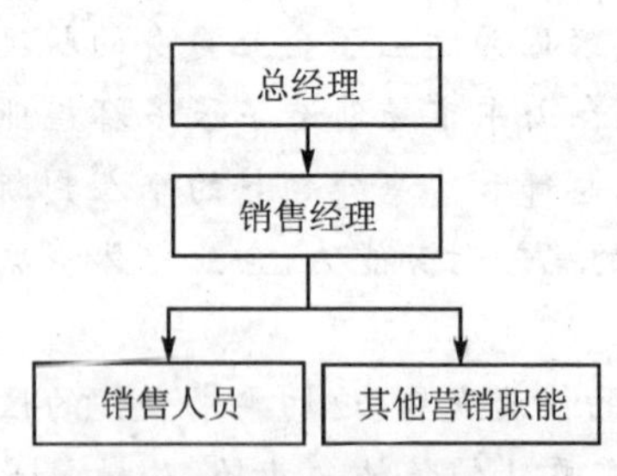

图 8-1 单纯的销售部门

2. 兼有附属职能的销售部门

20 世纪 30 年代大萧条以后,市场竞争日趋激烈,大多数企业以推销观念作为指导思想。企业需要进行经常性的市场营销研究、广告宣传以及其他促销活动,这些工作逐渐变成专门的职能,当工作量达到一定程度时,便会设立一名市场营销主任负责这方面的工作。图 8-2 所示为兼有附属职能的销售部门示意图。

3. 独立的市场营销部门

随着企业规模和业务范围的进一步扩大,原来作为附属性工作的市场营销研究、新产品开发、广告促销和为顾客服务等市场营销职能的重要性日益增强。于是,市场营销部门成为一个相对独立的职能部门,作为市场营销部门负责人的市场营销副总经理同销售副总经理一样直

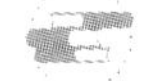

接受总经理的领导，销售和市场营销成为平行的职能部门。但在具体工作上，这两个部门是需要密切配合的。这种安排常常使用在许多工业企业中，它向企业总经理提供了一个全面的各角度分析企业面临的机遇与挑战的机会。图 8-3 所示为独立的市场营销部门的示意图。

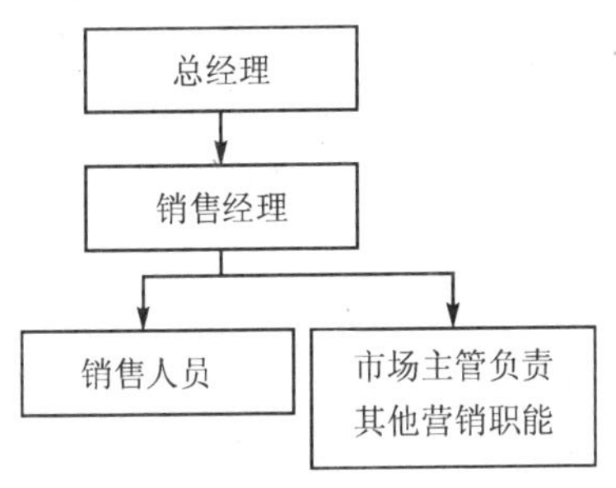

图 8-2　兼有附属职能的销售部门

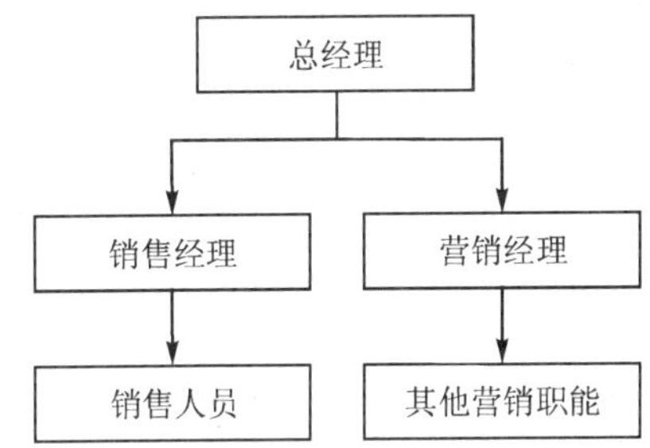

图 8-3　独立的市场营销部门

4. 现代市场营销部门

尽管销售副总经理和市场营销副总经理需要配合默契和互相协调，但是他们之间实际形成的关系往往是一种彼此敌对、互相猜疑的关系。销售副总经理趋向于短期行为，侧重于取得眼前的销售量；而市场营销副总经理则多着眼于长期效果，侧重于制订适当的产品计划和市场营销战略，以满足市场的长期需要。销售部门和市场营销部门之间矛盾冲突是形成现代市场营销部门的基础，即由市场营销副总经理全面负责，下辖所有市场营销职能部门和销售部门，如图 8-4 所示。

需要注意的是，市场营销人员与销售人员是两种截然不同的群体，尽管市场营销人员很多来自销售人员，但还是不应将他们搞混，并不是所有销售人员都能成为市场营销人员。事实上，在这两种职业之间有着根本的不同。从专业性而言，市场营销经理的任务是确定市场机会、准备市场营销策略并计划组织新产品进入，使销售活动达到预定目标；而销售人员则是负责实施新产品进入和销售活动。在这一过程中常出现两种问题：如果市场营销人员没有征求销售人员对于市场机会和整个计划的看法和见解，那么在实施过程中可能会导致事与愿违；如果在实施后市场营销人员没有收集销售人员对于此次行动计划实施的反馈信息，那么就很难对整个计划进行有效控制。表 8-1 是市场营销人员和销售人员在相关方面的比较。

表 8-1　市场营销人员和销售人员的比较

市场营销人员	销售人员
依赖营销调研	依赖于实践经验
努力确定和了解市场细分	努力了解每个顾客
致力于企业策划工作	致力于推销工作
从长远思考	从短期考虑
目标是产品利润和市场份额	目标是产品销售额

在企业经营的实际中，这两类人员往往会产生相互排斥的情况。市场营销人员常常认为销售人员具有随和、易与人交往、工作努力的优点；但其缺点是短期行为多，缺乏整体分析能力。而销售人员则认为市场营销人员受过良好教育，大多是数据导向型（依据数据做出结论）人才，但其缺点是缺乏销售经验，缺乏市场销售直觉和不承担风险。而很多公司忽略了这两类群体的差别而提升一个干得很棒的销售经理为高级市场营销经理，而很多销售经理认为与其每天面对枯燥的市场营销研究计划还不如去会见客户。这种公司显然不明白二者差别以致犯如此愚昧的错误。对这两类群体而言，最主要的是让他们能达到最大的理解和尊重。事实表明，市场营销人员与销售人员之间缺乏理解和尊重的公司肯定是一团糟，如果市场营销人员、销售人员相互欣赏对方才能的话，那常常会给公司带来意想不到的收益。

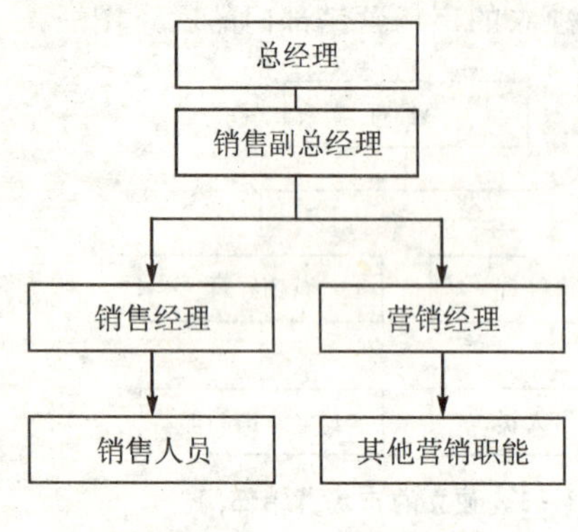

图 8-4　现代市场营销部门

5. 现代市场营销企业

一个企业仅仅有了上述现代市场营销部门，还不等于是现代市场营销企业。现代市场营销企业取决于企业内部各种管理人员对待市场营销职能的态度，只有当所有的管理人员都认识到企业一切部门的工作都是“为顾客服务”，“市场营销”不仅是一个部门的名称而且是一个企业的经营哲学时，这个企业才能算是一个“以顾客为中心”的现代市场营销企业。

8.1.3　市场营销部门与其他部门的关系

为确保企业整体目标的实现，企业内部各职能部门应密切配合。但实际上，各部门间的关系常常表现为激烈的竞争和明显的不信任，其中有些冲突是由于对企业最高利益的不同看法引起的，有些是由于部门之间的偏见造成的，而有些则由于部门利益与企业利益相冲突而造成的。

在典型的组织结构中，应该说所有职能部门都对顾客的满意程度产生或多或少的影响。在市场营销观念下，所有部门都应以“满足消费者”这一原则为中心，致力于消费者需求的满足；而市场营销部门则更应在日常活动中向其他职能部门灌输这一原则。市场营销经理有两大任务：一是协调企业内部市场营销活动；二是在顾客利益方面，协调市场营销与企业其他职能部门的关系。然而，很难确定应给予市场营销部门多少权限来与其他部门进行协调合作。但一般而言，市场营销部经理应主要依靠说服而不是权力来进行工作。

其他部门经常反对在工作中一切以顾客利益为中心。正如市场营销部强调顾客满意这一点一样，其他部门也同样强调他们工作重要性。显然，其间冲突是不可避免的。

1. 研究开发部

企业希望开发新产品，却经常因为研究开发部门和市场营销部门观念不合而告失败。在许多方面，这两个部门在企业中代表着两种截然不同的文化观念。研究开发部门由科学技术人员构成，他们为生产技术的奇特性和超前性而骄傲，擅长解决技术问题，而不关心眼前的销售利润，喜欢在较少人监督或较少顾虑研究成本的情况下工作。而市场营销与销售部门则由具有商业头脑的人员组成，他们精于对市场领域的了解，喜欢那些对顾客有促销作用的新产品，有一种注重成本的紧迫感。市场营销人员把研究开发人员看做是不切实际的、知识分子味十足的、甚至不懂业务的科学狂人；相反，研究开发人员把市场营销人员看做是倾向于行骗、唯利是图的人，认为他们对产品的销售特色比对技术性能更感兴趣。结果，企业不是技术导向型的就是市场导向型的，或二者并重的。在技术导向型的企业中，研发人员常研究基本原理问题，寻求重大突破，力求产品尽善尽美；但其研究与开发费用很高，新产品成功率较低。在市场导向型的企业里，研发人员为专业市场的需要而设计新产品，绝大多数是对产品的改进和现有技术的应用，新产品的成功率较高，但主要是改进生命周期较短的产品。在技术、市场二者并重的企业中，市场营销部与研究开发部已形成有效的组织关系，它们共同负责进行卓有成效的市场创新，研发人员不仅负责发明，也负责有希望成功的创新，销售人员不只是注意新的销售特色，也协调研究人员寻找能满足要求的新途径。研究表明，创新成功需要研究开发与市场营销一体化。研究开发与市场营销部门的合作，可采用下列几种简便易行的方式：

① 联合主办研讨会，以便增进对对方工作目标、作风和问题的理解和尊重。

② 每个新项目要同时派给研究开发人员和市场营销人员，他们将在整个项目执行过程中合作。同时，研究开发部与市场营销部应共同确定市场营销计划与目标。

③ 研究开发部门的合作，要一直持续到销售阶段，包括编写技术手册、合办贸易展览、售后调查、甚至参与一些销售工作。

④ 产生的矛盾应由高层管理部门解决，在同一个企业中，研究开发部门与市场营销部门应同时向一个副总经理报告。

2. 工程部门

工程部门负责运用切实可行的方法来设计新产品和新的生产程序。工程师们更关心产品的技术质量、成本费用的节约以及制造工艺的简化。如果市场营销人员希望的是产品多样化而不是标准配件以突出产品特色，工程师们便会与之发生冲突。他们认为市场营销人员只要求外形美观，而不注重产品内在性能，是一群极易改变工作重心且夸夸其谈之辈，不值得加以信任。但在市场营销人员具有工程基础知识并能有效与工程师沟通的企业里，一般不会出现上述问题。

3. 采购部门

采购主管人员负责以最低的成本买进质量、数量都合适的原材料与零配件。通常，他们的购买量大且种类较少，但市场营销经理通常会争取在一条生产线上推出几种型号的产品，这就需要采购数量少而品种多的原材料及配件，而不需要数量多而种类少的配件。于是，他们就会认为市场营销部门对原料及其零配件的质量要求过高，尤其是当市场营销部门的预测发生错误时这种冲突更为突出。这迫使采购部门不得不以较高的价格购进原材料，甚至有时还会造成库存过多而积压的现象。

4. 制造部门

制造部门与市场营销部门之间存在几种潜在矛盾。生产人员负责工厂的正常运转，以实现用适当的成本、在适当的时间内、生产适当数量的产品的目的。他们成天忙于处理机器故障、原料缺乏、劳资纠纷及怠工等问题。他们认为，市场营销人员在不了解工厂的经济情况及战略的前提下，一味地埋怨工厂生产能力不足、生产拖延、质量控制不严、售后服务不佳，而且还经常做出不正确的销售预测，推荐难于制造的产品，答应顾客过多不合理的服务项目。市场营销人员确实看不到工厂的困难，而只注意顾客提出的问题。

企业可采用不同的方法来解决这些问题。在生产导向型的企业里，人们做的任何一件事情都是为了保证生产顺利进行并降低成本，这种企业倾向于生产简单的产品，希望生产线窄一些，而生产批量大一些。需要加速生产来配合促销活动的情况几乎没有，顾客在遇延期交货时不得不耐心等待。一些企业是市场导向型的，这种企业想尽一切办法来满足顾客需要。例如在一家大型的化妆品企业里，只要市场营销人员一声令下要求生产什么东西，生产人员就立即行动，而不考虑加班费用，短期生产效应等。结果，造成生产成本高昂而且成本不固定、产品质量欠稳定等问题。

企业应逐渐向生产导向与市场导向并重的方向发展。在这种并重的企业里，制造部门与市场营销部门可以共同确定企业追求的最佳利益。制造部门与市场营销部门解决问题的办法包括召开联合研讨会以了解双方的观点、设置联合委员会和联络人员、制订人员交流计划以及采用分析办法以确定最有利的行动方案等。

企业的盈利能力很大程度上取决于市场营销部门与制造部门之间的良好协调关系。市场营销人员必须较好地了解制造部门的能力，如了解弹性工厂、自动化和机器化、准点生产、质量圈等生产领域的新概念。如果企业想通过降低生产成本来取胜，那就需要一种新的生产策略；如果企业想依靠质量优良、品种多样或优质服务取胜，就需要三种不同的生产策略。所以，生产设计和生产能力是由已规划好的产量、成本、质量、品种和服务组成的市场营销战略目标来决定的。在产品尚未确定买主之前，当购买者去工厂了解生产管理质量状况时，生产人员和工厂部门无疑成了重要的市场营销工具。

5. 财务部门

财务主管人员擅长于评估不同业务活动的盈利能力，但每当涉及市场营销经费时就不得不喊“头痛”。市场营销主管人员在要求将大量预算用于宣传、促销活动和推销人员的开支的同时，却不能具体说明这些费用能带来多少销售利润。财务主管人员怀疑，市场营销人员所做的预测是自己随意编制的，并没有真正考虑经费与销售的关系，而更多的只是考虑个人的私

利。他们认为,市场营销人员急于大幅度削价是为了获得订单而不是真正为了盈利。同时,市场营销主管人员则认为,财务人员控制资金太紧,拒绝把资金投入长期的潜在市场开发中去,他们把所有的市场营销经费看做是一种浪费,而不是投资。同时还认为财务人员过于保守,不愿冒风险,从而丧失许多好的机遇。解决这个问题的办法是加强对市场营销人员的财务训练,同时加强对财务人员的市场营销训练。财务主管人员要运用财务工具和理论,支持对全局有影响的市场营销工作。

6. 会计部门

会计人员认为市场营销人员不能准时制作销售报表;尤其不喜欢销售人员与顾客达成的特殊交易,因为这些交易需要特殊的会计手续。反之,市场营销人员则不喜欢会计人员把固定成本分摊到不同品牌上去。品牌经理认为,他们主管的品牌不如预期的盈利高,问题在于分摊给产品的间接费用太多,而使得品牌利润率降低,他们还希望会计部门能按渠道、区域、订货规模等编制各不相同的利润和销售额报表。

7. 信用部门

信用部门的主管人员要评估潜在顾客的商品信用等级,拒绝或限制向商品信用不佳的顾客提供信贷。他们认为,市场营销人员不能把商品出售给任何人,尤其是那些连付款都有问题的、信用无法得到保证的顾客。相反,市场营销人员则常常感到信用标准订得太高,他们认为,要求"无坏账"实际意味着企业可能失去一大笔潜在的买卖和利润;并且觉得自己好不容易找到了客户,听到的却是因这些顾客的信用不佳而不能与之成交的消息。

市场营销部门与企业内部其他部门的分歧如表 8-2 所列。

表 8-2 市场营销部门与其他部门的主要分歧

职能部门	其他部门的侧重点	营销部门的侧重点
研究开发	基础研究 产品和服务的内在品质 产品的功能性特点	产品开发 产品和服务的认知品质 产品的销售性特点
工程技术	较长的设计前置时间 型号较少 标准化的元件	较短的设计时间 型号较多 定制化元件
采　购	产品线较短 标准化的零部件 原材料的价格 经济性采购批量 采购间隔时间较长	产品线较长 非标准化的零部件 原材料的质量及适应性 大批量采购 根据顾客需要及时采购

续表 8-2

职能部门	其他部门的侧重点	营销部门的侧重点
制　造	生产准备时间较长 生产周期长而型号少 型号长时间不变 标准化订货 装配容易 一般质量控制	生产准备时间较短 生产周期短而型号多 型号经常更新 定制化订货 造型美观和多样化 严格质量控制
财　务	严格按原则开支 刚性预算 成本回收性定价	灵活直观方法开支 柔性预算 市场开拓性定价
会　计	标准化交易 报告极少	灵活交易和折扣 报告很多
信　贷	严格要求客户全面公开财务状况 信贷风险小 信贷条件严格 收款程序严格	最低限度的客户信用审查 信贷风险适中 信贷条件宽松 收款程序简便

8.1.4　市场营销组织的职能

1. 营销组织职能定位

(1) 营销组织职能

市场营销组织是管理者实施营销战略的重要工具。企业营销能力提高的程度首先取决于营销组织结构的状况。

营销组织一般要有以下方面的职能：

① 信息职能，即营销组织须收集、整理、分析公司内部、竞争对手、技术、市场、产业和宏观环境的相关信息，并定期提出报告给相应的决策部门，同时也可以进行专题性信息收集。

② 营销研究，即营销组织须对公司产品销售、顾客反应、市场占有率、竞争对手、市场环境和技术趋势等进行综合评价，有时要进行专题研究。

③ 计划职能，即营销组织须制定公司整体营销战略、短期和长期营销计划，选择目标市场、管理预算，并对计划的执行情况进行监控。

④ 促销管理，即营销组织须负责广告、公关、产品促销等具体促销计划和管理。

⑤ 渠道管理，即指渠道的设计、激励与控制等。

⑥ 顾客关系管理和服务，即营销组织须为顾客提供相应服务，并直接与顾客进行沟通，建立直接关系，对顾客关系进行管理。

⑦ 新产品开发及管理，即营销组织须提出新产品开发计划并与开发部门直接协调，对整

个开发过程进行管理。

⑧ 价格管理,即营销组织须制定价格政策并进行价格管理。

⑨ 知识管理,即营销组织须总结形成企业独有的营销知识,尤其是关于顾客的知识,并进行管理。

这些职能可以依据公司的大小单独设立部门,也可以融入其他部门中去。

(2) 组织层次结构的特征

作为市场营销的重要组织形式,层次结构表现出如下主要特征,即直线指挥、分层授权、分工细致、权责明确、标准统一、关系正式。层次结构的这些特征曾经促进了市场营销的成功,即直线指挥、分层授权保证了企业行动的迅速;分工细致、权责明确促进了效率的提高;而标准统一、正式的角色关系则保证了企业活动的有序性。因此,网络化的层级组织应该是三个相互对立的特点的统一,即集权与分权的统一,稳定与变化的统一,一元性与多元性的统一。

【营销信息链接】

上海晓雨汽车配件厂成立于 1994 年,主要生产雨刮片等汽车配件产品,员工 400 余名,年销售额在 4 000 万以上。公司过去一直在国外市场销售,现在想在国内市场有所作为,然而该公司的营销组织非常单薄,公司通过一个业务部来完成销售,业务部只有 3 个人,一人负责订单,一人负责发货,一人负责业务的开拓。在国外市场的业务有贸易的性质,在这种结构下,公司感受不到组织带来的影响;但在国内市场的拓展时,组织的问题就暴露出来了——营销能力弱,公司没有开拓市场的业务人员;信息不畅,公司缺乏对市场信息的收集,处于生产导向的营销阶段;流程不畅,很多事情积压在内部;职能不清晰,没有相关的岗位和权责。这其实也是一些生产型企业的组织问题,即对生产投入很大,但忽视了营销组织的建设,致使公司的销售有气无力。

资料来源:http://www.bioon.com 新营销

(3) 市场营销网络组织

网络组织将市场视为一组为完成特定任务而组成的横向工作流,而不是纵向的由各个职能部门组成的层级结构。网络结构主要表现出如下特征:

① 它在构成上是由营销单位组成的联盟,而非严格的等级排列。这些营销单位相互依赖,在关键技术和如何解决难题上相互帮助。它们的地位与核心机构平等。核心机构只选择与调整企业的战略方向,设计各部分共享的组织基础,创造促成向心力的企业文化,保证各部分的相互合作,而各项工作则由各工作单元来完成。

② 企业成员在网络组织中的角色不是固定的,而是动态变化的。网络中的工作单元可能是稳定的,但单元之间的关系则可能需要重组。由于企业活动的项目及其进展情况是不断变化的,因此网络结构也需要不断地调整。

③ 组织成员在网络结构中的权力地位不是取决于其职位(因为职位大多是平行的,而非纵向排列的),而是来自他们拥有的不同知识。在层级结构中,组织成员拥有的职位决定其权

力。在分权的网络化组织中，组织成员的权力来源于他了解的知识和他认识的人。由于网络结构中的各个工作单元都是一个权力中心，因此可以及时进行应付市场变化的调整；由于每个工作单元都与其他单元保持广泛的联系，从而不仅促进了知识与经验的交流，而且使得各单元的适应性调整有充分的知识和信息的基础。因此，网络结构是适应型的、学习型的组织结构。

(4) 虚拟营销组织

一般认为虚拟企业是指在企业运作中，有完善的生产、行销、设计、财务等功能，但在企业内却没有执行这些功能的组织，即企业仅保留最关键的、最有优势的功能，其他的功能以各种方式借用外部力量来整合，而借用力量的对象可能是上游供应商，可能是客户，也可能是竞争对手。虚拟企业的基本精神在于突破企业有形界限，借用外部力量，对外部的资源进行整合实现聚合，创造出超常竞争优势，延伸企业的企图。“虚拟企业”利用“外部资源”实现集约化、规模化的有效战略，它突破了传统的“内部资源选择”战略，以企业和企业之间、企业和各种社会服务部门之间的联合，加强了企业在市场竞争中的应变能力。

【营销信息链接】

在两千年前著名的长平之战中，秦军在双方实力差距不大的情况下，将赵军全歼，瓦解了其统一之路上的最大阻碍。对于这场战争，《史记》中有如下记载，“秦奇兵二万五千人绝赵军后，又一军五千骑绝赵壁间，赵军分而为二，粮道绝……秦王闻赵食道绝，王自之河内，赐民爵各一级，发年十五以上悉诣长平，遮绝赵救及粮食”。毫无疑问这是秦军打破战争均衡状态的关键。在这场战例中，秦军动用了两支非常规的军队，第一支即所谓“奇兵”，其拥有“装备精良、行动神速、作战能力突出、最高统帅直接调遣”等特征。另一支既“王”在“河内”征召的临时军队，其最大优势在于“既耕既战”。

在当前激烈的市场竞争中要取得胜利，我们不妨向古人学习，建立自己的“市场奇兵”——虚拟营销组织与团队。因为，这种组织与团队具有如下六大优势：

1. 人才与合作优势

传统组织模式下，跨部门、跨地区合作是一件令人头痛的事。虚拟团队则借助现代信息技术进行交流，使人们打破了沟通空间和组织结构的障碍，使远距离、快速的交流成为现实。这样，地域和组织结构不再成为直接影响人们工作的因素，这为企业广纳贤才拓宽了渠道，也为企业动态的集聚和利用优秀人才提供了可能性。

2. 成本优势

一方面，虚拟团队打破组织的界限，使组织可以大量利用外部人力资源，减轻了组织内部人力资源开发、管理和培养带来的成本压力。尤其对于企业内部临时组织跨部门的团队而言，几乎不需要增加任何人力成本。另一方面，团队柔性的工作方式减少了办公、开会和出差的费用，降低了管理成本。这样的团队不需要固定的公用的办公场所，甚至你可以把虚拟团队的每个成员都看做一个可以移动的“办公室”。

3. 信息优势

来自不同部门、企业和地域的团队成员会带来不同的技术信息、知识信息和市场信息，通过知识共享、信息共享、技术手段共享的方式实现团队信息容量的增容。

4. 效率与资源优势

首先作为扁平化组织，虚拟团队的每个团队成员都直接向项目经理负责，在行动上拥有更高的执行力。其次，虚拟团队往往拥有独立的资源配置保障。而在事实上虚拟团队的成员来自于不同部门或行业的关键岗位，因此他们拥有比传统团队更强大的调动和整合内外部资源的能力。

5. 应变优势

虚拟团队的成员通过在不同领域的合作来达成项目目标，而每个成员在面对自己的领域时都拥有自主权，可以不通过向上汇报直接采取行动。同时，信息的快速传递和组织的扁平化都使虚拟团队拥有了更快的反应能力。

6. 竞争优势

虚拟团队各成员在各自的领域内都具有知识结构优势，众多单项优势的联合必然形成强大的竞争优势。同时，通过知识共享、信息共享、技术手段共享等手段，优秀成员好的经验、灵感能够很快在数字化管理网络内得以推广，实现优势互补和有效合作。

资料来源：http://www.chinarc.org/manage/markinfo.asp 中国营销人才网

(5) 营销业务流程

营销业务流程是以顾客为基础、市场为导向的经济运行过程，包括以下几个方面的内容：

① 产品开发流程。产品开发流程需要营销部门的产品经理和开发部门共同实现。而参与这一流程的还包括供应、标准、品质、市场调研、维修服务、生产工艺、销售等一系列部门。只有多个部门都贡献智慧，这一流程才能开发出受市场欢迎的新产品。

② 产品营销流程。产品营销流程主要由营销部和销售部负责，但也需要顾客，需要生产、供应、维修、培训、服务、广告、公关等部门的配合。

③ 售后服务流程。售后服务流程主要由服务部门和顾客管理部门负责，该流程包括维修、培训、信息支持、顾客满意管理、顾客参与机制、顾客提升计划、质量改进、服务改进等方面。它也需要营销、供应、开发、生产和工艺部门的参与。

2. 市场营销组织设计原则

在市场营销组织设计的问题上，要使营销组织有效而又有效率，营销组织设计一般要遵循以下几个基本原则：

(1) 分工原则

随着企业规模的扩大，经营环境变得复杂，竞争对手也更为强大，营销部门必须进行专业分工。分工既可以提高效率，又可以加强控制。分工分为横向的职能分工和纵向的流程分工。专业分工要求利用专门人才来充实专业的职能部门，同时也需要建立相应的不同部门、业务环节间规范的沟通、协调和合作机制。

(2) 面向顾客的原则

尽管分工是竞争的结果,但如果一个营销组织只从竞争的目的出发,不把顾客放在首位,也会在市场上遇到麻烦。因为在现代市场竞争环境中,顾客越来越成为企业竞争的核心,顾客不仅仅是企业的重要资源,而且是企业的合作伙伴,谁失去了顾客就失去了存在的基础。而要成功地抓住顾客,不仅要转变那种硬性推销的观念和行为,而且要在整个组织设计上重点体现市场导向,在流程和结构安排上体现顾客中心的原则。因此要使营销组织持续有效,必须使该组织真正面向顾客,以顾客为中心,以顾客的满意为最终目标。这样整个组织才能更好地适应市场和顾客需求的变化,更为敏感,反应更快,更有效率。

(3) 效率原则

一个营销组织如果缺乏效率,最终会被市场淘汰。当然,效率原则表现为两个方面:一是与对手相比是否更有效率;二是与专业组织相比是否更有效率。组织的效率主要表现在销售产品的速度、市场反应速度、产品销售成本、顾客满意程度等方面。例如,当顾客很在乎产品的价格时,销售成本方面的效率起主导作用,哪种营销组织的销售成本更低,就更具有竞争力;如果顾客更在乎服务质量,那么服务效率以及服务质量好的企业就有优势。因此,效率原则必须与顾客导向原则结合起来。

(4) 授权原则

由于顾客的满意与否在很大程度上取决于一线销售员工的积极性、创造性和敬业精神。因此可以适当减少营销组织层次,充分授权一线销售员工解决具体问题。另外,授权也是要解决营销系统内部激励机制的问题,没有授权就没有激励,但授权也必须与专业分工相结合。

(5) 通过服务并进行控制的原则

尽管营销组织需要有强大的动力,但如果不有效控制,使这些动力有效地推动企业的发展,那么这些动力也可能产生破坏力,最终使营销组织分崩离析。这一点,中国的许多企业都曾有过惨痛的教训,并且少数企业目前仍背负着由此而造成的包袱。但是控制并不等于简单的相互牵制,而是相互服务,通过有效的服务来实现有效的控制。因为只有通过服务才能在效率提高的同时加强对顾客、对市场竞争形势和整个营销组织的监控。因此,服务原则实际上就是有效控制原则。营销组织内部、不同部门与营销组织之间,必须有完善的内部服务机制;而内部服务机制借助于外部的竞争机制和专业化分工,就可以起到有效控制的作用。例如,企业内部的广告策划部门如果效率不高,就可以委托给专门的机构;销售人员效率不高,就可以委托给代理公司;售后服务人员如果不能让顾客满意,也可以委托给专门的服务公司。部门之间既相互服务,同时又对外开放。

(6) 整合原则

整合原则在流程上要求从前到后的整合,没有断裂或薄弱环节。不同地区、不同产品的管理上不是相互割裂,而是融为一体的;不同职能上不是相互冲突的,而是相互配合的,即整个组织具有共同目标,是协调统一的。

另外，在营销组织具体结构设计方面，还应该注意集权与分权相结合，内部管理必须具有整体性；营销组织结构设计要满足精干、节约、高效的原则，要因事设职和因职设人，将组织管理费用降低到最低限额；还应充分考虑到企业各部门间的纵横沟通和协调，从而保证企业总目标的实现；在因事设职的基础上，既要防止有责无权，又要防止有权无责；最后还应该满足专业化分工与协作的原则，按照专业分工的不同，找到最佳的部门划分方法，以便获得最大的专业化分工的利益。

8.1.5　市场营销组织的类型

为了实现企业目标，市场营销经理必须选择合适的市场营销组织。大体上，市场营销组织有以下五种类型：

1. 职能型组织

这是最古老也最常见的市场营销组织形式。它在市场营销经理的领导下，集合各种市场营销专业人员，如广告和促销人员、推销人员、市场营销调研人员、新产品开发人员以及顾客服务人员、市场营销策划人员、储运管理人员等组成，并由营销经理负责协调各个市场营销职能科室、人员的关系。

职能型营销组织强调市场营销各种职能，如销售、广告和研究等的重要性，其主要优点是行政管理简单、方便。但是从图 8－5 可以看出，该组织把销售职能当成市场营销的重点，而广告、产品管理和研究职能则处于次要地位；并且随着产品增多和市场扩大，这种组织形式会逐渐暴露其弱点。当企业只有一种或很少几种产品，或者企业产品的市场营销方式大体相同时，按照市场营销职能设置组织结构比较有效。但是，随着产品品种的增多和市场的扩大，这种组织形式就暴露出发展不平衡和难以协调的问题。既然没有一个部门能对某产品的整个市场营销活动负全部责任，那么各部门就强调各自的重要性，以便争取到更多的预算和决策权力，由此导致市场营销总经理无法进行协调。

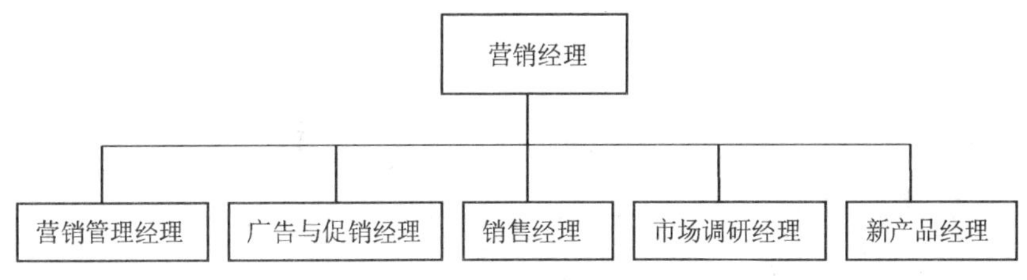

图 8－5　职能型营销组织

2. 产品型组织

产品型组织是指在企业内部建立产品经理组织制度以协调职能型组织中的部门冲突。在企业所生产的各产品差异很大，产品品种太多，按职能设置的市场营销组织无法处理的情况下，建立产品经理组织制度是适宜的。其基本做法是，由一名产品市场营销经理负责，下设几

个产品线经理，产品线经理之下再设几个具体产品项目经理去负责各具体和产品，如图 8-6 所示。

产品市场营销经理的职责是制订产品开发计划，并付诸执行，同时监测其结果和采取改进措施。其职责具体地可分为六个方面：

① 发展产品的长期经营和竞争战略；

② 编制年度市场营销计划和进行销售预测；

③ 与广告代理商和经销代理商一起研究广告的文稿设计、节目方案和宣传活动；

④ 激励推销人员和经销商经营该产品的兴趣；

⑤ 搜集产品的市场情报，并进行统计分析；

⑥ 倡导新产品开发。

产品型组织形式的优点在于产品市场营销经理能够有效地协调各种市场营销职能，并对市场变化做出积极反应。同时，由于有专门的产品经理，那些较小品牌产品可能不会受到忽视。不过，该组织形式也存在不少缺陷：

① 缺乏整体观念。在产品型组织中，各个产品经理相互独立，他们会为保持各自产品的利益而发生摩擦。事实上，有些产品可能面临着被收缩和淘汰的境地。

② 部门冲突。产品经理们未必能获得足够的权威以保证他们有效地履行职责。这就要求他们得靠劝说的方法取得广告部门、销售部门、生产部门和其他部门的配合与支持。

③ 多头领导。由于权责划分不清楚，下级可能会得到多方面的指令。

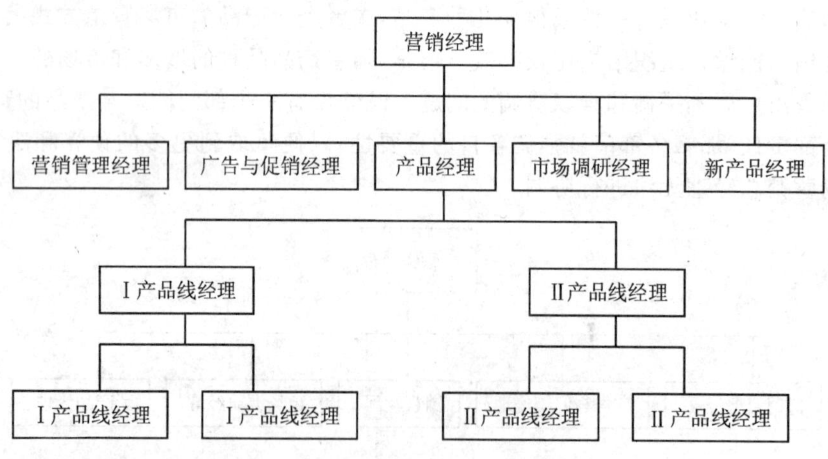

图 8-6　产品型营销组织

3. 市场型组织

当企业面临如下情况时，建立市场型组织是可行的：拥有单一的产品线；市场各种各样（不同偏好和消费群体）；不同的分销渠道。许多企业都在按照市场系统安排其市场营销机构，使

市场成为企业各部门为之服务的中心。市场型营销组织的基本形态如图8-7所示。一名市场主管经理管理几名市场经理(市场经理又称市场开发经理、市场专家和行业专家)。市场经理开展工作所需要的职能性服务由其他职能性组织提供并保证。其职责是负责制订所辖市场的长期计划和年度计划,分析市场动向及企业应该为市场提供什么新产品等。他们的工作成绩常用市场占有率的增加情况来判断,而不是看其市场现有盈利情况。市场型组织的优点在于,企业的市场营销活动是按照满足各类不同顾客的需求来组织和安排的,这有利于企业加强销售和市场开拓;其缺点是,存在权责不清和多头领导的矛盾,这和产品型组织类似。

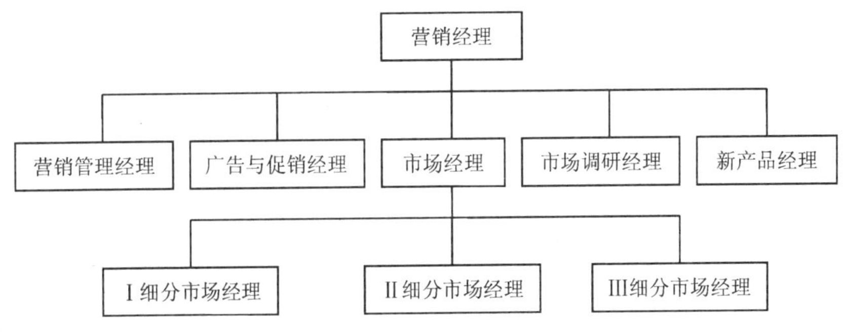

图8-7 市场型营销组织

4. 地理型组织

如果一个企业的市场营销活动面向全国,那么它会按照地理区域设置其市场营销机构,如图8-8所示。该机构设置包括,一名负责全国销售业务的销售经理,若干名区域销售经理、地区销售经理和地方销售经理。为了使整个市场营销活动更为有效,地理型组织通常都是与其他类型的组织结合起来使用。

5. 矩阵型组织

面向不同的市场或生产多种产品的企业,在确定市场营销组织结构时经常面临两难选择:是采用产品型,还是市场型;能否吸收两种形式的优点,扬弃它们的不足之处。所以,有的企业建立一种既有产品经理,又有市场经理的矩阵组织,以求解决这一难题。

矩阵型组织是将产品型组织和市场型组织结合起来组成一个矩阵型组织,如图8-9所示。在这一组织中,产品经理负责产品的销售利润和计划,寻找产品的更多用途;市场经理则负责开发现有的和潜在的市场,着眼于市场的长期需求,而不是推销某种具体产品。这种组织形式主要适用于多角化经营的公司。

矩阵型组织能加强企业内部门间的协作,能集中各种专业人员的知识技能又不增加编制,组建方便,适应性强,有利于提高工作效率。但是,矩阵型组织的管理费用高,容易产生内部冲突,因此又产生了新的两难选择:一是如何组织销售力量:究竟是按每种产品组织销售队伍,还是按各个市场组织销售队伍,或者销售力量不实行专业化;二是由谁负责定价,是产品经理还

是市场经理。

绝大多数大企业认为，只有相当重要的产品和市场才需要同时设置产品经理和市场经理。也有的企业认为，管理费用高的潜在矛盾并不可怕，这种组织形式能够带来的效益，远远超过需要为它付出的代价。

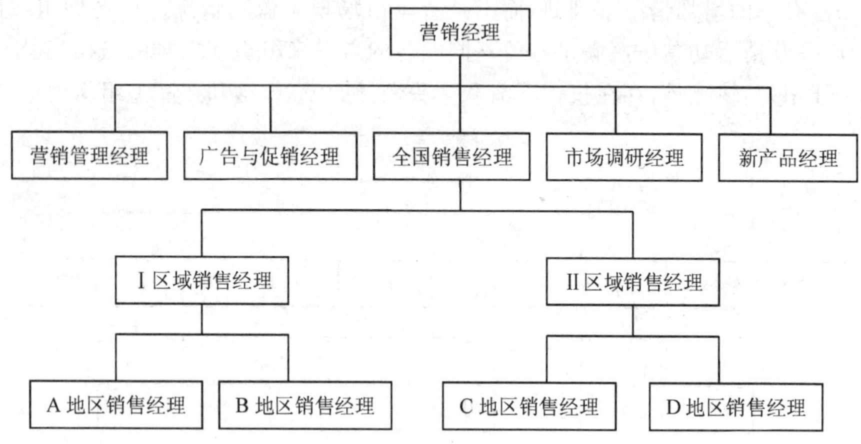

图 8－8 地理型营销组织

图 8－9 矩阵型营销组织

8.1.6 市场营销组织创新

20 世纪末以来，企业营销环境发生了极其深刻的变化，主要表现为市场全球化、商品大众化、技术迅速变化、消费者对所购产品和服务的期望上升、竞争加剧等，这些都对企业营销管理提出了新的挑战。这一系列营销环境变化的新趋势对企业营销战略和策略产生不可忽视的影响。企业营销能力的高低首先取决于营销组织结构的状况，看营销组织结构是否适应市场、是否富有效率。在外界营销环境发生深刻变化的时候，企业应结合自身的条件和特点，动态地设计相应的营销组织结构形式，合理配置营销资源，即进行企业营销组织改革和创新，通过变革企业原有的营销组织结构和营销业务流程中的不适应的因素，实现营销主体和营销环境的动

态平衡。

另外，目前绝大多数企业的高层管理人员虽然都比较重视营销工作，但是营销管理工作具有明显的局部性、不确定性和非过程性，不系统、不全面、不到位，从而造成高层营销管理缺位，导致营销部门以外的其他部门不能充分发挥营销职能，导致营销部门缺乏方向而盲目指挥。

因此，在现有营销组织理论和实践经验的基础上，对营销组织进行改革和创新是非常必要的。

1. 健全和发育营销职能组织

一般的企业在发展过程中都是先有销售职能，后有营销职能，在多数企业，营销职能的发育都是不健全的，发育过程都是很缓慢的，因为对于营销职能的理解本身就是一个渐进的过程。一个完善的营销部门，需要具备营销组织的基本职能，这个已经在前面有所论述。

2. 改造地区组织

一般地，如果企业要由小企业发展为大企业，由传统企业演变而成为现代企业，就必然要对原有的地区组织进行改造。改造的目的是淡化企业中的地区组织销售功能，使销售功能逐步由代理商或零售商来实现；强化其营销功能以及其服务性、专业性、知识性，削弱其独立性、技能性，改造其随意性，使其成为一个销售服务平台和营销部门的派出机构。

改造地区组织是一个缓慢的过程，一般的是开始设置服务、促销方面的职能，将其与销售独立，逐步强化渠道管理、顾客管理、信息管理、营销计划等方面的职能。最后将销售职能融入营销职能之中，使相对独立的销售活动得到有效的管理。

3. 发展产品组织

现代市场竞争要求企业根据市场的需要来开发和设计产品，并在产品生产之前进行有效地营销，这样在迅速变化的市场上企业才能立于不败之地，尽量争取主动。IBM、Intel、Microsoft、Motorola等都是如此。为此企业必须建立以产品为中心的从开发、生产到销售、服务的组织，即产品组织。产品组织的灵魂是产品经理。产品经理负责一个产品从开发、营销计划的制订、产品定位、具体销售、售后服务、后续改进等全部的职能。产品经理是某一产品的全面计划者和责任人，他对该产品在市场上的表现负责。但产品的具体开发、生产、销售工作则要由研发、生产和销售部门具体协助完成。

有些企业的产品组织并不依赖于单个产品经理，而是一群人，不同的人负责开发、营销、服务等职能，也就是在产品层次上再建一个营销部门和开发部门，从而部分解决了上述问题。当一个企业发展到足够大时，一个产品经理可能会变成一个事业部，但小企业的事业部制却可能使企业的力量分散。

4. 发展客户组织

对于那些单个客户业务量较大的企业来说，往往需要建立客户组织。一种客户组织是临时性的，即客户要求的服务是一次性的，如咨询业务、投资银行业务等，对于从事这些业务的企业，客户组织一般与产品组织是冲突的。但对于某些行业（如计算机）来说，企业的客户组织则是针对一类客户或一个产业市场(如银行业)。发展客户组织的目的是为了使企业更好地接近顾客,更有效地为顾客服务,更准确地把握顾客需要,他们需要不同产品部门或产品经理的支持。就目前来看,中国只有少数企业在这方面进行了成功的尝试,随着企业竞争的进一步激烈化,这种客户组织会进一步发展。

5. 流程革新

一个企业要使上述这些组织有效地发挥作用,必须对企业的业务流程进行有效地改造。因为职能组织发育的结果最容易滋生官僚主义和本位主义,增加决策和管理层次,而地区组织的改造容易削弱销售动力,产品组织的发展如果没有职能部门和地区组织的支持只能徒劳无功,而客户组织如果不与产品组织配合则会陷入“无米之炊”的境地。因此任何一个企业,尤其是规模较大、产品复杂的企业如果不恰当地设计自己的营销业务流程,并根据这些流程发展相应的组织,企业就会陷入无所适从的境地。在某种程度上说,业务流程是企业的经,四种组织是企业的纬,只有两者密切配合,才能构成有效的营销组织体系。

营销业务流程必须注意以下几点:

① 业务流程必须网络化,通过内部风使全体人员都了解自己在业务流程中的角色定位。从而使业务的整个过程变得透明,一目了然,有什么问题,可以及时解决,同时使各种组织之间的沟通更为有效。

② 业务流程导向的组织必然是矩阵组织。一个人可能同时面临多个上司、多项任务,扮演多个角色。因此要求企业淡化领导概念、强化小组概念,淡化等级概念、强化流程概念,职能部门必须根植于基层,组织重心必须下移。

③ 必须建立系统的考核体系和激励机制,使职能部门也直接参与考核与激励,使职能部门直接创造价值而不是间接创造价值。

④ 整个组织要求人员有较高的素质,因此要不断地进行有效的培训,尤其是沟通技能的培训。

⑤ 营销组织是一个演变过程,当产品组织和客户组织充分发育之后,营销组织就应下放职能,逐步集中于战略和宏观管理,就如当职能组织发育之后,销售组织就逐步萎缩一样。

⑥ 由于企业的特点、业务范围不一样,营销组织创新的内容也不一样,但其基本目标是效率、质量和控制,而营销组织的创新又必须与公司营销战略相结合,兵马未动,粮草先行,只有组织的创新才能获得战略创新的成功,才有营销绩效的提升。

总之,营销组织变革的核心是要通过组织运行机制的创新,减少企业内部交易成本;通过发育高端职业管理能力,强化组织对市场的有效规划与控制;通过建立目标责任体系,使各层管理者和企业员工承担起营销责任,提高营销执行力。

8.2　市场营销人才

在以信息技术和知识为主要特征的“新经济”时代，人力资源已取代资本而成为创造财富最短缺和最珍贵的资源。而人才作为人力资源的最高层面，更是成为争夺的对象。于是世界各地区、各组织单位纷纷制定吸引人才的政策和机制，以求及时地抓住发展机遇。在人才市场中，人才是作为一种特殊的“商品”而被“交换”和“消费”着，“消费”这种特殊“商品”的主体是各地区、各行业的组织单位。市场营销人才也不例外，成为各地区、各行业组织单位的“消费”对象。另外，对营销组织的论述中不难看出，提高营销组织效率的关键之一就是如何使用和管理市场营销人才的问题。因此，市场营销人才是市场营销整体过程中的一个重要内容。

那么，什么是市场营销人才呢？不同的人有不同的理解。同时，随着人才市场需求的变化，营销人才的含义也在发生变化。有的人把营销人才简单地理解为销售员、营业员，认为只要是负责出售产品或者服务的就是营销人才；有的人则认为只要口才好，能够把产品推销出去，就是营销人才。并不能判断这些理解是错误的，这些理解仅阐述了营销人才的一部分职能，这些关于营销人才的理解有些片面。要正确理解营销人才，需要从营销人才的发展过程来看。

在人们对销售人员的认识仅仅局限于推销产品或服务时，在销售人员的作用还没有被充分认识之前，是没有“营销人才”这个名词的。人们所能听到的是“销售员”、“营业员”、“业务代表”、“销售代表”等称谓，在那个阶段的“营销人才”只能认为是“营销人员”。

随着对营销作用的认可和重视，以及对营销人员作用和职能的认识的加深，营销人才的概念也就应运而生了。这时的营销人才就不是简单意义上的推销产品或服务了。营销人才是指那些具有高素质、高能力的营销人员，他们具有良好的职业素养、掌握营销基础知识和行业专业知识、拥有丰富的实践能力，同时还具备自我学习的精神和能力。虽然营销的不同职位对营销人才的要求存在差别，但以上素质是对营销人才的基本要求。

8.2.1　中国市场营销人才需求现状

当前，虽然中国的就业形势不十分乐观，全国各地人才市场呈现出人才供大于求的局面。但是，查看各类职位需求排行榜，营销类人才的需求总是名列前茅。从 2006 年北京高校毕业生就业情况来看，市场营销、计算机、文秘等成为近年来就业最新热门的职业。从 2006 年全国的统计情况看，市场营销、计算机、建筑、工程管理等专业均列为各地招聘职位数量的前十位，特别是在上海、深圳、成都，这四个专业需求数超过了该地区招聘总数的一半以上。

另外，查看历年全国各主要省份和城市的人才需求统计数字，营销类人才的需求量总是排在第一。例如，从 2001—2006 年五年统计数字来看，上海、北京、深圳 3 个城市招聘排名列第一的专业是市场营销专业。其他城市人才市场的需求情况也基本如此。这反映了这类人才始终是近年来市场上的热点，各地对这类专业人才的需求量十分巨大。企业招聘市场营销人才的岗位包括初级营销人员、销售代表、销售助理、营销经理、客户经理、渠道销售主管、营销总监等初、中、高级职位，每种岗位的需求量都非常大。

1. 市场营销人才的需求状况

(1) 现在和未来很长时间内，市场营销人才都将是人才市场的热门。根据人事部人才市场公共信息网以及劳动和社会保障部中国劳动力市场提供的统计数据显示，到目前为止，市场营销人才至少已经有五年持续高居全国人才市场需求榜首。鉴于中国正处于经济飞速发展时期以及市场竞争的加剧，营销人才的需求在未来的很长时间内仍然会是需求的热门。

(2) 对营销人才的需求出现多元化倾向。从岗位的层次看，需要高层、中层、基层三类营销人才。高层营销人才是从事企业营销决策的专家型经理人才，他们大多是企业的高层领导、企业营销部门的负责人，如企业的营销总监或营销副总等，这类人才目前在市场上很抢手。中层营销人才是企业产品营销策略的制定、组织和实施者，他们大多是营销部门内的各分部门负责人、各个区域的营销主管，负责一个部门或一个地区的营销工作，如销售经理、市场经理、企划经理、市场调研经理、广告经理、公关经理、客户服务经理、区域营销主管等，这类人才也是目前市场所急需的。基层营销人才是向中间商及消费者宣传、推销产品的一线营销人员，如业务员、导购员、理货员、策划人员、促销员等，这类人才的市场需求量较大，但是进入门槛不高，可替代性较强。

(3) 按产业结构比例构成分析，中国的产业结构已经进行了较大调整，产业结构日趋合理，就业结构也得到较大改变。但从目前劳动力市场的统计数字来看，第一、二产业与第三产业人员的需求比例已经倒置为2∶8，也就是说劳动力市场对第三产业的人员需求量占到人员总需求量的80%。根据人事部的预测，今后几年中国急需的人才主要有八大类，市场营销、国际贸易专业的需求十分旺盛。随着国外企业本土化及国内企业国际化的步伐加快，高素质营销人才与国际贸易人才将越来越走俏。

(4)按行业需求比例分析，劳动力市场对从事商品批发、商品零售、餐饮业以及服务业的劳动力需求量一直处于上升趋势，而且需求人数大大超过其他行业，这些人中半数以上是从事市场营销工作的。从20世纪90年代开始，中国劳动力供求关系总体呈现为供过于求，而商品流通企业和服务业的状况远远好于其他行业，其人才的需求与供给比率大于1.8。

(5)按人才市场供求最新排名分析，从专业类别来看，市场营销专业一直是人才市场供求的第一位。从2002年至今，人事部每年公布的全国人才市场供求排名及统计信息显示，招聘数量排前两位的专业一直是市场营销和计算机；求职数量排前两位的专业是计算机和市场营销。人事部2004年12月份发布的人才市场中高校毕业生的供求情况统计结果表明，用人单位需求毕业生的学历比例情况为，大专及以下学历占44.6%，大专学历的市场营销专业的供求形势比较乐观。

2. 中国市场营销从业人员现状

(1) 总体上营销人才匮乏

目前，中国企业市场营销工作最薄弱的环节是缺乏职业化的队伍，这是直接导致企业自身营销系统及客户系统失控、财务风险加大、企业经济效益不佳的重要因素。营销成功的第一要素是人，只有建立一支具有敏锐的市场观察力及较强的市场营销分析判断能力的市场营销队伍，才能保证企业营销系统与客户系统的正常运作，降低财务风险，提高经济效益。面对营销时代，中国营销管理人才匮乏的现象十分突出，应培养适应中国市场经济发展需要的市场营销管理人才。

(2) 中国营销人员队伍的组成

中国营销人员队伍主要由三部分人员组成。一部分是各企业原供销人员，这部分人虽然有丰富的实际工作经验，但其中许多人缺乏市场营销理念，甚至还保留有不少计划经济体制下的思维方式；第二部分是一些没有专长、但有一定社会关系的人员，这部分人既缺乏营销实践经验，又没有现代市场营销理念；第三部分是从各类院校市场营销专业毕业的专业营销人员，这部分人既有系统的营销理论，又在实践中得到锤炼，具有较强的专业水准。从目前来讲，前两部分人员占了营销队伍的绝大部分，后一部分比例很小，这种状况显然不符合营销队伍职业化要求，严重制约着企业新的营销理念的形成和营销机制的建立。

(3) 市场营销人才供给的结构性矛盾突出。市场营销人才的职位需求比一直远远低于同期全国人才市场职位需求比，并且存在结构性供给短缺，这主要表现在：第一，营销人才地区分布不平衡，营销人才求职就业多集中在中国东部地区，西部地区营销人才供给远远不能满足需求；第二，在一些新兴行业和业务领域，营销人才匮乏，如汽车营销人才、网络营销人才、金融营销人才等缺口很大，原因在于这些行业往往要求营销人才要具备相应的行业知识、产品知识和技术知识，是复合型人才；第三，既有丰富实践经验又有较高理论水平的中、高层次营销管理人才严重不足；第四，各类营销专才匮乏，比如有系统知识、懂营销策划、创新能力强的营销策划人才很少；第五，广大营销求职者和从业人员素质能力低，不能满足岗位职责的要求，目前全国 8 000 万营销大军，80%缺乏系统的营销知识和训练，普遍低素质、低学历。

(4) 高校营销人才的培养与市场需求脱节。建立在计划经济体制基础上的高等教育体制、教育管理制度、教育思想观念、人才培养模式等已经不适应社会的发展变化，人才培养从学历本位向能力本位发生战略性转变，必须重新审视高校营销人才培养过程。首先，教育思想观念模糊、混乱、落后，制约人才培养方案设计和教育、教学实践；其次，教学内容和课程体系安排不够合理，学生基本素质不过硬，知识面窄，教学千篇一律，没有特色，在人才市场中缺乏竞争力；再次，课程教学重理论讲授，轻能力培养，学生只知死记硬背，懒于思考、实践和自我学习，综合运用各方面知识发现、分析和解决问题的能力欠缺，态度、素质和能力不能令用人单位满意；最后，对实践教学重视与研究不够，实践教学的目标和要求不明确，尚未形成系统科学的实践教学体系，实践教学的分量偏少，实践基础设施建设不足，制约学生能力的培养及其潜能和创新精神的发挥。

(5) 企业对营销人才考评不够合理，不重视培训。企业对营销人才的考评标准单一，大多数企业都是以销售额、销售利润为唯一标准，重眼前利益不重长远发展，重局部利益不重整体利益，重现实能力不重发展潜力，由此影响到营销人才的成长。此外，目前国内企业对营销人才培养的重视程度不够，在认知上有所欠缺，任由营销人员自己在工作中摸索前进，自生自灭。在这方面，同国外企业的差距相当大。

(6) 营销行业就业门槛低，营销从业者不注重理论水平的提高。不论什么专业，不论有无经验，都可以进入这个行业，很多人因为没有一技之长或者为了高回报而加入到这个行业或从其他行业转入营销行业，由此导致从业人员缺乏系统的营销专业知识，素质能力不高。加上因为工作需要，许多营销人员长期、独自在外工作，对其不易管理和控制，很多营销人员在工作、生活中缺乏自控力，懒散，不思进取，甚至沾染了不少恶习。只注重现在享受，认为只要完成任务就是最大的成功，认为拥有经历和经验就足以应付将来，忽视学习和创新，对自己的职业生涯缺少最起码的规划，这就导致了营销从业者的素质能力上不去，没有发展的空间。

(7) 从市场营销人才的从业状况来看，求职者找不到合适的工作和企业岗位空缺的矛盾表现突出。首先，营销人才跳槽率高。一般情况下，企业对待营销人员的工资采用“复合式”的办法，分为低廉的底薪和变化性很大的提成部分。新到岗的大学毕业生，由于在校期间的实习实训不足，到岗后需要一个长时间的实践过程才能适合岗位，而且从事营销活动的成果往往滞后于付出。所以，到岗后的最初表现是：一方面，虽然付出了巨大的努力，但效益低——往往只能拿到较低的底薪；另一方面，由于业绩甚微还面临着被企业炒鱿鱼的可能，他们面临的压力非常大。因此，造成求职者常常在试用期尚未结束便“临阵脱逃”，失去了在营销类职位上继续发展的机会。求职者没有认识到这只是“黎明前的黑暗”，如果再坚持一段时间，很快前面就是曙光。这是造成求职者找不到适宜工作和企业岗位空缺的第一个原因。其次，商务营销人才难觅。商务营销这个名词对大多人来讲，都是一个非常陌生的概念。商务营销的含义是，向商务市场的客户提供商品和服务的所有营销活动。这些客户的需求是为生产和提供其他产品和服务而产生的，也就是“为卖而买”而形成的需求，这些需求主要包括原材料、生产设备、附属设备、零配件、半成品和消耗品等生产资料。商务市场营销的特点是，从市场需求特点上看，其需求规模与交易额大，而客户相对较少，其对品种、质量、技术、服务和整合采购成本等综合要求更高，同时由于多是“为卖而买”的派生性的刚性需求，往往价格敏感性较低；购买行为也很不一样，多是专家型采购，而且有规范的采购流程和理性的决策规范，不但对产品本身，而且对供应商都有较严格的要求，一些大型的采购常采用招标方式；营销策略也有独特的要求，它更强调综合性价比和质量可靠性等产品力，更强调渠道的扁平化和排他性，以确保交货和服务及时性，更强调针对客户实际需求的促销和技术服务，也更强调客户关系的深化和稳定等等。由于以上特点，商务市场营销对企业的研、产、销各环节提出了更高的要求。就营销环节而言，要求营销组织具有市场推广、品牌传播、及时交付、技术指导和跟进服务等职能，同时也要求营销人

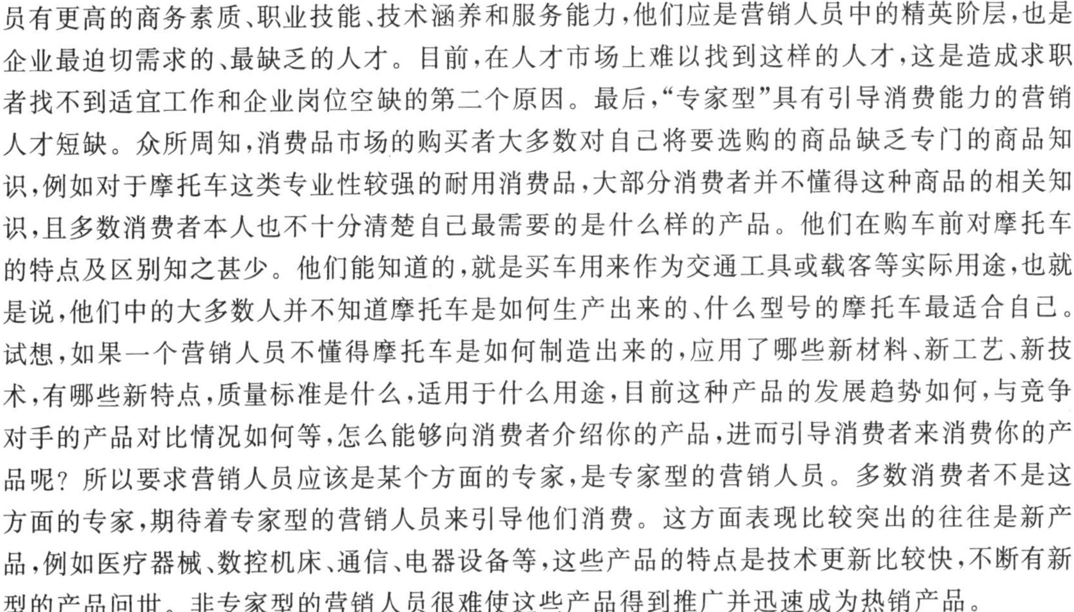

员有更高的商务素质、职业技能、技术涵养和服务能力，他们应是营销人员中的精英阶层，也是企业最迫切需求的、最缺乏的人才。目前，在人才市场上难以找到这样的人才，这是造成求职者找不到适宜工作和企业岗位空缺的第二个原因。最后，“专家型”具有引导消费能力的营销人才短缺。众所周知，消费品市场的购买者大多数对自己将要选购的商品缺乏专门的商品知识，例如对于摩托车这类专业性较强的耐用消费品，大部分消费者并不懂得这种商品的相关知识，且多数消费者本人也不十分清楚自己最需要的是什么样的产品。他们在购车前对摩托车的特点及区别知之甚少。他们能知道的，就是买车用来作为交通工具或载客等实际用途，也就是说，他们中的大多数人并不知道摩托车是如何生产出来的、什么型号的摩托车最适合自己。试想，如果一个营销人员不懂得摩托车是如何制造出来的，应用了哪些新材料、新工艺、新技术，有哪些新特点，质量标准是什么，适用于什么用途，目前这种产品的发展趋势如何，与竞争对手的产品对比情况如何等，怎么能够向消费者介绍你的产品，进而引导消费者来消费你的产品呢？所以要求营销人员应该是某个方面的专家，是专家型的营销人员。多数消费者不是这方面的专家，期待着专家型的营销人员来引导他们消费。这方面表现比较突出的往往是新产品，例如医疗器械、数控机床、通信、电器设备等，这些产品的特点是技术更新比较快，不断有新型的产品问世。非专家型的营销人员很难使这些产品得到推广并迅速成为热销产品。

3. 市场营销人才需求预测

随着经济全球化趋势愈来愈明显，中国经济结构在不断调整，社会对市场营销人才的需求也发生了根本变化。

(1) 世界银行 2006 年发表的《中国与知识经济：把握二十一世纪》报告指出：今后大部分就业机会产生于非正式的服务业、建筑业、运输、电信、零售业、旅游业和商业部门。与此同时，小型私营商业将成为中国经济新的增长点，与此相适应的市场营销人员的需要量也将不断增加，增长率将达到 100%。

(2) 中国经济结构调整为市场营销人员的就业提供了广阔的空间。在新经济形势下，第一产业、第二产业占国民生产总值的比例和就业人数比例都呈现出逐年下降的趋势，第三产业则出现反方向蓬勃发展的局面。而第三产业又是对市场营销人员需要量最大的产业。同时，传统的第一、第二产业的发展同样需要大量的市场营销人员发挥作用。

(3) 现代企业制度的建立与现代市场营销观念的形成，使市场营销人员成为企业的中坚力量，从而使企业对市场营销人才产生了巨大的需求。在竞争环境逐渐完善的现代市场经济条件下，企业以盈利为根本目标，要在激烈的竞争中取得优势，市场营销活动就要贯穿于企业生产经营活动的全过程，这必然会增加对市场营销人才的需求。据统计，在中国生产性企业中，市场营销人员平均占职工总人数的 3%，而西方发达国家达到 30% 以上。随着中国企业经营管理体制的不断完善，市场营销人员的需求量还会大幅度增加。

(4) 通过中国加入 WTO 以后的六年实践证明，WTO 的现有规则有利于中国经济的长期繁荣及市场经济体制的完善，有利于就业增长。根据劳动人事部门的预测分析，适应需求的热

门行业、热门职业存在大量就业机会，市场营销人才成为用人部门的首选，相应地每年将增加近百万个就业机会。

(5) 市场营销人员队伍自然减员会形成新的就业需求。市场营销人才流失是当前比较突出的一个问题。

4. 新形势下对市场营销人才需求的新特征

形势的变化使中国企业对营销人才的需求提出了更高的要求。随着中国加入 WTO 的实现和经济全球化、一体化的进一步加快，中国企业不仅要面对国内同行的激烈竞争，而且更要面对拥有多年市场经验和雄厚实力的外国企业的竞争。在市场竞争越来越激烈的条件下，人们已清醒地认识到，作为企业只有树立正确的营销理念、制定科学的营销战略、实施合理的营销策略，方可在竞争中立于不败之地。同时，随着中国社会主义市场经济的逐步完善和经济体制、政治体制改革的进一步深化，一些过去完全实行计划而与市场无关的行业和部门逐步过渡为行为市场化、成果商品化的行业和部门，市场活动的范围日趋扩大，营销活动渗透到了社会经济生活的各个方面，社会的市场营销活动大幅度增加。同时，企业面临的市场营销活动也越来越复杂，且操作难度也越来越大，因此企业需要拥有一支数量足、素质高的既掌握了现代营销理念又具有相关市场营销战略实施经验的营销队伍。

未来企业对营销专业人才的需求将表现出如下趋势：一是越来越注重营销专业人才的综合素质，不仅强调营销专业知识的把握，而且强调“一专多能”；二是越来越注重营销专业人才的动手能力与实践能力，淡化知识成绩。越来越多的企业认识到大学阶段较高的分数与其为人处世和工作能力并没有直接的关系。高分低能的学生会被企业拒之门外。因此，在校期间有过较多实践锻炼的大学毕业生将会更受企业青睐；三是企业更为重视营销专业人才的品德，企业欢迎脚踏实地、艰苦奋斗、能解决实际问题的人才；四是企业更加注重营销专业人才的创新能力，淡化营销专业人才的学历背景和学校背景。

8.2.2 市场营销人才的素质要求

1. 企业选聘市场营销人才的考虑因素

对于市场营销人才的选聘，各个企业有着自己的衡量标准，有的以“德、能、勤、绩”来进行衡量，有的以政治思想、专业结构、学历层次、身体素质甚至是血型或气质作为人才选择所考虑的因素。图 8-10 所示为企业选聘营销人才所要考虑的因素。企业录用营销人员的基本条件大致可分为如下几个方面：

(1) 思想素质结构

思想素质结构表现在事业心、纪律性、法制观念等方面。大多数企业认为营销人员必须思想品德好、诚信守纪、爱岗敬业。历年招收的营销人才，有的企业认为个别营销人员工作态度浮躁，责任心不强，对自己的学历看得太重，群众基础不好，甚至误入歧途。

(2) 智力结构

智力结构表现在学历层次、洞察力、实际操作能力等方面。很多企业认为,有些营销人才,营销管理基础知识扎实,接触实际工作后,踏实努力,进步非常快,适应能力也较强;而有一些营销人才眼高手低,知识僵化,不能活学活用,甚至连基本的语言文字表达都困难。

(3) 能力结构

能力结构表现为适应能力、社交能力、信息沟通能力、控制能力、创造能力等方面。思维灵活,善于发现问题,易接受新事物的营销人才往往被企业所青睐,而具有较强的社会活动能力和良好的人际交往能力是企业在选人时极为重视的一个方面;有毅力,有吃苦耐劳的精神和内省能力的营销人才并不多见,但也为企业所重视。

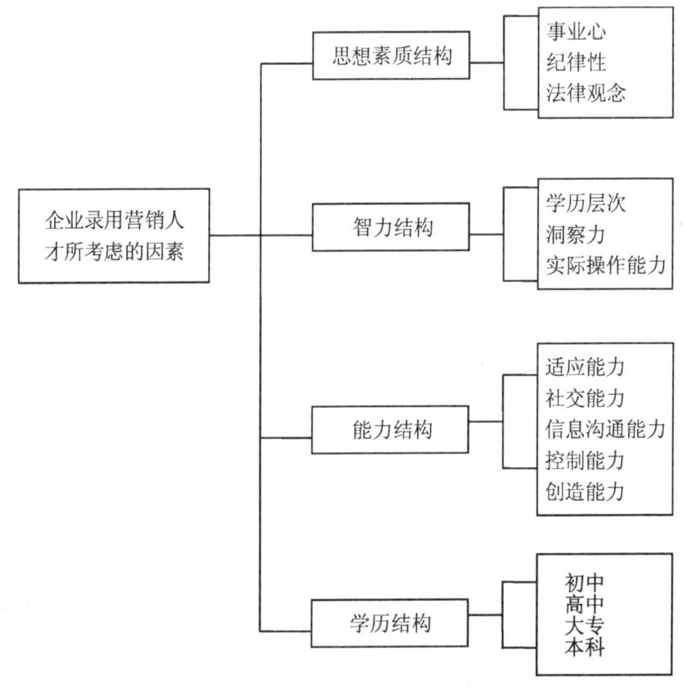

图 8-10　企业选聘营销人才的考虑因素

(4) 学历结构

有调查显示,近 89%的大型企业对营销专业的学历程度非常重视,近 50%的中型企业重视营销专业人员的学历,而只有 16%的小规模企业重视营销人员的学历程度。大型企业认识到营销对企业的决定性作用,引进营销人才时,由于缺少深层次地了解营销人才能力的机会,因此学历层次是他们录用营销人才极为看重的一个方面。而对于中小型企业而言,可能由于企业财力有限,不能为高学历(硕士以上)的营销人才提供高薪待遇。

对营销专业学历的需求状况的调查表明,其中大专和本科学历的需求比例较大,如表 8-3所列。

表 8-3　企业对营销专业人才所需要的学历层次

学历层次	中专	大专	本科	研究生
需求比例	5.2%	39.6%	44.8%	10.4%

另外，企业对各个考虑因素的重视程度也有差别。相关调研结果显示，企业更为看重营销人才的实际操作能力、适应能力、创造能力，而对于洞察力等方面的重视程度略低于这些方面。

【营销信息链接】

甄选营销人才的新方法——绩效记录原理

假设你是一家公司的营销主管，以往雇用营销人员的经验使你形成如下看法：有两种类型的营销人员，一种是真正的营销人才（以下简称高手），能赢得 90%的市场工作；另一种是一般营销人员（以下简称常人），只能赢得 50%的市场工作。用概率形式表示，即营销高手赢得一件市场营销工作的概率 P(赢/ 高手) 为 0.9，而常人赢得一件市场营销工作的概率 P(赢/ 常人) 仅为 0.5。你不会去雇用比常人还差劲的营销人员。高手与常人相比是随机占优的，因而你倾向与高手签订长期合同。再假如你刚刚雇用了一位名叫李阳的营销人员，而他从未从事过市场工作（或他从事过但你不了解真实信息），只是基于你对于一般情况的了解，你认为他是高手或常人的可能性是相同的，以概率形式表示，即 P(高手)＝ P(常人)＝0.5。

假如让一位营销人员成为公司的一员，则意味着此人将一直在该公司工作，假设贴现率为 0.95。将效用标准化以使 u(赢) ＝1，而 u(输) ＝ 0。那么，如雇用了高手，则预期价值 EV 为 18；相反，如雇用了常人，则预期价值 EV 为 10。与雇用高手相比，雇用常人为公司终身职员的效用几乎少了 45%（准确地说是 8/18）。

作为公司经理，你当然可以不以任何资料为依据而做出主观决策，你可以随便雇用一个从没干过营销工作的人，不过这是不负责任的，任何一个具有健全理智的人都不会这样做。你应该做的是给受聘的新人一段试用期，在这段时间里，给这位新人建起一个绩效记录，是否录用的决策取决于这个绩效记录。

在试用期里以及在整个的职业生涯中，评价一个人的依据就是他（她）的绩效记录，此人取得了多少次成功？此人失败了几次？此人为公司做了些什么？这就叫绩效记录原理，是通过人们的绩效记录来评价他们的能力高低。绩效记录越好，一个人就越有可能被判定为高手，从而公司更有可能与他建立一种长期关系。

资料来源：http://www.chinarc.org/manage/markinfo.asp 中国营销人才网

2. 市场营销人才的素质和能力要求

(1) 市场营销人才应具备的素质

① 高尚的品德

优秀的营销人员，首先应该是一个品德高尚、有才能的人。品德不正就不会得到客户的信

任，也不会得到领导和同事的信任。一般企业招聘营销人员时，品德都被列为第一重要条件，因为消费者、客户、社会大众一般都是通过营销人员来认识这个企业的形象、素质和层次的。营销人员是这个企业站在与社会接触的最前沿的人，是向社会反映企业的一面镜子，社会大众通过对其营销工作的认可来接受这个企业和这个企业的产品。优秀的营销人员应该忠实于客户、忠实于公司。忠实于客户，就要以诚信为本，尽量满足客户的合理要求，从客户的需求出发，与其维持长久的相互信任的合作关系。忠实于公司就是要对公司负责，尽量维护公司的应得利益。同时还要有团队精神，用自己的热情来带动周围的人。

② 强烈的事业心，忠诚于企业和顾客

作为营销人员，应热爱自己的事业，奋发向上，为企业服务；并树立正确的营销观念，把满足顾客需求作为营销工作的起点，诚心诚意为顾客服务。企业营销人员是企业与客户沟通的桥梁，直接掌握着大批的客户群，并掌握着客户对企业产品的反应及市场动态变化等第一手资料，如果营销人员没有较高的忠诚度，则很容易带走客户和企业的商业秘密，使企业蒙受巨大损失。尤其是在目前人才流动环境越来越宽松的情况下，营销人员的忠诚度就显得更为重要了。其次，营销人员在营销过程中，掌握着销售数量、销售价格、资金回笼等营销要素，这也要求营销人员具有较高的忠诚度。需要指出的是，忠诚度总是双向的，营销人员对企业的忠诚度是与企业对员工的忠诚度密切相关的，因此，企业可以采取许多措施来引导营销人员增加忠诚度，例如薪酬、待遇、情感、文化、发展等，但关键的因素仍然是营销人员内在的忠诚度。由于这种内在的忠诚度有许多人才拒绝了外企高薪聘请。

对客户的忠诚就是通过营销人员对客户体现诚信原则，诚信原则是客户认同企业和企业产品的最重要的方面。以诚信赢得客户的认同是一种心理认同，其认同价值最高。具有较高忠诚度的营销人员在其营销活动中，不仅可以赢得客户，而且可以培养客户的一种心理依赖，从而造就忠诚客户和忠诚客户群。因此，当美国可口可乐公司想要改变可口可乐的配方时，大批的忠诚客户纷纷提出质疑，其中有一位说，“改变宪法我同意，改变圣经我同意，但唯一不同意的是改变可口可乐的配方”。可口可乐公司因此放弃了改变配方的方案，避免了可口可乐销售中可能遭遇到的失败。此外，营销人员对客户的忠诚度还可以在无形中树立企业和产品在客户心目中的形象；相反，对客户没有忠诚度的企业营销人员将会极大地损害企业和产品的形象。

③ 高度的责任感

销售人员的言行举止都代表着公司的形象，也是企业与顾客进行信息沟通的一种有效方式。营销人员的一言一行、一举一动都代表了公司，公司形象靠营销人员来向社会大众展示，可以说营销人员是一个企业的外交官。因此营销人员必须有一种强烈的责任心，把自己的工作干好，为企业创造更多的效益；同时通过自己的工作向社会展示企业的形象、企业的精神面貌、企业文化和理念。

④ 足够的自信心

信心是一种力量,要能够看到公司和自己产品的优势,并把这些熟记于心,要和对手竞争,就要有自己的优势,就要用一种必胜的信念去面对客户和消费者。被称为汽车销售大王的世界吉尼斯纪录创造者乔·吉拉德曾在一年中零售推销汽车 1 600 多部,平均每天将近五部。当初去应聘汽车推销员时,老板问他是否推销过汽车?他的回答是没有,但是推销过日用品,推销过电器,既然能够推销它们,说明就能够推销自己,当然也能够推销汽车。乔·吉拉德之所以能够成功,是因为他有一种自信,相信自己可以做到。

⑤ 坚强的意志力

销售活动是以人为工作对象,而人又是复杂多变的。因此,销售工作实际是很辛苦的。在困难面前销售人员必须具有百折不挠的毅力和韧劲。在销售活动中,只要有百分之一的成功可能性就要用百分之百的行动去争取,这就是百折不挠精神在推销中的具体体现。

⑥ 良好的心理素质和身体素质

具有良好的心理素质,才能够面对挫折、不气馁。每一个客户都有不同的背景,也有不同的性格、处世方法,自己受到打击要能够保持平静的心态,要多分析客户,不断调整自己的心态,改进工作方法,使自己能够去面对一切困难。营销工作充满酸甜苦辣,被冷漠地搪塞、拒绝,被人家从办公室赶出来等,都是营销人员的家常便饭,没有良好的心理素质,没有开朗的性格是难以坚持下去的。营销人员必须要有韧性,有耐心,有百折不挠的勇气;胜不骄,败不馁,对所遇到的问题要想方设法解决,经常总结工作中的得失,不断提高自己。同时,营销工作是很辛苦的,没有吃苦耐劳的精神,没有健康的体魄是难以胜任的。因此,能吃苦耐劳,有健康的体魄也是营销人员的资本。

⑦ 基本的业务素质

基本的业务素质主要是指掌握企业、产品、市场、顾客、竞争等方面的知识。一次成功的推销与营销员对本产品及行业的专业知识掌握多少有直接关系。基本的业务素质包括以下几点:首先,应该具备企业知识。作为营销人员应了解所在企业的发展趋势以及其他有关的知识。这些知识主要包括企业的历史沿革、企业在同行业中的地位、企业的营销方针、企业的规章制度、企业的生产能力、企业的销售政策和定价政策、企业的服务项目等。其次,应具备产品知识。优秀的营销人员,应该是产品方面的内行。要懂生产,知道企业是如何将原材料加工成产品的、关键技术工艺在哪里;要懂技术,要能回答顾客对产品提出的各个方面的技术问题;还要懂财务,要知道原料的成本是多少、成品的成本是多少、营销的成本是多少等等。再次,要了解行业情况,了解竞争对手及竞争产品的有关情况。作为销售人员,应该对国内外市场行情有所了解,不仅对产品本身的特点有透彻的了解,而且也要对产品的发展趋势有足够的了解。还要对竞争产品的优势、劣势有清醒的认识,能把自己的产品与竞争产品进行客观的、实事求是的比较,同时还要能为顾客提供建设性意见,使顾客对产品产生信任感。最后,了解市场和营销方面的专业知识。营销人员应掌握市场经济的基本原理、市场营销的策略与方式、市场调研与市场预测的方法、供求关系变化的一般规律、现实客户的情况、增加购买量的途径、潜在客户的情况及其购买力、市场环境及市场容量等方面的知识。

(2) 市场营销人才应具备的能力

① 观察能力

作为营销人员必须要具备敏锐的市场观察能力，到瞬息万变的市场中去捕捉所需信息。机会对于大家来说都是平等的，关键就在于你如何去发现、挖掘、把握。成功者往往善于发现机会，并在机会来临时毫不犹豫地去把握。例如，在商业谈判中，营销人员应该从对方的谈话用词、语气、动作、神态等微妙的变化中洞察对方的心理，这对销售成功至关重要。营销人员要善于洞察顾客的心理变化。详细了解顾客的需求，包括心理价位、购买动机、购买条件、购买方式、购买时间、购买力水平等内容，根据顾客的年龄、职业、性别的不同推荐不同产品，激发顾客的购买欲望，并把握好价格尺度和利润杠杆以达到营销目的。

② 分析能力

营销是一个系统而又复杂的过程，如何在复杂中找出简单，在纷纭的幻象中发现本质，这就需要营销人员具备去伪存真的分析能力。透过表面现象发现实质问题，并及时将自己的时间和精力投放到核心问题的解决上，这样才能得到事半功倍的效果。

③ 组织能力

营销人员的组织能力主要体现在两方面。一方面是组织会议的能力。如今的市场营销活动，传达企业资讯常用的途径主要通过会议。另一方面是组织活动的能力。营销人员经常面临的是两个活动，一个是全国统一性的销售活动，再一个就是区域性的市场促销活动。如何高效地策划、组织、实施好各项活动，就需要营销人员去争取有利于活动开展的各项资源，然后整合所能掌握的资源使活动能有效实施。

④ 应变能力

营销人员虽然在与顾客接触前就对顾客进行了一定程度的分析与研究，但是影响销售成功的不确定因素很多，其中必然会出现一些意想不到的情况。对于这样突然的变化，营销人员要理智地分析和处理，遇事不惊，随机应变，并立即提出对策，这就是应变能力。

⑤ 创新能力

对于营销人员而言，开拓一个新市场，发展一个新客户，采用一种别出心裁的推销手段，都必须首先具备开拓创新的精神和能力。

⑥ 沟通能力

交流是生意的基础，交流是建立感情的基本途径。语言是交流的重要工具，要把握语言交流的技术与艺术，然而语言又不是交流的唯一工具，要懂得“到什么山唱什么歌”，在任何可能的机会，和客户交流，和业务伙伴交流，和老板交流，和同事交流。交流的目的在于沟通、理解、交朋友。通过交流营造良好的人际关系，建立网络资源，这是营销人员的一种财富，一笔无形资产。每一个客户都应该成为相互信任的朋友，有了朋友才有回头客，每一个朋友都可能是潜

在的客户。

营销人员每天要在不同的场合面对各种各样的客户或消费者，并还要扮演不同的角色来处理各类不同的问题，怎样跟不同的人打交道，如何高效地解决不同的问题，这都需具备较强的沟通能力。对于在一线市场的业务人员，时间就是业绩，利用团队的力量，多沟通以赢得更多的支持，才能做出更大的成绩。

⑦ 协调能力

协调能力主要体现在营销过程中，当企业与客户之间的利益发生冲突时，营销人员要具备协调相互关系的能力，将冲突降到最低点。协调的精髓在于寻找一个“平衡点”，即运用适当的谈判技巧，使双方的合作继续进行下去。

⑧ 管理能力

一名成功的营销人员不会把自己仅视为一名业务人员，他会认为自己更应该是一名成功的管理人员，他身上肩负着管理渠道、管理客户、管理团队、管理市场等多种使命，其实质就是一名管理者。因此，作为一名现代营销人员，必须要充分地理解和学习管理者所应具备的管理知识和管理能力。管理的另外一个角度就是资源的整合与分配，营销人员须具备各项综合素质与能力高效地利用所掌握的资源，并对资源进行有效的分配。

⑨ 其他能力

除了以上提到的能力以外，营销人员还应具有一定的销售技巧、发展客户关系的能力和促销策划的能力。

此外，营销人员还应该不断学习和积极进取。营销人员时时刻刻需要学习，向客户学习客户领域的知识、产品与应用；向技术人员学习产品与技术；向老板和同事学习公司的策略与销售风格以及成功与失败的经验等。

【营销信息链接】

汽车营销人才素质的新要求

汽车营销人才的培养目标是培养适合面向汽车销售企业、汽车维修企业和汽车运输企业等汽车服务的一线企业所需要的专门人才；培养拥护党的基本路线，具有良好的思想品德和职业道德，掌握一定的专业理论知识，具有较强的实践能力和分析问题、解决问题的能力，胜任现代汽车销售、配件管理、售后服务等岗位的全面发展的高等技术应用型营销专门人才。

一、知识结构

1. 具有本专业所必需的基础理论知识

2. 具有汽车技术服务、汽车营销技术等方面必需的专业理论知识，如汽车结构知识、汽车的使用知识、汽车维护知识、汽车技术发展知识、汽车节能知识、汽车保险理赔知识、汽车营销知识、相关的法律法规知识、广告的基本知识。

3. 掌握一定的经营管理理论方面的知识，如经营管理知识、市场调查与预测知识、汽车贸易的基本知识等。

4. 掌握一定的人文社会科学知识，如一定的政治、德育、体育、音乐、美育等人文社会科学知识。

5. 掌握一定的核心知识，如汽车结构与维护知识、汽车营销知识、与汽车销售相关的法律法规知识。

二、能力结构

1. 基础能力

(1) 信息收集与处理能力：能够查找工作中所需的资料、数据，对数据进行分析、整理、加工。

(2) 外语应用能力：能够阅读汽车维护手册及使用说明书。

(3) 计算机应用能力：会使用常用的专门软件。

(4) 科技写作与表达能力：能够撰写技术报告、销售企业调研报告。

(5) 机械工程基本能力：工程图制与识图的能力，简单零件的测量、测绘的能力。

(6) 电工电子技术基本能力：具备必须的安全用电常识，能够运用电工电子基础知识。

(7) 社会、环境适应能力，与人合作能力。

(8) 创新能力，终身学习能力。

2. 专业能力

(1) 汽车营销业务工作能力：熟练运用营销理论从事汽车及其产品营销的能力、市场调查与市场分析的能力、广告与促销、市场推广的能力。

(2) 汽车技术服务工作能力：汽车维护能力。

(3) 销售企业的管理能力。

(4) 汽车及其相关产品保险理赔，合理运用汽车贸易相关法律法规的能力。

3. 核心能力：汽车营销业务工作能力，市场策划、开拓能力，汽车技术服务、保险理赔能力。

三、素质结构

1. 思想品德素质：拥护党和国家的基本路线方针政策，遵纪守法，具有良好的社会公德。勤奋敬业，安心在生产第一线工作，具有良好的职业道德和协作精神，重点在于个人品德和职业道德。

2. 文化素质：掌握本专业实际工作所必备的基础理论、基本知识，具有一定的文化艺术修养和鉴赏力，有良好的业余爱好和兴趣，有一定的人文社会科学知识。

3. 业务素质：具有实事求是、严谨刻苦、一丝不苟的科学态度以及较强的工程意识。具备本专业必备的基础知识、实践能力，有较好的自我发展能力。

4. 身体、心理素质：身体健康，有锻炼身体的良好习惯，理智、乐观、坦诚、热情、宽容，尊重、理解他人；有承受失败和挫折的意识。

资料来源：http://www.chinarc.org/manage/markinfo.asp 中国营销人才网

8.2.3 市场营销人才培养

对市场营销人才的培养不是一个短时间的问题，同时需要学校、企业和相关专门培训机构的共同努力。

1. 学校培养层次

为了适应社会对市场营销人才的需要，学校在营销人才的培养上应该按照“实际、实用、实践”的原则，按照市场营销专业培养目标的总体要求，彻底摆脱学科教育的束缚，强化理论和实践的紧密结合，积极探索技术应用型人才的培养模式，创新教学体系，改革教学方法。

(1) 转变观念

应从只抓教育转变为以社会对市场营销人才需求为导向，全面提高人才素质。市场营销教育必须致力于培养学生优化的综合素质，这些素质包括思想素质、业务素质、文化素质、身体身心素质。市场营销人才能力的培养就是要使现在市场营销教育客观存在的平庸的知识型、被动接受型、自我封闭型、各自独立型的培养目标向着适应未来社会需要的创新能力型、主动思维型、开放型、合作型转变。

(2)改革课堂教学

改革课堂教学首先要明确课程目标，优化课程体系。建立以课程为主体，以技能训练为重点，辅之以第二课堂、学术讲座等方式的课程体系，不断完善、更新教学内容；改进教学方法，提高教学质量，注重启发式教学、参与式教学、课堂讨论与典型案例分析；借鉴发达国家学校进行教学改革的经验，把部分职业培训的课程纳入到教学计划中，以提高学生技能，符合职业需要。这样，不仅使学生的实用知识和动手能力有较大提高，也更符合用人单位的需要。其次，要不断加强师资队伍建设。在认真总结经验的基础上以案例教学法为突破口，深化教学方法改革；提高教学管理有序性、科学性和先进性，提高管理队伍的服务意识和服务水平。同时应该认真研究中国的实际情况，从国情出发，把外国的办学经验与中国的实际恰当地结合起来，在引进国外先进培训技术时，不能只是简单的“复制”，而是要力求消化吸收，推陈出新，制定出既符合国情又适合时代要求的一系列营销人才培养战略。最后，实施校企合作教学，即“定单式教育”。与相关企业建立较稳定的合作关系，加强教学与企业实际工作的联系，一方面让学生通过市场调查、商业劳动、生产实习、产品推销等实践性教学过程直接参与企业的经营活动；另一方面，将有丰富经验的企业实际工作者以“客座教授”的身份请进来，开设“企业讲座”课程，以增强教学内容的实践性和应用性，增加学生的感性认识。

2. 企业培养层次

营销人才的培养更多是在实践中进行的，因此企业是实现营销人才培养的核心环节。

(1) 企业必须转变营销观念，树立正确的经营观、人才观。全面提高员工，尤其是营销人才的素质，对提高企业的竞争力、提高企业的经济效益具有十分重要的意义。众所周知，中国企业几十年来都是以生产为中心、以完成计划为首要任务的，不同程度地存在轻视营销、轻视

市场的现象。企业应充分认识营销人才的重要性,重视和尊重营销人才,建立起促使营销人才脱颖而出的良性机制。雅芳是一家国际知名的跨国直销企业,雅芳对其内部员工有一套完善的培训方案,如入职培训、管理知识与技能培训、专业技术培训、语言培训、海外培训等。公司对所有的员工一视同仁,不会因为某个员工的一些缺陷而轻视他,公司给每位员工同样的机会,从而可以增强他们的安全感、自信心和归属感。通过这全套的培训可以开发员工的潜力,发展员工综合工作技能,同时使公司员工整体素质有了很大提高,使其能适应业务和组织变化的要求。

(2) 建立学习型组织。因为市场营销是一个综合性的职业,它要求市场营销人员必须掌握多方面的知识,能在市场活动过程中应付自如,成功完成任务。因此,企业应定期或不定期地对营销人才实施培训,但重点还是应放在营销人员自觉的学习上。企业的营销人员不但要系统地学习营销理论,还要系统学习与市场经济理论相关的其他学科的基础知识,并在工作中不断总结和学习,这样才能全面提高自身的素质和能力。

(3) 建立科学务实的人才培养开发机制,正确认识培训投资。据统计,中国数千万家的企业经营管理人员每年培训量不足 1%,包括中小企业在内的国外企业每年的培训支出最低为公司薪资总额的 3%,而中国大中企业对此的支出平均不足 0.5%。心疼培训经费的投入,担心培训员工离职,使得一些企业对员工重使用,轻培训。即使愿意培训的企业又过分追求培训的投资回报率,陷入了培训的误区。如果换个角度,把培训视为与工资、奖金一样的劳动报酬,那企业就不会斤斤计较于回报率的多少了。宝洁、摩托罗拉等公司的培训正从"费用"演变为"投资"进而转变为"福利"。著名经济学家舒尔茨在当年获颁诺贝尔经济学奖时说,"对人的投资所带来的收益远远大于对固定资产的投资"。在摩托罗拉公司,每花一美元投资在学习上,就可以获得连续三年、每年提高 30 美元的生产力。可见,无论是在理论上还是在实践上,培训和学习能为企业创造利润,这已在管理界和企业界达成共识。

目前中国对培训的要求和呼吁与日俱增,许多员工因为企业培训机会少而选择跳槽。可以说,培训已经成为一项非常重要的激励内容。

3. 职业培训和市场营销职业资格认证

美国前总统克林顿说过,"职业培训制度的重要性,不仅仅出于教育和经济方面的考虑,同时也是我们带领全体国民跨入 21 世纪的策略的核心"。现代社会经济发展速度快、知识更新快、产业升级快、新技术应用快、管理方式变化快,职业培训可以说已经成为解决从业人员知识、技能、管理能力等方面适应性的最有效方法,职业培训市场的发展潜力很大。所以职业培训应该发挥其较强的专业性、鲜明的层次性和显著的实践性的优势,认真做好市场调查,转变培训思路,把培训与创新有机地、紧密地结合起来,努力提高培训创新能力和市场竞争力。

国外许多企业已经认识到职业培训的重要性,并对企业培训教师的资格有明确的要求。根据德国《职业教育法》和《实训教师资格条件》的规定,只有在"品格上和业务上均适合职业教

育,并且具有条件中所要求的职业教育法和劳动教育学知识并通过相应的考试的人”,才可以作为实训教师。在此条件下培训出来的员工才是具有高素质、高技能、适合企业要求的人才。而中国企业在这方面做得还比较欠缺,应多向国外一些企业学习。

为适应新世纪企业对市场营销人才的大量需求,中国目前已经拥有了大量的市场营销职业资格认证相关机构及相应的培训机构。这些机构通过一定的专业培训与测试,帮助营销人员更新了营销理念,充实了营销知识,完善了营销技能,这在一定程度上也提高了中国营销人员的整体素质与业务水平。但是,这些机构缺乏统一的管理,缺乏相应制度的约束,为了利益相互之间恶性竞争,培训过程中“走过场”,搞形式,唯利是图,不择手段,导致目前中国在市场营销职业资格培训及认证方面不规范的现象越来越多。这也是政府、行业等相关部门亟待解决的问题。

【营销信息链接】

20 世纪 90 年代末,社会上开始兴起“考证热”。在这股热潮下,各种培训认证机构纷纷诞生。不久,劳动和社会保障部颁布的职业资格证书就业的职业目录,规定 90 个行业的从业人员必须具备职业资格才能进入。

职业技能认证迅速成为一个规模巨大的市场,其利润空间吸引众多商家和机构参与。认证种类由起初的几种迅速发展到数百种,发证机关涉及国家诸多部委,各种级别的行业协会、组织,甚至还有一些商业机构。比如,仅就市场营销职业资格认证来说,目前就有劳动部、人事部、信息产业部及协会、商业机构等组织的十余类、数十种认证,考试培训费用从数百元至数千元不等。

五六年前,只要拿到某项认证考试的委托授权,就可从事营销职业资格认证和培训,“基本上都发了大财”。可如今,认证种类与认证培训机构数量激增,相互间形成激烈竞争,这种竞争不是质量竞争,而是价格竞争。仅北京市的各种培训认证机构,目前就不低于 3 000 家。许多认证培训机构省略培训环节以降低成本,用各种方法提高考生的“通过率”,甚至打出“包拿证”的广告,由此出现的种种“走过场”的认证考试,就不足为奇了。

目前之所以存在买卖资格证书和教育培训活动混乱这样一些不良现象,既是基于经济社会发展与劳动力市场对高素质劳动者的需求在增长,以及符合国际惯例的职业资格证书受到追捧的结果,又是政府对职业资格证书制度监管乏力,而一些社会团体又过于功利化和缺乏自律的结果。

这种现象肯定是应当制止的,因为它会扭曲人力资本的投资行为,导致科学的职业资格证书制度走向异化甚至崩溃。这不仅损害这种制度本身,并最终损害获得虚假证书的个人,而且会直接影响整个劳动力市场的正常成长。

因此,职业资格证书制度既要提倡,又必须严格规范。虽然职业资格证书一般是由专业机构,如协会、学会颁授的,这也是市场经济条件下的一种惯例,但惯例不等于放任和不负责任。

在发达国家，任何专业机构颁授职业资格证书均是以追求职业资格信誉为条件；否则，不负责任甚至制假造假的机构，必然给自己带来灭顶之灾，并将无法生存。

国家应当制定相应的职业资格认定的法律、法规，明确相应的职业资格条件及获得职业资格证书的规范程序，从严确定信誉较高的协会、学会等专业机构，并进行试点，在总结经验教训之后加以推广。概括起来，就是要强化立法规范，严格政府监管，要求专业社团组织严格自律，逐渐建立起信誉良好的职业资格证书认定机制。

资料来源：http://www.chinarc.org/manage/markinfo.asp 中国营销人才网

【本章小结】

1. 市场营销组织是指企业内部涉及市场营销活动的各个职位及其结构，是一种以向市场提供价值为使命的人与人之间的关系。在这样的组织里倡导一种文化，即每个人都关心并致力于向客户提供更多的解决问题的方法(无论是哪个层面的问题)，并通过这种努力来解决企业所面临的问题(如企业如何生存与发展，如何面对竞争等)，同时关注企业与客户的成本与收益，从而将市场与企业价值(价值是收益与成本的正差)落在实处。

2. 知识经济时代的到来和信息网络技术的飞速发展带来了企业生产速度和效率的不确定，由此使得工业社会建立的营销组织只有进行彻底变革，才能适应 21 世纪的营销环境。由于知识经济社会的市场竞争强调的是速度和知识的竞争，所以企业的产品更新换代快、消费者的行为变化快、竞争对手反应快、信息技术日新月异等因素都影响和制约着营销组织模式的建立和发展。为了适应时代的要求，营销组织的构建应该是以市场为导向，尽量减少管理层级，以达到反应迅速、沟通畅通、内外协调与互动的目的。传统的层级营销组织体系必将被具有时代特色的营销组织所取代。

3. 市场营销组织的目标是企业为了适应不同的商业环境而创造更多的商业价值和利润。因此，市场营销组织就应该充分发挥其内在的功能，为企业的最终目标服务。

4. 企业的市场营销部门是执行市场营销计划，并服务于市场的职能部门，是随着市场营销管理哲学的不断发展演变而来的。这个过程大致经历了单纯的销售部门、兼有附属职能的销售部门、独立的市场营销部门、现代市场营销部门、现代市场营销公司五个阶段。

5. 为确保企业整体目标的实现，企业内部各职能部门应密切配合。但实际上，各部门间的关系常常表现为激烈的竞争和明显的不信任，其中有些冲突是由于对企业最高利益的不同看法引起的，有些是由于部门之间的偏见造成的，而有些则由于部门利益与企业利益相冲突所造成的。

6. 营销组织一般要有以下方面的职能：

① 信息职能，即营销组织须收集、整理、分析公司内部、竞争对手、技术、市场、产业和宏观

环境的相关信息，并定期提出报告给相应的决策部门，同时也可以进行专题性信息收集。

② 营销研究，即营销组织须对公司产品销售、顾客反应、市场占有率、竞争对手、市场环境和技术趋势等进行综合评价，有时要进行专题研究。

③ 计划职能，即营销组织须制定公司整体营销战略、短期和长期营销计划，选择目标市场、管理预算，并对计划的执行情况进行监控。

④ 促销管理，即营销组织须负责广告、公关、产品促销等具体促销计划和管理。

⑤ 渠道管理，即指渠道的设计、激励与控制等。

⑥ 顾客关系管理和服务，即营销组织须为顾客提供相应服务，并直接与顾客进行沟通，建立直接关系，对顾客关系进行管理。

⑦ 新产品开发及管理，即营销组织须提出新产品开发计划并与开发部门直接协调，对整个开发过程进行管理。

⑧ 价格管理，即营销组织须制定价格政策并进行价格管理。

⑨ 知识管理，即营销组织须总结形成企业独有的营销知识，尤其是关于顾客的知识，并进行管理。

这些职能可以依据公司的大小单独设立部门，也可以融入其他部门中去。

7. 为了实现企业目标，市场营销经理必须选择合适的市场营销组织。大体上，市场营销组织的类型以下五种类型，即职能型组织、产品型组织、市场型组织、地理型组织、矩阵型组织。

8. 随着对营销作用的认可和重视，以及对营销人员作用和职能的认识的加深，营销人才的概念也就应运而生了。这时的营销人才就不是简单意义上的推销产品或服务了。营销人才是指那些具有高素质、高能力的营销人员，他们具有良好的职业素养、掌握营销基础知识和行业专业知识、拥有丰富的实践能力，同时还具备自我学习的精神和能力。虽然营销的不同职位对营销人才的要求存在差别，但拥有以上素质是对营销人才的基本要求。

9. 现在和未来很长时间内，市场营销人才都将是人才市场的热门；对营销人才的需求出现多元化倾向；但是，企业对营销人才考评不够合理，不重视培训；营销行业就业门槛低，营销从业者不注重理论水平的提高；存在求职者找不到合适的工作和企业岗位空缺的矛盾。

10. 未来企业对营销专业人才的需求将表现出如下趋势：一是越来越注重营销专业人才的综合素质，不仅强调营销专业知识的把握，而且强调“一专多能”；二是越来越注重营销专业人才的动手能力、实践能力，淡化知识成绩。越来越多的企业认识到大学阶段较高的分数与其为人处世和工作能力并没有直接的关系。高分低能的学生会被企业拒之门外。因此，在校期间有过较多实践锻炼的大学毕业生将会更受企业青睐；三是企业更为重视营销专业人才的品德，企业欢迎脚踏实地、艰苦奋斗、能解决实际问题的人才；四是企业更加注重营销专业人才的创新能力，淡化营销专业人才的学历背景和学校背景。

11. 市场营销人才应具备的如下素质：高尚的品德、强烈的事业心、忠诚于企业和顾客、高

度的责任感、足够的自信心、坚强的意志力、良好的心理素质和身体素质、基本的业务素质。同时，市场营销人才还应具备如下能力：观察能力、分析能力、组织能力、应变能力、创新能力、沟通能力、协调能力以及管理能力。

【思考题目】

1. 如何正确理解市场营销组织的内涵？
2. 市场营销组织有哪些新的特征？
3. 市场营销部门和企业内部其他部门的主要分歧体现在哪些方面？
4. 什么是虚拟营销组织？在实践中如何运用虚拟营销？
5. 市场营销组织设计的原则是什么？
6. 市场营销组织创新体现在哪些方面？
7. 中国市场营销人才的需求现状如何？
8. 企业对市场营销人才的素质及能力要求体现在哪些方面？

第 9 章　市场营销管理意识

【职业引导案例】

有 117 年历史的美国著名连锁店 Woolworth 于 1997 年 7 月 17 日宣布关闭全美的门市，遣散 9 200 名员工。Woolworth 创立于 1879 年，是美国廉价商店之先驱，后来美国郊区购物中心盛行，它成为重要的支柱。Woolworth 在美国道·琼斯工业指数曾为成分股之一。近年来，由于激烈的竞争及消费者购物习惯发生了变化，因该店无法提出有效的竞争战略，并采取相应的竞争措施，使得该店由 6 年前的 1 400 多家分店缩减到 1997 年的 400 家，仅 1996 年就亏损了 3 700 万美元，虽然 Woolworth 在期间曾经投入相当的资金，但是并没有调整竞争战略，虽然希望能扭转乾坤，却未能把握住关键因素，致使总公司不得不关闭 Woolworth 的事业。Woolworth 事例并不是个案现象，曾经显赫一时的 Bloom Ingdale、Saks、Fifth Avenue、Macy's 也都面临财务危机或倒闭。为什么这些企业曾经是时代的创新者，最终反被时代所淘汰？

静心细看，消费者在消费行为方面已有了很大的变化，所谓的"历史名店"不了解或不想了解这些变化，一直延续过去的经验进行营销管理；即使了解环境的变化，并曾试图做出一些投入，但因使用的方式不当，结果仍是徒劳无功，致使企业无法继续生存。同时，由于众多竞争者出现，市场竞争异常激烈，致使企业无法确立市场位置、建立营销优势而惨遭击败。

问题：从美国连锁店 Woolworth 倒闭透视企业适应市场环境、树立现代营销管理意识必要性

9.1　客户意识

9.1.1　客户意识的本质

客户意识即企业的一切营销活动必须围绕客户需求进行，把满足客户需求作为企业营销的出发点。这是生产目的的客观要求，也是市场机制在营销决策中的反映。客户意识是企业从事营销活动的基本观点，它表明了企业的营销理念：企业必须依托市场环境，把握客户需求，这样才能够顺利开展营销活动。客户意识还反映出企业的经营意图：企业有意识地将自己的资源适应市场中的客户需求，能够达到预期的营销目标。它体现于企业的整个管理过程：企业围绕着"客户需求"这一命题，对人、财、物进行计划、组织、协调和监督。因此，客户意识在企业营销者思维结构中占据重要位置，它决定着企业营销的素质和品位。

从哲学的基本范畴——矛盾的同一性、对立性来理解，市场经济条件下供求是矛盾的两个方面，共处于一个统一体中，而供应方是矛盾的主要方面，他的行为决定矛盾统一体的发展方向，即这一矛盾是处于暂时的同一和稳定，还是处于分裂和对立。如果供应方想用自己手中的产品换回需求方口袋里的货币，他就必须尽量使矛盾体处于暂时的同一状态，这就要站在需求方的立场上考虑问题，了解对方的需求欲望、需求动机，只有满足其消费需求，供求双方才能够在这一基础上形成对立的统一，供应方和需求方才能在统一体内顺利完成交易行为。

从经济学生产与消费的辩证关系来理解，马克思在《政治经济学批判导言》中详细论述了生产与消费的关系。他认为，“没有生产就没有消费，但是没有消费也就没有生产，因为如果这样，生产就没有目的”。马克思提出生产消费，但是消费也不是消极被动的东西，在“片面的形成上”起决定作用，因为消费创造出新的需要，在观念上提供生产对象。消费虽然不像生产那样创造出一个外在的产品，但它却创造出“生产的观念上的”内在动机，而这正是生产的前提，是生产进一步发展的动力和目的。消费使产品得以最后完成和实现，产品不用于单纯的自然对象，它在消费过程中才证实自己是产品，所以消费是使产品成为商品的最后行为，也是使生产者成为再生产者的最后行为。由此而言，消费在商品生产、商品交换当中占据瓶颈位置，消费需求在企业营销系统中起至关重要的作用。

9.1.2　客户需求模式

1. 客户需求特征

市场中的客户需求丰富多彩、纷繁复杂，随着时代的发展、社会经济生活变革，客户需求不断充实、不断提高。尽管消费用品需求和产业用品需求差异较大，但二者仍然拥有一定的共性特征，其需求规律反映在下列几个方面：

(1) 需求结构的多样性和差异性

由于不同客户心理特征的差异，其需求也是多种多样、千差万别的。多样性和差异性是市场需求最基本的特性，其中需求多样性表现在三个方面：其一是对同一类商品的多种需求。人们往往要求某一商品除了具备某种基本功能外，还要兼有其他的附属功能，如羽绒服首先是为了保暖，但人们对它的款式、颜色、面料的要求也越来越高。其二是对不同商品的多种需求。随着生活水平的提高和价值观念的变化，客户需求的对象种类越来越多、层次越来越高，如电脑、手机等高科技产品已成为许多消费者的必备用品。其三，需求的多样性还表现在显现的需求和潜在的需求同时存在于同一消费者身上。由于潜在需求的不确定性和一定意义上的无限性，需求多样性的范围进一步扩大。

需求差异性则是由于需求的产生取决于消费者自身的主观状况和所处的消费环境两方面因素。就个体消费者而言，不同的消费者在年龄、性别、民族传统、宗教信仰、生活方式、收入水平、个性特征以及所处地域的自然和社会环境等方面的条件千差万别，由此形成多种多样、形态各异的市场需求。每个客户都会按照自身的需要选择、购买和评价商品。

(2) 需求的目的性和可诱导性

需求是有所指向的，即指向能够满足其需求的具体目标。因此，客户需求总是和满足需求的目标紧密相连的。在商品社会中，这一联系具体体现为对某种商品或服务的需求，即表现为想要得到某种商品或开始某一消费活动的意念。例如，为了满足居住和出行的需求，希望购买住房和汽车等。住房和汽车这种商品随着需求强度的增加而转化为具体的购买目标，从而使市场需求带有明确的目的性。

对于客户来说，需求的目的性在很多情况下处于无意识或潜意识状态。这就要对处于潜意识状态的需求加以诱导和激发。客户需求的可诱导性，为企业在市场竞争中通过营销活动激发某项需求的形成提供了可能性。

(3) 需求的层次性和发展性

需求是有层次的。按照不同的划分方法，可以把需求划分为若干个高低不同的层次。例如，生存、安全属于较低层次的需求；受人尊重、实现自我属于较高层次的需求。人类的需求是不断发展、没有止境的，当一种需求满足以后，另一种新的需求又会产生。需求的这种发展性特征体现出需求是社会的产物，它经历了从低级向高级、由简单到复杂的发展过程。但是，在一定的时期内，生产力水平的提高，社会产品的增加以及人们收入水平的增长总是有限的，客户需求的内容和层次受到这些因素的制约从而逐步增长，在某些时期或某种情况下，如周期性的经济危机或经济政策失误之时，需求可能出现停滞甚至萎缩。因此，虽然需求水平随着经济发展和科技进步而不断提高，基本呈现出波浪式前进和螺旋式上升的运动过程，但是它的增长幅度是有限的。

(4) 需求的伸缩性和周期性

需求的伸缩性又称需求弹性，是指消费者对某种商品的需求会因某些因素，如支付能力、价格、储蓄利率等的影响而发生一定的变化。当客观条件制约了需求满足之时，需求可以抑制、转化、降级，可以相对静止地停留在某种水平之上，也可以在较低数量上同时满足几种需求，还可以放弃其他需求而获得某一种需求相对充分的满足。

另外，需求的变化还具有周期性的特点。一些需求从购买行为中获得满足之后，一定时期内不再产生，但随着时间的推移还会重复出现，并且显示出明显的周期性变化规律。重新出现的需求不是原有需求的简单重复，而是在内容、形式上有所变化和更新。如季节性商品、节日礼品的需求就带有明显的周期性特征，消费用品需求都具有周期性重复出现的特点，只是循环的周期长短不同而已。

2. 客户需求状态

改革开放历时 30 年，人们已经告别了短缺经济，市场供给出现过剩，买方市场悄然形成，市场环境发生了一系列深刻的变化。就消费用品需求来看，随着中国城乡居民收入的增加，其购买力不断提高，需求模式转型的表象特征如下：

(1) 需求个性化

随着购买力水平的提高，人们开始越来越多地讲究消费品位，推崇个性消费，期望将消费品的效用评价与消费者的个性特征融为一体。而当个性特征一旦被模仿并呈现流行趋势时，人们就会立即放弃原有的习惯性商品，而追逐能体现自身个性的新产品。这样的需求特点如此明显，致使产品生命周期大大缩短，加大了企业营销的难度。

(2) 需求品牌化

买方市场的形成使众多消费者面对更多商品的选择，公众消费不仅仅局限于购买到能够满足其物质需要的物品，而是希望购买到既能满足其实用需求，又能满足其精神需求的“品牌商品”。品牌的功能在于减少客户选择商品时所花费的心力，对客户而言，选择知名品牌无疑是一种省时、省力又能够降低购物风险的决策，需求品牌化表明了当今社会消费心理的特点。

(3) 需求感性化

中国已经步入市场经济的运行轨道，需求满足的侧重点已从物质转向精神，客户购物目的在于获得商品实体，同时更加关注于商品的附加利益，包括商品的美感价值，即消费商品以后精神获得美的享受；商品的体感价值，即消费商品以后体力上得到放松和增强；商品的脑感价值，即消费商品以后大脑获取智力上的补充。而且在消费领域中，绿色需求、休闲需求、健身需求和友情需求特征非常突出。

(4) 需求分散化

收入水平的提高和购买能力的增长使众多客户手持货币在市场上不慌不忙地寻找适合自己的商品，即使暂时买不到理想商品也可以把钱用于股票、债券和房地产投资，或者购买具有更大生活价值的用品，致使需求相对集中的可能性越来越低，需求相对集聚的空间越来越小。对于某一行业供货商来讲，无疑增大了营销的难度。

3. 客户需求发展趋势

中国社会调查事务所曾对北京、上海等六地的4 000人进行了问卷调查，其调查结果显示了未来需求的发展趋势：

(1) 信贷消费渐成时尚

29%的被调查者接受信贷消费这种新的消费方式；13%的被调查者表示会考虑准备向银行申请此类贷款，用于购买住房、汽车，以及子女教育等；48%的被调查者表示要等等看，然后再做决策；只有8%的被调查者觉得经济承受能力差，对此不予考虑。

(2) 服务消费比重加大

近六成的被调查者已不满足于吃饱穿暖的基本生活需要，愿意把更多的钱花在服务性消费上。其中，教育消费占家庭年平均总收入的比重最大(占31%)，其他依次为医疗保健(19%)、餐饮(10%)、旅游(8%)。而同期用于食品、衣着、耐用消费品和日用杂品的支出均呈下降趋势。

(3) 网上购物日益火爆

近八成的被调查者拥有或使用电脑，其中64%的被调查者曾经上网，31%的被调查者经常上网。资料表明，中国目前已建成了四个主干网（中国科学院管理的科学技术网、教育部管理的教育科研网、原邮电部管理的公用网和信息产业部管理的金桥信息网），并实现了互相联通，另外还建立了连通国外的高速光纤通道。

(4) 租赁消费逐渐普及

61%的被调查者认为，价格很高、使用频率很低的消费品，就没有必要购买，采用租赁的方式非常合适；只有13%的被调查者不主张采用租赁方式，他们觉得"租来的商品毕竟不是自己的，花钱买下来才放心"。然而，71%的被调查者指出，现在的租赁市场仍需进一步开发，扩大经营范围。

9.1.3 中国企业客观意识存在状态

营销专家詹姆斯·穆尔曾经说过，"现代企业的命运掌握在客户手中，客户是企业利润最终决定者"。然而，中国企业长期受到计划经济管理体制的束缚，营销理念滞后，同时又受到社会生产水平的制约，营销观点具有很大的局限性，企业并没有意识到客户存在的现实作用，客户意识滞后具体表现在三个方面：

1. 客户意识淡薄

20世纪末期，中国决定引进外资零售企业进入中国市场，这就需要先期对跨国零售公司进行实地考察，其中由十几人组织的考察团受命于国家商务部，到日本选定几家大型零售商店参观，了解日本零售店的进货渠道、卖场布局、服务水平以及营销业绩。中国访问团首先来到东京一家商店，听取了商店基本情况介绍以后，在店长的陪同下到卖场进行参观，此时正值东京时间上午十点，顾客盈门，店堂内比较拥挤，售货人员服务细致周到，不厌其烦，使许多顾客流连忘返，商店里面人员密度越来越大，已经达到人声鼎沸、摩肩接踵的程度。中国访问团紧随日方店长其后，待绕场一周来到楼梯口即将登上楼梯到二层参观之际，正好遇到二层楼的一批顾客购物完毕欲下到一层楼。访问团的成员谁也没有在意，依然前行，其中的一位年轻同志已经上前一步捷足先登了，就在此时，只见日方店长抢先一步，阻止住中国访问团的进程，同时躬身90°，并伸出胳臂示意："请楼上的顾客先行！"待顾客来到楼下，这位店长一直躬身施礼，面对顾客嘴中振振有词，"弊店店小人多，照顾不周，请多关照，感谢您的光临"等等，随行的访问团成员在这样的氛围中只得客随主便，情不自禁向顾客点头致意。参观结束以后，中国访问团应邀来到商店会客室进行座谈，该店店长再三致歉，"本店规模不大，在东京众多百货店当中并不具备经营特色，可能会使远方到来的贵客感到失望。我知道，今天来的是中国零售店管理方面的专家，请指教为盼"。闻听此言，中国访问团成员一片沉默，最终团长站起来坦言相告，"今天店长在卖场楼梯口的举动的确出乎我的意料，然而又使我震撼，在此我深刻领悟到一句经常挂在嘴边上的话'顾客就是企业衣食父母'"。日方店长和中国访日代表团在处理自己与

顾客谁先行这一细节问题上做出不同的反应，实质说明了市场经济环境中营销意识上的差距，我方人员客户意识淡薄，因此遭遇顾客之时出现先已（企业）后人（客户）的惯性行为。

2. 客户意识不能贯彻营销行为始终

当企业营销处于顺境之时，企业尚可顾及到客户利益，当企业营销陷入逆境之时，为了回笼货币，加速资金周转，企业先将客户推向对立面，为保证自身渡过难关置客户利益而不顾，短视营销行为可见一斑。

曾几何时，中国连锁超市哄抢事件时有发生。许多零售商见到连锁经营有利可图，急于扩充规模、坐收利润，但是由于营销经验不足、营销管理不到位，致使经营陷入困境，商品库存积压、资金周转不灵、货币难以按期回笼。事已至此，连锁超市大多采取两手应对措施：一方面，调整卖场商品结构，以次充好、欺骗顾客，提升商品价格，以求短期内向消费者索取更多利润。另一方面，给供货商开出远期支票，拖延回款时间，借助供货商的货款维持资金周转，以缓解流动资金匮乏的压力。然而，其短视营销行为必然给企业带来更大经营危机，进而招致信誉危机。位居北京丰台区的某家连锁超市就遭遇了这样的结果，被激怒的数百名供货商和顾客冲进超市门口，将几百平方米的卖场一抢而空，地上到处都是商品价签、踩破的袋装牛奶和破碎的啤酒瓶。供货商和货车聚集在超市门外，搬运工争相运货；顾客肩扛手提争相抢货。至此，企业声誉消失殆尽、企业品牌绝尘而去。

同样是连锁超市，国际跨国零售公司沃尔玛对待客户的方式却不同凡响，尽显其先进的营销意识与营销策略。一方面沃尔玛强调顾客决定一切，如果企业不以顾客为中心将无法生存。沃尔玛每周都进行顾客期望和反映的调查，管理人员根据电脑信息系统收集的信息，并通过直接调查收集到的顾客期望及时更新商品的组合、组织采购、改进商品陈列摆放、营造舒适的购物环境，使顾客在沃尔玛不但能够买到称心如意的商品，而且能够得到满意的全方位的购物享受。同时，沃尔玛用实际行动为顾客提供“无条件退货”的保证，履行“高品质服务”的承诺，只要事关顾客利益，沃尔玛总站在顾客的一边，尽力维护顾客的利益。这一点反映在与供应商的关系上尤为突出，沃尔玛始终站在消费者采购代理的立场上，苛刻地挑选供应商，顽强地讨价还价，目的就是做到在商品齐全、品质有保证的前提下向顾客提供价格低廉的商品。另一方面沃尔玛深知供货商对企业的经营效益有着举足轻重的影响。因此，沃尔玛邀请供应商参与企业价值链的形成过程与供应商建立战略合作伙伴关系，通过计算机联网和电子数据交换系统与供应商共享信息，保证供货商出货的稳定性，同时也提高了商品的周转速率。

3. 客户研究不充分、客户管理不到位

客户研究与客户管理是现代企业营销的重要内容，是指企业利用现代信息技术，收集和分析客户信息，把握客户需求特征和行为偏好，积累和共享客户知识，有针对性地为客户提供产品或服务，发展和管理与客户之间的关系，培养客户长期忠诚度，实现客户价值最大化和企业利润最大化之间的平衡。企业研究客户要注意四项重要环节：其一，互动；其二，联结；其三，了解；其四，锁定关系。企业管理客户要实施四个行为步骤：其一，辨别客户存在的状态；其二，分析客户需求差别;其三,保持与客户的紧密联系;其四,满足客户个性需求。纵观国际市场,跨国公司在客户服务、客户管理方面理念先进、行为成熟,他们借助现代资讯技术将客户抓住,并紧紧掌控在手中,甚至将客户纳入企业的营销系统,与客户达成战略联盟,建立营销业务快速连锁反应机制,以应对市场竞争。中国企业在客户管理方面尚处于起步阶段,其营销行为相当不成熟,原因如下:

① 客户意识淡漠,并没有真正领悟到客户的重要,没有产生客户管理的紧迫感,由此在市场竞争中营销效率不高,呈现弱势营销状态。

② 现代信息技术落后,资金匮乏、设备陈旧、人员不足,致使客户管理长期徘徊在较低水平,不能扩展规模,提升数量,广泛采集客户信息,跟踪客户消费状态,因此营销决策质量不高,呈现维持营销状态。

③ 中国国民经济处于快速发展阶段,然而与发达国家相比较,市场商品供应状况有待改善,国民消费需求水平有待提高,就市场整体而言,性价比合适的商品仍然供不应求,仍然会出现蜂拥抢购的场景,致使众多企业凭借着商品性能与价格就会在市场竞争中胜出,因此营销策略不高超,呈现惰性营销状态。

9.2 信息意识

9.2.1 营销信息内涵

当今社会步入信息时代,信息是市场营销成功的关键元素。市场经济中企业从事营销活动必须以企业内部资源与市场外部环境相协调,只有在充分掌握信息的基础上,才能够做出正确的抉择,否则企业就如同失去了耳目,就会迷失方向,其营销行为带有很大的盲目性。因此,企业必须具备信息意识,建立完善的营销信息系统,始终保持内、外部信息转换的速率和质量,从而提升营销决策水平。

站在企业角度而言,营销信息主要包括两大部分,即竞争信息和需求信息。

1. 市场竞争者信息

市场竞争者信息主要包括以下几点:

(1) 竞争者的类型与归位(市场位置)。

(2) 竞争者的数量与规模。

(3) 竞争者的产品结构,主导产品的品质、品种、成本价格、利润水平。

(4) 竞争者主导产品市场占有状态及其发展趋势。

(5) 竞争者的营销主旨,惯用的战略与策略。

(6) 同位竞争者的营销优势与劣势。

2. 市场消费者信息

(1) 消费者基本信息：

消费者基本信息主要包括以下几点：

① 消费者的地理分布，即主要勘察其两方面信息：其一，分布密度。其二，地域差异变化。

② 消费者的年龄结构。

③ 消费者性别。

(2) 消费能力信息

消费能力信息主要包括以下几点：

① 消费者收入水平，即主要勘察其四方面的收入状况：其一，劳动所得收入；其二，财产性收入；其三，经营性收入；其四，资产性收入。

② 消费者支出构成，即主要勘察其食品支出与其他方面支出的比值，以此断定消费能力的高低。

(3) 影响消费行为的信息

影响消费行为的信息主要包括以下几点：

① 从经济因素方面勘察：其一，产品的品质特征及其服务的可靠性影响消费行为；其二，边际效用递减规律影响消费行为。

② 从社会因素方面勘察：其一，文化背景和文化层次影响消费行为；其二，社会阶层影响消费行为；其三，相关群体对消费行为具有示范作用。

③ 从心理因素方面勘察：其一，消费需求差异产生消费行为的差别；基二，消费见解与倾向表明了消费态度，从而影响消费决策上的消费行为；其三，自我形象设计表现出消费个性，明确消费行为特征。

竞争信息与需求信息是企业营销决策的参照依据，是企业营销效率的关键，是企业运筹帷幄，决胜千里的基本保障。

9.2.2 营销信息来源

从总体来看，营销信息从两个方向获取，即间接的信息来源和直接的信息来源。

1. 间接信息来源

间接信息来源主要包括以下几点：

(1) 固有的营销策划方案，尤其是营销损益表和控制表。

(2) 销售终端的记录，尤其是原始数据记载。

(3) 营销过程中关键环节的监督记录。

(4) 政府部门相关统计资料。

(5) 与行业关联性较强的书籍、报刊、杂志。

2. 直接信息来源

直接信息来源主要包括以下几点：

(1) 产品用户群体,尤其是关键用户。

(2) 竞争者,尤其是企业同位竞争对手。

(3) 企业自身营销团队,特别是营销业务骨干人员。

(4) 企业高层管理人员。

(5) 产品分销领域中的中间商。

(6) 专业营销咨询顾问机构。

9.2.3 营销信息的索取过程

索取营销信息是一个动态过程,其中三个环节最为关键,即捕捉信息、分拆信息和利用信息。捕捉信息需要头脑的悟性和灵感;分拆信息需要思维的严谨和缜密;利用信息需要行动的准确和快捷。然而,对大多数企业而言,捕捉信息难度最大。针对营销信息,捕捉一词具有三层含义:其一,表明营销信息镶嵌在市场环境背景之中,需要悟性断定其价值,将其从背景当中提取出来。其二,表明营销信息处于游离状态,如果不能够及时捉住,将被其他信息覆盖或被环境背景淹没。其三,表明营销信息时效性特征显著,稍纵即逝,如果不能够及时捕获,信息自动作废。同样的营销信息,在企业放弃的同时,一旦被同位竞争对手所采用,在下一个回合的竞争中,企业将处于非常不利的市场位置。所以捕捉信息需要营销者的综合能力。

9.2.4 企业营销信息工作要领

一般而言,在以下三种情况下,企业将营销信息工作放在重要位置：

1. 新产品投入市场的试销阶段

投入期是产品成长的关键阶段,能否顺利通过这一阶段,决定着产品市场前景的好坏,这一阶段企业营销侧重于收集信息,密切注意产品的销售动向,关注产品竞争状态,进行产品基本功能和辅助功能的调整和完善,使产品更加适销对路。否则,产品夭折,将被市场淘汰出局。

第二次世界大战以后,日本在美国的扶持下从战争的废墟当中站立起来,步入世界经济强国之列,工业生产发展迅速,特别是钟表行业,由于开创了石英科技,新产品层出不穷,然而日本本土市场容量有限,必须寻找新的目标市场。经过市场调查,日本人获悉,美国手表市场容量很大,然而瑞士手表是美国市场的主要货源。众所周知,瑞士手表在世界上久负盛名、质优价高、经久不衰,日本以微型电池驱动的石英表与瑞士机械表在美国市场上进行抗衡,其结果难以料定。恰逢此时,日本经济情报中心得到一份美国手表市场消费状况的资料,如表 9-1 所列。参照其他途径得到的信息,日本人发现,瑞士手表业的制造商和美国手表业的中间商惯于把产品聚焦于 30%的消费者,重点经营单位利润较高的名牌优质手表,由此,近 70%的消费者只是“跟从消费”,被动适应高消费的潮流,其需求动机并没有得到真正满足。当这一结论明

确之后，日本人断定美国手表市场的营销机会，见缝插针，以寿命更长、精确度更高的石英手表占领美国市场。然而，日本企业并没有急于将第一代石英表投放美国市场，而是在东南亚市场广泛试销，待获取消费信息反馈之后，对产品进行改进和修正，寻找适当时机将石英表打入美国市场，得到年轻人的认同，进而风靡整个世界。

表9-1　美国手表市场需求细分

	质量需求	价格需求	外观需求
23%的消费者	计时基本准确，耐用	价格便宜	一般
46%的消费者	计时基本准确，耐用	价格适中	美观
31%的消费者	计时要求精确	价格从略	精致豪华

2. 企业地理位置比较偏远

地源性生产企业如果身处内陆，距离消费中心较远，空间距离定会导致供需双方信息交流上的阻隔。因此，地理位置相对偏远的企业务必构建信息网络，保证信息交流通畅，贴近消费群体，关注消费热点，打破地域局限，最大限度地争取营销主动权。

众所周知，新疆地处内陆，距中国最近的出海口也有数千公里。然而，那里的天山毛纺织品有限公司却利用现代资讯技术，改写了传统的地域观念，它们借助在香港、日本的合资伙伴，将信息触角伸向世界各地，使最新的服装信息及时反馈到生产线上。它们在香港的分公司设有一个小型样板厂，主要用于制造样品，世界毛衫的最新流行款式在香港制成样品以后，只要把样品的软盘插入电脑针织机，就能够"照样"生产成品。它们与意大利米兰的国际服装研究中心建立固定的合作关系，该中心长期向它们提供欧洲服装市场流行款式、流行颜色的信息资源，国际市场上羊绒衫生产巨头，英伦三岛上的道森公司有什么营销招数，24小时之内天山毛纺织品有限公司即可知晓，且能够迅速做出反映。当初国际市场上并没有天山毛纺织品有限公司的一席之地，对于地处偏远、闭塞地区的它们来说，等到消费信息传到此地，其毛衫的流行款式早已过时，成为"昨日黄花"了。但是该公司深知信息资源的重要意义，将触角伸向了世界服装信息中心，在得到第一手资料之后快速投入批量生产，使产品生产周期与消费流行周期步调一致，将信息资源转化为企业利润。

3. 目标市场位移

目标市场是企业在市场细分的基础上经过分析所想要进入的市场，随着社会经济的发展，需求模式不断变化、竞争模式不断更新，当企业固有产品走向新的目标市场之时，消费环境必然发生很大变化，需要运用市场调查手段，广泛征询消费者需求信息，分析目标子市场之间的差异性，研究当前目标市场购买动机与行为，从而断定产品的品质特征，使之有的放矢。

美国亨氏集团在国际市场上久负盛名，其产品行销世界上许多国家。然而，当亨氏集团的

产品首次进入中国市场却无法获得消费者的认可，它们感到对中国市场缺乏了解，对其消费水平、消费心理、消费习惯知之甚少，因此无法把握产品品质特征、产品供应数量、产品销售价格。为此，企业需要进行市场调研，全面了解中国市场背景下的消费需求信息。首先，它们请广州有关企事业单位协助，以工会的名义召开"母亲恳谈会"，以此掌握母亲对婴幼儿食品的要求和见解，同时赠送一些样品，请母亲给婴幼儿使用。在一些幼托单位和家庭中免费提供样品试用，以此吸引社会各界的关注，并广泛征询消费对象对产品的意见。亨氏集团通过在中国市场上与消费者的近距离沟通，发现了固有产品在中国市场上销售瓶颈：其一，产品含糖较低；而中国绝大多数家庭喜欢给婴幼儿食用甜度较高的乳制品。其二，产品微量元素全面，尤其含增强免疫力和健脑功能的微量元素成分较高；而中国市场上绝大多数乳制品铁和钙的成分比较充足。其三，产品容量大、包装材料费用高，不适应中国市场消费者的购买能力。依据这些数据资料，亨氏集团重新审定中国市场"亨氏营养奶粉"和"亨氏高蛋白营养米粉"的配方、规格和价格，针对中国水土环境，儿童普遍缺钙的状况，在产品中增加铁和钙成分的含量，使产品更具吸引力。今天，活跃在中国市场上的亨氏集团产品是调查研究目标市场需求信息的结果，它终于跨过了中国市场的销售瓶颈，为中国家庭所青睐。

9.3 机会意识

9.3.1 营销机会的基本属性

菲利普·科特勒在《市场营销管理》一书中阐明，"机会是指一个具有需求的领域，公司在这里能够取得利润"。获取利润是企业生产经营的根本目的，有利可图的市场机会才能对企业构成吸引力，而且这种机会能够为企业所争取，而不是可望而不可即。菲力普·科特勒将营销机会定义为具有吸引力且具有成功可能的需求领域，由此可见，营销机会蕴含着吸引力和成功性两种基本属性。需要强调的是，企业首先要能够识别具有吸引力的需求领域，美国商界有一句谚语流传至今，"当你寻找到市场上那些尚未满足或尚未完全满足的需求的时候，你赚钱的机会就来了"。然而，即使企业凭借敏锐的洞察力发现了市场中具有吸引力的潜在需求，并不一定能够从中赚取利润，同时还要清醒地断定自身能量的适宜度，判定其能否通过整合资源在具有吸引力的需求领域里成功赚取利润。因此，营销机会的存在有其内在的客观性，它不以企业现实能量为转移，相反，企业需要不断地调配资源、聚合能量，瞄准市场的潜在需求，才能获取机会、提升获利水平。

曾几何时，中国少年足球队教练李辉率领中国数名少年球员到巴西进行训练，他深有感触地认为，同龄组的中国球员与巴西球员相比较在能力方面、技术方面的差别并不大，真正的差距在于"球场机会意识"，即球场上技术的选择及使用时机的把握。体育竞技是竞争最为激烈的形式，市场竞争同样存在着"机会意识"的问题。某些企业原本具有资源优势、实力雄厚，然

而在市场选择之时却不会“抢点”和“走位”，失去获利的有效时机；而某些企业虽然处于资本原始积累的初创阶段，却机敏善断、主动捕捉营销机会，从而顺利启动企业活动程序，保证企业良好发育与成长。竞技场上的球员倘若缺乏“机会意识”就会丧失进球的可能，定将满盘皆输；商战中的企业倘若没有“机会意识”就会丧失获利的可能，必是败者无疑。因此，营销机会意识是企业营销成功的关键。

9.3.2　营销机会的关键环节

把握营销机会有三个关键环节，即看准机会、抓住机会和创造机会。

1. 看准营销机会

看准营销机会即企业能够在激烈的竞争环境中审时度势、运用多向思维发现营销空隙，准确判断获利机会，具体体现在以下几个方面：

(1) 能够从环境机会当中看到企业机会

市场环境牵制企业的营销方向与力度，其发展变化既能够给企业带来威胁，又能够为企业创造机遇。企业必须具有清醒的头脑，在环境转换之际，辨别与断定符合企业营销目标、适宜企业营销能力、展现企业营销优势的获利机会。

(2) 能够从显性机会当中看到隐性机会

市场中那些明显的、未被满足的需求易于识别、便于承接，然而这样的市场机会经常出现蜂拥竞争的现象，其获利空间并不宽泛、获利通道并不久远。对于企业而言，关键在于透过即时的消费潮流判断潜在需求的趋势，这样的市场机会获利几率较大、收益水平较高，是营销绩效的诉求重点。

(3) 能够从整体机会当中看到局部机会

企业营销既受控于整体市场的一般因素，又受控于目标市场的特定因素。就此，企业即要考虑整体市场的机会动向，又须识别目标市场的机会属性，兼容并蓄，从而断定利于企业安身定位的市场机会。

(4) 能够从近期机会当中看到未来机会

尽管现实的某些需求并不是充分需求，但是经过启发和诱导，可以在未来的某一时期并发出充分需求，从而形成消费倾向。就此，企业需要经过调查研究，从眼前的市场机会推断长远的市场机会，为企业谋求更广阔的发展空间。

然而，能够在错综复杂的市场环境中准确识别、判断机会需要相应的营销资质：其一，超前的营销理念。营销理念即营销意识领域，是企业营销行为的出发点，它带有营销背景的深刻印记，反映出企业的营销水准，体现出企业的发展后劲。凭借着超前的营销理念，企业须以全新的视角审视市场的竞争局面，才能发现机会、判断机会。其二，丰富的营销经验。营销经验是宝贵的财富，凭借经验，企业能够在市场环境变迁之际，看到适合自身实施营销技能的平台，找到牵引企业发展壮大的动力点，借此机会，提高营销业绩。其三，甚优的营销悟性。营销悟性，

即营销的观察能力、理解能力和预测能力，能够断定市场机会的企业必然悟性甚优且能力超群。凭借悟性，企业能够领会消费指向，发现竞争的缘由，从而预见潜在需求的发展趋势，推测未来市场的竞争格局。其四，细腻的营销思维。严谨、缜密的思维是精细营销所必需的，凭借细腻的思维习惯，企业对市场机会进行定性分析，推断机会的适用性与可行性；同时，企业对市场机会进行定量分析，计算机会的吸引力大小和成功概率，评价市场机会的价值和效益，断定市场机会的风险与挫折。

2. 抓住营销机会

抓住营销机会即企业辨明、断定营销时机之后，果断做出决策，抓住时运、利用机缘，迅速施展营销手段、采取营销行为。具体体现在以下几个方面：

(1) 对于已经发现的市场机会，企业应该勇于把握，不可丧失良机

市场机会即消费需求指向，以此确定的营销目标更加有的放矢，即使现实的市场机会与企业的整体目标和资源条件并不完全吻合，企业经过慎重考虑，需要拿出勇气修订目标，整合资源配置，也可适应消费需求动态，抓住市场机会。

(2) 对于已经看准的市场机会，企业应该及时把握

认真分析消费需求未被满足的强烈程度，加速新产品研发过程，正确选择新产品问世时机，一方面考虑企业自身支撑条件所允许的最早时限；另一方面考虑竞争对手的干扰所允许的最迟时限，权衡利弊、寻找平衡，打开新产品投放市场的缺口。同时，企业需要关注社会经济发展的背景条件，充分利用国内外重大事件引发的热点问题，借此机会促成企业及其产品的轰动效应。

(3) 对于已经面临的市场机会，企业应该善于把握

精心策划营销活动，准确进行市场定位，在筹划产品价格、布置分销渠道、设计促销方法之时，有效地排挤同业竞争对手，确立自身的优势地位，使市场机会充分为我所用。然而，面临机会之际，不能完全沉湎于营销策划之中，一味等待策划结果，盲目相信市场分析的结论，这样有可能在竞争中丧失机会的厚待。

从某种意义上讲，抓住时机即把握企业攀升与发展的关键，其营销行为呈现两种倾向：一是抢占先机，即在他人彷徨犹豫、举棋不定之际，抢先一步把产品推向市场，在一段时间内形成"人无我有"的竞争格局。20 世纪 90 年代初期，中国市场疲软，众多企业在市场转型之际寻找生机。北京某家制袜厂背负市场疲软的压力，产品积压、资金周转不灵，再生产难以为继，工人的月工资只有 7.5 元，只相当于当时北京地区人均月副食补贴的数额。此时传来消息，某发达国家提供一条生产女士长筒丝袜的机械流水线，该设备技术先进，成本价格较高，正值数家制袜厂犹豫徘徊之际，该厂年轻的厂长捷足先登，东拼西凑融通资金，果断引进了生产流水线，所生产的长筒丝袜备受女士青睐，一段时期其生产能力几乎囊括了北京地区全部的市场容量，是当时数家制袜厂中唯一存活至今的企业。二是填补缝隙，即瞄准市场的暂时空缺迅速挤入，以点带面逐步扩大市场占有份额，在竞争领域中抢占一席之地。中国某家地毯厂试图将产品打

入德国市场，但是一直没有成功，20 世纪 80 年代爆发“两伊战争”，伊朗的许多地毯工人上前线应战，致使地毯的出口数量锐减，这家地毯厂抓住时机，仿造伊朗的“波斯地毯”提供给国际市场，立即接到了德国订单，随即带动该厂的其他产品品种打入德国市场。由此而言，抓住机会既需要决策的准确度，又需要方案的实用性，更需要行为的快节奏。

3. 创造营销机会

创造营销机会，即企业凭借自身的素质和能力缔造营销态势，成就营销的天时、地利、人和。就天时而言，具有三种释义，即自然变化的时序，节气、气候，阴晴寒暑的变化，犹言天命、运会。《三国志·蜀制·诸葛亮传》：“操遂能克绍，以弱为强者，非惟天时，抑亦人谋也。”就地利而言，具有两种释义，即土地生产的财富与战略上的有力地势。《孙·九地》：“不用乡导者，不能得地利”。朱熹在此批注，“地利，险阻城池之固液”。就人和而言，即得人心。赵岐在此注，“得民心之所和乐也”。营销占尽天时，即明确市场环境变动态势，迅速调整人、财、物力，最大限度发挥营销资源的效用，从而获得营销时运。营销占尽地利，即明确市场竞争态势，准确进行市场定位，施展竞争手段，从而获得竞争屏障。营销占尽人和，即明确市场存活态势，运用宣传、沟通等手段，树立公众形象、建立公众信誉，从而获得良好的人际氛围。因此，企业创造机会演绎为企业谋求天时、地利、人和的营销态势。

关于“势”，人们从不同的角度对此有过精彩的描述。唐代李世民所倚重的大将李靖认为，“用兵任势，如峻坡走丸，用力之微，而战功甚博也”。兵家鼻祖孙子曾深刻阐明，“任势者，其战人也，如传木石，木石之性，安则静，危则动，方则止，圆则行。故善战人之势，如转圆石于千仞之山者，势也”。意思是，善于运势之人指挥将士作战，好像转动木头和石头一样。木头和石头的特性在于放在平坦的地方比较稳定，圆形的就容易滚动。所以高明的将帅指挥军队打仗时所造成的有利态势，就好像圆石从 8 000 尺高的山上向下滚落那样，不可阻挡。这即为军事上的“势”。现代物理学认为，事物一般具有两种能，一种是其本身的运动而具备的能，称之为动能；另一种是由事物所处的位置或弹性形变而具有的能，称之为势能。依理而论，营销也有“势”，“势”大或“势”小，如同高山推石或平地推石，前者用力甚微可收倍功；后者用力成倍可收微功。因此，营销一定要追求高势、强势和优势。创造机会即顺势而为、借势而用、造势而动，积累巨大的营销能量，构建企业战略层面上的优势。顺势是造势的前提，即跟进时代、分清时段、辨明时尚。以数字化和网络化为特征的现代信息技术革命引发了全球经济一体化，加速了企业从本土营销过渡到全球营销的进程，企业要顺势而为，关注国际市场背景下消费诉求倾向，了解国际市场竞争动态，遵循现代营销活动规律。借势是造势的铺垫，即借助变化、寻找缝隙、利用态势。企业注意借“星光”照亮途径，站在巨人的肩上观察适合自身的市场机会，穿越捷径达到营销目标，这是提升营销水平的快捷方式。造势是顺势和借势的结果，即借题发挥、造就声势、传播到位。

创造营销机会是一个从无到有的过程：其一，从企业与环境的磨合中发现契机，创造性选择营销的切入点。其二，精心设计造势的环节与步骤，掌握酝酿市场机会的节奏。其三，整合资源、调动能力，融入市场环境热点议题，推波助澜，制造市场机会的联动效果。其四，潜心构筑“媒体通道”，长期维护与媒体之间的合作关系，互为所求、互相推动，共同营造“关心、关照、关注”的理想境界，由此成就营销机会。

9.3.3 营销机会的获取方式

美国的一位商界巨子在总结营销经验时说过，“失去信心、失去机会、就等于失去一切”。营销机会意味着商机，意味着获利的范围和领域，对企业具有相当的吸引力；然而，有时它却隐藏住本质特征，回避公众，机会往往镶嵌于市场环境背景之中或深藏于营销活动的缝隙之内，需要企业去辨认、识别，方可有所收获，因此需要及时获取营销机会。具体而言，营销机会的获取方式如下：

1. 通过排查获取现已存在的营销机会

企业首先从所选定的目标市场当中仔细排查，发现那些被疏忽和遗漏的未满足需求，进行市场泄透，待充分享用目标市场的机会之后，再向其他未知市场涉足。这样企业可以最大限度利用目标市场资源，降低挖掘机会的成本，在已经探讨、摸索过的市场上精耕细作，不断调整产品、扩大市场供给、积蓄竞争能量，避免与竞争对手展开针锋相对的争夺，为开辟新的市场领域打下坚实的基础。然而通过这一途径获取机会需要沉稳与耐性，营销运作效果不明显，不能即刻扩充利润储备、缓解企业资金不足。

2. 通过研发产品获取营销机会

企业关注科技动态，运用科技成果，不断将全新产品、换代产品、改进产品或新品牌产品推向市场，进入消费需求的空白领域抢占机会。这样企业可以摆脱模仿或效法的被动状态，在严峻的市场竞争中凭借产品优势寻求生存的立足点，从而扮演行业主导者角色。然而通过这种途径获取营销机会需要相当的竞争实力，产品研发过后，需要进行扩散与推广，激发潜在需要、驱动购买欲望，使之得到公众的认同、形成消费潮流，这一过程比较缓慢、冗长，极易将精疲力竭的企业拖垮、直至拖入资源匮乏的深渊。

3. 通过创造性的营销活动获取营销机会

企业运用创新的营销方式和手段，如需求测量的组织、市场细分的办法、市场定位的策略、产品辅助功能的差别、产品价格组合的运用、产品分销渠道的铺设以及产品促销的合理配置等都可以扩大企业的获利途径，谋求营销机会。这样企业凭借经验娴熟地施展营销动作，以其营销整体的核心竞争能力占领市场的制高点，而且具有长足的发展后劲，不易为其他同类企业所窃取、仿效。然而通过这种途径获取营销机会需要严整的组织结构：精明强干的营销管理者能够准确判断市场态势，从而萌生解决市场问题的创意和构想，并提出开展营销活动系统方案；经验丰富的营销运作者能够全面贯彻决策旨意，在实践中创造性实施营销策略，从而使企业营销卓有成效。

4. 通过适应和改变用户的偏好获取营销机会

企业在把握消费趋势和消费潮流的基础上，研究用户的消费个性与习惯，从适应用户的需求偏好过渡到引领用户的需求偏好，由此获取营销机会。有些学者曾提出所谓"显露偏好"的论点，认为消费者的偏好总是通过他们的货币投向显露的。事实上，用户经常会表现超越现行消费潮流的需求倾向，对商品呈现出急切却易变的偏好态度，而机会往往就隐匿在这些未满足的偏好当中。企业需要通过用户的货币投向观察其需求动向，站在用户前列倡导消费理念、灌输消费模式，运用品牌营销争取用户的信任与偏好，从而建立稳固的消费基础。然而通过这种途径获取营销机会需要深厚的行业资质和经验，不了解商品的需求规律，就无法把握商品的供给数量和供应节奏，也就不可能在供求矛盾中占据主动，赢得机会。

5. 通过竞争对手获取营销机会

企业瞄准同业竞争对手所长和所短，了解其营销工作的本质内容、摸索其营销活动规律，熟悉其营销运作的惯用手法，以此为突破口，调整自身行为，扩大获利范围。这样企业能够在竞争中扬长避短，准确地进行市场定位：企业产品不仅具有特性，而且具有适用性，为需求用户所认同；企业形象鲜明、个性突出、在公众中具相当的知名度和可信度。然而通过这种途径获取营销机会需要创新意识和创造行为，企业须强调自身与同业者之间的差别，独辟蹊径寻求适宜的营销举措，否则就无法在市场竞争中以强势抢占先机、争取主动，挥洒自如地完成营销过程。

9.4　竞争意识

9.4.1　市场竞争综述

1. 市场竞争力

竞争的实质在于企业与其周边环境的关联度。这些环境包括社会、经济、法律等诸多方面，而其中关键是企业所处的行业、行业状态以及行业结构，这些强烈影响着竞争规则的确立以及潜在的可供选择的竞争战略。行业外部力量对企业选择竞争战略具有显著的作用，因为外部力量通常影响着行业内部的所有企业，关键在于这些企业应对外部环境变化的能力。

一个行业内部的竞争根植于其基础经济结构，并且远远超越了现有竞争者的行为范围。美国哈佛商学院著名管理学家迈克尔·波特(Michael E. Porter)教授认为，一个行业内部的竞争状况取决于五种基本竞争作用力，如图9-1所示。

这些作用力汇集起来决定着该产业的最终利润潜力。最终利润潜力会随着这种合理的变化而发生根本性变化；这些作用力随产业不同而强度不同。在那些作用力强度大的产业，如轮胎、造纸、钢铁等，没有一个公司能赚取超常收益。而在那些强度相对和缓的产业，如油田设备及服务设施、化妆品及卫生用品，获取高收益是不足为奇的。因此，企业在制定竞争战略时，应

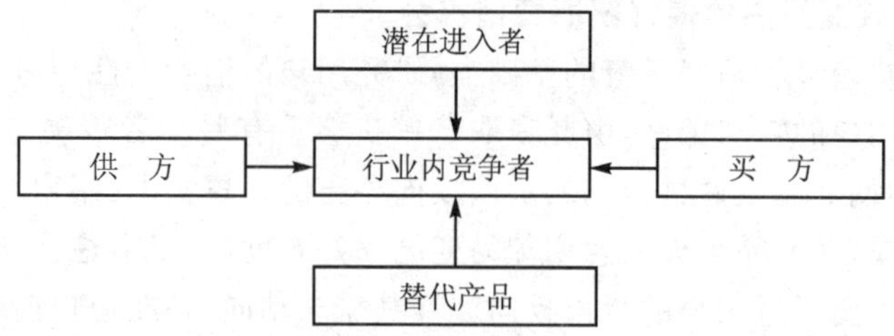

图 9-1 驱动市场竞争的作用力

深入到表面现象之后分析竞争压力的来源，适时调整战略，以谋求相对优势，使企业生机盎然的发展，使战略变革产生最大可能的回报。

2. 影响竞争力因素分析

如前所述，企业在市场环境中面临着五种竞争力的作用，五种竞争力量所包含的详尽内容如图 9-2 所示。

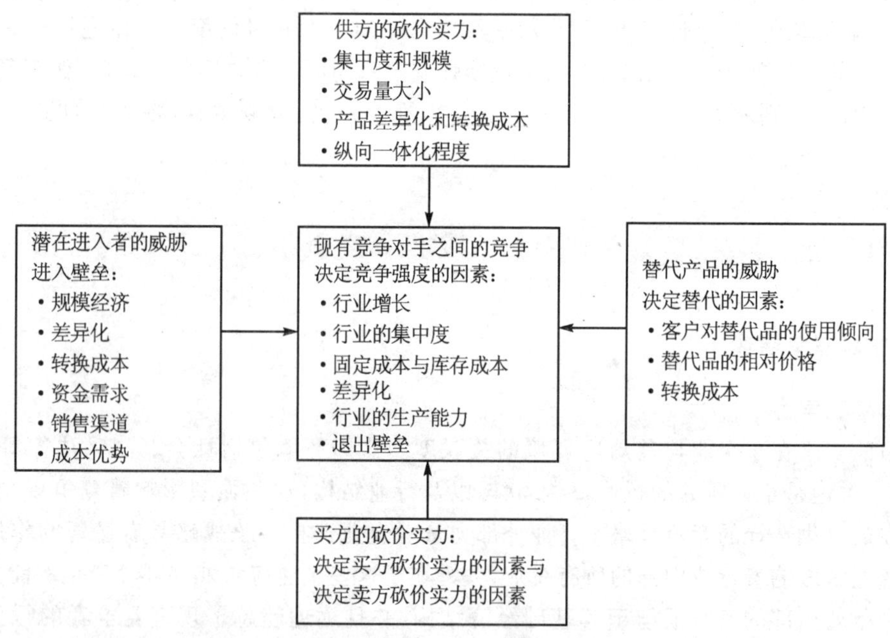

图 9-2 迈克尔·波特的五因素模型

(1) 潜在进入者威胁

这种威胁主要是由于新进入者加入该行业，从而引发本行业生产能力的扩大，瓜分市场份额，必然引起与现有企业的激烈竞争，导致产品价格下跌，利润下降；另一方面，有些企业从其他市场通过兼并扩张进入该行业，它们常以自身资源优势造成对该行业的冲击，导致行业生产

成本升高，从而使利润率下降。

新加入者其威胁力的大小，主要取决于进入壁垒和原有企业的反击程度。进入壁垒是指影响新进入者进入现有行业的因素，它们是新进入者必须克服的障碍。如果进入壁垒高，原有企业反击强烈，潜在加入者就难以进入该行业，则加入者对原有企业形成的威胁就小。

决定企业进入某行业的壁垒大小的主要因素有：

① 规模经济，即指在一定时期内，产品的单位成本随生产规模的扩大、总产量的增加而降低。

② 产品差异化优势，即指企业由于过去的广告、顾客服务、产品特色或由于第一个进入该行业而获得的商标信誉及忠诚度上的优势。

③ 转换成本，即指企业由一个产业转向另一个产业进行生产经营时所必须付出的代价。

④ 资金需求。新进入者要参与竞争或实现规模经济，需要大量的资金。

⑤ 分销渠道。新进入者需要保证其产品的分销。

⑥ 与规模经济无关的成本优势。原有企业常常在某些方面具有独立于规模经济以外的成本优势，这种优势一般来源于领先一步的战略。

⑦ 政府政策。国家通过制定有关的法规和政策，能够限制甚至封锁对某些行业的进入，从而形成重要的进入壁垒。

(2) 现有竞争者之间的竞争程度

行业内现有企业之间的竞争无所不在，企业为了自身利益，会利用各种竞争方法和手段对行业中其他企业造成不利的甚至威胁性的影响。战术上通常采用价格战、广告战、渠道争夺战、公关战、产品引进、增强对消费者的服务和产品包修等。竞争的产生是由于一个或多个竞争企业感受到了竞争的压力或看到了改善其地位的机会。在大多数产业中，如果一个企业的竞争行动对其对手有显著影响，就会招致报复或抵制，并引发竞争大战。一方面激烈竞争促进行业进步，优胜劣汰；另一方面过度竞争也将带来对企业的非正常损害，影响正常的市场秩序，破坏市场规律。在不同行业内，现有企业之间的竞争通常是不同的，竞争的激烈程度是由于产业结构上的因素相互作用所决定的。

① 行业增长状态

通常在行业快速增长时，市场增长率高，企业只要与行业同步增长就可获益，竞争就相对缓和。但当行业增长缓慢时，企业为了寻求发展，将会竭尽全力去争夺有限的市场份额，往往容易触发价格战、促销战，从而使现有企业竞争激烈。

② 行业的集中度

如果行业内存在着众多势均力敌的企业，一些公司为了获取更大的市场份额和更高的利润，会想方设法地去改善其竞争地位，有时甚至突破本行业的约定俗成，采取打击、排斥其他行业的竞争行为，从而引发异常激烈的竞争，也就是所谓的"隐蔽性竞争"。即使在企业为数不多的情况下，由于企业规模与获取资源方面相对均衡，也会导致激烈竞争。如果在一个行业里，

存在少数几个实力极强的企业，行业内企业的竞争力量对比悬殊，这种行业就是非均衡竞争行为行业。

③ 固定成本或库存成本

在固定成本较高时，企业为降低单位产品的固定成本，势必要充分利用其生产能力，增加产量，但由此又导致价格的下跌。成本的最显著特征表现在固定成本与附加值之比，而不是固定成本与总成本之比。高固定成本还来源于高储存或库存成本。当产品不易保存或库存成本很高时，企业就会采取降价销售，以尽快销售产品，伴随而来的便是低额利润。

④ 产品差异化

在产品差别大或产品差别特别明显的行业中，一般不会采用营销差别进行竞争。比如，像计算机软件行业和许多服务业，往往采用相同的营销组织和做法，力争用产品特点而不是用价格、特殊服务或促销来进行竞争。当产品或劳务无太大差异时，购买者的选择在很大程度上要看价格与服务，由此导致激烈的价格竞争和服务竞争。

⑤ 行业的生产能力

行业中的总体生产规模和能力大幅度提高，将打破行业中的供需平衡，由此往往造成市场上产品供大于求。由于必须面对周期性的生产能力过剩，企业采取降价销售，从而激化了现有企业之间的竞争。

⑥ 退出壁垒

如上所述，在需求长期下降过程中，过剩的生产能力缘何未从现有企业转向其他行业，以减缓竞争呢？这主要取决于行业的退出壁垒，即企业退出某个行业时要付出的代价或遇到的困难，包含经济上的、战略上的以及感情上的因素。这些因素使一个企业即使在收益甚微乃至投资收益极低的条件下仍然维持在该行业中的竞争，自然使企业间的竞争激烈化。退出壁垒的主要阻力有：具有高度专业性的资产，其清算价值低或转移及转换成本高；由于要支付劳动合同费、职工安置费、设备配件费等，所形成的退出成本高；战略的协同关系被破坏；感情障碍；政府及社会的限制。上述因素的存在，造成退出壁垒高，即使企业经营不善也不得不继续经营、面对竞争，致使整个行业的利润率可能持续保持低水平。

(3) 替代产品的威胁

替代产品是指那些在功能上部分或全部与本行业的产品相同的其他产品。替代产品将改变消费者或市场中主要目标顾客满足需要的方式，因此会对特定行业中的所有企业造成竞争威胁。而替代品的出现，设置了行业中企业可获取利润的定价上限，限制了行业的潜在收益。替代品的价格越低，越具有吸引力，这种限制作用也就越牢固，对本行业构成的竞争压力也就越大。为了抵御和防范替代品的威胁，本行业内的企业可联手采取共同措施和集体行动。

(4) 买方和卖方的砍价实力

所谓砍价实力也就是讨价还价的能力。无论是买方还是卖方，在交易过程中都尽力迫使交易对方在交易条件上做出让步，使自己获益，这种能力即为讨价还价能力。作为买方，在其

购买商品或服务时，必然要求降低价格，要求提供高质量的产品和更多的优质服务，从与竞争者的竞争中获利。这样必然导致行业内部的残酷激烈竞争，致使该行业的利润下降。而作为卖方，即供应方，其威胁手段，则是通过提高价格，或者降低供应产品或服务的质量来向某一产业中的买方企业施加压力，这种压力可以迫使一个行业的企业因价格跟不上成本的增长而失去利润。

供方实力的强弱是与买方实力相互消长的。概括起来，决定讨价还价实力的主要因素有以下几点：

① 集中度和规模

集中度高的一方则讨价还价能力强。如果产品购买者集中，则其讨价还价能力强；若供应方集中化程度高于购买方行业的集中程度，则供应方便可在价格、质量的条件上占有优势，可以实现规模经济所带来的规模效益，形成成本优势乃至价格优势。

② 交易量的大小

当购买的产品占购买商全部费用或全部购买量的比重大时，购买商愿意花费必要的资金购买，则购买商的讨价还价能力就大；反之，供应商处在相对强势。

③ 产品差异性和转换成本

产品的标准化程度越高，转换成本越低，对买方来说，越有讨价还价的能力；而当产品差异性越大，卖方的讨价还价能力就越强。

9.4.2　市场竞争位置

在同一产业的发展中，企业发展极为不平衡，各有各的特点、优势与不足，有大、有小，有强、有弱，企业要根据各自在产业中、在市场中所处的地位，采取相应的竞争策略。竞争的最终目标就是提高企业产品的市场占有率，对商业企业来说则是提高销售额，以期获得最大化利润。

根据企业生产规模、竞争能力和市场占有率不同，美国著名营销学专家菲利浦・科特勒根据企业在目标市场中所起作用不同，把企业在产业中的竞争位置分为四种，即市场领导者、市场挑战者、市场追随者和市场拾遗补缺者。四种类型的企业，在市场中的份额依次为 40%、30%、20%、10%。

1. 市场领导者

市场领导者是指在相关产品的市场上市场占有率最高的企业。一般说来，大多数行业中都有一家企业被公认为市场领导者，它在价格调整、新产品开发、配销覆盖和促销力量等方面处于主导地位。它是市场竞争的导向者，也是竞争者挑战、效仿或回避的对象。

这些市场领导者的地位是在竞争中自然形成的，必然会面临着竞争者的无情挑战。因此，企业必须随时保持警惕并采取适当的措施。一般来说，市场领导者为了维护自己的优势，保持自己的领导地位，通常可采取三种竞争行为，即扩大整个市场需求、保持现有的市场占有率、在市场规模保持不变的情况下进一步扩大市场占有率。

2. 市场挑战者

在行业中名列第二、三名等次要地位的企业称为亚军公司或者追赶公司。这些亚军公司，即市场挑战者向市场领导者和其他竞争者发动进攻，以夺取更大的市场占有率。市场挑战者要向市场领导者和其他竞争者挑战，首先必须确定自己的战略目标和挑战对象，然后再选择适当的竞争行为。

3. 市场追随者

有很多时候向市场领导者直接发动攻击是不明智的。因为市场领导者时刻在警惕着，凭借其雄厚的实力会做出有力的反应。如挑战者在价格、服务方面实现优于领导者的方式进攻，则领导者会相应跟进，也降价、提高服务，结果很可能是两败俱伤，而市场领导者更可能保持强大持久的作战能力，挑战者没得到什么好处。此时，企业还是保持对领导者的追随为好。这种追随在资本密集型同质产品的行业中多见。此种行业中，产品差异化和形象差异化机会不多，服务相似，价格敏感，同业内不赞成激烈争斗，市场占有率稳定。追随者要懂得保持现有顾客，并尽可能地争取新的顾客。追随者必须避免挑战者的攻击，因而应保持低成本与优质产品和服务。

4. 市场补缺者

几乎每一行业都有一些小企业、小公司。它们主要经营大企业忽视或有意放弃的小市场上的业务，在这些小市场上通过专业化经营来获取最大限度的收益。这种有利的市场位置就称为“基点”，而市场补缺者，就是指占据这种位置的企业。它们的经营对大企业来说是有机的补充，完善了市场。

有利的市场位置(基点)不仅对于小企业有意义，而且对某些大企业中的较小业务部门也有意义，它们也常设法寻找一个或多个既安全又有利的基点。一般来说，一个理想的基点具有以下几个特征：

① 有足够的市场潜量和购买力；

② 市场有发展潜力；

③ 对主要竞争者不具有吸引力；

④ 企业具备有效地为这一市场服务所必需的资源和能力；

⑤ 企业已在顾客中建立起良好的信誉，足以对抗竞争者。

特别需要强调指出的是，成为拾遗补缺者的关键因素是专业化，无论是在市场、顾客、产品、营销组合等方面都要实现专业化。为规避风险，补缺“基点”可选择多个，而不仅仅维系于一个单一市场。

9.4.3　市场竞争战略

1. 基本竞争战略

根据迈克尔·波特教授的观点，竞争战略是指企业采取进攻性或防守性行动，在产业中建立起进退有据的地位，成功地对付五种竞争作用力，从而为公司赢得超常的投资收益。在与五种竞争作用力抗争中，有三种提供成功机会的基本战略方法，可能使公司成为同行业中的佼佼者，即总成本领先战略(overall cost leadership)、差异化战略(differentiation)、集中化战略(focus)。

(1) 总成本领先战略

总成本领先战略是在 20 世纪 70 年代由于经验曲线概念的流行而得到日益普遍的应用，它是指企业的全部成本低于竞争对手的成本，在行业中赢得总成本领先。成本领先要求积极地建立起达到有效规模的生产设施，在经验基础上全力以赴降低成本，抓紧成本与管理费用的控制，以及最大限度地减小研究开发、服务、推销、广告等方面的成本费用。尽管质量、服务以及其他方面不容忽视，但贯穿于整个战略中的主题思想是使成本低于竞争对手。

成本领先战略的理论基石是规模效益(即单位产品成本随生产规模增大而下降)和经验效益(单位产品成本随积累产量增加而下降)，它要求企业的产品必须有较高的市场占有率，否则大量生产毫无意义，而生产量达不到一定规模也就不能使产品成本降低。低成本会给企业带来高额收益，企业为保持低成本，可将此收益再投资在新装备和现代化设施上，以此形成低成本、高市场占有率、高收益和更新装备的良性循环，如图 9-3 所示。

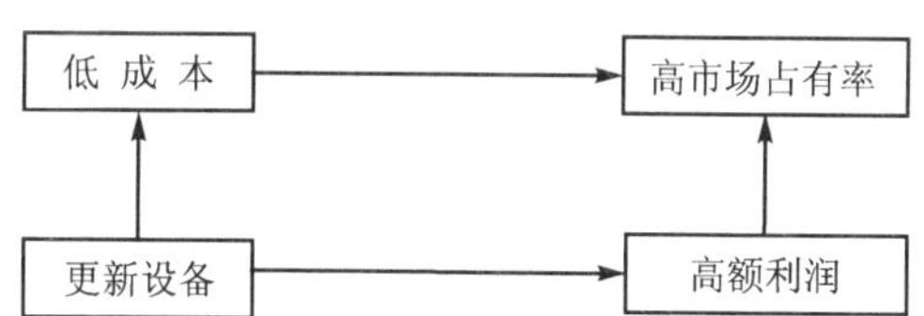

图 9-3　低成本的良性循环

成本领先战略带给企业的利益是多方面的，主要表现在以下几个方面：

① 成本优势可以使公司在与竞争对手的争斗中受到保护，使竞争对手在竞争中无利可图，但本企业仍可获利。

② 低成本地位有利于公司在强大的买方威胁中保卫自己。

③ 低成本在对付卖方产品的涨价中也具有较高的灵活性。

④ 企业已经建立起的巨大生产规模和成本优势，对欲将加入该行业的新加入者形成进入壁垒，使其望而却步。

⑤ 低成本地位通常使公司与替代产品竞争时所处的地位比产业中其他竞争者有利。

正是基于上述明显的优势，企业的发展都将成本领先作为获得竞争优势的重要基础。

(2) 差异化战略

差异化战略，也称特色经营战略，它是指企业向顾客提供的产品或服务在行业范围内独具特色，与众不同，使顾客建立起品牌偏好。实现差异化战略可以从许多方面进行，如品牌形象、技术特点、外观特点、客户服务、经销网络及其他方面。最理想的情况是公司使自己在几个方面都标新立异。但是，应当注意到，差异化战略并不意味着公司可以忽略成本，但此时成本不是公司的首要战略目标。

企业实施差异化战略的收益主要表现在：

① 由于建立起顾客对商品或服务的信赖，使用户对产品或服务价格的灵敏度下降，企业得以避开激烈的价格竞争，从而在同行业的竞争中形成一个隔离带。

② 品牌的信赖与忠诚形成了强有力的进入壁垒，使新进入者进入该行业的难度大大增加，因为要扭转用户对原产品的偏爱与信赖是相当困难的。

③ 产品的差异化产生的高收益增强了企业对供应商的讨价还价能力。

④ 企业实行差异化战略，形成了自身某一方面的特色，减少了用户的选择余地，降低了对价格的敏感性，从而削弱了其砍价能力，同时，差异性使买方具有较高的转换成本，使其依赖于该企业，也削弱了其砍价能力。

⑤ 由于企业使顾客建立起了品牌忠诚，因而具有了抵御替代品的优势。

(3) 集中化战略

集中化战略就是指企业将目标集中于某一特定的顾客群体、产品系列的一个细分市场或某一区域的市场，即在行业内很小的竞争领域内建立起独特的竞争优势。

集中化战略可具有许多形式，成本领先战略和差异化战略都是要在全行业范围内实现目标，但集中化战略是围绕着很好地为某一特定目标服务这一中心建立的，它所制定的每一项职能性方针都要考虑这一目标。这一战略的前提是，公司能够以更高的效率、更好的效果为某一狭窄的战略对象服务，从而超过在更广阔范围内的竞争对手。为此，企业通过较好满足特定目标对象的需要实现了差异化，或者在为这一对象服务时，实现了低成本，或两者兼而有之。从整个市场角度看，尽管集中化战略不寻求在整个行业范围内取得低成本或差异化，但它是在狭窄的市场目标中获得低成本或差异化的。

采用目标集中战略的公司也具有赢得超过产业平均水平收益的潜力。其目标集中意味着公司对于其战略实施对象或者处于低成本地位、或者具有差异性优势、或者兼而有之。

2. 典型竞争战略

(1) 新兴产业的竞争战略

新兴产业是新形成的或重新形成的产业，其形成的原因是技术创新、相对成本关系的变化、新的消费需求的出现，或其他经济和社会变化将某个新产品或服务提高到一种潜在可行的商业机会的水平。新兴产业在任何时候都会被不断制造出来，如 20 世纪 70 年代以来在世界范围内形成的光导纤维、个人计算机、生物工程、激光技术及近年来的 IT 业等新兴产业。新

兴产业的基本特征是没有游戏规则，新兴产业的竞争问题是全部规则都必须建立，使企业可以遵循并在这些原则下繁荣发展。缺乏规则即是风险又是机会的来源。

① 新兴产业中企业发展面临的问题

在新兴产业的发展中，反映出的主要问题集中表现在以下几个方面：

● 缺乏获得原材料和零部件的能力。一个新兴产业的发展要求有新的原材料供应源，或现有供应商增大供应，或更改原材料或零部件的供给以满足产业发展的需要。在这一过程中，严重的原材料和零部件短缺在新兴产业中是很常见的，由于短缺而引起原材料价格上涨是显而易见的。

● 缺乏产品或技术标准。对产品和技术没有统一标准加剧了原材料供应和互补产品的问题，并可能阻碍成本下降。缺乏一致的原因通常是新型产业中仍存在产品和技术高水平的不确定性。同时，由于缺乏标准和技术的不确定，产品质量不稳定给企业形象造成不利影响。

●缺乏相应的基础。新兴产业经常面临着材料供应匮乏、基础设施薄弱而引起的问题，如分销渠道不健全、不稳定，服务设施不配套，缺乏训练有素的雇员，互补产品不齐全等。

●顾客困惑。由于技术的不确定，并缺乏标准，加之新兴产业中众多产品方案、技术种类及竞争者间相互冲突或相反的宣传，使得顾客产生困惑，从而增加了购买者的风险感，并限制了销售额。

●缺乏在金融界的信誉。新兴产业的高不确定性、顾客困惑和不稳定的质量，使新兴产业在金融界的形象和可信任程度可能较差。这种情况不仅影响企业取得低成本融资的能力，而且可能影响客户取得信用的能力。

●政府政策。当一个新兴产业产生时有一个障碍是不能逾越的，即政府部门的批准。获得政府批准比较难，但一旦获得批准，将使此产业得以迅速发展，并很快走上正轨。

② 新兴产业中企业竞争战略的选择

在新兴产业中，就像存在产品和技术的不确定性一样，竞争活动的规则也是不确定的，产业结构也未确定，竞争对手不清晰，这为企业战略选择带来难度；但同时，也给新兴产业中的企业进行竞争提供了最大的战略选择自由度。所以，新兴产业中企业竞争应考虑以下战略选择：

●塑造产业结构。在新兴产业中压倒一切的战略问题是企业塑造产业结构的能力，企业可以在生产方针、产品策略、价格策略、营销策略与方法等方面建立运行规则。在产业的内在经济性和资源的限制范围内，企业通过某种方式寻求确定的产业竞争规则，以使企业在长时期内获得最有利的竞争地位。

●选择进入时间。在新兴产业中进行的一个重要战略是选择正确的进入时间。时间选择恰当，有利于企业的竞争力提高，早期进入新兴产业会遇到风险，但却有低进入壁垒的好处，同时可获得很高的收益；而晚些进入新兴产业，虽风险小，但壁垒高，竞争激烈，收益亦小。

一般地，在下列情况下，早期进入是适当的：企业的形象和声望对顾客至关重要，企业可因作为先驱者而发展和提高声望；当学习曲线对一个产业很重要、经验难以模仿、且不会因技术

更新而过时，较早进入，企业可以较早地开始学习过程；顾客忠诚也十分重要，所以那些首先对顾客销售产品的企业将获益；通过早期对原材料供应，分销渠道等的承诺可带来绝对成本利益。

在下列情况下，早期进入非常危险：早期竞争和细分市场建立在与产业发展晚期不同的基础上，企业因此而建立错误的技能，并可能面临高转换成本；开辟市场代价高昂，其中包括顾客教育、法规批准、技术开拓等，而开辟市场的利益无法成为企业专有；早期与小的新开办企业竞争将代价高昂，但以后这些小企业将被更难对付的竞争对手所取代；技术变化将使早期投资过时，并使晚期进入的企业因拥有最新产品和工艺而获益。

(2) 成熟产业的竞争战略

作为演变进程的一部分，许多产业经历了从高速增长到有节制增长的时期，这一时期叫做产业成熟时期。对一个产业中的企业来说，向成熟转化几乎总是一个关键时期。在这个时期，企业的竞争环境发生了很大变化，这就要求企业在战略上做出相应的反应。

① 转化中产业竞争环境的变化

●速度放慢。进入成熟期后，企业无法继续保持高速增长，增速下降，竞争的注意力转向产业内部，进而争夺其他企业的市场份额。

●消费者逐渐成熟，买方市场形成。由于进入成熟期，产品和技术已成熟定型，顾客更为成熟，对产品和服务更为挑剔，新顾客开发难度加大。因此，企业竞争常常在成本、价格、特别是服务上展开。

●生产能力开始出现过剩。对成熟期的企业，相对于需求而言，过度的生产能力投入导致一段时间内生产能力剩余，加剧了转化时期价格战的爆发。

●利润出现下降，或短暂或永久。企业经营由快速转为慢速，利润下降是必然的，特别是在市场上处于相对劣势，市场份额较小的企业受影响最大。利润能否获得回升，主要取决于产业壁垒的高低及其他一些因素。

●企业经营职能发生变化。这些变化是由对市场份额更加激烈的竞争、技术成熟、客户更为老练等因素造成的。企业面临的问题是，要么使方针从根本上重新导向，要么采取行动消除重新导向的必要，最终求得企业进一步发展的新契机。

●国际竞争加剧。产品标准化和日益强调成本以及技术成熟导致国际化竞争日益激烈。在产业国际化中，参与国际竞争的企业常常具有与本国市场基础不同的成本结构和不同的经营目标。

② 成熟产业中的企业竞争战略选择

●合理调整产品结构。成长期那种广泛开发产品系列和经常开发新产品的产品策略在成熟期已不再适用，成本竞争和为市场份额进行的竞争进入白热化。企业的营销资源和战略注意力也应该集中于那些具有明显竞争优势的产品项目或产品线上，实现产品组合合理化。

●正确定价。在产业增长期，通常是以平均成本定价或产品系列实行定价。但在成熟期，

必须对单个产品进行成本核算，应遵循份额为先原则，考虑总体利润；如果不合理维持单位产品的利润率导致份额过多丢失，则会使企业陷入亏损。

●改革工艺流程。在成熟产业中，不断对工艺流程和产品设计进行改革创新，是企业发展的重要途径之一。通过工艺流程，产品生产设计、交货系统等革新，使企业进一步降低成本，增加产品的竞争力，以获取利润。

●选择好顾客群。在成熟产业中，要想获得新的客户，意味着企业要与其他企业进行激烈的竞争，这种竞争是艰难的，也是需要一定代价的。此时，企业要扩大销售，不断获取收益，行之有效的方法是通过提供边缘设备和服务，提高产品等级，扩展产品系列等方法提高原有顾客购买产品的量。这种战略，可使企业迈出原产业进入到相关产业。所以，客户选择是保护获利能力的关键因素。

●购买廉价资产。在行业进入成熟期后，如果亏损企业想退出，那么它会向市场出售自己的生产能力。这样，存在很多用低廉价格就能购买资产的机会。如此，购买方可以改善利润，并在对技术影响不太大的情况下，获取低成本地位。

●参与国际市场竞争。成熟产业中的企业，在国内市场趋于饱和时，可把目光瞄向国际市场，到国际市场上去参与竞争，发挥优势。因为有些产业在国内市场是成熟的，而换个区域也可能就是新兴的或增长的，竞争者少，发展空间大，在参与国际市场竞争中，获取优势。随着全球经济一体化进程的加快，全球化这一战略为越来越多的企业所实施。

在采用上述战略时，企业要注意防范可能出现的一些问题，如防止盲目投资，准确认定企业自身的市场定位，在开发新产品、新工艺的同时，积极改进现有产品，采取有效措施防止生产能力过剩等等。

(3) 衰退产业的竞争战略

从战略分析的角度看，衰退产业是指在持续的一段时间内，产品的销售量呈现持续下降的产业。造成衰退的原因是由于原技术“贬值”，即由于技术革新创造了替代产品，或通过显著的成本与质量的变化，产生了替代品；也或由于诸方面因素作用，使客户的需求和偏好发生变化，从而对产品的需求下降。所以，衰退期间所表现出的特点主要有市场销售下降，产品类型减少，研究与开发及广告费用降低，竞争者减少等。此类企业最多采用的是“收割”战略，即取消投资并最大限度地兑现资金。通常，在衰退中选择企业竞争战略，总体上是围绕兑资和“收割”——即抽资转向或停止投资等。除三种基本竞争战略外，以下四种战略是企业在衰退期常采用的。这种战略可单一实施，亦可组合实施，如表 9－2 所列。

表 9－2　衰退产业采取的四种竞争战略

战略名称	领导战略	局部领导战略	收割战略	快速退出战略
竞争战略核心	在市场份额方面争取领导地位	创造或坚守在某一特定市场中的优势地位	有控制地撤出投资，从中获利	尽快、尽早清算投资

① 领导战略

此战略的出发点是发挥自身优势，使企业成为产业中仅有的可数企业之一，或唯一者。这样，企业有潜力获取超出平均水平的利润，形成一定优势地位。一旦实现这一目标，企业就可以保持自己的地位或实施收割战略。

② 局部领导战略

这一战略的目标是辨识衰退产业中那些保持稳定的需求或需求下降缓慢、且能获取高收益的细分市场，而后企业投资于此细分市场，在这一市场中建立起领导地位。

③ 收割战略

此战略的目标是企业力图取消或大幅度削减新的投资，甚至削减广告、研究与开发费用，在后续的销售中，从任何所留优势上谋取利润，以提高价格或从过去的商誉中获利。从管理角度看，所有衰退战略选择中，收割战略是为企业采用最多的一种战略。

④ 快速退出战略

此战略也就是放弃战略。它是企业在衰退早期所选择的一种战略，即在衰退早期以最高卖价出售无盈利项目，以期降低退出成本获得较高利益。出售越早，资产市场需求不饱和的可能性就越大，售价水平、收益水平就越高；出售越晚，企业失去主动权，使买方处于讨价还价的优势，这对企业是很不利的。

9.4.4 市场竞争动机与行为

1. 竞争动机

(1) 利润动机

这是在短时期内需要资本快速集聚的竞争者生成的竞争愿望。其动机机理是，为了获得尽可能多的利润企业会努力提供功能效用好而且价格适中的产品来吸引消费者，还会努力采用各种手段增加产品的供应量，这一切将对竞争对手构成排斥。如果竞争对手追求短期盈利又不重视声誉和道德的话，还会发生用非正当甚至非法的手段打击同行的行为，给企业营销造成威胁。

(2) 市场份额动机

竞争者不以近期利润为目标，而以占有市场份额来争取远期利润目标。在实力许可的条件下，为了争取市场占有率，竞争者甚至不惜低利和亏损进行商品供应。其动机机理是，市场是利润的摇篮，失去市场就等于失去获取利润的宝地。企业面对竞争者就必须着力于保护市场份额，并努力开辟新的市场区域。

(3) 声望动机

这是具有战略眼光的竞争者所追求的竞争目标。其动机机理是，竞争者欲通过自己的整体活动来确立服务于消费者的良好形象，把企业的命运溶化在为消费者服务和社会的整体利润中，为企业营销创造良好的生存环境，甚至宁失利润而不损声誉。

2. 竞争行为

(1) 创新行为

创新行为是指竞争者通过捕捉市场机会、敢担风险、创造新产品和新的服务的方式开辟新的市场，争取新的客户，树立起比其他企业更好的声望。创新行为实质上创造了一种新的市场需求。面对具有创新行为的竞争对手，只有"以新制新"，在营销环节上不断创新，企业才能与之抗衡，否则只能甘拜下风，进行目标市场的位移。

(2) 抢先行为

抢先行为是指竞争者的产品和服务抢先进入市场，在其他同行业尚未动作之前，其产品首先引起消费者注目的行为。一般而言，谁抢先进入市场，谁就先达到营销的目标。抢先行为的成功与否取决于竞争者对市场趋势的预测能力和如何满足这种需求的谋略。

(3) 差别行为

差别行为是指竞争者根据消费需求多样性的特点向市场提供不同于其他企业的商品或劳务的活动，从而获得该类商品和劳务的相对优势地位和占绝对优势的市场份额。能够与竞争对手的差别行为抗衡，需要巩固产品品牌地位，取得消费者长久的信任，然而，这也是相对而言的。

(4) 仿效行为

仿效行为是指竞争者模仿市场中名牌商品的营销模式，以增加营销强势，求得较好的商品销量和利润的行为，它既能节省商品开发费用又可以减少市场风险。实行仿效行为的企业必须注意三个前提条件：一是该类商品确实存在着较大的市场需求，而率先提供商品的企业既不能充分满足市场需求又不可能独占市场；二是在模仿中有所差别；三是务实合法，切忌侵犯商标权和专利权。面对仿效行为的竞争对手必须采取相应对策：产品设计需要具备使竞争对手难以仿效的特征部分；同时，产品具有广阔市场。而确认产品是自己的独创，企业应尽量申请专利和注册商标，运用法律手段维护自己的合法权益。

(5) 蜂拥行为

蜂拥行为是指当一种畅销的商品有较高的利润时，会有众多的竞争者蜂拥而至，争相提供该产品。蜂拥行为具有很大的盲目性，这些企业往往只见现实市场供不应求，利润率高而忽视众多投资者涉足之后，市场容量反而相对狭小的风险。实质上，蜂拥行为是市场经济条件下营销经验不足的表现。面对竞争者的蜂拥行为，企业应该通过市场的显在需求观察与判断商品的潜在需求，并具有避风势、插空档、激流转舵的勇气和能力。

(6) 观望行为

观望行为是指竞争者对市场动态及变化趋势难以料定，未曾决策，构成了营销行为的相对静止状态。现实的市场竞争中，观望行为具有两种表现形式：一种是竞争者不为外在环境的表象所迷惑，放慢营销速度、调整营销节奏，冷静地观察市场发展态势，并积极地调整内部因素，以抓住营销机会，适时开创新的营销局面。另一种是竞争者因自己的营销悟性较低、观察能力较弱，无法判断营销环境的变化方向和趋势，对企业内部的可控因素又难以及时调整，不得不采取人云亦云的营销对策，最终走向仿效竞争。

9.5 创新意识

9.5.1 模仿的艺术

模仿即通过对他事物内在本质或外在表象的研究和利用进而创造本事物的过程，它最终体现出他事物与本事物的相似性。格林兄弟在飞鸟的启迪下促成了飞机的诞生即为一例。中国著名的经典著作《黄帝内经》认为“智者求同、愚者求异、智者有余而愚者不足”，意为智者善于从他事物中找出一般机理从而理解并创造千变万化的事物。老子一贯追求“道生一、一生二、二生三、三生万物”之“道”，荀子坚持“千变万化，其理一也”，尽管现在看来，也许有些绝对，但均突出了模仿的基础所在——相似性。

1. 模仿机理

模仿的过程即对知识的吸收与推广过程，它有赖于对被模仿事物的正确认识，背离此道的简单模仿只能是空中楼阁，充其量也只能是所谓的“赝品”，只有有限的发展空间，“行之不远”。真正的模仿是一门艺术，意会了艺术的真谛，才能踩着模仿的基石走向成功。以企业多元化营销战略为例，工业化革命后，尤其20世纪初期，多元化经营迅速成为世界跨国公司发展的重要战略选择。日本和韩国的多元化营销战略造就了三菱、松下、日立、三星、现代等一大批进入世界前列的企业集团。国内企业纷纷仿效，海尔从生产空调、冰箱向“黑色家电”出击，其“探路者”大屏幕彩电于1998年9月正式登场，多元化经营使得其企业规模不断扩大，年销售收入超过100亿元。“海尔，中国造”的文化与理念已深入人心。而同是模仿，巨人公司则败走麦城。在其电脑软件发展迅速、效益良好的条件下，该企业很快在保健品、药品及房地产等领域多方出击，然而最终却陷入严重的财务危机，濒临破产的边缘。一正一反两例值得人们深思，同是模仿营销，其结果为什么会出现强烈的反差？所涉及的关联因素固然很多，但其中一个重要因素——模仿中的创新不容忽视。

2. 模仿的真谛

模仿的真谛在于创造性模仿。“创造性模仿”一词最早由哈佛商学院的莱威特提出，它最重要的方式就是改进已存在的东西，使之变为另一种新东西。创造性模仿的最经典的例子是带橡皮铅笔的发明和可口可乐饮料曲线型瓶子的设计。1860年，美国穷困潦倒的画家海曼，由于经常为画素描时寻找橡皮擦而烦恼，于是他设法将橡皮擦固定在铅笔的尾部上，这一设计后来被铅笔公司以55万美元的高价买走，经过创新的铅笔投入市场，使铅笔公司获得了巨大的成功。人见人爱的可口可乐瓶子，则是在1923年由一名叫路透的美国某玻璃公司吹玻璃瓶的青年工人所设计。有一天，他在约会中受到女友突出人体曲线美的紧身衣裙启发，设计出了

今日所用的曲线型瓶子，并从中获得了 500 万美元之巨的专利费。

“创造性模仿”绝非仿冒，它的基本精神是创新的、积极的，通过对旧产品的改良或重组，产生另一全新的产品。可见，模仿并不妨碍突破，相反，它可以增加实现突破的机会。日本是最擅长模仿的国家。东京大学伟岸雄一教授承认“日本文化除了各民族的之外，所剩无几”。然而，如果日本文化真是各民族文化的简单杂糅，日本恐怕很难跻身于世界强盛民族之列。奇迹即在于其将创造蕴含于模仿之中，从而使得日本的民族文化和世界各国文化浑然一体，断不可分。文化如此，企业亦是一样。纵观日本企业的产品迅速崛起并称霸国际市场的历程，无论是汽车、电视机还是照相机、录像机，无一不从模仿外国产品起步，而后逐渐改良产品的形状与性能，努力使生产线合理化，最终降低成本，生产出具有竞争优势的产品。于是，日本企业借西方大企业之力成长壮大，而最终又变成了西方大企业最大的竞争对手。而“创造性的模仿”无疑成了这个最大的竞争对手最具杀伤力的武器。

9.5.2　创新的策略

1. 创新内涵

创新是知识在深度上的延伸，是人类社会进步的一大标志。第一次产业革命、第二次乃至第三次产业革命，均在技术革新的号角声中拉开帷幕。华盛顿在 1896 年的告别演说中就曾告诫美国人民要“保持创新精神”。在今天知识经济时代，创新被提高到一个前所未有的高度。

“创新”一词最早出现在美籍奥地利经济学家熊彼特的著作中。他指出，创新泛指经济领域中新的事情、新的做法。创新有五种形式，即创造一种新产品；采用一种新的生产方法；开辟一个新市场；取得或控制原材料或半制成品的一种新的供给来源；实现任何一种新的产业组织方式或企业重组。熊彼特认为技术发明者不一定是“创新者”，只有那种敢于冒风险、把新发明引入经营管理之中的企业家才是“创新者”，而只有倡导和实行“创新”活动的企业经营管理者才是“企业家”。继熊彼特提出技术创新的概念之后，制度学派又对创新做出了众多诠释，待到信息技术发展方兴未艾之时，创新已成为常用词汇。

2. 创新典范

21 世纪企业发展优势已不再是物质资源占有多寡的优势，而是在于高效率地运用稀缺资源的知识积累与创新能力的优势。世界著名企业之所以长盛不衰，原因固然很多，但重视科技人才，运用高科技成果不断研制、改进、推出新产品，则是它们共同具有的一大特征。创新者如果始终站在技术的前沿，就能够在开辟新市场之初一段时间内独占市场，获得高额收益，树立企业声望。1987 年，成都彩虹电器集团研制的灭蚊器投放市场，获得巨大成功，仿制跟进者闻风而动。但仿制者的Ⅰ型还未上市，“彩虹”的Ⅱ型、Ⅲ型就已经投放市场，仿制者还没有醒悟过来，“彩虹”又推出了Ⅳ型、Ⅴ型灭蚊器和电热液体蚊香。随后，Ⅵ型自动收线灭蚊器、长效型驱蚊药片、Ⅱ型液体蚊香和水基气雾杀虫剂又“轰炸式”地全面投入市场。正是通过产品技术的不断创新、企业始终领先市场，使得彩虹集团在竞争中立于不败之地。创新者如果能使自

己的新型产品成为社会普遍接受的标准，就可以使企业成为行业的核心领导者。英特尔(Intel)公司在计算机微处理器系列产品方面的率先创新，使其产品被全世界公认为统一的工业技术标准。其他企业的产品，如AMD、TI、cyrix系列微处理器只能跟随这个标准而难以超越。这就大大强化了英特尔公司的竞争力，使其产品在市场上占据绝对优势。

日本是善于模仿的民族，同时也是不断创新的民族。从最初的“技术立国”到今天的“科技创新立国”，日本人已不满足于“美国开花、日本结果”的模式，当日本已站在世界技术前沿的时候，模仿已失去了对象，创新也就显得格外引人注目，“青出于蓝而胜于蓝”。自20世纪80年代以来，日本一再强调发展独创性技术和加强基础研究，并且提出要成为世界新技术的发源地。在产品生命周期模型中，技术的追随者只能赶而不能超。要想超越竞争对手，唯一的办法就是成为技术的创新者、领先者。然而，创新不仅仅是技术的创新，在制度、方法、渠道、市场等任何一方面的开拓和变革都是一种创新，而不论哪种形式的创新，都需要勇于承担风险的勇气和敢为天下先的魄力。20世纪80年代末，全国市场疲软，京城啤酒业的竞争逐渐展开，燕京啤酒大胆冲破计划经济的束缚，主动出击开拓市场，在市场经济大潮迭起之前，用超前的胆识敲开了燕京通往市场的大门，在北京城里和近郊建立了上班时间国营、集体、个体齐上，下班时间个体商贩走街串巷销售的具有创新意义的“全天候”销售网络。燕京人把自己的啤酒推到每一个家庭，每一个小饭馆，推到了大都市的每一个角落里。北京人拿空酒瓶换啤酒喝的习惯就是这时养成的，无论是胡同还是新建小区，到处是“换啤酒”的吆喝声。就这样，当其他啤酒厂躺在计划经济体制上睡大觉，念着“皇帝女儿不愁嫁”的生意经时，创新的燕京人早已提前进入了市场，为燕京今天的市场格局迈出了决定性的一步。

9.5.3 模仿营销与创新营销的辩证关系

就营销模式而言，模仿与创新同等重要，模仿之中有创新，创新离不开模仿。模仿本身就孕育着一定的创新，创新借助模仿而实现、推广并且得到普及。知识经济时代的一个重要特征便是知识的外溢效应越来越显著。而作为以知识为内涵的创新就更有此特点。这种外溢效应不是自发实现的，而正是通过模仿，或深层次的模仿——如利用别人发明的技术发展更高的技术——来实现的。美国著名广告设计工程师麦尔顿就是通过不断地模仿和创新而取得了事业的成功。他提出了“变造”的概念，即利用其他人的智慧，把其他人的设计图样加以“变造”，使它们成为一种新的广告设计。他每天仔细地剪下报章杂志上的广告，细细地揣摩，深入地思索，然后对其加以改进，这样就产生了一个新设计。他自己开设了一家广告设计工程公司，负责了3 600多家商店的橱窗布置；而他借助“变造”，每一次拿出来的都是崭新的花样。模仿和创新的相辅相成，使麦尔顿享誉美国的广告设计界，并荣获了1 300多项金奖，取得了极大的成功。模仿是创新的开始，创新又促成了新一轮模仿。就是在模仿和创新的更替中，人类的智慧在螺旋形阶梯上不断攀登。创新实现以后，创新者就掌握了某种优势，这种优势使其能获得高于其竞争对手的超额利润。这样，市场上的其他竞争者及该行业的潜在进入者就会进行模

仿，以至进行更高层次的创新。于是，超额利润被众多的同行瓜分，创新者的优势逐渐丧失，甚至有可能沦为下一阶段的模仿者。这就使市场上的竞争者们为追求超额利润和避免被淘汰出市场而不断进行模仿——创新的循环，每次循环都把技术推进到了一个更高水平，使人类社会进入到一个更高阶段。

值得注意的是模仿营销有其优势所在。其优势在于：由于他人的创新成果以及产品具有的知识共享性从而减少了营销成本、降低了市场竞争风险。并且，新开辟的市场并不是专利，没有法律会为了保护新开辟的市场而禁止他人进入。正基于此，模仿者如果能够抓住市场机会，实施营销策略，也可能后来居上。据美国制药协会的资料统计，新药研究者平均每年筛选12.6 万个化合物，其中约有 1 000 个左右值得进一步研究。若 10 年后一切顺利，最终约有 16 个化合物成为新药上市，即约近 8 000 个化合物中才可找到一种新药。为此，药品率先创新企业不得不投入大量的研究开发经费，如 1990 年美国用于药品研究与开发的费用达 62.7 亿美元，并且要开发出一种新药一般均需十几年时间，由此可见其投入与风险是相当高的，一旦失败，率先创新企业必将蒙受重大损失。模仿则能有效地降低营销风险和市场需求的不确定性，节约投资，甚至取得后发优势。静电复印机的创新企业美国施乐公司，从发明静电复印到销售 XEROX914 型复印机为止，在 14 年内围绕复印机先后共取得了 189 件专利。其创新能力堪称一流，但最终还是敌不过模仿的日本企业，而在国际市场竞争中失利。中国的亚都公司在国内市场最先推出家用空气加湿器，初期消费者对这一新产品反映冷淡，亚都为了打开市场，投入巨资宣传加湿器产品消费理念，教育用户认识湿度对人体健康的重要影响，使人们认识到保持适宜的居室湿度的重要意义。而这种开拓市场的投入，成本全部由亚都公司一家承担，收益却并非尽归亚都公司所有。继亚都公司之后，国内其他加湿器生产厂家再也无需进行加湿器消费理念的渗透，而只需集中推介自己的产品品牌，这样既降低了成本，又充分合法地享受到了创新者市场开发的胜利果实。

但是，既然是模仿，在营销起步上也就意味着是居于人后，这是弱势营销所在。模仿营销只能笼罩在创新营销投射的巨大阴影之下，犹如蹒跚学步的孩子离不开长者的辅助，只有创新，才能使模仿营销走出阴影，享受成功营销的第一缕曙光。因此，参与市场竞争的企业必须在模仿时进行一些“创新”。纯粹的模仿是毫无意义的，模仿必须是有自己特色的模仿——即使出发点不是模仿而是因为巧合造成了雷同，也要在随后的生产研究中注意区别于其他同类产品。只有这样才能保持产品的生命力。

由此而言，营销模仿与营销创新相辅相成，而且每时每刻都在交替进行。每一个领域、每一个行业既需要模仿，更需要创新，两者不可偏废，应视市场竞争态势而定。

9.6 挫折意识

9.6.1 挫折的形成

从心理学的意义理解，挫折即人从事有目的活动时，在环境当中受到阻碍和干扰，使其需求无法得到满足的情绪状态。依据人类行为的基本模式，人的动机一旦产生便引导行为指向目标，如图 9-4 所示。然而，这一过程并不顺利，可能遭遇五种情况：

① 主观需要严重背离客观现实，受到客观条件的约束，在特定时间段不可能达到目标。

② 未预见动机结构比较复杂，特定阶段同时存在多种动机，然而由优势动机引导行为指向目标的过程中经常受到其他动机的干扰。

③ 目标导向行动方案设计不周密，致使行为无法实现目标。

④ 目标导向行动不能完整转化为目标行动，致使行为本身质量不高。

⑤ 动机引导行为指向目标的过程中，受到不可抗逆的客观因素的干扰，使其无法满足需要。

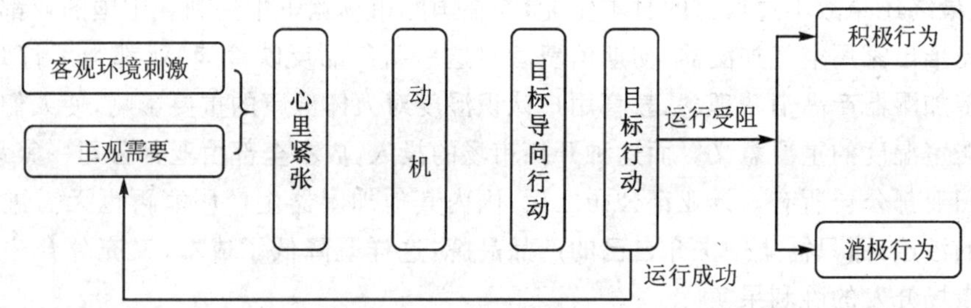

图 9-4 人动机—行为产生的复杂模式

人在从事有目的的活动之时，无论遭遇上述哪一种情况，其行为过程都将受到干扰和阻碍，其情绪就会出现波动，其心理将会产生挫折。众所周知，营销是方向明确、目标鲜明的活动，其行为过程比较复杂，在完成既定目标及满足需要之时，同样可能遇到人类一般行为模式的问题，或营销欲求超越营销环境的许可，受到不可控因素的制约无法满足需要；或营销动机相互抵触，短时期难以抉择优势动机；或营销策划方案失误；或营销方案执行力度低，难以完整转化为营销行为；或营销进程受到突发事件破坏性影响。凡上述情况皆使营销行为无法正常进行，只得转向甚至中止，由此产生强烈的挫折感觉。

9.6.2　营销挫折的根源

1. 职业性质

与其他职业相比较，营销具有“目的性强，风险性大，变动性突出”的特点。其一是营销环境变迁、竞争环境动态、需求环境变化、消费日新月异，必然要求营销的推陈出新。其二是营销对象变换，企业营销经营面对多重对象、受到众多公众的关注，同时周旋于生存性公众系统、功能性公众系统、横向同业公众系统、扩散性公众系统之间。其三是营销策略变化，企业营销受到市场环境的牵制，其决策所依据的不可控因素过多，其行为需要依据市场导向经常做出策略性调整，以适应瞬息万变环境变化。其四是营销业绩的变动，营销成果具有直观性、随机性、可塑性的荣耀性特征，直接刺激人们的获利需求，诱发人们的工作欲望，引导行为指向目标。由此而言，参照人类行为的基本模式，营销行为模式比较复杂，极易受到阻碍和干扰，从而产生挫折感。

2. 市场经济特征

就国际市场而言，经济一体化现象尤为明显，跨国经营使各个国家经济相互渗透，连接成一个版块，中国已经加入国际市场的循环，在经济全球化运行模式中力争上游。就中国市场而言，转型经济特征尤为突出，从计划经济向市场经济过渡，呈现“大”、“变”、“乱”市场态势。所谓“大”，即中国市场是容量大、后劲足，具有广阔发展前景和市场体系；是消费需求多层次、多结构的市场体系；是从不温饱型到温饱型再到小康型的市场体系。所谓“变”，即中国市场发展迅猛，变化急速，政策多变、法规多变，市场结构不太完整，营销组织不太成熟，信息交换系统不太完善。所谓“乱”，即中国市场秩序比较混乱，假冒伪劣商品充斥市场，营销信誉缺乏严重。面对国际市场的强势竞争，身处中国转型市场经济的旋涡，企业营销举步维艰，必然遭受挫折。

3. 企业整体核心竞争能力

企业整体核心竞争能力决定其营销水平与质量。在市场环境变化之后，需要企业的应变经验和应对措施，然而由于观念僵化、认识肤浅，组织松散、制度空洞，管理粗放、手段简单，技术落后、设备陈旧，致使企业核心竞争力不足，营销运作水平较低，企业自身各项生产要素协调不当，产品性价比不符合消费者需求，消费者偏好位移，产品销售不畅甚至出现库存积压，营销行为不成熟，必然产生营销挫折。

9.6.3　提高挫折容忍力

营销是极具风险的职业，企业需要在市场经济的汪洋大海中奋力前进，随时都有被惊涛骇浪吞没的危险。当预期的目标难以达到之时，营销人员在生理上就会出现紧张不安定的状态，心理上就会产生不平衡的挫折情绪。因此，营销者必须有所准备，学会如何面对挫折境况，提高自身挫折容忍力。

1. 采用积极的心理防卫机制缓解营销挫折感觉

心理学家认为,人各有其独特的心理过程以适应客观环境,这种独特的心理过程称为心理防止机制,其防卫效果可能是积极的、建设性的,也可能是消极的、对抗性的。常见的心理防止机制包括升华、补偿、取代、折中、表同作用、逃避、推诿、抑制、回归等,其中升华是心理防卫机制当中具有建设性的一种方式,即遭遇挫折之时,通过思考,从更高的层面上认识问题的本质,将挫折转化为动力,将愤慨、敌对的情绪转化成积极的行为,这样可以缓解挫折压力,使心态趋于平衡。在营销领域,只有保持平和心态,才能够正常发挥出营销水平。

2. 养成抗拒挫折的生活习惯

人的挫折容忍能力与其生理条件、生活经验、个性性格有关;与其对挫折的知觉判决有关;也与其抗拒挫折的生活习惯有关。抵抗挫折的办法不胜枚举,从视觉角度讲,观看绿色、视野开阔的物体能够有效缓解挫折;从听觉角度讲,倾听海水拍打礁石的声音可以起到缓解挫折的效果;从知觉角度讲,体力上的消耗可以缓解心理上的挫折压力。应该选择最适合自己的对抗挫折的办法,将挫折心理防卫机制演变成为惯性动作,这样可以在最短的时间缓解挫折感觉,调整情绪,保持良好的竞争状态,从而树立营销信心。

3. 采用精神发泄方法,减轻或消除挫折感

挫折是一种受到时间、地点等环境因素牵制的情绪状态,要想有所缓解,需要延伸时间、转换场景,将挫折情绪适当地宣泄出来。为此,日本专门为企业家设置一所"鼓气"学校,凡是在营销领域中遭到重创、濒于崩溃的人士均可以申请到"鼓气"学校就读。这所学校的课程设置极具特色,除了研讨营销战略与策略之外,还要求在太阳底下暴晒、在风雨中狂跑,且在繁华路段大声喊叫"我不错,我很好! 我一定能够战胜自己!"。其目的在于让学员宣泄不良情绪,增强信心,提高挫折容忍力,在未来的市场竞争中承受严峻的压力。

【本章小结】

市场营销意识即市场营销思维结构,在营销决策与运作过程中,无论进行市场调查与预测,还是完成市场细分、市场定位;无论是考察市场产品生命状态,还是确定产品价格;无论是抉择分销渠道,还是实施促销方案,必须具备营销意识。市场营销意识包括客户意识、信息意识、机会意识、规范意识、创新意识、挫折意识,其意识的集合即成为市场营销指导思想。

1. 客户意识即企业的一切营销活动必须围绕客户需求进行,把满足客户需求作为企业营销的出发点。这是生产目的的客观要求,也是市场机制在营销决策中的反映。客户意识是企业从事营销活动的基本观点,它表明了企业的营销理念;它反映出企业的经营意图;它体现于企业的整个管理过程。因此,客户意识在企业营销者思维结构中占据重要位置,它决定着企业营销的素质和品位。

2. 信息意识即企业认识到信息是营销成功的关键要素,只有在充分掌握信息的基础上,

企业营销才能够做出正确的抉择，否则企业就如同失去了耳目，就会迷失方向，其营销行为带有很大的盲目性。因此，企业必须建立完善的营销信息系统，始终保持内、外部信息转换的速率和质量，从而提升营销决策水平。

3. 营销机会是指一个具有需求的领域，企业在这里能够取得利润。营销机会蕴含着吸引力和成功性两种基本属性，企业首先要能够识别具有吸引力的需求领域，同时还要清醒地断定自身能量的适宜度，判定其能否通过整合资源在具有吸引力的需求领域里成功赚取利润。因此，营销机会的存在有其内在的客观性，它不以企业现实能量为转移；相反，企业需要不断地调配资源、聚合能量，瞄准市场的潜在需求，才能获取机会，提升获利水平。

4. 企业营销规范一般是指企业从事营销活动必须遵守的法定或社会约定的行为标准。它是在高度专业化分工的社会化大生产中，企业通过市场实现分工的连接时的行为程序与工艺要求；它是在社会经济利益的链环中，企业通过市场取得自身利益的方式、方法的行为程序与工艺要求。营销规范是保护和完善交易关系的必要手段，市场经济条件下企业应该具有规范意识，在约束中保护自我、发展自我。

5. 在市场竞争空前激烈的今天，创新是使用频率极高的词汇。从某种意义上讲，创新是决定营销成败的关键因素。然而，在营销领域模仿与创新同等重要，只是模仿给人以消极跟进之感，创新则显示积极进取之心。实际上，模仿是开端，创新是突破，模仿中有创新，而创新也离不开模仿过程中能量的积蓄，模仿与创新作为运行模式在营销领域不可能截然分开，具有同等重要作用。

6. 从心理学的意义理解，挫折即人从事有目的活动时，在环境当中受到阻碍和干扰，使其需求无法得到满足的情绪状态。营销挫折不尽相同，如基于营销职业性质、营销环境背景或基于企业整体核心竞争力的差别等。营销者需要有心理准备，学会面对挫折境况，提高自身挫折容忍力。

【思考题目】

1. 经济全球化背景下，企业确立客户意识的现实意义是什么？

2. 典型企业营销信息系统特征是什么？营销信息获取方式与途径有哪些？

3. 如何理解营销名言“失去信心、失去机会，等于失去一切”？

4. 影响企业竞争力的主要因素有哪些？如何选择竞争战略？如何判断竞争动机与行为？

5. 营销模仿价值与营销创新效用关系是怎样的？如何理解营销模仿与营销创新的辩证关系？

6. 营销挫折的心理反应与表象特征是什么？如何提高营销挫折容忍力？

参考文献

[1] PETERAF M. The cornerstone of competitive advantage：A resource－based view [J]. Strategic Management Journal，1993，10：35－36.

[2] TEECE D J，PISANO G，SHUEN A. Dynamic capabilities and strategic management [J]. Strategic Mangement Journal，1997，18(7)：21－23.

[3] PORTER，MICHAEL E. Competitive advantage：creating and sustaining superior performance [M]. New York：FreePress，1985.

[4] DRUCKER，PETER F. The practice of management [M]. Now York：Harper & Row-Press，1954.

[5] KELLER K L. Customer－based brand equity[J]. Journal of Marketing，1993，57：1－22.

[6]徐康宁. 现代企业竞争战略——新的规则下的企业竞争[M]. 南京：南京大学出版社，2001.

[7] 鲁开垠，汪大海. 核心竞争力——企业永续竞争之路[M]. 北京：经济日报出版社，2001.

[8] 赵国浩. 企业核心竞争力理论与实务[M]. 北京：机械工业出版社，2005.

[9]周志民. 试论品牌延伸的边界[J]. 商业经济与管理，2001，7：12－13.

[10] 李志彩. 海尔中央空调奥运营销解析[J]. 机电信息，2007，5：23－25.

[11] 张东晗. 消费者品牌忠诚影响因素研究——以液态奶消费为例[D]. 北京：中国农业大学，2004.

[12] 李颖生. 本土名企市场攻略[M]. 南昌：江西人民出版社，2005.

[13] 徐凤琴，乔忠. 企业市场细分方法及目标市场的确定[J]. 科技与管理，2004，3：12－14.

[14] 肖劲松. 中小企业发展的差异化战略[J]. 集团经济研究，2005，3：18－20.

[15] 长古川纯雄. 国际品牌设计[M]. 日本：Graphic 社编辑部，2006.

[16] 菲利普·科特勒. 市场营销教程[M]. 4 版. 北京：高等教育出版社，2000.

[17] 李倩茹，李培亮. 品牌营销实务[M]. 广州：广东经济出版社，2002.

[18] 孙在国. 商战与名牌[M]. 成都：西南财经大学出版社，1998.

[19] 万后芬，周建设. 品牌管理[M]. 北京：清华大学出版社，2006.

[20] 李光斗. 品牌战·全球化留给中国的最后机会[M]. 北京：清华大学出版社，2006.

[21] 盘和林. 哈佛危机管理决策分析及经典案例[M]. 北京：人民出版社，2006.

[22] 颜炳荣. 世界著名企业的品牌攻略[M]. 北京：中国纺织出版社，2006.

[23] 薛松.可口可乐法则:世界饮料航母的30个成功的秘诀[M].北京:华夏出版社,2003.

[24] 蒋波.论企业品牌危机管理[D].武汉:武汉理工大学,2006.

[25] 王海滨.市场营销管理[M].武汉:武汉理工大学出版社,2004.

[26] 莱波拉.领导成就卓越品牌——品牌策略新观念[M].北京:中华工商联合出版社,2006.

[27] 杨淑华.服装产品品牌企划营销策略推广与经营企划文案写作经典范例[M].银川:宁夏大地音像出版社,2006.

[28] 闻丽萍.品牌榜样——旗舰日志:国际服装业十大实力品牌发展战略[M].杭州:浙江大学出版社,2003.

[29] 张玲.品牌危机管理研究[D].北京:首都经济贸易大学,2006.